Edgar L. Gärtner

Öko-Nihilismus

Der Umweltjournalist und Buchautor **Edgar Ludwig Gärtner** (Jg. 1949) ist einer der profiliertesten deutschen Ökologen und Direktor des Umweltforums des *Centre for the New Europe (CNE),* einer Denkfabrik in Brüssel. Anders als der grüne Mainstream vertritt er jedoch vehement technik- und wachstumsbejahende Positionen: Bereits in den siebziger Jahren wies er im (linken) Magazin *Konkret* auf die menschenverachtenden Konsequenzen der vom *Club of Rome* initiierten, berühmt-berüchtigten Studie *„Die Grenzen des Wachstums"* hin.

Nach seinem Studium der Hydrobiologie und der Politikwissenschaft in Frankfurt am Main und Aix-Marseille schrieb Gärtner zunächst für das auflagenstarke französische Wissenschaftsmagazin *Science* & *Vie* (Paris).

1989 war er Mitbegründer eines ökologischen Wirtschaftsinformationsdienstes in Frankfurt, von 1993 bis 1996 Chefredakteur des Mitgliedermagazins einer großen Naturschutzorganisation.

Gärtner verließ diese Organisation und die „grüne" Bewegung, weil er 1995, zu Zeiten der Berliner Weltklimakonferenz, zu der Überzeugung gelangte, daß die „Klimapolitik" nichts anderes als eine neue Form des Klassenkampfes von oben ist.

Edgar L. Gärtner

Öko-Nihilismus

Eine Kritik der Politischen Ökologie

TvR Medienverlag Jena
2007

Gedruckt mit freundlicher Unterstützung von CFACT Europe,
www.CFACT-Europe.org.

1. Auflage

Persönliche Homepage des Autors: www.gaertner-online.de
Verlag: Thuß & van Riesen Medienverlag GbR,
Postfach 110111, D-07722 Jena
info@TvRGroup.de, www.tvrgroup.de
Umschlagfotos: © Ruta Thuß, Edgar Gärtner
Herstellung und Vertrieb: Books on Demand GmbH, Norderstedt
info@bod.de, www.bod.de

Printed in Germany.

ISBN 978-3-00-020598-9

Inhalt

Persönliche Vorbemerkungen

Wer kennt nicht dieses flaue Gefühl: Hat man ein Ereignis nur geträumt, hat man es im Kino oder zu Hause auf dem TV-Bildschirm gesehen? Seit audiovisuelle Massenmedien in unserem Leben allgegenwärtig sind, passiert uns das immer öfter. Was ist denn nun realer: das optisch perfekt gelungene In-Sich-Zusammenstürzen der beiden Wolkenkratzer des New Yorker *World Trade Center* infolge des von langer Hand minutiös geplanten Angriffs islamistischer Terroristen oder der Untergang Manhattans infolge einer Klimakatastrophe, wie ihn der Hollywood-Film „*The Day After Tomorrow*" von Roland Emmerich zeigt? Diese Frage zu stellen, erscheint durchaus nicht abwegig. Kennen doch die meisten Zeitgenossen beide Ereignisse nur vom Bildschirm.

Ihrer Stimmung und ihrem Verhalten nach zu urteilen, messen die meisten Spitzenpolitiker Kontinentaleuropas und ihre Wähler dem zweiten Bild eine größere Bedeutung bei als dem ersten. Selbst nach den Terroranschlägen gegen Pendlerzüge am 11. März 2004 in Madrid sowie Anfang Juli 2005 auf drei U-Bahnen und einen Bus in London fuhren die meisten kontinentaleuropäischen Regierungen fort, zumindest verbal der anscheinend friedensfördernden „Klimapolitik" einen höheren Stellenwert einzuräumen als dem Schutz von Leben und Gesundheit, Eigentum und Freiheit ihrer Staatsbürger vor terroristischer Erpressung sowie der militärischen und intellektuellen Eindämmung des totalitären Islamismus.

Ein gewisses Umdenken zeichnet sich erst seit der blutigen Massengeiselnahme in einer Schule im Nordkaukasus durch islamistische Terroristen ab. Auch die Ermordung des niederländischen Publizisten und Filmemachers Theo van Gogh durch einen scheinbar in die westliche Lebensweise integrierten jungen Islamisten hat so manchen zum Nachdenken gebracht.

US-Präsident Bushs bislang mißgeglückter Versuch, mit der militärischen Niederschlagung des tyrannischen Regimes Saddam Husseins eine nachhaltige Veränderung der politischen Kultur des Nahen und Mittleren Ostens im Sinne von mehr Demokratie, Freiheit und Gleichheit anzustoßen, erscheint in Europa aber noch immer weniger als Problem des Versagens von Geheimdiensten und der Kurzsichtigkeit von Militärs denn als Ausdruck von Egozentrik, Arroganz, Realitätsverlust und imperialistischem Größenwahn der Bush-Regierung.

Demgegenüber, so scheint es, stehen die alten Europäer mit beiden Füßen fest auf der Erde, genauer: auf dem Boden des Kioto-Protokolls vom Dezember 1997 über die Reduktion des Ausstoßes sogenannter Treibhausgase in die Atmosphäre und den damit verbundenen Handel mit Treibhausgasemissionslizenzen. Das Abkommen gilt gemeinhin als Durchbruch der Politischen Ökologie gegenüber herkömmlicher egoistischer Machtpolitik von Einzelstaaten. Die Erde erscheint dabei, wie es der Begriff „Ökologie" ausdrückt, als gemeinsames Haus *(oikos)* der Menschheit, dessen Ressourcen es rational zu verwalten beziehungsweise umzuverteilen gilt.

Diese Aufgabe sollte nach Auffassung der meisten Verfechter der Politischen Ökologie eigentlich von einer bevormundenden, obrigkeitsstaatlichen Weltregierung wahrgenommen werden. Mit dem Ende des Kalten Krieges vor anderthalb Jahrzehnten schien diese Perspektive endlich in den Bereich des Möglichen gerückt zu sein. Doch inzwischen lassen Entwicklungen wie die Ablehnung des Kioto-Protokolls durch die USA, Australien, China und Indien, die undurchsichtigen Machenschaften des russischen Präsidenten Wladimir Putin und die Spaltung des Westens im „Krieg" gegen den Terrorismus diesen Weg als Wunschtraum erscheinen, der so schnell nicht in Erfüllung gehen wird.

So soll nun das „Haus Europa" zum Modell und Exerzierfeld des neuen Politikansatzes werden. Analog zur gerade vollzogenen EU-Erweiterung sollen Armut und Unfriede in der Welt durch die schrittweise Einbeziehung aller Weltregionen in das kuschelige „Lager des Grünen Friedens" überwunden werden. Kurz: Am europäischen Wesen soll die Welt genesen. Ausgerechnet ein Amerikaner, der Autor und Politikberater Jeremy Rifkin, hat dafür in seinem 2004 erschienen Buch *„Der europäische Traum"* auch noch eine historisch-anthropologische Begründung geliefert.

Gegenstand der folgenden Abhandlung ist die polemisch zugespitzte Auseinandersetzung mit diesem Versuch, Machtpolitik zumindest virtuell durch Hauswirtschaft zu ersetzen. Es geht dabei nicht, wie der eingangs gewählte Vergleich nahe legen könnte, um eine Gegenüberstellung von Mythen und „harten" Fakten. Denn mir ist seit langem bewußt, daß es theoriefreie und somit auch mythenfreie Fakten im politischen Raum gar nicht gibt und auch nicht geben kann. Vielmehr geht es um die Unterscheidung zwischen krankmachenden, selbstzerstörerischen und konstruktiven, mutmachenden Mythen. Im Zentrum meiner Untersuchung stehen aktuelle Zusammenhänge zwischen Politik, Ökonomie und Theologie.

Die Beschäftigung mit solchen Fragen reicht bis in meine Zeit als Zögling eines (inzwischen geschlossenen) katholischen Knabeninternats am Sitz der deutschen Bischofskonferenz zurück. Mehr Einsichten verdanke ich jedoch der viel späteren Lektüre des *L'homme révolté (Der Mensch in der Revolte)* von Albert Camus. Seither ist mir bewußt, wie schmal das Stück festen Bodens ist, das extreme Auslegungen des Monotheismus vom Abgrund des Nihilismus trennt.

Ich möchte im folgenden nicht nur zeigen, daß der Öko-Pazifismus des „alten Europa" Prahlerei ohne Substanz ist, daß das „Haus Europa" lediglich eine vielleicht gut gemeinte Kopfgeburt ist, die ihre Bewährungsprobe im internationalen Wirtschaftskrieg vermutlich nicht bestehen wird und daß Europa in zwei Jahrzehnten höchstwahrscheinlich nicht viel mehr darstellen wird als eine Art Wurmfortsatz Asiens beziehungsweise Arabiens, der nach und nach zur Beute radikaler Islamisten wird, wenn es in der Umweltpolitik zu keinem Umdenken kommt. Ich möchte auch nachweisen, daß der Ökologismus viele, wenn nicht alle Merkmale einer gefährlichen totalitär-nihilistischen Ideologie trägt.

Im Klartext: Ich behaupte, daß auch die dogmatischen Verfechter des „Vorsichtsprinzips" eine starke mentale Affinität zur Weltsicht der Terroristen haben und daß die scheinbar so lebensbejahende „Klimapolitik" einem Todeskult nach nazistischem oder islamistischen Vorbild den Weg bereiten *kann*. Der Ökologismus erscheint mir als geistige Tyrannei, die, wie schon Ludwig Erhard, der „Vater" des deutschen Wirtschaftswunders, erkannte, stets Vorbote politischen Terrors war und ist.

Daß diese Befürchtung nicht weit hergeholt ist, zeigt das Ende April 2004 ergangene Urteil des Bundesverfassungsgerichts zur sogenannten Ökosteuer. Angestrengt wurde dieses Verfahren durch Kühlhausbetreiber und Spediteure, die sich durch die Ökosteuer gegenüber ihren europäischen Konkurrenten benachteiligt und in ihrer Existenz bedroht sahen. Das Urteil des höchsten Gerichts spricht dem Staat im Prinzip das Recht zu, jederzeit Unternehmen zu ruinieren, deren Geschäftsmodell als nicht politisch korrekt erscheint. Was der russische Despot Wladimir Putin bei der Zerschlagung des Ölkonzerns *Yukos* vorführte, könnte also auch bei uns bald zum gängigen Ausdruck des „Primats der Politik" werden.

Der US-amerikanische Publizist Paul Berman, der sich nicht zufällig auf Camus beruft, definiert den Totalitarismus in seinem erhellenden Buch *Terror und Liberalismus* (2004) als *Politik der Massenmobilisierung für unerreichbare Ziele* (S. 43) im Namen überpersönlicher Wesenheiten wie Klasse, Staat oder Glaubensgemeinschaft, die immer in Blutbädern und Selbstzerstörung endet. Dieser Definition schließe ich mich an. Berman weist nach, daß alle Spielarten des Totalitarismus wie Kommunismus, Faschismus, Nationalsozialismus und selbst der schon bei Mohammed angelegte Islamismus in seiner aktuellen Ausprägung auf die europäische Romantik mit ihren nur scheinbar harmlosen und friedlichen Vorstellungen von häuslicher Ordnung (und Planwirtschaft) zurückgehen.

Die europäische Romantik mit ihrem geschlossenen Weltbild erscheint bei ihm wie auch schon beim großen englischen Philosophen Isaiah Berlin als eine Art Kulturflüssigkeit für die Produktion von Viren der Selbstzerstörung. Die Politische Ökologie und die aktuelle „Klimapolitik" hat Berman dabei allerdings nicht im Auge. Vielmehr hält er diese, wie viele Zeitgenossen, die von Naturwissenschaft nicht viel verstehen, für objektiv begründet und legt der Bush-Regierung sogar nahe, sich doch noch dem auslaufenden Kioto-Abkommen anzuschließen, um leichter Verbündete im „Krieg der Köpfe" gewinnen zu können.

Im Unterschied zu Paul Berman und den vielen andern, die heute mit Ökologie Politik machen möchten, kenne ich mich in der Ökologie etwas besser aus. Ich weiß, welche dürftige theoretische Begründungen hinter ständig wiederholten Schlagworten wie „ökologisches Gleichgewicht", „Stoffkreislauf" oder „Biodiversität" und „Stabilität" stehen, weil ich mich lange Jahre selbst mit dem Studium und der praktischen Anwendung der Ökologie befaßt habe.

Neben dem Erlernen der analytischen Methodik der Biochemie, der Hydrobiologie und der Bioklimatologie gehörte dazu auch die aufmerksame Lektüre der Werke Charles Darwins und seiner Nachfolger. Meine nachhaltigsten praktischen Lektionen in Sachen Ökologie erhielt ich in den 70er Jahren – lange vor der Verbreitung einer letztlich religiös inspirierten Buchhalter- beziehungsweise Milchmädchen-Ökologie durch grüne Parteien und verschiedene Naturschutzverbände – als ich in der Provence viele Wochen und Monate mit dem Bestimmen und Zählen von Köcher-, Stein- und Eintagsfliegenlarven zubrachte, um den Einfluß einer chlorchemischen Fabrik auf die Ökologie eines damals insgesamt noch ziemlich wilden Voralpenflusses zu analysieren.

Worin bestand denn nun das „ökologische Gleichgewicht" eines Flusses, der nach jedem Hochwasser seinen Lauf veränderte, so daß ich mir jedes Mal neue Meßpunkte für die Entnahme von Wasser-, Planktonproben aussuchen mußte, fragte ich mich. Alles befand sich doch buchstäblich im Fluß. Um meine Diplomarbeit fristgerecht und mit präsentierbaren Ergebnissen abschließen zu können, bedurfte es etlicher Vereinfachungen und pragmatischer Festlegungen, von denen manche, bei weniger wohlwollender Betrachtung, sogar als Betrug hätten gewertet werden können.

Kurz: Ich lernte, daß es in der Natur alles andere als planmäßig zugeht. Mir wurde bewußt, wie fließend die Grenzen zwischen Science und Science Fiction sind, wenn man nicht eine übersichtlich arrangierte Laborsituation, sondern die freie Natur mit ihrer in ständigem Wandel begriffenen Vielfalt untersucht. Ich wunderte mich, daß von der Politik bestellte „Umweltexperten" nicht zögerten, sogar bei unvergleichlich komplexeren Naturvorgängen wie dem Wetter und dessen langjährigem Mittelwert, dem Klima, wie selbstverständlich mit den Begriffen der Stabilität und des Gleichgewichts zu hantieren. Wie konnte ein solcher Gleichgewichtszustand in einem offenen Universum überhaupt definiert werden? Ich begriff, daß es zwischen dem, was uns seit dem Beginn der Umweltpolitik am Ende der 60er Jahre als Ökologie verkauft wurde, und dem zukunftsoffenen Naturbild des Darwinismus Welten liegen.

Ich begann, mich eingehender mit der Geschichte der Ökologie zu beschäftigen – und zwar zunächst noch aus dem Blickwinkel eines von antiautoritären, wenn nicht libertären Ideen durchsetzten Marxismus, der seit meiner Studentenzeit in Frankfurt am Main mein Denken stark geprägt hatte.

Durch die Auseinandersetzung mit dem zutiefst antiindividualistischen Alles-oder-Nichts-Denken des Teils der 68er, der mit dem Terrorismus sympathisierte, näherte ich mich im Laufe der 70er Jahre der konsequent evolutionistischen Auffassung, nach der es auf die Einzigartigkeit der Individuen und die Konkurrenz verschiedener Weltsichten ankommt. Ich gelangte nach und nach zum Bild einer offenen, unberechenbaren Welt, die ständig neue Überraschungen bereit hält, an die sich Individuen und Kollektive bei Strafe ihres Untergangs mehr oder weniger intelligent anpassen müssen. Dabei überleben nicht unbedingt die Besten, wie es das Schlagwort vom *„Survival of the fittest"* nahe legt. Aber die Anpassungsunfähigen oder Wandlungsunwilligen bleiben höchstwahrscheinlich auf der Strecke.

Als dann in den 80er Jahren grüne Parteien und die internationale Regenbogenkriegerorganisation *Greenpeace* auf der politischen Bühne auftauchten, war mir längst klar, daß es sich hierbei um eine Bewegung handelte, die sich nicht auf ein evolutionistisches Weltbild berufen konnte, sondern eher einer stationären, vordarwinistischen Naturauffassung anhing und Politik im Sinne eines *intelligent design* betrieb. Ich hörte hinter der Forderung nach einem *„radikalen ökologischen Umbau der Industriegesellschaft"* (so ein frühes Programm der deutschen Partei „Die Grünen") deutliche Anklänge an die sogenannte Hausväterliteratur des 18. Jahrhunderts, wonach die Aufgabe der Umweltpolitik der eines weisen Patriarchen gleicht, der seinem Gesinde Moral predigt, Arbeiten aufträgt und Ressourcen zuweist.

Kurz: Ich sah hier ein Verständnis von Ökologie, das sich nur Bürokraten ausgedacht haben konnten. In deren Augen erscheint die Welt als ein kompliziertes, schwer durchschaubares Uhrwerk, das die Menschen dennoch entsprechend ihrer Werte und Wünsche gezielt beeinflussen und steuern können, sofern sie nur die richtige Stellschraube finden.

Diese Stellschraube glaubten viele, mit dem Verbrennungsabgas Kohlendioxid (CO_2) gefunden zu haben. Doch dieser Glaube stützt sich ausschließlich auf numerische, nicht analytische Computersimulationen, die der gesicherten Erkenntnis widersprechen, daß die Lebensbedingungen auf der Erde nicht in erster Linie vom Kreislauf des Kohlenstoffs, sondern von dem des Wassers bestimmt werden.

Der Wasserkreislauf wiederum wird, wie jedes Schulkind wissen sollte, von der Energie der Sonne angetrieben und unterliegt wie deren Strahlkraft und Magnetfeld natürlichen, zum Teil von kosmischen Einflüssen abhängigen Schwankungen, denen gegenüber menschliche Einflüsse als vernachlässigbar klein erscheinen.

Der Kohlenstoffkreislauf, auf dessen Steuerung das Kioto-Protokoll abzielt, ist eine drittrangige, vom Wasserkreislauf abhängige Größe. Anders ausgedrückt: Hätte der politische Kuhhandel von Kioto einen Sinn gehabt, müßte der Schwanz tatsächlich mit dem Hund wedeln können.

In den teuren Computermodellen, die der „Klimapolitik" zugrunde liegen, sieht das freilich ganz anders aus. Konsequenterweise hätten dann aber die Spitzenpolitiker und „Klimaexperten", die das Kioto-Protokoll ausgehandelt haben, beschließen müssen, den Handel mit Emissionsrechten, mit dessen Hilfe dieses Abkommen umgesetzt werden soll, auf Computer- oder Brettspiele zu begrenzen. Diese könnten dann vielleicht einen vielleicht mit dem Monopoly-Spielen vergleichbaren Freizeitwert erlangen.

Doch die Politik hat sich in die Konfusion zwischen *Science* und *Science Fiction* geflüchtet. Könnten die globalen Lebensbedingungen tatsächlich Gegenstand politischer Gestaltung sein, warum hat man dann statt der „Klimapolitik", die in kosmische Zusammenhänge eingreifen können müßte, nicht mit einer etwas bescheideneren „Plattentektonikpolitik" zur Verhütung von Erdbeben begonnen, die immerhin den Vorteil hätte, sich nur mit irdischen Zusammenhängen beschäftigen zu müssen?

Die Antwort auf diese Frage liegt angesichts der Tsunami-Katastrophe, die die Insel Sumatra und andere Anrainer des indischen Ozeans am 26. Dezember 2004 heimgesucht hat, auf der Hand: Die Menschen haben trotz aller technischer Errungenschaften bei weitem nicht die Kraft, irgendwo steuernd in die Bewegungen der Erdkruste eingreifen zu können. Sie müssen zum Beispiel dem ostafrikanischen Grabenbruch, der den Kontinent Afrika zweiteilen wird, völlig machtlos zuschauen. Dennoch erscheint es im Prinzip leichter, das Rote Meer, wie im Buch Moses beschrieben, erneut zu Fuß passierbar zu machen, als die Durchschnittstemperatur der Erde und die Entwicklung des Wetters gezielt zu beeinflussen.

Doch was im Falle der Erdkruste offenkundig ist, soll beim weitaus komplexeren, auch außerirdischen Einflüssen unterworfenen Wettergeschehen nicht gelten. Das zeigt, wie abwegig die Behauptung ist, die globale Erwärmung sei *„die größte Herausforderung des 21. Jahrhunderts"* und wie absurd der in Kioto abgeschlossene politischen Kuhhandel ist. Doch fiel das kaum einem der daran beteiligten Akteure auf, weil die vermessene Idee, Gott spielen zu wollen, das Wesen des noch immer geliebten Wohlfahrtsstaates europäischer Prägung ausmacht.

Dennoch besteht Grund zur Hoffnung, daß die grüne Soße, die uns wohlmeinende Klimaschützer und Ökopazifisten eingebrockt haben, am Ende nicht so heiß gegessen wird, wie sie gekocht wurde. Ohne diese Hoffnung wäre die Arbeit, die ich mit dem folgenden Versuch einer Fundamentalkritik des Ökologismus und Öko-Nihilismus auf mich genommen habe, sinnlos. Persönlich setze ich mittelfristig auf eine politische Allianz zwischen Radikal-Liberalen beziehungsweise Libertären und gestandenen Konservativen mit mehr oder weniger engen religiösen Bindungen.

Trotz des gerade auch bei deutschen Konservativen verbreiteten primären Anti-Amerikanismus bin ich fest davon überzeugt, daß auch in

Deutschland und Europa ein Bündnis zwischen konservativ-religiösen und libertären Staatsskeptikern möglich ist. Zu einem solchen Bündnis, das manchen als widernatürlich erscheinen mag, ist es in der Klimadebatte inzwischen in Ansätzen bereits im Internet gekommen. Dort diskutieren seit Jahren im „Unruhehestand" lebende hochqualifizierte Naturwissenschaftler und Ingenieure ohne größere Verständnisprobleme mit jüngeren, dem politischen Umfeld und dem geistigen Einfluß der 68er „Bewegung" entronnenen radikal-liberalen Publizisten.

Wer ein endgültiges Abgleiten unseres Landes in eine Abwärtsspirale nach dem Muster des einst wohlhabenden Argentinien verhindern möchte, hat auch kaum eine andere Wahl, als sich mit geistig frisch gebliebenen Vertretern der älteren Generation zusammen zu tun. Denn die in Deutschland heranwachsende jüngere Generation, die ganz anders denkt als ihre 68er Eltern, hat leider wegen des Einbruchs der Geburtenrate (an dem der gedankenlose Hedonismus der 68er nicht unschuldig ist) zahlenmäßig ein so geringes Gewicht, daß sie alleine eine politische Wende in Richtung auf mehr individuelle Freiheit und Verantwortung unter den gegebenen Bedingungen der parlamentarischen Demokratie nicht schaffen würde.

In Deutschland entscheidet heute eine bequeme Mehrheit von etwa 60 Prozent der Wahlberechtigten, die in verschiedener Form von staatlichen Zuwendungen abhängig sind, über die Arbeits- und Lebensbedingungen jener 40 Prozent produktiv Tätiger, die den Staatsapparat und die von ihm Abhängigen mit dem enteigneten Teil ihrer Arbeitsergebnisse unterhalten müssen. Was dabei herauskommt, zeigen der Ausgang der vorgezogenen Bundestagswahl vom 18. September 2005 und die dadurch mehr oder weniger erzwungene Große Koalition von Realitätsverweigerern in Berlin. Diese Regierungskoalition – das zeigt sich immer deutlicher – ist Deutschlands eigentliche Klimakatastrophe.

Danksagung

In die folgende Untersuchung sind viele Anregungen und Gedanken eingeflossen, auf die ich vielleicht nicht gekommen wäre, wenn ich nicht viele Gelegenheiten zu langen Diskussionen und mitunter auch harten Disputen mit anregenden Partnern und Kontrahenten gehabt hätte.

Zu besonderem Dank verpflichtet bin ich meiner Frau, der Altphilologin und Althistorikerin Dr. Martine Gärtner, dem Philosophen Dr. Hardy Bouillon vom *Center for the New Europe (CNE)* in Brüssel, dem Chemiker im Ruhestand Dr. Claus Christ (Kelkheim im Taunus), dem Chemiker Dr. Heinz Hug (Wiesbaden), dem Juristen Robert Nef, Chef des Liberalen Instuts und Mitherausgeber der „*Schweizer Monatshefte*" (St. Gallen und Zürich), dem Chemiker im Ruhestand Dr. Heinrich Röck (Trostberg), dem Chemiker im Ruhestand Dr. Gerhard Stehlik (Hanau), dem Ökonomen im Ruhestand Dr. Gerhard Voss (Sankt Augustin-Hangelar), dem Ingenieur im Ruhestand Otto Wildgruber (Dormitz) sowie meinen Freunden und Journalistenkollegen Dirk Maxeiner (Augsburg), Michael Miersch (München) und Andreas Oberholz (Heiligenhaus).

Ich danke besonders dem Chemieingenieur Alfred Widmer, Chefredakteur des Fachmagazins *CR-Chemische Rundschau* (Solothurn, Schweiz), in dem verschiedene Passagen des vorliegenden Buches in Form von Fachbeiträgen veröffentlicht wurden.

Nicht zuletzt bin ich meinem Verleger Herrn Dr. Holger Thuß, zugleich Geschäftsführer des Umweltnetzwerkes *CFACT Europe*, für die kompetente Betreuung dieses Buches zu großem Dank verpflichtet.

Edgar L. Gärtner
Frankfurt am Main und Brüssel, Februar 2007

1

Windmühlen im Krieg der Köpfe

WENN nicht alles täuscht, sind bei uns in Deutschland und auch in einigen westeuropäischen Nachbarländern bald alle grün: die einen, weil sie überzeugte Anhänger grüner Parteien beziehungsweise schwarzer und roter Parteien mit grünen Ambitionen oder gläubige Muslime sind, die andern, weil sie sich darüber grün ärgern.

Sichtbarstes Symbol der Ergrünung Deutschlands und dem damit zusammenhängenden Ärger ist die Verunstaltung des Landes durch Tausende von riesigen Windrädern. Die internationale Konferenz *Renewables 2004* Anfang Juni 2004 in Bonn wurde nicht nur vom damaligen grünen Bundesumweltminister Jürgen Trittin, sondern auch vom damaligen Bundeskanzler Gerhard Schröder und seiner Parteigenossin Heidemarie Wieczorek-Zeul als Durchbruch im *Kampf gegen Armut und Klimawandel* durch die Erschließung sogenannter erneuerbarer Energien gefeiert. „*Das Zeitalter der Erneuerbaren beginnt jetzt!*" erklärte Trittin großspurig. Und Bundesentwicklungsministerin Wieczorek-Zeul fügte mit Blick auf den Irak-Krieg hinzu: „*Es wird niemals Krieg um den Zugang zur Sonne geben.*" Man glaubt ihr gerne, daß man deutsche Windräder und Solaranlagen wie die vielfältigen kartellähnlichen Verflechtungen in Parteien, Verbänden und Aufsichtsräten der Deutschland AG nicht am Hindukusch verteidigen braucht.

Dieser Versuch, einer zutiefst verunsicherten Bevölkerung durch gutes Zureden von oben herab ein Gefühl des Aufbruchs in eine neue Ära von Frieden und Wohlstand zu vermitteln, mußte schon nach weniger als einem Jahr als gescheitert gelten. Die rot-grüne Regierungskoalition war im Frühjahr 2005 sichtbar am Ende ihres Lateins. Doch die grüne Gefahr ist mit der Ablösung der Schröder-Trittin-Regierung durch eine „große Koalition" noch lange nicht gebannt. Die Wind- und Solar-Euphorie erhielt nur für kurze Zeit einen Dämpfer. Seit Angela Merkel als Spitzenkandidatin der Opposition schon vor der vorgezogenen Bundestagswahl vom 18. September 2005 durchblicken ließ, daß es unter ihrer Kanzlerschaft nicht nur eine Fortschreibung der umstrittenen Ökosteuer, sondern auch „Vertrauensschutz" für die Wind- und Solarbranche und nur wenige Abstriche von der als „Anschubfinanzierung" getarnten Dauersubventionierung „erneuerbarer" Energien über künstlich erhöhte Strompreise geben wird, setzten die Aktien von Photovoltaikanlagen-Herstellern wie der Bonner *SolarWorld AG* oder der Berliner *Solon AG* nach einem kurzen Einbruch ihren Höhenflug an der Börse fort. In dem nach dem vagen Ausgang der Bundestagswahl zustande gekommenen Koalitionsvertrag zwischen Unionschristen und Sozialdemokraten wird denn auch die ideologiegetriebene und ruinöse Energiepolitik der rot-grünen Regierung ausdrücklich fortgeschrieben. Eine Gesetzesänderung, die den Stromverbrauchern die Kosten für teure Unterwasserkabel auferlegt, machte inzwischen den Weg frei für die Errichtung riesiger Windradparks in der Nord- und Ostsee. Nach der Veröffentlichung der politischen „Zusammenfassung" des zunächst für Mai 2007 angekündigten 4. Klimazustandsberichts des *Intergovernmental Panel on Climate Change (IPCC)* Anfang Februar 2007 in Paris erlebten die Aktien der Solarbranche einen Boom, der unwillkürlich an die „Blase" der *New Economy* um die Jahrtausendwende erinnert.

Der ökologisch-industrielle Komplex

WIESO kann die derzeit mit Abstand teuerste Methode der Stromerzeugung derart die Phantasie von Geldanlegern beflügeln? Die Antwort liegt auf der Hand: Längst hat sich in der deutschen Wirtschaft ein politisch gehätschelter, aber volkswirtschaftlich parasitärer ökologisch-industrieller Komplex (ÖIK), ein staatsmonopolistisches Kartell nach dem Vorbild des im Kaltem Krieg aufgebauten militärisch-industriellen Komplexes (MIK) etabliert. Hier bestimmen nicht Angebot und Nachfrage die Produktpalette und die Preise, sondern die Wünsche und Vorgaben von Berufspolitikern und Spitzenbürokraten in Form maßgeschneiderter Gesetze und Verordnungen. Diese fanden im Kalten Krieg ihre Begründung in der Bedrohung der freien Welt durch den Kommunismus. Seit den 70er Jahren muß nun die Angst vor einer Klimakatastrophe und der Erschöpfung begrenzter natürlicher Ressourcenvorräte als Rechtfertigung für massive politische Eingriffe in den Markt herhalten.

Das dahinter stehende statische Denken wurzelt in der europäischen Romantik. Es unterstellt eine geschlossene Welt mit einem ein für allemal gegebenen Vorrat nicht erneuerbarer Ressourcen. Mit anderen Worten: Der Kuchen, von dem alle leben, kann nach dieser Sicht lediglich „sozial gerecht" umverteilt, aber nicht vergrößert werden. Von daher die eigentlich absurde Idee, die heute lebenden Generationen in Form der Ökosteuer und der massiven Förderung „erneuerbarer" Energien über Zwangsabgaben für die Lösung hypothetischer Probleme unserer Enkel und Urenkel zur Kasse zu bitten.

Anhänger des Freihandels in einer im wörtlichen wie im übertragenen Sinne offenen Welt gehen demgegenüber selbstverständlich davon aus, daß es künftigen Generationen infolge rascher Fortschritte der Technik wahrscheinlich erheblich besser gehen wird als heutigen. Und sie sind sich gewiß, daß sie das in den Stand versetzen würde, ihre Ressourcenprobleme viel eleganter und kostengünstiger zu lösen als wir. Daraus folgt: Es ist vernünftiger, in die Erforschung „sauberer" Techniken der Nutzung fossiler Energieträger zu investieren als in die Rationierung des Ressourceneinsatzes und in die Förderung nicht marktfähiger Techniken der Nutzung „erneuerbarer" Energien.

Das heißt nicht, der Staat solle sich unter keinen Umständen an der Markteinführung viel versprechender neuer Techniken durch „Anschubfinanzierung" beteiligen. Denn immerhin hat auch unsere derzeit kostengünstigste Primärenergie, die Kernenergie, in ihren Anfängen erheblich von Vorleistungen öffentlicher Hände profitiert.

Von einer solchen sinnvollen „Anschubfinanzierung" kann aber bei Techniken wie der Photovoltaik, bei der eine echte Kostendegression bislang nicht feststellbar ist, gar nicht die Rede sein. Es handelt sich bei der teuren, kostendeckenden Einspeisevergütung für Solarstrom vielmehr um die Dauersubventionierung einer nicht Verbraucherwünschen, sondern ausschließlich politischen Zielen dienenden Branche.

Auf das Entstehen des ökologisch-industriellen Komplexes hat der US-Publizist Martin Gellen schon 1970, kurz nach dem feierlich inszenierten Start der Umweltpolitik als neues und relativ eigenständiges Politikfeld durch den damaligen US-Präsidenten Richard Nixon, hingewiesen. Auf Kosten gutgläubiger Anleger und entmündigter Endverbraucher können die zu dem kartellartigen Komplex gehörenden Firmen mit Produkten, die auf dem freien Markt kaum eine Chance hätten, satte Gewinne machen.

Diesen Fremdkörper in der Marktwirtschaft werden wir wohl so leicht nicht wieder loswerden. Denn sein Aufbau wurde von nationalen und internationalen Techno-Bürokratien mithilfe renommierter Denkfabriken schon in der zweiten Hälfte der 60er Jahre des vorigen Jahrhunderts geschickt und umsichtig in die Wege geleitet, um im Fall eines

„Ausbruchs des Friedens" bei einer eventuellen vorzeitigen Beendigung des Kalten Krieges nicht als ratlos und überflüssig dazustehen.

Nicht zufällig gehörten Rüstungskonzerne und staatsnahe Großbanken zu den ersten Mitgliedern des ÖIK und wurden deswegen von Öko-Pazifisten prompt als Vorreiter einer „friedlichen Konversion" der Wirtschaft des Kalten Krieges gelobt. Wie an anderer Stelle noch detaillierter hergeleitet werden wird, bedeutet das: Die „Grünen" waren nicht die Urheber, sondern immer nur naive Vollstrecker eines von langer Hand vorbereiteten Wechsels der Strategie bürokratischer Herrschaftssicherung. Nun werden sie vermutlich eine Zeit lang von niemandem mehr gebraucht.

Zwar bleibt es nun erst einmal offen, ob es auch in Deutschland zu der bislang hauptsächlich von den Grünen verhinderten Renaissance der Kernenergie kommt. Aber zumindest eine Verlängerung der Laufzeiten der noch am Netz hängenden 17 deutschen Atomkraftwerke wird sich mittelfristig kaum vermeiden lassen. Doch wird die Rehabilitierung der friedlichen Nutzung der Kernenergie in den allermeisten politischen Verlautbarungen nicht wirtschaftlich, d.h. mit den konkurrenzlos niedrigen Stromerzeugungskosten der Atommeiler von etwa 2,5 Eurocent je Kilowattstunde begründet, sondern nahezu ausschließlich ökologisch bzw. ökologistisch mit der Möglichkeit, dadurch CO_2-Emissionen einzusparen und die Vorgaben des Kioto-Protokolls erfüllen zu können.

Die Atomwirtschaft soll also wieder zum wichtigen Bestandteil des ökologisch-industriellen Komplexes werden, was – wie wir sehen werden – letztlich auch der Hauptzweck der seit den 70er Jahren in die Welt gesetzten dramatischen Warnungen vor einem drohenden „Klimakollaps" ist. In den USA unterstützen große, in der Kernenergie engagierte Konzerne wie *General Electric* und *Exelon* inzwischen ganz offen Initiativen im Senat, fossile Energien durch eine Deckelung der CO_2-Emissionen und/oder eine CO_2-Steuer *(carbon tax)* gegenüber der Kernenergie künstlich zu verteuern. Haben diese Konzerne das wirklich nötig?

In Deutschland bahnt sich folgender Kuhhandel zwischen der Atomwirtschaft und der Wind- und Solarbranche an: Als „Gegenleistung" für die Verlängerung der Laufzeit der bereits abgeschriebenen Atomkraftwerke soll die weitere Erforschung und Entwicklung „erneuerbarer" Energiequellen durch die Abschöpfung der Extragewinne der Stromwirtschaft aus abgeschriebenen Atommeilern großzügig gefördert werden. So wäre dafür gesorgt, daß die Energie teuer bleibt und politische Wunschkinder Chancen auf dem Markt bekommen.

Allem Anschein nach ist weniger die Entflechtung, sondern das Ergrünen der Deutschland AG angesagt. Statt sich für den Schutz des Eigentums, der Vertragsfreiheit und des Freihandels stark zu machen, bemühen sich auch Firmen anderer Wirtschaftszweige nach Kräften, in das Öko-Kartell aufgenommen zu werden. Ein wichtiger Indikator dafür ist das von der *Allianz*-Versicherung angekündigte stärkere Engagement in der Wind- und Solarbranche. Bis zu 500 Millionen Euro wird der Versicherer in den nächsten fünf Jahren über eine *Private Equity*-Gesellschaft in „erneuerbare" Energien investieren. Statt die Gelder ihrer Kunden mit dem Ziel der Zukunftsvorsorge gewinnbringend anzulegen, beteiligt sich der große Finanzkonzern somit aktiv an der Kapitalvernichtung! Die Absicherung des Geschäftes im Sinne der herrschenden *political correctness* erscheint seinem Vorstand wichtiger als die Versicherung verschiedener Lebensrisiken seiner Kunden durch solide Geldanlagen.

Die „Klimapolitik" und ihre wichtigsten Instrumente wie die massive Subventionierung unsteter und unausgereifter alternativer Energiequellen sowie der europäische Emissionshandel, so kostspielig und nutzlos sie auch sein mögen, werden den angekündigten Sparmaßnahmen im Berliner Bundeshaushalt und im Brüsseler EU-Haushalt vermutlich nicht zum Opfer fallen. Im Gegenteil: Nach dem Schuß vor den Bug, den die Politik der politischen Integration Europas „von oben" in Form der Ablehnung des EU-Verfassungsvertrags durch die Mehrheit der französischen und niederländischen Wähler bekommen hat, muß die „Klimapolitik" der gesamten Politiker-Kaste mehr denn je als Rettungsanker erscheinen. Der Emissionshandel wird zum Ersatz für das „Projekt Europa."

Das Geschäft der Wohlstandspazifisten

FRÜHER verdiente die deutsche Stahlindustrie viel Geld mit dem Bau von Panzern und Kanonen. Inzwischen verdient sie bestens mit der Verwandlung des norddeutschen Flachlandes und der Mittelgebirge in Vogelscheuchen-Parks. Die Herstellung der jeweils bis zu 60 Tonnen wiegenden Turmsegmente von inzwischen fast 20.000 bis zu 180 Meter Nabenhöhe aufragenden Windkraftanlagen (WKA) soll in Deutschland (so ein 2003 vom Bundesumweltministerium in Form einer Pressemitteilung in die Welt gesetztes Gerücht) nach der Automobilindustrie schon zum zweitwichtigsten Absatzmarkt für Stahl geworden sein.

Diese Rangfolge entpuppte sich zwar als Wunschdenken beziehungsweise Propaganda eines grünen Umweltministers mit maoistischer Vergangenheit, könnte aber bald wahr werden, wenn nicht nur die deutsche Rüstungsindustrie, sondern auch zivile Abnehmer der Stahlindustrie wie der Anlagen- und der Fahrzeugbau aufgrund der wirtschaftlichen Stagnation und der Politik materieller und geistiger Abrüstung weiter schrumpfen und die wirtschaftlichen und juristischen Hürden, die dem bereits projektierten Bau von drei Dutzend großen *Off-Shore*-Windparks noch entgegenstehen, aus dem Weg geräumt sein werden. Denn diese verschlängen so große Stahlmengen und so viel Geld, daß sie tatsächlich die bisherige Rangordnung der Investitionen umkehren würden.

Unsere „Wohlstandspazifisten" (Thomas Schmid, *Frankfurter Allgemeine Sonntagszeitung*, 16.2.2003), die immer dann zu Hunderttausenden auf die Straße gehen, Lichterketten bilden, sich an Zäunen von Großbaustellen oder Militärbasen um wärmende Lagerfeuer kuscheln, wenn sie durch entschlossenes Vorgehen der „bösen" Supermacht USA aus ihrer scheinbar verdienten Ruhe gebracht, in ihrer hedonistischen Öko-Nische bedroht werden, sähen jedenfalls allen Grund zum Jubeln, wenn sich das Volk, das einmal Kanonen der Butter auf dem Brot vorgezogen hat, sich nun beinahe einstimmig auf den Weg der windkraftgetriebenen totalen Abrüstung begäbe.

Endlich scheint ein Weg gefunden, guten Gewissens Geld zu machen und dabei noch etwas für den globalen „Klimaschutz" und den Weltfrieden zu tun. Der Aufbau einer „nachhaltigen" internationalen Friedensordnung scheint nach dieser Weltsicht allein vom guten Willen der Menschen abzuhängen. Die Verteidigung individueller Freiheit und Verantwortung gegen kollektivistische Tyrannei in allen ihren Spielarten scheint unwichtig geworden zu sein.

Doch wer beim Eintreffen einer Kriegserklärung auf die Straße geht, um dafür zu demonstrieren, in Ruhe gelassen zu werden, beweist dadurch noch lange nicht, daß er ein besserer Mensch ist. Die Terrorangriffe am 11. September 2001 auf die *Twin Towers* des New Yorker *World Trade Center*, am 11. März 2004 auf Pendlerzüge in Madrid und im Juli 2005 auf ein Touristenzentrum im ägyptischen Sharm El-Sheikh am Roten Meer sowie auf drei U-Bahnen und einen Bus in London zeigen, daß es auch heute noch Situationen gibt, in denen Kanonen sich sehr wohl als nützlicher denn Windmühlen erweisen könnten, weil Krieg, in welcher Form auch immer, der rationalste Weg zum Frieden sein kann, wenn die Diplomatie nicht mehr zu tragfähigen produktiven Mißverständnissen gelangt.

Das bedeutet zwar nicht, daß US-Präsident Bushs Begründung der militärischen Entmachtung des irakischen Despoten Saddam Hussein mit dem Hinweis auf versteckte Massenvernichtungswaffen ungeprüft als richtige Antwort auf die Herausforderung durch einen zwar nicht namen-, aber adressenlosen Feind durchgehen kann. Klar sollte aber sein, daß feiges Wegducken, Beschwichtigung und Selbstbeschuldigung, wie sie im Ergebnis der spanischen Parlamentswahlen drei Tage nach dem islamo-faschistischen Anschlag von Madrid zum Ausdruck kamen, mit Sicherheit die falsche Antwort sind, weil sie die von totalitär-nihilistischen Motiven getriebenen Attentäter mit ihrem offen verkündeten Motto *„Ihr liebt das Leben, und wir lieben den Tod"* nur zu weiteren gezielten Schlägen gegen die ihnen verhaßte freiheitliche Zivilisation des Westens ermuntern kann (so Josef JOFFE, *Die Zeit,* 18. März 2004). Damit griff Joffe die These des US-amerikanischen Publizisten Paul Berman (2004) auf, der auf die eindeutige Affinität zwischen dem romantisch begründeten Antisemitismus der Nazis und der Ideologie der militanten Islamisten hinwies und im 11. September den Beginn eines neuen Kalten Krieges zwischen Totalitarismus und Liberalismus sieht.

Mit der Wahl des Sozialisten José Zapatero hat in Madrid fürs erste jedenfalls nicht die Friedenssehnsucht einer Wählermehrheit naiver Gutmenschen gesiegt, sondern die terroristische Erpressung. Der französische Philosoph André Glucksmann ging im *Figaro Magazine* vom 20. März 2004 so weit, die dort unter dem Slogan *„Aznar, assassin!"* demonstrierenden Pazifisten als *„Schwachsinnige"* und *„nützliche Idioten"* der islamo-faschistischen Aggressoren zu titulieren.

Um Kopfschütteln bei den Lesern vorzubeugen, schon an dieser Stelle folgendes zur Klärung: Ich verwende in dieser Abhandlung nicht den Nihilismusbegriff, wie man ihn in gängigen Lexika findet. Nihilist sein bedeutet nicht, an nichts zu glauben, sondern nicht zu glauben an das, was ist. Das arbeitete der französische Literaturnobelpreisträger Albert Camus unter Berufung auf Friedrich Nietzsche schon 1951 heraus.

Camus meinte damals an etlichen historischen Beispielen zeigen zu können, daß alle Formen historischer Heilsgewißheit wie ihr Ursprung, die diesseitig mißverstandene christliche Heilslehre selbst, oder auch der vielleicht gar nicht so unchristliche dialektische Materialismus im Grunde nihilistisch sind, weil sie in ihrer Alles-oder-Nichts-Einstellung alles leugnen oder negieren, wenn nicht physisch eliminieren müssen, was nicht in das Schema ihrer Bewegung paßt. In diesem Sinne ist auch der gewalttätige Islamismus von heute nihilistisch. Nicht zuletzt lassen sich auch in der religiös gewendeten Ökologie nihilistische Züge ausmachen.

Es geht im Folgenden also nicht nur um das ernste, aber eher vordergründige Problem der zukünftigen Versorgung der Wirtschaft und der Privatverbraucher mit bezahlbarer Energie. Es geht nicht lediglich um die Feststellung, daß die entsprechend dem *„Gesetz für den Vorrang Erneuerbarer Energien"* (EEG) nach dem Willen der in Berlin bis 2005 regierenden rotgrünen Koalition mit drei- bis vierfach überhöhten Stromabnahmepreise subventionierten Windparks die infolge des gleichzeitig beschlossenen Ausstiegs aus der Kernenergienutzung sich öffnende Energieversorgungslücke nie und nimmer werden ausfüllen können. Es geht um mehr. Es geht um die Frage, ob in Deutschland (und in der Europäischen Union) Klugheit oder Dummheit regiert und ob nicht die Gefahr besteht, daß die Klügeren der herrschenden Dummheit gegenüber so lange nachgeben, bis sie am Ende selbst die Dummen sind.

Intellectual Gap

HAT die Tatsache, daß die Deutschen sich unangefochten als Weltmeister beim Bau von Windkraftwerken feiern können, nicht etwas mit dem schlechten Abschneiden unseres Landes bei der PISA-Studie zu tun? Die Beobachtung legt es nahe, zumindest diese Frage zu verneinen: Auch Menschen mit einem hohen Intelligenzquotienten und guter Schulbildung werden von dem in Deutschland und anderen Teilen Westeuropas um sich greifenden dümmlichen Gutmenschentum erfaßt.

Andererseits können Menschen, die nicht mit einem besonders hohen IQ glänzen, sich durch das Festhalten an einem soliden Fundus von gesundem Menschenverstand auszeichnen und erkennen, daß zum Beispiel George W. Bush davon vermutlich viel mehr besitzt als die intellektuell hochgestochen und scheinbar geistreich auftrumpfenden europäischen Verteidiger des Stillstands im Namen von Ökologie und Nachhaltigkeit. Dafür werden jene, die den US-Präsidenten George W. Bush für das kleinere Übel halten, jedoch als gefährliche „Rechtspopulisten" gebrandmarkt und mit gesellschaftlicher Isolierung bestraft.

Dummheit oder Klugheit werden offenbar nicht allein durch den IQ bestimmt. Seit jeher gilt: Führungskraft hängt nicht unbedingt vom IQ einer Person ab, sondern vielmehr davon, ob sie weiß, was und wohin sie will, und vom Mut, von der Zähigkeit und der Unbeirrtheit, mit der sie zustimmungsfähige Ziele verfolgt. Als einer der führungsstärksten US-Präsidenten ging der B-Rollen-Schauspieler Ronald Reagan in die Geschichte ein. Reagan galt auch schon vor dem Ausbruch seiner Alzheimer-Erkrankung nicht gerade als Intelligenzbestie. Er beeindruckte jedoch selbst seine Gegner durch die mobilisierende Kraft seiner Reden und seine entschlossene Politik gegenüber klar definierten Gegnern und Hindernissen, selbst wenn er sich dabei gelegentlich irrte.

In der Tat: Mutiges Handeln steckt an und schafft Vertrauen. Auf der anderen Seite können aber Angst, Verzagtheit, Mißtrauen und politische Dummheit offenbar ebenso ansteckend sein wie Mut und Klugheit. Auch sie können Menschen aller Intelligenz- und Erziehungsniveaus mitreißen. Die unterschiedliche Begeisterung, mit der die Präsidenten Putin und Bush in Berlin, Mainz und anderen westeuropäischen Hauptstädten empfangen wurden, sprechen Bände.

Als geradezu bestürzend müßte das Ergebnis einer Meinungsumfrage gelten, wonach eine deutliche Mehrheit von EU-Bürgern in den USA und Israel die mit Abstand größte Bedrohung des Weltfriedens und in US-Präsident George W. Bush den gefährlichsten Mann der Welt sieht.

Dagegen legte es eine nüchterne Analyse der Weltlage wohl nahe, den heuchlerischen französischen Staatspräsidenten Jacques Chirac, alle diplomatische Zurückhaltung vergessend, als drittgefährlichsten Mann nach Osama Bin Laden und Abu Musab az-Zarqawi einzustufen. Die protektionistische, freihandelsfeindliche Organisation ATTAC erschiene als dessen „Fünfte Kolonne". Und der allseits wie der kühne Asterix verehrte französische „Bauernführer" José Bové, der sich durch das Zerlegen von McDonalds-Restaurants und das Zertrampeln genetisch optimierter Maispflanzen hervortat, erschiene sicher als viel gefährlicher als der Rechtsausleger Jean-Marie Le Pen, der mit seinen altertümlich-nationalistischen Forderungen die undankbare Rolle der *Bête noire* spielt.

An jenem Umfrageergebnis ist die auf Notlügen fußende hilflose Kommunikationspolitik des Weißen Hauses zwar nicht ganz unschuldig. Doch zeigt die Art, wie die Kontinentaleuropäer in den 80er Jahren dem begnadeten Kommunikator Ronald Reagan begegnet sind, daß Bush und seine Leute in Westeuropa kaum größere Chancen gehabt hätten, wenn sie die Ziele ihres „Krieges" gegen den Terror einfühlsamer erklärt hätten. Hätte Bushs Herausforderer John Kerry die Präsidentschaftswahlen gewonnen, hätten die europäischen Spitzenpolitiker übrigens vor einem Problem gestanden. Sie hätten dann zeigen müssen, daß sie bereit sind, mit einem Mann zusammen zu arbeiten, dem sie einen großen Sympathievorschuß gaben, der aber kaum anders hätte handeln können als sein Vorgänger und sie als erstes darum gebeten hätte, sich an der Aufstockung der Besatzungstruppen im Irak zu beteiligen. War die europäische „Elite" schon gar nicht mehr fähig, das klar zu sehen?

Das alles zeigt, wie der Konformitätsdruck der *political correctness* selbst intelligente Menschen dazu bringt, den eigentlich durchsichtigen Argumenten politischer Rattenfänger auf den Leim zu gehen. Amerikanische Kommentatoren sprechen bereits von einem *intellectual gap* zwischen den USA und Europa (so Fred Kempe, *Wall Street Journal Europe*, 1. April 2003). Überspitzt ausgedrückt, könnte man sagen: die bequem und tumb an der (geschenkten) Konsens- und Parteien-Kartell-Demokratie klebenden Europäer verstehen schon gar nicht mehr, warum ihnen gewisse US-amerikanische *think tanks* mit ihren Analysen der gegenwärtigen heiklen Weltlage intellektuell weit überlegen sind.

So vor allem mit ihrer Analyse der buchstäblich explosiven Konsequenzen des *youth bulge*, der riesigen Zahl ehrgeiziger, aber beschäftigungs- und perspektivloser junger Männer und für ihre Sklavenrolle überqualifizierter junger Frauen in den despotisch regierten, wirtschaftlich und sozial stagnierenden islamischen Ländern, die einen beinahe um die ganze Alte Welt reichenden Gürtel des Elends bilden, der sich vor den Segnungen von Individualisierung und Globalisierung verschließt (vgl. Gunnar HEINSOHN 2003).

Die begonnene brutale Verschandelung unserer Kulturlandschaft durch immer größere und zahlreichere Windräder ist, vor diesem Hintergrund betrachtet, das sichtbarste Zeichen der an die Macht gelangten politischen Dummheit. Die frühere grüne nordrhein-westfälische Umweltministerin Bärbel Höhn hat das schon vor Jahren mit dem ebenso dummdreisten wie verräterischen Spruch *Windräder sind unsere Kathedralen!* dokumentiert.

Wie konnte es nur so weit kommen? Die Beantwortung dieser Frage hängt selbstverständlich vom jeweiligen politischen Blickwinkel ab. Naheliegend erscheint der Standpunkt des „Mannes auf der Straße", der davon ausgeht, daß Politik ohnehin ein schmutziges Geschäft ist und den Charakter verdirbt. Daß Berufspolitiker sich nach etlichen lautstarken Redeschlachten und stillschweigenden Kuhhändeln am Ende zu einem Konsens gefunden haben, dessen Umsetzung einige betuchte Anleger reicher macht, das Volk als ganzes aber ins Verderben führt, verwundert sie nicht weiter. Intellektuell sehr viel anspruchsvoller (und daher weniger mediengängig) ist die Position der Radikal-Liberalen oder Libertären, die den Berufspolitikern ebenfalls vorwerfen, sich in der Tendenz nur noch mit Problemen zu beschäftigen, die sie durch Wissensanmaßung selbst erzeugt oder (wie den angeblich drohenden „Klimakollaps") frei erfunden haben, um nicht als überflüssig zu erscheinen und um neue Geldquellen für ihren Gestaltungsdrang (und ihre Beamtenpensionen) aufzutun.

Gegenüber der zeitgeistigen außerparlamentarischen Bewegung ATTAC, die bei aller Kritik am Ränkespiel der Parteiendemokratie gedankenlos davon ausgeht, die „große" Politik und der Wohlfahrtsstaat seien etwas ganz natürliches und die Privatwirtschaft müsse zum Anhängsel der Politik werden, haben die Libertären sicher recht, wenn sie davon ausgehen, daß dem Markt sowohl die logische als auch die historische Priorität vor dem Staat zukommt und daß die Existenz des Staates, wie schon Ludwig Erhards akademischer Lehrer Franz Oppenheimer erkannte, auf gewaltsame Machtergreifung und Eroberung zurückgeht.

Ein Lehrbuchbeispiel dafür ist die Unterwerfung der Gallier zunächst durch Julius Caesar und später durch die Franken unter Chlodwig. In der Tat dürfte es bei unvoreingenommener Betrachtung schwierig sein, in Friedenszeiten einen einzigen triftigen Grund für eine politische Organisation der Gesellschaft oberhalb des kommunalen und kantonalen Niveaus zu finden. Daß die Menschen überhaupt je begonnen haben, „große" Politik zu machen, könnte nur auf Einflüsterungen des Teufels zurückgeführt werden, gäbe es nicht Oppenheimers historische Erklärung.

Aber wie kommt man wieder zur Priorität des Marktes zurück, wenn das in Europa in den Religionskriegen des 17. Jahrhunderts geschaffene Monopol der Politik (zunächst in der milderen Form der absoluten Monarchie und später in Form ihres tendenziell totalitären Gegenstücks, der zentralisierten Republik) erst einmal fest etabliert ist? Wird Politik nicht zum Schicksal, dem sich auch jene unterwerfen müssen, die ihre logische Priorität abstreiten? Machen sich die wenigen in Deutschland noch verbliebenen standhaften Verteidiger der individuellen Freiheit also die Antwort zu leicht, wenn sie einfach davon ausgehen, als „nachhaltig" deklarierte Kapitalvernichtungsanlagen wie Windräder bewiesen, daß Deutschland ein besetztes Land ist, okkupiert von einer Ausbeuterklasse aus Berufspolitikern, wohlversorgten Beamten, Staatskapitalisten, politisch korrekten Verbandsfunktionären und Medien-Lackaffen? Verdankte denn die rot-grüne Bundesregierung in Berlin ihre Macht nicht allgemeinen, freien, unmittelbaren und geheimen Wahlen? Waren die

Kreise, die diese Regierung repräsentierte, 1968 nicht mit der Parole *„Die Phantasie an die Macht!"* auf die Straße gegangen? Und entspricht die daraus hervorgegangene industriemäßige Umgestaltung unserer Kulturlandschaft – Ästhetik hin, Ästhetik her – etwa nicht dem Volkswillen?

Immerhin haben sich in einer anläßlich der Bonner Konferenz *„Renewables 2004"* vom Trittin-Ministerium beim Institut *Forsa* in Auftrag gegebenen Meinungsumfrage zwei Drittel der befragten Deutschen für eine Fortsetzung der Subventionierung des Ausbaus des Anteils der Windenergie an der Stromversorgung ausgesprochen. Nach einer Ende August 2004 veröffentlichten Umfrage, die das Meinungsforschungsinstitut *TNS Emnid* im Auftrag des *Greenpeace*-Magazins durchgeführt hat, sollen gar 85 Prozent der Deutschen die Subventionierung „erneuerbarer" Energien befürworten.

Wen und was legitimieren Wahlen?

WER so fragt, geht freilich – im Einklang mit dem Zeitgeist und der verordneten Staatsräson – davon aus, Wahlen zwischen politischen Parteien machten das Wesen einer demokratischen Republik aus. Die Erfinder der Demokratie im alten Athen sahen das allerdings anders. Denn Wahlen gab es dort nur in Kriegszeiten, wenn besondere Führungsqualitäten verlangt wurden, die nur Profis des politischen Geschäfts mitbringen konnten. Wahlen assoziierten die Athener deshalb spontan nicht mit der Demokratie, der Volksherrschaft, sondern mit Aristokratie beziehungsweise Oligarchie, der exklusiven Herrschaft weniger, die ihre Legitimation aus einer durch Wahlen bekräftigten Feindbildbestimmung herleiteten. Bedeutet doch politisches Wählen im Wortsinne gerade nicht die möglichst breite Einbeziehung der Bürger in die öffentlichen Angelegenheiten, sondern Auswählen, wenn nicht Aus*er*wählen mit dem Gegenstück: Ausgrenzen, Diskriminieren.

Mit dem Begriff der Demokratie hingegen verbanden die alten Athener die zeitlich streng befristete Besetzung öffentlicher Ämter nach dem Zufallsprinzip. Die Verlosung der Sitze im „Rat der 500" und anderer Gremien, die Begrenzung der Amtszeit der Magistrate auf höchstens ein Jahr und das Verbot, die gleiche Funktion zweimal hintereinander auszuüben, gab zumindest den etwa 30.000 Vollbürgern Athens reale Chancen, wenigstens einmal in ihrem Leben öffentliche Verantwortung ausüben zu können. Dabei sahen die Athener beim jeweiligen Ergebnis des Losens mit schwarzen und weißen Bohnen das Wirken der Götter im Spiel. Die durch den Zufall bestimmten politischen Funktionsträger erhielten dadurch eine höhere Weihe, eine besondere Legitimität (und Autorität) gegenüber von Menschen gewählten Amtspersonen.

Solche Losverfahren gab es nur im demokratischen Athen, während es im oligarchisch regierten Sparta ausschließlich Wahlen gab. Ausnahmen vom Losverfahren und dem damit verbundenen raschen Wechsel der politischen Verantwortungsträger gab es in Athen nur in Kriegszeiten. So konnte Perikles vierzehnmal in Folge als Stratege wiedergewählt werden. Aber selbst in Kriegszeiten verließen sich die Athener nur zum Teil auf das Urteil der Wähler, sondern befragten das Orakel von Delphi, dessen zweideutige Sprüche, wie wir heute wissen, allerdings nicht selten durch hinterlistige Eingriffe der Priesterschaft verfälscht wurden.

Noch Aristoteles, der zur Zeit des demografischen und politisch-militärischen Niedergangs Athens wirkte, sah in Wahlen wie selbstverständlich eine Begleiterscheinung, wenn nicht die Grundlage von Oligarchien, während er die Demokratie mit Losverfahren assoziierte. Was die tieferen religiösen Voraussetzungen der Idee von Demokratie sind, ist umstritten. Mein befreundeter Kollege Hannes Stein von der Tageszeitung *Die Welt* vermutet den Ursprung der Demokratie schon bei den Israeliten. Er sieht also im Monotheismus sowohl jüdischer als auch christlicher Prägung kein Hindernis für das Aufkommen der Demokratie.

Aus einem eher postmodernen philosophischen Blickwinkel erscheint jedoch der Polytheismus der alten Griechen und das speziell in Athen kultivierte Vertrauen in Zufallsentscheidungen als Voraussetzung der Demokratie. Hinter dieser offenen Frage steht das Problem, wieweit Demokratie und Toleranz nach der Anerkennung einer Vielfalt von „Wahrheiten" verlangen oder ob sie nicht im Gegenteil mit der vom Monotheismus geforderte Anerkennung des Alleinanspruchs der Wahrheit gegenüber Mythen einhergehen können beziehungsweise diese gar voraussetzen. Nur Katholiken und Muslime haben auf diese Frage klare Antworten, die allerdings weit auseinander liegen.

Zumindest hilft der Ursprung der Demokratie in Losverfahren bei der Klärung der Frage, warum die Entwicklung freier Märkte, die die mehr oder weniger rationalen Entscheidungen einer Vielzahl von Individuen widerspiegeln, heute spontan oft als demokratischer erscheint als die immer schwerer nachvollziehbaren Entscheidungen von Parlamenten, Regierungen oder Gremien von „Sachverständigen". Niemand sollte sich darüber wundern, daß auch Wähler der Grünen mit Vorliebe bei Discountern wie ALDI oder Lidl einkaufen. Man sollte sich besser fragen, warum sich etwa „Öko-Autos" wie der 3-Liter-Lupo von Volkswagen oder der *Smart* von Daimler-Chrysler so schlecht verkauften, obwohl sie in *Stakeholder*-Foren einstimmig als geniale Umsetzung der Idee der „Nachhaltigkeit" gefeiert wurden. Die Bürger entschieden als Kunden eben anders als die von ihnen als Wähler formal legitimierten Gremien. Nur als Kunden können sie ihrem persönlichen Willen und Geschmack beziehungsweise ihrer Kosten-Nutzen- oder Übelabwägung Geltung verschaffen.

Mit anderen Worten: Wirklich wählen können die Menschen in unseren „reifen" Demokratien nur im Supermarkt. Bei politischen Wahlen hingegen bekommen sie selten, was sie eigentlich wollen. Sie müssen eine Katze im Sack kaufen, weil sie Parteiführungen einen Freibrief ausstellen, Koalitionsvereinbarungen auszuhandeln, in denen ihre Wahlprogramme, sofern sie überhaupt gelesen wurden, kaum noch wieder zu erkennen sind. Und das, um entweder, wie gehabt, weiter zu wursteln oder sich und ihr Land in ideologisch begründete Energie- oder Agrarwende-, Emissionshandels- und andere Öko-Umbau-Revolutions-Abenteuer zu stürzen, um damit ihre Herrschaft längerfristig abzusichern.

Freilich hängt der überragende Einfluß von Berufspolitikern und politischen Parteien in Deutschland eindeutig mit dem Modus der Verhältniswahl zusammen. Schon mit einem Mehrheitswahlsystem würde es im Prinzip leichter, politische Blockadesituationen zu vermeiden, die Bürger vor die Entscheidung zwischen klarer konturierte Alternativen zu stellen und rascher Machtwechsel herbeizuführen. Noch besser als Wahlen könnten Losverfahren in Friedenszeiten als Brücke zwischen Demokratie und Marktwirtschaft dienen.

Verfassungsrechtlich gäbe es dafür keine unüberwindbaren Hindernisse, denn bei einem nach einer Art Lotterie zusammengesetzten Parlament handelte es sich noch immer eindeutig um eine Form repräsentativer Demokratie, wie sie im Deutschen Grundgesetz und im Entwurf einer Europäischen Verfassung vorgesehen ist. Demgegenüber ist dort die Rolle politischer Parteien längst nicht so klar bestimmt. Es ist auch mittelfristig durchaus vorstellbar, daß das schwammig begründete „Parteienprivileg" im deutschen Grundgesetz am Ende geopfert wird, wenn sich der rasch fortschreitende „Politikverdruß" braver Bürger einmal zur offenen politischen Krise des Parteienstaates auswächst.

Durch die Einführung von Losverfahren, wie sie die linksliberale britische Politikwissenschaftlerin Barbara Goodwin 1993 in ihrem utopischen Buch *„Justice by Lottery" (Gerechtigkeit durch Lotterie)* skizziert hat, ließe sich wohl am wirksamsten vermeiden, daß die Demokratie für die bei Wahlen unterlegenen zur Diktatur wird, weil 51 Prozent der Wähler die restlichen 49 Prozent der Stimmbürger und die rasch wachsende Zahl bewußter Nichtwähler zwingen könnten, gegen ihre eigenen Werte und Interessen zu handeln. Es muß gewährleistet bleiben, daß die Wahrung individueller Freiheit und Verantwortung in Zweifelsfall als höher bewertet wird als die Einhaltung formaldemokratischer Spielregeln, die ohnehin von Zeit zu Zeit und von Land zu Land unterschiedlich ausfallen können. Wahlen und selbst die Demokratie als solche können kein Dogma sein. Das sollte nach der formaldemokratisch völlig legalen und legitimen Machtergreifung Hitlers in Deutschland ohnehin klar sein. Sehr lesenswert ist in diesem Zusammenhang das zuerst 2003 erschienene Buch „Das Ende der Freiheit?" des in Bombay geborenen Chefredakteurs von *Newsweek International* (Vgl. ZAKARIA 2007).

In bestimmten historischen Situationen können Wahlen möglicherweise eine politische Dynamik im Sinne des Aufbrechens überkommener repressiver, patriarchalischer Clan-Strukturen und der sukzessiven Anerkennung individueller Freiheitsansprüche in Gang setzen. In „reifen" Demokratien jedoch ist die Frage der Begrenzung des politischen Einflußes auf Wirtschaft und Gesellschaft schon deshalb wichtiger, weil es unwahrscheinlich ist, daß sich jemals demokratische Mehrheiten klar für die freie Marktwirtschaft beziehungsweise die kapitalistische Wirtschaftsform aussprechen werden, obwohl diese nachweislich das einzige „System" ist, das halbwegs funktioniert. Selbst in den USA würde die Mehrheit für Planwirtschaft bei freier Konsumwahl stimmen, wobei den Wählern die Schizophrenie ihrer Entscheidung nicht einmal auffiele.

Es sei nicht ausgemacht, ob die Demokratie die Staatsform der Zukunft ist, betont Robert Nef, Herausgeber der liberalen *Schweizer Monatshefte*, im Heft 12/2003-1/2004 seiner Zeitschrift: *„Die Antwort auf die Frage, ob die Demokratie tatsächlich die Staatsform der Zukunft sei, hängt eng damit zusammen, ob es gelingt, jenen notwendigen Bereich kollektiver Entscheidungsfindung so eng und so präzis wie möglich zu definieren. Er ist von allen übrigen Bereichen abzukoppeln, bei denen andere Formen der Entscheidungsfindung befriedigender, vernünftiger, effizienter und anpassungsfähiger sind. Demokratie braucht Grenzen [...] und da das Mehrheitsprinzip notgedrungen Minderheiten schafft, darf nie vergessen werden, daß die über das Ausmaß von Freiheit entscheidende Minderheit das Individuum ist, von dessen Phantasie und kreativer Dissidenz das Überle-*

ben und der Fortschritt in der Zivilgesellschaft mehr abhängt als von der Mehrheit aller Opportunisten.“

Man dürfe schließlich nicht vergessen, mahnt Nef an anderer Stelle – wie übrigens auch Fareed Zakaria – daß der ursprünglich in Spanien aufgekommene Begriff *liberalos* die Gegner der königstreuen *servilos* bezeichnete. Wenn dagegen heute (wie im Nachbarland Frankreich gang und gäbe) der Begriff „liberal“ beziehungsweise „ultraliberal“ als Schimpfwort gebraucht wird, zeigt das nur, daß die „Servilen“ unter dem Mäntelchen des „Sozialen“ sich ihres Einflusses inzwischen so sicher sind, daß sie glauben, die Idee der individuellen Freiheit im Namen eines jakobinischen Staatsverständnisses ohne Scham auf geradezu rassistische Weise verunglimpfen zu können. (Eine andere Bedeutung hat „liberal“ bekanntlich in den USA, wo es den Gegensatz zu „konservativ“ bezeichnet und im politischen Alltag meist schlicht mit „links“ gleichgesetzt wird.)

Sobald Realitätsverlust mehrheitsfähig wird, sobald die Diskurs- beziehungsweise Konsens-Demokratie zur Legitimation von Kapitulantentum führt, liegt es jedenfalls nahe, das Selbstverständnis und die Rechtfertigung der Institutionen unseres Gemeinwesens auf den Prüfstand zu stellen. Bei der Infragestellung der Demokratie muß man allerdings nicht so weit gehen wie der an der in Las Vegas lehrende konservativ-libertäre Ökonom Hans-Hermann Hoppe, der in seinem heimlichen Bestseller *„Demokratie. Der Gott, der keiner ist“* (2001, deutsch: 2003) die zentralisierte demokratische Republik als generellen Rückschritt gegenüber der (habsburgischen) Monarchie hinstellt.

Recht hat Hoppe insofern, als der zentralisierten Republik, die nach der Französischen Revolution die absolute Monarchie abgelöst hat, ein Hang zur Tyrannei innewohnt. Die Voraussetzung dafür wurde in Europa aber schon vor der Französischen Revolution durch den Ausgang des Dreißigjährigen Krieges geschaffen, als die spannungsreiche, aber freiheitsförderliche Arbeitsteilung zwischen kleinstaatlich zersplitterten weltlichen Mächten und der geistigen Macht der Katholischen Kirche im Westfälischen Frieden durch eine Stärkung zentralstaatlicher Machtbefugnisse beendet wurde. Seither gelten Staaten im alten Europa in allen mit Lebenssinn, Gewißheit, Sicherheit und Vorsorge zusammenhängen Fragen als kompetenter als Religionen beziehungsweise Kirchen. Dem Staat wurden damit Funktionen zugeschrieben, die früher bei den Gläubigen durch das Vertrauen in die Güte Gottes ausgefüllt wurden.

Politik ohne Feindbild?

DIE historische Erfahrung zeigt: Läßt man die Menschen in unüberschaubaren Großräumen und Situationen an die Wahlurnen gehen, sprechen sie sich in der Regel mehrheitlich für die (meist trügerische) Sicherheit und gegen die Freiheit aus – oft auch gegen die Freiheit des Glaubens. Gewählt wurde auch im Nachkriegsdeutschland immer die Partei beziehungsweise der Kanzlerkandidat, der es am besten verstand, den Wählern trügerische Hoffnungen zu machen und klaren Entscheidungen auszuweichen. Das Musterbeispiel dafür ist das auf Betreiben Konrad Adenauers Ende Januar 1957 vom Deutschen Bundestag verabschiedete *„Rentenneuregelungsgesetz"*, das die von Bismarck eingeführte kapitalgedeckte durch die nur kurzfristig lukrativere umlagefinanzierte Altersversorgung ablöste. Dieses Gesetz, das den Sozialstaat inzwischen in eine Sackgasse geführt hat, bescherte der CDU bei der folgenden Bundestagswahl am 15. September 1957 das einzige Mal in der Nachkriegsgeschichte die absolute Mehrheit. Der Wahlkampfslogan „Keine Experimente!" deckte ein Experiment, dessen unglücklichen Ausgang wir inzwischen klar absehen können.

Nicht von ungefähr wurden die klügsten und mutigsten Entscheidungen seit 1945 (wie vor allem die völlige Aufhebung der Preiskontrollen und Rationierungen von Gütern des täglichen Bedarfs im Juni 1948 durch Ludwig Erhard) von Leuten getroffen, die nicht gewählt, sondern von den Besatzungsorganen ernannt worden waren. Hätte Ludwig Erhard über die Einführung der Marktwirtschaft abstimmen lassen, hätte er in Deutschland nicht die geringste Chance gehabt. Eine um diese Zeit durchgeführte, aber mit Bedacht nicht veröffentlichte Umfrage des amerikanischen *Gallup*-Instituts wies aus, daß die Mehrheit der Deutschen einer geläuterten Form von Nationalsozialismus den Vorzug gegeben hätte. Daran dürfte sich, wie der Historiker und Publizist Götz Aly vermutet, in der Zwischenzeit nicht allzu viel geändert haben, denn die Deutschen hängen nach wie vor an „Errungenschaften" der Nazi-Diktatur wie großzügigen Urlaubsregelungen, preiswertem Massentourismus, Kündigungs- und Mieterschutz, Ehegattensplitting und Entfernungspauschale bei der Besteuerung und so weiter.

In seinem Aufsehen erregenden Buch *„Hitlers Volksstaat"* (2005) zeigt Aly an Hand der bislang von der historischen Forschung vernachlässigten Finanzstatistik auf, daß Hitler-Deutschland der *„Umverteilungsstaat par excellence"* war. Die sozialen Wohltaten für die deutschen Arbeiter- und Angestelltenfamilien wurden im wesentlichen durch den Raub des Eigentums der Juden und durch die Ausplünderung der im Krieg eroberten Länder, zum Teil aber auch durch eine drakonische Besteuerung von Unternehmensgewinnen finanziert.

Das „europäische Sozialmodell", das nach Ansicht Jacques Chiracs und seiner Freunde in Deutschland die europäische Identität ausmachen soll, geht in seiner konkreten Ausgestaltung weniger auf Bismarck oder auf Napoléon III. als auf Hitler, Mussolini und Pétain zurück. Zwar wurde in Frankreich der bezahlte Urlaub von der Volksfrontregierung eingeführt. Doch das französische Nationalheiligtum *Sécurité Sociale*, das deutschen Sozialdemokraten als Vorbild für die von ihnen geforderte allgemeine „Bürgerversicherung" dient, geht auf Pétains Kollaborationsregierung zurück (vgl. Philippe SIMONNOT 2004). Dabei tun die roten Nachfolger der braunen Gefälligkeitspolitik so, als könne man dieses „Sozialmodell" von dem rassistisch begründeten Feindbild lösen, dem es einmal diente. Feindbilder scheinen nach dem Ende des Kalten Krieges überhaupt überflüssig geworden zu sein.

An die Stelle einer nachvollziehbaren politischen Feindbildbestimmung scheint bei etlichen westeuropäischen Regierungen und ihren Wählern die Angst vor einer offenen Zukunft, verbrämt als Sorge um die Abwendung von „Sozialdumping" durch die Globalisierung der Märkte sowie einer drohenden globalen Klimakatastrophe infolge eines übermäßigen Ausstoßes von „Treibhausgasen", getreten zu sein. Oder, wie es in der 1992 in Rio verabschiedeten *Agenda 21* offiziell heißt, der *Multi-Stakeholder-Prozeß* des diskursiven Aushandelns eines Konsenses über die Gestaltung der „einen Welt", die in naturalistischer Manier bereits als gegeben angenommenen wird.

Im Klartext: Die Promotoren der *Agenda 21* wollen den ganzen Planeten mit einem Dickicht bürokratischer Regelungen überziehen, weil ihnen schlicht das Gottvertrauen fehlt. Gibt es aber in Wirklichkeit, abgesehen von der physischen Einheit des Planeten Erde, schon so etwas wie die „eine Welt"? Oder bleibt diese, wie die Terrorangriffe vom 11. September 2001 oder 11. März 2004 eher nahe legen sollten, nicht vielmehr ein Ideal, eine „regulative Idee", der man lediglich in Form der Schaffung globalisierter Märkte und der Ausbreitung einer Kultur der individuellen Selbstverantwortung näher kommen könnte? Ist es überhaupt möglich, die für die Formulierung politischer Ziele bislang unabdingbare Feindbildbestimmung durch „herrschaftsfreie Diskurse" zu ersetzen? Wenn nicht, müssen dann nicht all jene als Feinde betrachtet werden, die sich Freihandel und Globalisierung mehr oder weniger gewalttätig widersetzen?

Daß „große" Politik unbedingt einer Feindbildbestimmung bedarf, ist selbst den weitsichtigsten Vertretern der Politischen Ökologie, die sich auf den für die Grünen engagierten französischen Wissenschaftsforscher Bruno Latour berufen, durchaus bewußt. Denn ohne Feindbild läßt sich gar nicht begründen, warum Probleme des menschlichen Zusammenlebens überhaupt oberhalb des mehr oder weniger überschaubaren kommunalen Niveaus angegangen werden sollten. Auch die im Gewande des Pazifismus auftretende Politische Ökologie, die in Europa inzwischen zur tendenziell totalitären politischen Religion erhoben wurde, kommt deshalb nur scheinbar ohne Feindbild aus. Darauf hat der französische Öko-Theoretiker Latour mit einer Klarheit hingewiesen, die nichts zu wünschen übrig läßt – in einem in der *Frankfurter Allgemeinen Sonntagszeitung* vom 12. Mai 2002 veröffentlichten Gespräch mit dem Autor dieser Zeilen. Latour beruft sich dort ausgerechnet auf den wegen seiner anfänglichen Nähe zum Nationalsozialismus umstrittenen deutschen Staatsrechtler Carl Schmitt und dessen Begriff des Politischen. Nur scheint er damit im deutschen rot-grünen Milieu wenig Anhänger gefunden zu haben. Dort gilt die letztlich theologisch inspirierte Diskurstheorie von Jürgen Habermas (*Theorie des kommunikativen Handelns*, 1981) weiterhin unangefochten als Begründung jeglicher politischer Sinn- und Friedensstiftung. Über die Bestimmung von Feindbildern möchte man in dieser „*Religion des Konsenses*" (Norbert BOLZ) nicht reden.

Aber auch die von Latour verbreitete Behauptung, die Politische Ökologie – die man besser als Ökologismus, das heißt als naturwissenschaftlich verbrämte Ersatzreligion bezeichnen sollte – verfolge mit ihrem neuen, nicht gegen Menschen als solche, sondern nur gegen eine bestimmte Verbindung von Menschen und Dingen gerichteten Feindbild ausschließlich friedliche Ziele, erscheint vor dem Hintergrund der auf insgesamt 50 Millionen geschätzten Zahl von Malaria-Opfern, die allein das ökologisch beziehungsweise ökologistisch begründete DDT-Verbot von 1972 forderte, als völlig unhaltbar. Tatsache ist hingegen: Am Ökologismus starben in den vergangenen drei Jahrzehnten weltweit mindestens ebenso viele Menschen wie durch Kriege. In jüngerer Zeit haben vor allem die Boykott- und Sabotageaktionen des Moralkonzerns *Greenpeace* gegen die „grüne" Gentechnik dazu geführt, daß der Kampf gegen den Hunger in der Welt langsamer vorankam. Der Statistiker Björn Lomborg, Chef des dänischen Instituts für Umweltbewertung, spricht von schätzungsweise 60.000 *„statistischen Morden"* im Jahr allein in den USA (d.h. ohne die zwei Milliarden vermeidbaren Malariaopfer in armen Ländern) infolge des von der gegenwärtigen Umweltpolitik gepflegten blinden Gutmenschentums.

Kein Zweifel: Die zu einer faktenresistenten Heilslehre ausgebaute Politische Ökologie trägt alle Merkmale einer totalitären, menschenverachtenden Herrschaftsideologie, wie sie Friedrich August von Hayek in seiner erstmals 1944 erschienenen Schrift *„The Road to Serfdom" (Der Weg zur Knechtschaft)* analysiert hat.

So verwundert es nicht, daß inzwischen sogar Habermas selbst seine Diskurstheorie ganz offen um eine Feindbildbestimmung ergänzt hat (vgl. *FAZ*, 31. Mai 2003). Logischerweise erscheinen dort nun die Freunde von einst, die mit ihrem Umerziehungsprogramm nach der Kapitulation von 1945 erst den Boden für Diskurse bereitet haben, in der Rolle, die vormals der kommunistische Ostblock innehatte. Darauf hat der Berliner Philosoph Volker Gerhardt in einem im FOCUS 24/2003 erschienenen bissigen Kommentar hingewiesen. Die von Habermas geforderte Durchsetzung einer (ökologistischen) „Weltinnenpolitik" gegen den „Unilateralismus" der Bush-Regierung läuft nicht nur auf einen Krieg der Köpfe hinaus, sondern liefert auch die Rechtfertigung für einen aufkommenden Handelskrieg unter dem Deckmantel des „Vorsorgeprinzips" und der „Klimapolitik". Die harten Auseinandersetzungen zwischen der EU und den USA um die Vermarktung gentechnisch veränderter Futter- und Nahrungsmittel wie Soja, Raps oder Mais vermitteln einen Vorgeschmack davon.

In der Tat geht es längst nicht mehr um die Alternative Krieg oder Frieden, sondern um die Frage, wessen Feindbild und wessen Kriegsziele die klügeren sind. Die EU hat sich offenbar für die dumme Variante entschieden, weil ihre Bemühungen um die Einbindung aller Industrieländer in ein stationäres, wachstumshemmendes System der bürokratischen Rationierung handelbarer „Treibhausgas-Emissionslizenzen" auf der Basis des Kioto-Protokolls vom Dezember 1997 zu nachhaltiger Verarmung und damit in die politische Bedeutungslosigkeit führen müssen. Sie wird deshalb den von ihr angezettelten Krieg der Köpfe ohnehin nicht gewinnen können.

Auf dem Wege zur nachhaltigen Verarmung

DAS ist aber der überwiegenden Zahl derer, die die „Klimapolitik" sympathisch finden und die teuren Vorkehrungen gegen eine angeblich drohende Klimakatastrophe nicht als Geldverschwendung und Ablenkung vor dringenderen Herausforderungen betrachten, nicht klar. Befragte man die Menschen, ob sie lieber arm oder reich wären, erhielte man rund um den Erdball wohl eine überwältigende Mehrheit für die erstgenannte Alternative. Nur die wenigen, die geistiger Interessen wegen die freiwillige materielle Armut gewählt haben (was ihr gutes Recht ist), würden die Frage verneinen. Dennoch stimmen gerade in Europa immer mehr Wähler für eine sozialistisch oder ökologistisch begründete Umverteilungspolitik oder beides, was letztlich alle ärmer machen muß.

Selbst in den USA gibt es keine Mehrheit für Kapitalismus und Freihandel – zumal nach den berüchtigten Bilanzskandalen und Zusammenbrüchen einiger Großkonzerne in den letzten Jahren, wobei Hunderttausende von US-Bürgern ihre Altersversorgung in Gestalt von Aktien- und Pensionsfonds einbüßten. Da hilft der Hinweis nichts, daß gerade die spektakuläre *Enron*-Pleite darauf zurückging, daß der Energiekonzern politisch korrekt auf den Handel mit CO_2-Zertifikaten gesetzt hatte. Und es tröstet wenig, einzusehen, daß die Marktwirtschaft heute die einzige Wirtschaftsform ist, die trotz aller Unzulänglichkeiten und Zwiespältigkeiten überhaupt einigermaßen funktioniert.

Daß demgegenüber der Sozialismus nicht die *„Quellen des gesellschaftlichen Reichtums"* sprudeln läßt, wie Karl Marx im 19. Jahrhundert prophezeite, sondern geradewegs in die allgemeine Armut führt, der sich nur Angehörige einer *Nomenklatura*, solange sie noch nicht Säuberungen zum Opfer gefallen sind, zeitweise entziehen können, braucht heute nicht mehr theoretisch bewiesen zu werden, denn es gab und gibt auf der Welt kein einziges Land, das selbst bei wohlwollender Interpretation auch nur in Ansätzen als Beispiel für das Gegenteil dienen könnte. Dennoch hat der Sozialismus zu Beginn des 21. Jahrhunderts wieder allenthalben Konjunktur, auch wenn seine Verfechter heute größtenteils unter der Fahne der „Klimapolitik" und *der „Weltinnenpolitik einer nachhaltigen Entwicklung"* als Ausweg aus der angeblichen „Globalisierungsfalle" antreten.

Planwirtschaft und Marktwirtschaft haben gemeinsam, daß bei beiden so gut wie immer etwas herauskommt, das so niemand gewollt hat. Während diese unerwarteten Resultate aber bei der Planwirtschaft die Hoffnungen der Planer und ihrer Auftraggeber in der Regel bitter enttäuschen, kommt bei der Marktwirtschaft am Ende meistens mehr heraus, als sich die einzelnen Marktteilnehmer in ihren kühnsten Träumen je ausgemalt hatten.

Es fällt den heutigen Menschen aber schwer, sich damit abzufinden, daß sie grundsätzlich im Dunkeln tappen und daß sie in einer undurchschaubaren Welt nur überleben können, wenn sie sich Institutionen schaffen, die ihnen zumindest eine Zeit lang Gewißheit vermitteln. Das heißt, wenn sie sich dabei an allgemeine Regeln halten, die sich im Laufe der Evolution im Selektionsprozeß von Versuch und Irrtum bewährt haben und dennoch nichts über die Beschaffenheit der äußeren Welt aussagen.

Prozesse, die wir nicht begreifen, aber auch solche, die wir grundsätzlich verstehen, aber wegen unserer schwachen Einwirkungsmöglichkeiten nicht gezielt zu beeinflussen vermögen, können wir nun einmal nicht steuern. Was für die Evolution unserer Galaxis und unseres Sonnensystems, aber auch für die irdische Plattentektonik und für die Entwicklung der Biosphäre zutrifft, gilt umso mehr für das statistische Konstrukt „Weltklima". Das Klima wird von der in Genf ansässigen *World Meteorological Organization (WMO)* als Mittelwert verschiedener Wetterdaten eines Ortes oder einer Region (Jahresgang von Temperatur und Niederschlagsmenge, Häufigkeit, Geschwindigkeit und Richtung von Winden) in den vergangenen 30 Jahren definiert, wobei nichts darüber ausgesagt wird, ob dieser 30-jährige Durchschnitt als „extrem" oder „normal" eingestuft werden muß.

Es handelt sich hier also um eine Größe, die man rückwirkend verändern können müßte. Die Unmöglichkeit, das zu tun, hat Berufspolitiker wie den damaligen ex- (oder vielleicht immer noch) maoistischen Bundesumweltminister Jürgen Trittin nicht davon abgehalten, seinen Landsleuten im Sommer 2002 unter dem Eindruck der Flutkatastrophe an der Elbe allen Ernstes nahe zu legen, höhere Ökosteuern zu zahlen und mehr Windmühlen zu bauen, damit es weniger regnet. Sofern man glaubt, das „Ökosystem Erde" werde im wesentlichen vom Kohlenstoffkreislauf, dessen Störung durch die Industrie und den dadurch verstärkten Treibhauseffekt geprägt und davon überzeugt ist, darin *die* zentrale, allen anderen Problemen übergeordnete Herausforderung unserer Zeit erkannt zu haben, erscheint das nur konsequent.

In einem Land, dessen Grundgesetz formell die individuelle Glaubensfreiheit anerkennt, darf man so etwas glauben. Doch wenn Berufspolitiker meinen, den Glauben an die Steuerbarkeit globaler Stoffkreisläufe den Menschen als alleinseligmachend verordnen und damit aus freien Bürgern Untertanen machen zu können, sollten die Alarmglocken läuten. Diesen Schritt hat das EU-Parlament mit dem 2003 beschlossenen EU-weiten System der „Luftbewirtschaftung" durch die obrigkeitsstaatliche Zuteilung handelbarer Treibhausgas-Emissionslizenzen getan. Eine solche Politik könnte bei der Ausgabe von Brotkarten enden, weil sie die Weichen in Richtung auf eine nachhaltige Verarmung stellt. Mit ergebnisoffener Marktwirtschaft hat der inzwischen qua EU-Richtlinie verordnete Emissionshandel nichts zu tun. Vielmehr bietet die Obrigkeit den Marktteilnehmern einen umzäunten Bolzplatz an, auf dem sie sich austoben können. Was dabei am Ende herauskommen soll, steht von vornherein fest.

Eine Politik, die darauf abzielt, die Menschen durch die Einführung von Zwangsabgaben ärmer zu machen und die Bürger durch den Aufbau neuer Umverteilungsbürokratien im Namen des „Vorsorgeprinzips" und der „sozialen Gerechtigkeit" daran hindert, ihr Leben eigenverantwortlich zu gestalten und reale Vorsorge für ihre Zukunft zu betreiben, führt aber zum Gegenteil der seit der Rio-Konferenz 1992 beschworenen Nachhaltigkeit. Jede Form sozialistischer beziehungsweise wohlfahrtsstaatlicher Umverteilung stellt die Weichen in Richtung Verarmung, weil sie individuelle Anstrengungen als überflüssig, wenn nicht schädlich erscheinen läßt.

Ein aktuelles Lehrstück dafür bietet die Integration der ehemaligen DDR in die BRD. Hans-Werner Sinn, der Präsident des Münchner *Ifo-Instituts für Wirtschaftsforschung*, hat in der Tageszeitung *Die Welt* vom 21. Oktober 2004 vorgerechnet, daß in den neuen Bundesländern schon 47 Prozent der Wahlberechtigten von staatlichen Sozialtransfers leben. (Hinzu kommen die Angehörigen des öffentlichen Dienstes.) Jeder dritte Euro, der dort ausgegeben werde, komme aus dem Westen. Davon seien 75 Cent geschenkt und 25 Cent geliehen. Jahr für Jahr fließen 85 Milliarden Euro über öffentliche Kassen in den Osten. Bis Ende 2004 haben sich die Nettotransfers auf den astronomischen Betrag von über einer Billion Euro aufsummiert.

Nicht trotz, sondern gerade wegen dieser massiven Umverteilung sank im Osten das Bruttoinlandsprodukt je Erwerbstätigen zwischen 1996 und 2004 von 61 Prozent des Westniveaus auf 59 Prozent. In eindringlichen Worten warnte Sinn deshalb vor einer Fortsetzung dieser Abwärtsspirale. Die Erfahrungen aus dem „Aufbau Ost" zeigen überdeutlich, daß Freiheit eine wichtigere Ressource der „Entwicklungshilfe" ist als Geld. Finanzielle Transfers, allein genommen, führen eher zur

Zementierung von Abhängigkeitsverhältnissen als zur Geburt einer Dynamik der Erzeugung wirtschaftlicher Reichtümer.

Zum guten Leben gehören vor allen Dingen persönliche Freiheit sowie Selbst- und Gottvertrauen, Prinzipientreue und Anstand, aber auch eine Portion Unbekümmertheit, das heißt die Bereitschaft der Menschen, ihr Leben dem Suchprozeß von Angebot und Nachfrage auf dem Markt anzuvertrauen, der hinter ihrem Rücken zu mehr Wohlstand für alle führen *kann*. Die Bejahung der Freiheit setzt also gewissermaßen einen Glauben an Wunder voraus. Die rasche Erholung der westdeutschen Wirtschaft nach dem Zweiten Weltkrieg gilt zu Recht als „Wirtschaftswunder", obwohl sich dessen „Vater" Ludwig Erhard selbst immer dagegen gewehrt hat, seine Leistung so zu sehen. Doch wie soll man die Tatsache anders benennen, daß die Freigabe fast aller Verbraucherpreise durch Erhard mitten in der Notzeit des Jahres 1948 genügte, um in kurzer Zeit die Schaufenster mit Waren aller Art zu füllen und eine bis dahin beispiellose wirtschaftliche Wachstumsdynamik auszulösen? Heute hingegen gelangt man zum Eindruck, Berufspolitiker verschiedener Couleur bemühten sich mit vereinten Kräften, Wunder zu verhindern, indem sie die Wirtschaft einem immer dichter werdenden Netz von Regulierungen unterwerfen.

Noch immer sind wirtschaftliches Wachstum und akkumulierter materieller Reichtum die beste Vorsorge gegenüber Wirbelstürmen, Überflutungen und anderen Naturkatastrophen wie vor allem Erdbeben. Bei einem Vergleich zwischen Florida und Tahiti oder Bangladesch, zwischen Kalifornien oder Japan und dem Iran oder Kaschmir sollte das jedem ins Auge springen: Bei gleicher Erdbebenstärke unterscheidet sich die Zahl der Opfer zwischen reichen und armen Ländern um zwei bis vier Größenordnungen. Die freiwillige Hilfsbereitschaft gegenüber unverschuldet in Not geratenen Mitbürgern muß nicht unter dem Wohlstand leiden. Das zeigt die Bedeutung privater Hilfsorganisationen und Stiftungen in den USA und das zeigte auch die große Spendenbereitschaft der Deutschen angesichts der Flutkatastrophen an Oder und Elbe oder der Tsunami-Katastrophe vor Sumatra Ende 2004.

Beunruhigend ist dagegen folgendes: Die Deutschen und die meisten ihrer europäischen Nachbarn möchten gerne die Früchte der Freiheit genießen. Von Freiheit und Eigenverantwortung aber halten sie offenbar selbst nicht sehr viel. Die erste Nachkriegsgeneration, die eine Trümmerwüste in weniger als zwei Jahrzehnten durch harte Arbeit in ein blühendes Land verwandelte, wußte noch einigermaßen, worauf es ankommt. Heute aber scheinen mehr und mehr Deutsche nicht mehr zu verstehen, warum es ihnen besser geht als den meisten Afrikanern. Sie begegnen dem Wohlstand, den eine Generation erarbeitet hat, die sich jetzt im wohlverdienten Ruhestand befindet, mit einem schlechten Gewissen und zeigen sich deshalb wild entschlossen, ihn aufs Spiel zu setzen, ja ihre Kultur und individuelle Freiheit aufzugeben. Es scheint sie nicht zu stören, daß sie sich damit zu nützlichen Idioten derer machen, die sich in den Kopf gesetzt haben, Europa aus der „Koalition der Willigen" zu bomben und mittelfristig zu übernehmen.

Ein neuer Kalter Krieg?

SELBST Carl Schmitt hat bei aller völkisch-kollektivistischer Verblendung mit Nachdruck gefordert, der Feind müsse in der großen Politik so bestimmt werden, daß er unter anderen Umständen auch zum Alliierten taugt. Ausdrücklich warnte er davor, in den Feinden unsympathische Friedensstörer und Spielverderber, wenn nicht gar Untermenschen zu sehen, die es einfach zu eliminieren gilt. Dazu verführe aber gerade die mit dem Briand-Kellogg-Pakt von 1928 ins Völkerrecht eingeführte moralische Ächtung von Angriffskriegen mit dem Ziel der Landnahme. Die ursprünglich vor allem von den USA betriebene Moralisierung des Völkerrechts und die damit verbundene Verschiebung der Anstrengungen von der militärischen auf die ökonomische Expansion führten zur Rehabilitation der überwunden geglaubten mittelalterlichen Theorie des „gerechten Krieges", das heißt zur Entgrenzung des Krieges in Form von Kreuzzügen gegen (vermeintliche) Friedensstörer, fürchtete er nicht zu unrecht. Demgegenüber betonte er: *„Der politische Feind braucht nicht moralisch böse, er braucht nicht ästhetisch häßlich zu sein; er muß nicht als wirtschaftlicher Konkurrent auftreten, und es kann vielleicht sogar vorteilhaft erscheinen, mit ihm Geschäfte zu machen."* (K. SCHMITT: Der Begriff des Politischen, S. 27 der Ausgabe von 1963).

Dieser Forderung entsprach die neue Feindbildbestimmung, wie sie US-Präsident Harry Truman nach dem gewonnenen Weltkrieg gegen das Hitler-Regime traf, auf beinahe ideale Weise (obwohl Truman und seine Berater sich hüteten, den durch seine anfängliche Unterstützung Hitlers kompromittierten Carl Schmitt zu zitieren). Insofern kann der Kalte Krieg zwischen dem individualistischen Westen und dem kollektivistischen Osten als insgesamt glückliche Zeit für die „große" Politik gelten. Man brauchte den „Ostblock" nicht verteufeln, konnte sogar einräumen, daß der Kommunismus wie der Liberalismus letztlich im abendländischen Rationalismus wurzelt, ihn also mit einer gewissen Nachsicht wie einen (vorübergehend) vom rechten Weg abgekommenen Blutsbruder behandeln. Deshalb konnte man mit Kommunisten, außerhalb eines eng definierten Bereichs militärisch sensibler Güter, durchaus Handel treiben, ohne sich zu kompromittieren. Der vom US-Diplomaten George F. Kennan aus der Taufe gehobenen Doktrin des *containment*, der materiellen *und* intellektuellen Eindämmung des Kommunismus, lief das nicht zuwider.

Allerdings wurde der feinsinnige und ironische Ansatz Kennans schon von Eisenhowers Außenminister John Foster Dulles im Sinne einer religiösen Konfrontation zwischen christlicher Spiritualität und kommunistischem Materialismus mißverstanden. Kennan hingegen wußte, daß es in Glaubenskriegen keine Sieger geben kann. Er warnte deshalb davor, den Dogmatismus der Kommunisten mit einer ebenso fundamentalistischen Ideologie des Westens und mit selbstgerechtem Messianismus zu beantworten, sondern forderte eine nüchterne Interessenpolitik, die weltanschaulichen Pluralismus nicht nur zuläßt, sondern geradezu voraussetzt, sich moralischer Urteile weitgehend enthält und sich stattdessen darauf konzentriert, dem totalitären Weltbild durch sichtbare militärische und wirtschaftliche Überlegenheit den Boden unter den Füßen wegzuziehen.

Die Strategie des *containment* war vermutlich gerade deshalb so überaus erfolgreich, weil dieses sich nicht in einer starren Konfrontation erschöpfte, sondern vielfältige Formen „intersystemarer" Kooperation zuließ. Das gilt insbesondere für eine spätere Phase des Kalten Krieges, die mit Schlagworten wie „Brückenschlag" und „Entspannung" umschrieben wird. Daß die Entspannungspolitik, trotz aller damit verbundener Zugeständnisse, dem Westen letztlich erheblich mehr nützte als den kommunistischen Regimes im Osten, bedarf heute keines Beweises mehr. Vergessen wird aber von vielen Westeuropäern, daß der Entspannungsphase eine unvergleichlich härtere Gangart des Kalten Krieges vorausging. Die in dieser Phase erreichte Verschiebung des Kräfteverhältnisses zugunsten des Westens machte die späteren Kompromisse überhaupt erst möglich. Und am Ende waren es nicht gute Worte, sondern die Aufstellung von *Pershing-II*-Raketen und die massive Erhöhung des gesamten US-Rüstungsetats auf 7,5 Prozent des Bruttosozialprodukts (BSP) unter Präsident Ronald Reagan als Antwort auf die Bedrohung durch sowjetische SS-20-Raketen, die die UdSSR zwangen, ihren Wehretat auf weit über 20 Prozent ihres BSP zu erhöhen, um materiell mit den USA gleichzuziehen. Der Zusammenbruch der sozialistischen Wirtschaften war dann nur noch eine Frage der Zeit.

Eine besondere Rolle spielte die Kernenergie im ökonomischen Wettlauf zwischen Marktwirtschaft und Sozialismus. Zum einen machte die Herstellung und Anhäufung eines Arsenals nuklearer Sprengköpfe den Kern der Politik des Wettrüstens und des „Gleichgewichts des Schrekkens" aus, was Europa eine der längsten Friedensperioden seiner Geschichte und einen beispiellosen wirtschaftlichen Aufschwung bescherte. Zum andern lieferten entsprechend umfunktionierte Atomreaktoren billigen Strom, der auf beiden Seiten des Eisernen Vorhangs als Schmiermittel der Wirtschaft diente. In einer freien, nicht durch den Kommunismus bedrohten Marktwirtschaft hätte die Kernenergie vermutlich über längere Zeit kaum Chancen gehabt, zu einer wichtigen Komponente der energetischen Basis etlicher westeuropäischer Volkswirtschaften zu werden. Es ist bekannt, daß die Energieversorger von der Politik zunächst zum Einstieg in die Kernenergie gedrängt werden mußten. Erst als sich abzeichnete, daß bestimmte Kernreaktortypen Strom günstiger erzeugen konnten als Kohlekraftwerke, gaben große (halböffentliche) Energiekonzerne wie *Veba* (heute *E.ON*) und *RWE* ihr Zögern auf.

Zu unrecht beruft sich heute die Windkraft- und Solarlobby auf die Erfolge der Atomlobby in den 50er und 60er Jahren, um die Zwangssubventionierung „erneuerbarer" Energien über hohe Stromeinspeisungspreise zu rechtfertigen. Denn die Subventionierung der Erschließung der Kernenergie hatte eine wichtige Funktion im Kalten Krieg. Gegen welchen Feind sollen aber Windräder helfen? Eine pikante Antwort auf diese Frage hat der ehemalige sozialdemokratische Hamburger Umweltsenator Fritz Vahrenholt, heute Chef der Windfirma *Repower*, gefunden: Große Windräder sollen Atomkraftwerke vor Terroranschlägen schützen (vgl. *Der Spiegel*, 14/2004).

Gewiß hatte der Kalte Krieg auch häßliche Seiten. Das steht außer Frage. So führte die Bündnispolitik nach dem Motto *„Der Feind meines Feindes ist mein Freund"* zur Unterstützung menschenverachtender Diktaturen und zum Schüren heißer Stellvertreterkriege auf regionaler Ebene, was den Werten, die es zu verteidigen galt, in den Augen der Betroffenen Hohn sprach. Als verhängnisvoll erwies sich dabei der Versuch, die kommunistisch beherrschten Länder mit einem „Grüngürtel" aus islamistischen Staaten zu umschließen. Besonders tragische Folgen hatte die Unterstützung der gegen die sowjetische Besatzung Afghanistans kämpfenden islamistischen Taliban unter Ronald Reagan, der ansonsten als einer der friedlichsten US-Präsidenten in die Geschichte hätte eingehen können.

Dennoch lieferte der Kalte Krieg nicht nur der Politik, sondern auch der Wirtschaft für Jahrzehnte einen einigermaßen klaren und verläßlichen Orientierungsrahmen für technische Innovationen und soziale Zugeständnisse. Wie gut die Klammerfunktion war, die das Feindbild ausübte, läßt sich an der Geschwindigkeit des Auseinanderdriftens der Interessen beiderseits des Atlantik nach dem Zusammenbruch des „Ostblocks" ermessen. Bis heute haben die US-Regierung und die Regierungen des „alten Europa" sich nicht ansatzweise über ein gemeinsames neues Feindbild verständigen können.

Das hängt vermutlich damit zusammen, daß der Terrorismus als solcher sich nicht ohne weiteres als Feindbild eignet. *„Wenn man wie jetzt im Kampf gegen den Terrorismus nur das Irrationale, Archaische als Feinde ausmacht, hat man noch kein legitimes Feindbild, weil man die Feinde außerhalb der gemeinsamen Welt stellt"*, mahnt Bruno Latour (*FAS*, 12. 5. 2002). So ein schönes Feindbild wie den Kommunismus bekommt man in der Tat so leicht nicht wieder. Wie schwierig es ist, ein ebenbürtiges Bedrohungsszenario zu finden, zeigte sich schon in der Endphase des Kalten Krieges, als die NATO zu Beginn der 70er Jahre im Rahmen ihres Umweltausschusses *Committee on Challenges of Modern Society (CCMS)* versuchte, die angeblich drohende „Klimakatastrophe" als Ersatzfeindbild für die nachlassende kommunistische Bedrohung aufzubauen – dazu später.

Nach dem Zusammenbruch des Kommunismus hielt der spätere US-Vizepräsident Al Gore die Zeit für gekommen, im Rahmen der Vorbereitungen der Rio-Konferenz mit der neuen Feindbildbestimmung ernst zu machen, indem er in seinem zum Bestseller avancierten Buch *„Earth in Balance"* forderte, die Abwendung einer „Klimakatastrophe" zum Dreh- und Angelpunkt der gesamten Politik des Westens zu machen. Aber schon unter der Präsidentschaft Bill Clintons fand sich in der politischen Klasse der USA keine Mehrheit für eine Ratifizierung des dieser Weltsicht entsprechenden Kioto-Abkommens vom Dezember 1997.

Stattdessen setzte sich das von Clintons Nachfolger George W. Bush unklar definierte Feindbild des internationalen Terrorismus zumindest in den USA zunächst durch, ohne außerhalb der pazifistischen Bewegung auf nennenswerten Widerstand zu stoßen. Erst als der Präventivkrieg gegen Saddam Husseins Diktatur im Irak wegen mangelnder Vorbereitung der Besatzungszeit zusehends zu Rückschlägen führte, drängte sich die Frage auf, ob der „Krieg“ gegen den Terror militärisch überhaupt zu gewinnen ist und wie man einen Sieg in diesem Kampf überhaupt definieren und feststellen könnte.

Eine neue Spaltung der Welt

MAN kann es drehen und wenden, wie man will: Das Schema des Kalten Krieges eignet sich nur im übertragenen Sinne für die Analyse der aktuellen Konfliktlage. Denn der Islam ist *nicht* (wie der Kommunismus) der feindliche Bruder des Christentums und der europäischen Aufklärung. Beide Seiten berufen sich *nicht* auf den gleichen Gott. Als Feind können weder der Islam als Religion noch der Islamismus als politische Ideologie gelten. Dann landete man unwillkürlich in der Sackgasse eines Religionskrieges. Vielmehr muß das Feindbild Totalitarismus, das zumindest die weitsichtigsten Theoretiker der Eindämmung des Kommunismus wie George F. Kennan oder Isaiah Berlin bereits im Auge hatten, näher bestimmt, das heißt bis zu seinen romantischen Wurzeln zurückverfolgt werden. Es geht also nicht mehr nur, wie so oft im 1990 zu Ende gegangenen Kalten Krieg, um einen Kampf zwischen zwei Abarten von Romantik, sondern um den Kampf gegen die nihilistische Dimension der Romantik als solche (einschließlich der Sozialromantik).

Diese kann man nach Isaiah Berlin kurz charakterisieren durch den Vorrang, den sie „überpersönlichen Wesenheiten“ wie einer Gemeinschaft, einer Kirche, einer religiös definierten „Rasse“, einer gesellschaftlichen Klasse oder einem Staat gegenüber den Individuen und ihrem gesunden Menschenverstand bei der Identitäts- und Willensbestimmung gibt. Der Kampf gegen den Totalitarismus sollte, wie Paul Berman schön herausgearbeitet hat, in erster Linie ein *„umfassender Krieg der Ideen“* sein. Dabei stehen Skeptizismus und Ironie gegen das Ideal der Unterwerfung unter einen (vermeintlichen) Kollektivwillen.

Das entspricht durchaus der Forderung, die Carl Schmitt an die politische Feindbildbestimmung stellte. Wir führen nicht Krieg gegen irgendwelche nicht zu unserer Welt gehörenden Untermenschen, sondern gewissermaßen gegen uns selbst. Denn in jedem Europäer steckt ein Romantiker. Romantische Gefühle können, politisch entschärft durch Ironie, unter bestimmten Umständen aber auch zu Verbündeten im „Krieg der Ideen“ werden, weil sie Leidenschaften und Schaffenskraft freisetzen, ohne die keine Anstrengung längere Zeit durchgehalten werden kann. Immerhin hat die in den USA noch heute verehrte amerikanische Schriftstellerin Ayn Rand (geboren in St. Petersburg als Alissa Rosenbaum) gezeigt, daß man sogar das Lob des reinen Kapitalismus mit Romantik verbinden kann.

Das bedeutet: Die Frontlinien zwischen den bislang nur vorläufig definier- und kaum lokalisierbaren gegnerischen Lagern verlaufen mitten durch den ehemaligen westlichen Block. Zur Debatte stehen im Westen zwei miteinander unvereinbare Auffassungen von Politik. Es geht dabei nicht nur um das Verhältnis zwischen großer Politik und Moral im allgemeinen, sondern, wie schon angedeutet, auch um die Frage nach dem Nutzen der UNO und multilateraler Abkommen in der heutigen Welt.

In Europa herrscht die Meinung vor, die Welt sei mit dem Aufbau der UNO und dem Ende des Kalten Krieges der Utopie einer Verschmelzung von Recht und Moral näher gekommen. Die UNO und ihre Unterorganisationen, so heißt es, ermöglichten die Herstellung und Wahrung des Friedens auf rein diplomatischen Wegen des multilateralen Interessenausgleichs, durch eine Art „Weltinnenpolitik", was voraussetzt, daß die „eine Welt" bereits Realität ist. Das bisherige Politikverständnis, das es durchaus zuließ, daß der Friede, wenn nötig, auch durch Krieg herbeigeführt wird, sei nun überholt. Nur humanitäre Aktionen und allenfalls von der Staatengemeinschaft einvernehmlich beschlossene, ausschließlich moralisch und nicht machtpolitisch begründete Strafaktionen gegen Störenfriede seien noch legitim.

Die heutige US-Politik hingegen mißtraut einer Institution, die sich zwar die Verwirklichung der Menschenrechte auf die Fahne geschrieben hat, aber in ihren Reihen viele Mitgliedsstaaten duldet, die diese Rechte tagtäglich mit Füßen treten. Kritiker der UNO, auch in Europa, verweisen zu recht auf Beispiele unheilvoller Verstrickung humanitärer Aktionen mit der Logik einer Machtpolitik neuen Stils. Deren in die Millionen gehende Zahl von Opfern werden der UNO aber nicht zugerechnet, weil diese sozusagen für einen „guten Zweck" gestorben sind.

So haben die Embargomaßnahmen der Vereinten Nationen gegen den Irak, die erst nach dem vom US-Militär herbeigeführten Sturz des Diktators Saddam Hussein aufgehoben wurden, vermutlich weit mehr Todesopfer gefordert (wahrscheinlich Hunderttausende) als die beiden Irak-Kriege der USA zusammen genommen, vermutete Henning Ritter in der FAZ vom 9. Januar 2004. Zu einer üblen Vermischung von humanitärer Mission und Machtinteressen sei es auch beim UNO-Einsatz im ehemaligen Jugoslawien gekommen. In der Tageszeitung *Die Welt* vom 15. April 2004 wies der ehemalige stellvertretende schwedische Premierminister Per Ahlmark darauf hin, daß das Massaker an 7.000 Menschen in der bosnischen Stadt Srebrenica im Juli 1995 eindeutig von der UNO verschuldet wurde, die ihre Blauhelme dem Morden und

Brandschatzen der serbischen Militärs um Ratko Mladić untätig zuschauen ließ. Noch schlimmer hatte die UNO ein Jahr zuvor in Ruanda versagt. Für das Massaker an 800.000 Tutsi und gemäßigten Hutu im Jahre 1994 sei der spätere UNO-Generalsekretär Kofi Annan in seiner damaligen Funktion direkt verantwortlich gewesen, unterstrich Ahlmark. In die lange Liste des Versagens der UNO als *Soft Power* wird man wohl auch den Völkermord an Schwarzen im Westsudan durch muslimische Reiterhorden einreihen müssen.

Der von US-Präsident Bush sen. in leitende Funktionen der UNO entsandte Pedro A. Sanjuan berichtet in seinem 2006 erschienenen Buch *„Die UN-Gang"* zwar eher heiter über die ebenso chaotischen wie skandalösen Verhältnisse in der New Yorker UN-Zentrale. Doch er schildert auch skandalöse Machenschaften bei der Verwaltung des UNO-Programms *„Öl für Lebensmittel"* im Irak, der in Europa lange vertuscht wurde – und das aus „gutem" Grund: Nach dem im Herbst 2004 veröffentlichten glaubwürdigen, weil ansonsten durchaus Bush-kritischen *Duelfer-Report* befinden sich unter denen, die beträchtliche Summen der irakischen Ölgelder in die eigene Tasche, in die Kasse ihrer Partei sowie nicht zuletzt in die Kriegskasse Saddam Husseins umleiteten und damit hungernden irakischen Kindern vorenthielten, neben dem Sohn von UN-Generalsekretär Kofi Annan engste Freunde des französischen Staatspräsidenten Jacques Chirac. Dieser wußte also, warum er alles daran setzen mußte, die Entmachtung Saddam Husseins zu sabotieren. (William Safire hat dazu beißende Kommentare in der *New York Times* vom 13. Oktober und 29. November 2004 veröffentlicht.)

Das hohe Ansehen, das die UNO und ihr Generalsekretär in Europa genießen, müsse daher als Aberglaube betrachtet werden, meint Ahlmark. Für die meisten europäischen Massenmedien war das jedoch kein herausragendes Thema. Das gilt auch für die Tatsache, daß die UNO im Irak bei allen kämpfenden Fraktionen aus verständlichen Gründen ein extrem schlechtes Ansehen genießt, was die von den UNO-Freunden beschworenen „multilateralen" Versuche zur Lösung der Irak-Krise nicht aussichtsreicher macht als den schlecht vorbereiteten Feldzug Bushs.

Man sieht daran, wie der Versuch einer Moralisierung der großen Politik nicht nur zu Doppelmoral und Heuchelei, sondern geradewegs zum Realitätsverlust führt, weil die politischen Akteure längst nicht alle so abgebrüht sind, daß sie ihren eigenen Mythen nicht glaubten. Die „Eliten" der Europäischen Union bewegen sich daher überwiegend guten Glaubens in einer virtuellen Welt, die man getrost der Kategorie „Aberglaube" zuordnen könnte.

2

Glaubensfreiheit in Gefahr

Vom „Atomstaat" zum „Karbonstaat"?

IM JAHRE 1977 veröffentlichte der Star-Sachbuchautor und „Zukunftsforscher" Robert Jungk das Buch *„Der Atomstaat. Vom Fortschritt in die Unmenschlichkeit"*. Die Opposition gegen die friedliche Nutzung der Kernenergie war zu diesem Zeitpunkt, ausgehend vom erfolgreichen Widerstand gegen den Bau des Kernkraftwerks Wyhl im Kaiserstuhl, schon zu einer Massenbewegung geworden. Aber abgesehen von zusammengestoppelten Argumentarien wie Holger Strohms *„Friedlich in die Katastrophe"* von 1973 fehlte dieser Bewegung eine etwas weiter tragende, eingängige politische Begründung. Wie kaum ein anderes literarisches Erzeugnis hat Jungks Buch deshalb die weitere politische Entwicklung Deutschlands beeinflußt. Jungk warnte darin mit eindringlichen Worten vor dem Aufbau eines totalen Überwachungsstaates, den das angesichts der „Ölkrise" beschlossene Programm der damals in Bonn regierenden sozialliberalen Koalition zur Verringerung der Abhängigkeit Deutschlands vom OPEC-Öl durch den Bau von an die 50 Kernkraftwerken unweigerlich nach sich ziehen müsse. Anders könne der Staat den mit der Nutzung der Atomkraft verbundenen besonderen Gefahren und Risiken nicht beikommen.

Das Feindbild „Atomstaat" wurde in Deutschland und Österreich, neben der Angst vor radioaktiver Strahlung, zu einer wichtigen treibenden Kraft von Massenbewegungen gegen den Bau von Atomkraftwerken, atomaren Wiederaufbereitungsanlagen und Endlagern für radioaktive Abfälle. An deren Bauzäunen kam es im Laufe der 80er Jahre zu bürgerkriegsartigen Auseinandersetzungen zwischen Demonstranten und Polizeikräften. Jungks Warnung vor dem „Atomstaat" inspirierte zudem den (durchaus verständlichen) Widerstand gegen die von der deutschen Bundesregierung angesetzte umfassende Volkszählung, deren Fragebogen sich nicht mit dem Registrieren demografischer Daten begnügte, sondern in seiner Detailliertheit auch bestens für das polizeistaatliche Ausspähen der Privatsphäre der Bürger geeignet schien.

Um der in Bedrängnis geratenen Nuklearindustrie zur Seite zu springen, trat Anfang 1986 der Arbeitskreis Energie (AKE) der Deutschen Physikalischen Gesellschaft (DPG) mit einer *„Warnung vor einer drohenden Klimakatastrophe"* vor die Presse. Um zu verhindern, daß der Ausstoß des *„Treibhausgases"* Kohlendioxid (CO_2) durch die Verfeuerung fossiler Brennstoffe zu einer Erwärmung der Erde und zu einem sintflutartigen Ansteigen des Meeresspiegels führt, gebe es nur den Weg des Umstiegs auf nukleare Brennstoffe, behaupteten die Physikprofessoren Fricke (Würzburg) und Heinloth (Bonn). Sie konnten nicht ahnen, daß nur wenige Monate später die (nicht durch den Normalbetrieb, sondern durch ein waghalsiges militärisches Experiment) ausgelöste Atomreaktorhavarie von Tschernobyl in der Ukraine scheinbar die schlimmsten Befürchtungen der Atomkraftgegner bestätigte und dem Image der Kernenergie einen Schlag versetzte, von dem es sich zumindest in Deutschland bis heute nicht wieder erholt hat.

Kaum jemand mochte danach noch eine Lanze für die Kernenergie brechen. Was sich aber in der veröffentlichten Meinung gehalten hat, ist deren Rechtfertigung durch eine angeblich drohende Klimakatastrophe. Diese, so schien es, konnte nur durch eine globale dirigistische Politik der Beschränkung und Rationierung des Ressourceneinsatzes und des Ausstoßes von „Treibhausgasen" abgewendet werden.

Ausgehend von Deutschland bekamen in den folgenden Jahren in der ganzen Europäischen Union (und darüber hinaus) wieder Anhänger einer planmäßigen hoheitlichen Ressourcenbewirtschaftung Oberwasser. Sie konnten sich dabei auf den 1972 erschienen Bericht des *Club of Rome „Grenzen des Wachstums"* und den 1987 veröffentlichten Bericht *„Our Common Future"* der Weltkommission für Umwelt und Entwicklung unter Vorsitz der damaligen norwegischen Ministerpräsidentin Gro Harlem Brundtland berufen. Dort wurde die ursprünglich von der Internationalen Naturschutz-Union (IUCN) in der *„Weltstrategie zur Erhaltung der Natur"* propagierte Idee des *sustainable use* oder *sustainable development* (bedrohte Tier- und Pflanzenarten schützen, indem man ihre vor- und umsichtige Nutzung zuläßt, anstatt hungrige Menschen durch Zäune und bewaffnete Ranger davon fernzuhalten) erstmals, wenn auch noch in sehr allgemeiner Form, zum Leitbild der Weltpolitik erhoben.

Danach soll unter *sustainable development* eine Entwicklung verstanden werden, *„die den Bedürfnissen der heutigen Generation entspricht, ohne die Möglichkeiten künftiger Generationen zu gefährden, ihre eigenen Bedürfnisse zu befriedigen und ihren Lebensstil zu wählen."* Statt als vernünftige, dem gesunden

Menschenverstand entsprechende individuelle Handlungsmaxime, denen die meisten Menschen im familiären Rahmen ohnehin schon immer gefolgt sind, wurde *sustainable development* von nun an im Sinne eines nicht alltagspraktisch, sondern theoretisch-naturwissenschaftlich begründeten operativen globalen Ressourcen-Managements interpretiert.

Die Idee der rationellen Verwaltung der „einen Welt" beruht auf der Illusion der Berechenbarkeit von „Natur". Dieser Illusion hängen nach den philosophischen Diskussionen über die Bedeutung der Unschärferelation in der Quantenphysik kaum noch Physiker und Ingenieure an. Diese sind vielmehr in der Regel – ausgesprochen oder unausgesprochen – Anhänger der Falsifizierungstheorie Karl R. Poppers, die davon ausgeht, daß außermenschliche Natur als Ganzes nicht exakt berechenbar ist, weil über deren Zusammenhänge und Funktionen nur Vermutungen (Hypothesen) angestellt werden können. Diese sind solange Arbeitsgrundlage, als sie nicht durch tauglichere beziehungsweise elegantere Hypothesen abgelöst werden. Aber bei Geisteswissenschaftlern hält sich der Glaube, die sogenannten exakten Experimentalwissenschaften (engl. *sciences* – auf deutsch noch irreführender „Naturwissenschaften" genannt) beschäftigten sich tatsächlich mit *der* „objektiven" außermenschlichen Natur und nicht mit etwas von Menschen arrangierten, das sich im Labor kontrolliert verändern läßt.

In einem pluralistischen Gemeinwesen, das die Glaubens- und Entscheidungsfreiheit der Individuen respektiert, kann und darf man so etwas glauben. Gefährlich wird es, wenn den Menschen unter Androhung wirtschaftlicher Verluste und gesellschaftlicher Isolierung ein solcher Glaube als alleinseligmachend vorgeschrieben und gegen den Alltagsverstand des „Mannes auf der Straße" ausgespielt wird. Genau das geschieht aber inzwischen auf breiter Front. Viele westliche Regierungen, die sich im Kampf gegen den Terrorismus und islamischen Fundamentalismus als Garanten der Aufklärung, als Verteidiger der Moderne gegen die Mächte der Finsternis aufspielen, halten sich längst selbst nicht mehr an das Postulat der Glaubensfreiheit, indem sie eine Religion, den Ökologismus, als objektive, wertfreie Wissenschaft ausgeben, die die Mehrheitsmeinung der Naturwissenschaftler widerspiegele. Personen, die dagegen wirklich wissenschaftlich argumentieren, indem sie darauf hinweisen, daß die behaupteten Naturzusammenhänge nur hypothetisch sein können und niemals Grundlage einer Staatsreligion sein dürfen, werden mit der Konsenskeule zum Schweigen gebracht.

Das geschlossene, dogmatische und deshalb in seinen politischen Konsequenzen totalitäre Weltbild der quasi offiziellen Lesart von *sustainable development* stützt sich auf die Vorstellung, die „eine Welt“ sei ihrem Wesen nach ein System von Stoffkreisläufen, das die Menschen – bei Strafe ihres Untergangs – nicht stören dürften. Abstraktionen, Modelle und theoretische Konstrukte wie etwa die als Gedankenmodell durchaus interessante Gaia-Hypothese von James Lovelock (1988) oder das „Weltklima“, die als Arbeitshypothesen der empirischen Forschung eventuell nützlich sein können, werden für reale Maschinen gehalten, die sich wie Computersimulationen steuern lassen.

Die Todsünde der industriellen Revolution, so der Heidelberger Historiker Rolf Peter Sieferle (1982) in seinem Buch *„Der unterirdische Wald“* und, darauf aufbauend, der Politikwissenschaftler Hans-Jochen Luhmann vom *Wuppertal Institut für Klima, Umwelt, Energie* in seiner Studie *„Die Blindheit der Gesellschaft“* (2001), bestehe im Öffnen, ja Zerreißen des globalen Kohlenstoffkreislaufs durch die massive Erschließung und Nutzung der fossilen Kohlenstoffquellen Kohle und Öl. Die Folge davon sei nicht nur eine absehbare Erschöpfung der fossilen Vorräte, sondern vor allem eine gefährliche Aufheizung der Atmosphäre durch den Ausstoß des als „Treibhausgas“ wirkenden Verbrennungsprodukts Kohlendioxid (CO_2). Der Historiker Joachim Radkau hat diese Sichtweise in seinem im Jahre 2000 erschienen Buch *„Natur und Macht. Eine Weltgeschichte der Umwelt“* systematisch entwickelt und den „Ökologismus“ (S. 335) ausdrücklich als die einzige Alternative zum Kapitalismus hingestellt.

Ob Erdöl tatsächlich eine absolut knappe Ressource biotischen Ursprungs ist, ist übrigens durchaus fraglich, seit es den texanischen und russischen Chemikern J. F. Kenny, Wladimir A. Kutcherow, Nikolai A. Bendeliani und Wladimir A. Aleksey gelang, aus festem Eisenoxid, Marmor und etwas Wasser unter Druck- und Temperaturverhältnissen, wie sie 100 Kilometer tief im Erdmantel herrschen (50.000 Bar und 1.500 Grad Celsius), eine „Suppe“ aus Kohlenwasserstoffen herzustellen, deren chemische Zusammensetzung der des Erdöls entspricht. Demgegenüber scheiterten bislang alle Versuche, aus biogenen Molekülen (wie Zucker) längerkettige Kohlenwasserstoffe herzustellen, was bei einer thermodynamischen Betrachtung nicht verwundern sollte (vgl. *Chemische Rundschau* Nr. 17, 6. 9. 2002). Es ist also eher unwahrscheinlich, daß die Rohöllagerstätten auf die Zersetzung von Plankton oder gar höherer Pflanzen zurückgehen, wie das bis heute allenthalben in Schulbüchern kolportiert wird. Erdöl bildet sich vielmehr höchstwahrscheinlich unter bestimmten Druck- und Temperaturverhältnissen in der Erdkruste ständig spontan neu und müßte insofern zu den „erneuerbaren" Energiequellen gerechnet werden. Allerdings kann es nur durch eruptive Prozesse so nahe an die Erdoberfläche gelangen, daß es auf wirtschaftlich vertretbare Weise nutzbar wird. Der objektive Überfluß schließt also eine zeitweilige relative Verknappung nicht aus.

Jedenfalls zeigt gerade die gedankenlos als Beleg und Ansatzpunkt für Stoffkreisläufe und Kreislaufwirtschaft angeführte „Ölfrage", daß das Weltbild der Ökologie auf fragwürdigen theoretischen Konstrukten beruht. Wahrscheinlich ohne das zu beabsichtigen, locken uns die Verfechter einer Politischen Ökologie damit in eine gefährliche Falle. Denn hinter der Ökologie (auf deutsch: „Hauswissen") steht ein paternalistisches Deutungs- und Ordnungsmodell, das auf die protestantische „Hausväterliteratur" des 16. und 17. Jahrhunderts zurückgeht. Dieses geschlossene und hierarchische, religiös-monarchistische Weltbild wurde zwischenzeitlich eigentlich vom offenen Markt als egalitäres, demokratisches Modell abgelöst (vgl. André HOLENSTEIN 2002) und mußte im 20. Jahrhundert in Form der Autarkiepläne der Nationalsozialisten künstlich wiederbelebt werden. Darin spielten übrigens schon damals Windkraft- und Wasserstoffprojekte die Rolle von Hoffnungsträgern.

Zwar hat die Ökologie auch evolutionstheoretische Ursprünge, doch hatte Darwin selbst ein ambivalentes Verhältnis zum Hausmodell, da er in seiner Jugend stark von der sogenannten „Physico-Theologie" beeinflußt war (vgl. Edgar GÄRTNER 1981) und später, wie es scheint, bewußt den Eindruck erweckte, seine Selektionstheorie stehe in deren Tradition.

Die heute tonangebende Vulgärökologie legt jedenfalls die Vorstellung nahe, die aus den Fugen geratene Welt durch eine Umverteilung von Ressourcen wieder in Ordnung bringen zu können. Um das zu erreichen, muß der Hausvater beziehungsweise der (glücklicherweise) noch nicht existierende Weltstaat aber vorgeben, eine Gesamtübersicht über die Probleme und das für ihre Lösung notwendige Wissen zu besitzen oder eine solche zumindest auf „Erd-Gipfeln" wie in Rio de Janeiro oder Johannesburg in Diskursen zusammentragen zu können. Und wenn es sich dabei zeigt, daß die Menschen ein solches „Hauswissen" unmöglich erlangen können, dann müssen die Berufspolitiker, um das ökologische Weltbild zu retten, einfach in Form politischer Übereinkünfte nach dem Modell des auf der Rio-Konferenz verabschiedeten *„Rahmenübereinkommens der Vereinten Nationen über Klimaänderungen"* (Klimarahmenkonvention) und des darauf aufbauenden „Kioto-Protokolls" von 1997 so tun, als hätten sie

Über- und Durchblick, und qua Mehrheitsbeschluß beziehungsweise politischem Kuhhandel festlegen, was als Wahrheit zu gelten hat.

In der Konsequenz läuft diese Sicht der Dinge, wie ich im folgenden zeigen möchte, auf die Behauptung hinaus, die politische Instrumentalisierung der Wissenschaft nach dem Muster der voluntaristischen Genetik eines Trofim Lyssenko oder der nationalsozialistischen Rassen- und Lebensraumtheorie und deren Umsetzung in einem System planwirtschaftlicher Ausbeutung und Knechtschaft sei nachhaltiger als individuelle Glaubensfreiheit, Wettbewerb und Evolution ohne vorgegebene quantifizierte materielle Ziele.

Der Eiertanz um die „postnormal science"

DAS Elbehochwasser im August 2002 spielte, wie schon erwähnt, keine geringe Rolle im Wahlkampf von Bundeskanzler Gerhard Schröder und seines Umweltministers Jürgen Trittin. Man erinnert sich noch, wie sie die Flut in Gummistiefeln vor laufenden Kameras als Vorboten der angekündigten Klimakatastrophe deuteten und für die Fortsetzung der von der ersten rot-grünen Bundesregierung mit dem *„Gesetz über den Vorrang Erneuerbarer Energien"* (EEG) in die Wege geleiteten massiven Vermehrung zwangsubventionierter Windräder warben. Einen Vorläufer hatte das EEG freilich schon in der Regierungszeit des Christdemokraten Helmut Kohl, als die Energieversorgungsunternehmen 1991 verpflichtet wurden, alternativen Strom aus „erneuerbaren" Energiequellen jederzeit in ihre Netze einzuspeisen.

Der vom Bundesministerium für Bildung und Forschung (BMBF) eingesetzte Sachverständigenkreis *„Globale Umweltaspekte"* (SV GUA) enthielt hingegen schon in der Vorbemerkung seines Ende 2003 vorgelegten Abschlußberichts den Hinweis: *„Ein kausaler Zusammenhang eines einzelnen Extremereignisses (wie etwa der Flutkatastrophen des Sommers 2002) mit einer beginnenden Veränderung des Globalklimas ist wissenschaftlich nicht belegbar."* (S. 6). Statistische Untersuchungen, so der SV GUA weiter, zeigten keine Korrelation zwischen der Häufigkeit von Extremniederschlägen und der Entwicklung der bodennahen Temperatur.

Das vom Essener Physikochemiker Reinhard Zellner geleitete Gremium, dem nicht nur Naturwissenschaftler wie die Klimaforscher Guy Brasseur (Hamburg), Martin Claussen (Potsdam) und Jörn Thiede (Bremerhaven), sondern mit dem Volkswirtschaftler Gunter Stephan

(Bern) und dem Soziologen Peter Weingart (Bielefeld) auch kritische Sozialwissenschaftler angehörten, beklagte, Politik und Medien hätten sich in den letzten Jahren darauf versteift, im Klimawandel etwas Böses zu sehen, das es zu verhindern gelte – koste es, was es wolle. Doch es sei gar nicht möglich, den Klimawandel aufzuhalten: *„Die bisherige pauschale Annahme, daß Klimaänderungen ‚negativ' zu sehen seien, sollte durch eine vorurteilsfreie Sicht ersetzt werden, da es nicht um ‚gut' und ‚schlecht' geht, sondern darum, wie mit dem, was da kommt, rational umgegangen wird"* (S. 52). Das Kioto-Protokoll vom Dezember 1997 sei jedenfalls nicht geeignet, das Klima zu stabilisieren. Es habe lediglich politische Bedeutung, denn vor dem Jahr 2050 sei von der Umsetzung der in Kioto eingegangenen Reduktionsverpflichtungen kein Einfluß auf die Entwicklung der globalen Durchschnittstemperatur zu erwarten. Ohnehin sei dieser Mittelwert für die Ökologie und die menschliche Gesellschaft belanglos. Vielmehr komme es auf die lokalen Auswirkungen des Klimawandels an, die aber kaum absehbar seien.

Unter dem parteilosen Minister Werner Müller hatte das Bundeswirtschaftsministerium (BMWi) die Kosten der in Kioto von der deutschen Bundesregierung übernommenen Verpflichtung zur Reduktion der „Treibhausgase" Kohlendioxid, Methan, Lachgas, Fluorkohlenwasserstoffe und Schwefelhexafluorid bis zum Jahre 2020 auf nicht weniger als 256 Milliarden Euro geschätzt (versteckt in einer Tabelle auf Seite 41 des zensierten Energieberichts vom Oktober 2001). Inzwischen hat die zweite rot-grüne Regierung in Berlin verkündet, sie werde an dieser Verpflichtung auch dann festhalten, wenn das Kioto-Protokoll, wie damals befürchtet, gar nicht in Kraft treten sollte. Die Mitglieder des Sachverständigenkreises bezweifeln in verklausulierter Form die vernünftige Begründbarkeit dieser Entscheidung, denn es liegt auf der Hand, daß es für 250 Milliarden Euro nützlichere Verwendungsmöglichkeiten gäbe.

Dabei stellen die Ratsmitglieder die dem Abkommen von Kioto zugrunde liegende Annahme, zumindest die in den vergangenen drei Jahrzehnten gemessene leichte Erwärmung der Erde gehe überwiegend auf das Konto menschengemachter CO_2-Emissionen zurück, nicht grundsätzlich in Frage. Das scheint aber von vornherein festgestanden zu haben; stringent herleiten läßt sich dieser Schluß aus den Aussagen der Studie keineswegs. Denn immerhin gehen die Forscher davon aus, die Erwärmung in der ersten Hälfte des 20.Jahrhunderts gehe wahrscheinlich nicht auf den umstrittenen „Treibhauseffekt", sondern auf verstärkte Sonnenaktivität zurück. Sie geben auch offen zu, daß die Ergebnisse der von ihnen untersuchten mathematischen Klimamodelle entscheidend von geschätzten Eingabegrößen abhängen und daß die Modellrechnungen gleich mehrere Unbekannte (wie Veränderungen der Landnutzung wie Urbanisierung oder Waldrodung, des Aerosol- und Wasserdampfgehalts der Atmosphäre beziehungsweise der mittleren Wolkenbedeckung der Erde unter dem Einfluß von Schwankungen der Sonnenaktivität und der kosmischen Strahlung) enthalten, deren potentieller Einfluß auf die Entwicklung der globalen Durchschnittstemperatur größer ist als der angenommene Einfluß menschengemachter „Treibhausgase". Sie weisen auch darauf hin, daß das bislang wärmste Jahr seit Menschengedenken (1998) mit Sicherheit nicht auf CO_2, sondern auf ein *El Niño*-Ereignis zurückgeht.

Zudem scheint es in den letzten 10.000 Jahren mehrmals deutlich wärmer gewesen zu sein als heute: „*Rekonstruktionen belegen, daß die Alpen während der letzten zehntausend Jahre wiederholt nahezu frei von Gletschern waren*", heißt es in der Studie (S. 43). Baumleichen, die man heute infolge des Abschmelzens von Gletschern weit oberhalb der aktuellen Schneegrenze findet, sprechen da übrigens für sich. Auch eine Rekonstruktion des Wechsels von Kalt- und Warmzeiten in den letzten 400.000 Jahren aufgrund von Bohrkernen des Antarktis- oder Grönland-Eises erlaube es nicht, die Rolle von CO_2 für die Entwicklung der globalen Durchschnittstemperatur zu klären, stellt der Beirat fest, zumal die in der Studie (S. 33) abgebildete Temperaturkurve der CO_2-Kurve immer vorauseilt und somit darauf hinweist, daß die CO_2-Zunahme der Erwärmung folgte und nicht umgekehrt.

Unter normalen Umständen dürfte also kaum jemand großes Aufheben von der CO_2-Erwärmungs-Hypothese machen. Sie würde wohl gerade noch für diskussionswürdig erachtet. Doch die Klimaforschung sei eben keine normale Naturwissenschaft, sondern *postnormal science*, meinen die Sachverständigen. Unter „postnormal" verstehen sie folgende Situation: „*Große Unsicherheit und hohe Risiken sind miteinander gekoppelt. Die Unsicherheit kann nur in einem beschränkten Maße durch weitere Forschung vermindert werden; oftmals erhöht die Forschung die Unsicherheit im Umgang mit dem Problem als Ganzes.*" (S. 53)

Daraus folge: „*Wissenschaft ist nicht mehr der wichtigste gesellschaftliche Ratgeber, und wissenschaftliche Argumente sind nicht die einzigen, die in den Köpfen der Wissenschaftler wirken. Klimaforschung wird damit zu einem sozialen Prozeß, und in einem demokratischen System ist es angezeigt, den Beratungsprozeß und seine Dynamik im Hinblick auf vorgefaßte Meinungen [...] zu analysieren. [...] Es ist an der*

des einzelne Unternehmen seine „Kioto-Gas-Emissionsrechte" im Rahmen des EU-weiten *CO_2-Cap* mit den zuständigen nationalen Behörden aushandeln. Die aufgrund nationaler Zuteilungspläne (Rationierungen) erteilten Emissionsberechtigungen sind dann frei handelbar. Das Emittieren von „Kioto-Gasen" wird also einer dirigistischen staatlichen Bewirtschaftungsordnung unterstellt. *„Die Umsetzung des Richtlinienentwurfs bedeutet für das deutsche Immissionsschutzrecht einen grundlegenden Systemwechsel: von einen freiheitsgestaltenden Recht zu einer Bewirtschaftungsordnung"*, unterstrich das Rechtsgutachten.

Nach Ansicht von Dr. Klaus Mittelbach, des damaligen Leiters der Abteilung Umweltpolitik beim BDI, droht durch den EU-Richtlinienvorschlag *„die Rückkehr zur Planwirtschaft"*, denn in Zukunft könnte mithilfe der EU-weiten Lastenverteilung von der Brüsseler Bürokratie entschieden werden, wo energieintensive Industriezweige expandieren dürfen oder gedrosselt werden müssen. Wie richtig er damals mit diesen Befürchtungen lag, zeigt die von EU-Umweltkommissar Stavros Dimas am 10. Januar 2007 erhobene Forderung, die EU brauche eine „Kriegswirtschaft" (i. e. Planwirtschaft), um die Treibhausgasemissionen bis 2020 um 20 Prozent zu reduzieren, die Abhängigkeit der EU von importierten Kraftstoffen zu vermindern und eine neue „industrielle Revolution" einzuleiten.

Offenbar, so der Brüsseler VCI-Repräsentant Reinhard Quick vor der Einführung des Emissionshandels, sei die EU-Kommission nicht bereit, aus den Erfolgen der in Deutschland praktizierten Politik freiwilliger Selbstverpflichtungen zu lernen. Deutschland habe mit einer CO_2-Reduktion von 18,7 Prozent im Vergleich zu 1990 seine Kioto-Verpflichtung im Rahmen der EU fast erreicht, während das Gesamtreduktionsziel der EU von 8 Prozent bis 2012 wegen stark steigender CO_2-Emissionen in anderen EU-Ländern höchstwahrscheinlich nicht erreichbar sei. Nun gefährde die EU-Kommission mit ihrem Ansinnen, zunächst bestimmten und später allen Industrien die Teilnahme am Emissionshandel zwingend vorzuschreiben, ausgerechnet die Fortsetzung des bislang effizientesten Politikansatzes, indem sie Selbstverpflichtungen den Boden entzieht.

Die aktualisierte Selbstverpflichtung des deutschen Chemieverbandes sieht zwischen 1990 und 2012 eine absolute Reduktion der CO_2- und N_2O-Emissionen um 45 bis 50 Prozent sowie eine Senkung des spezifischen Energieeinsatzes um 35 bis 40 Prozent vor. Bislang wurde in der Chemiebranche bereits eine Verminderung der absoluten CO_2-

Emissionen von 65 auf 44 Millionen Tonnen, das heißt um über 30 Prozent erreicht. Da die eigene Energieerzeugung der chemischen Industrie, auf die etwa die Hälfte des verbleibenden energiebedingten CO_2-Ausstoßes entfällt, bereits zu fast 90 Prozent mithilfe höchst effizienter Kraft-Wärme-Kopplungsanlagen (KWK) erfolgt, ist das Einsparpotential hier fast ausgeschöpft.

Beim Fremdstrombezug, auf die die andere Hälfte der energiebedingten CO_2-Emissionen entfällt, hängt das CO_2-Einsparpotential vom Mix der eingesetzten Primärenergieträger ab. Dieser wird in Deutschland zu etwa 60 Prozent von der Kohle dominiert. Ein von *E.ON*, *RWE*, *HEW/LAUBAG/VEAG*, der *BASF* sowie der Industriegewerkschaft Bergbau, Chemie, Energie (IG BCE), den Verbänden der Zement-, Glas- und Papierindustrie und vom Gesamtverband des deutschen Steinkohlebergbaus beim Rheinisch-Westfälischen Institut für Wirtschaftsforschung (RWI) und der Arbeitsgemeinschaft Energiepolitik (AGEP) an der Universität Münster/Westfalen in Auftrag gegebenes Gutachten kam zum Schluß, daß die Strompreise in Deutschland bei einem Zertifikatspreis von 30 *Euro* je Tonne CO_2 um ein Drittel steigen könnten. Selbst bei einem Zertifikatspreis von nur 25 €/t, so rechnete der Verband der Chemischen Industrie (VCI) vor, sei die Kostenbelastung der Chemie höher als durch die Ökosteuer. Eine weitere CO_2-Reduktion ginge also an die Substanz.

Die Genehmigung der Fortführung der Sonderregelung zur Schonung energieintensiver Industrien bei der deutschen Ökosteuer wurde von der EU-Kommission im Übrigen von der Erfüllung und Aktualisierung der Branchen-Selbstverpflichtungen abhängig gemacht. Damit, so der VCI, sei das Instrument der Selbstverpflichtung von der EU-Kommission ausdrücklich anerkannt worden. Deshalb widerspreche der Richtlinienentwurf über den Emissionshandel früheren Beschlüssen der EU-Kommission.

Das ist aber beileibe nicht der einzige Widerspruch. Das zitierte Gutachten der Sozietät *Freshfields Bruckhaus Deringer* weist zum Beispiel auf Voraussetzungen der Anlagengenehmigung nach der deutschen BImSchV beziehungsweise der EU-Richtlinie über den integrierten Umweltschutz (IVU-Richtlinie 96/61/EG) wie den Bau aufwändiger Filter für die Eliminierung von SO_2, No_x und Quecksilber hin, die üblicherweise zu einem höheren Energiebedarf und damit zu einem Mehrausstoß von CO_2 führen. Die Juristen bestätigten so die Befürchtung, die einseitige Konzentration der EU auf den politischen Verdachtsstoff

CO_2 beziehungsweise auf den Kohlenstoffkreislauf könne die Bekämpfung echter Schadstoffe im Endeffekt sogar behindern. Ohnehin erscheint CO_2 selbst auf dem Hintergrund der quasi offiziellen Treibhaushypothese als zweit-, wenn nicht drittrangiges „Treibhausgas". Würde sich die „Klimapolitik" auf das wichtigste „Treibhausgas", den Wasserdampf, konzentrieren, könnte jedermann sofort sehen, wie lächerlich der ganze Rationierungsansatz ist.

Damit der Zertifikatehandel überhaupt in Gang kommt, müßte überdies die geltende IVU-Richtlinie mit der darin enthaltenen Energieeffizienzauflage außer Kraft gesetzt werden. *„Werden sämtliche Unternehmen in gleicher Weise durch Auflagen verpflichtet, energieeffizient zu handeln und dadurch zugleich Treibhausgasemissionen zu reduzieren, läuft die Handelsmöglichkeit faktisch leer, weil sich keine Käufer für überschießende Emissionsberechtigungen finden. Das könnte zu einer Illiquidität des Marktes für Emissionshandel insgesamt führen"*, folgerte das Gutachten von *Freshfields Bruckhaus Deringer.* Gleichzeitig erwüchsen deutschen Anlagenbetreibern und Neuinvestoren aus der Inkompatibilität des Bewirtschaftungssystems mit der im Grundgesetz garantierten Eigentums- und Berufsfreiheit *„erhebliche Risiken bei der Zuteilung."*

Durch die Inkraftsetzung des Kioto-Protokolls wurden diese Befürchtungen zur harten Realität. Die Industrie ist daran freilich selbst nicht unschuldig, da sie die Politik sogar noch ermuntert hat, „Klimaschutzmaßnahmen" zu beschließen – offenbar im Glauben, das Kioto-Protokoll werde wegen der Undurchsichtigkeit und Widersprüchlichkeit der Klimamodelle, auf die es sich stützt, und wegen der Interessensdivergenz seiner Unterzeichner ohnehin niemals umgesetzt.

„Künftig wissen wir nur für höchstens fünf Jahre, ob sich unsere Anlagen überhaupt rentieren", resümierte Reinhard Quick vom VCI. Sein Verband machte darüber hinaus an Hand von Beispielrechnungen deutlich, daß es künftig in etlichen Sektoren der Chemieindustrie billiger käme, die Produktion in nicht reglementierte Länder zu verlagern und den Verkaufserlös aus vorhandenen Emissionslizenzen als „Stilllegungsprämie" zu verbuchen. Wie im Falle der schon seit längerem in der europäischen Landwirtschaft mit den vom Verkauf ihrer Milchquoten lebenden „Sofamelkern" käme es dann auch in bislang nicht oder kaum subventionierten Industriezweigen wie der Chemie zu Geldzahlungen für Produktionseinschränkungen beziehungsweise Betriebsstillegungen, das heißt für Nichtstun. Die Logik des „Wohlfahrtsstaates" hätte wieder

einmal über die Logik der Eigeninitiative und des Wettbewerbs auf freien Märkten gesiegt.

Durch den im Dezember 2002 erzielten Kompromiß zwischen der deutschen Regierung und der EU-Kommission über den Einstieg in den Handel mit CO_2-Emissionsrechten wurde diese Entwicklung nur vorläufig abgewendet. Danach sollten den betroffenen Unternehmen der Branchen Energieversorgung, Stahl, Zement, Glas, Papier und Karton sowie Ziegeleien die CO_2-Emissionslizenzen bis 2007 anlagenbezogen kostenlos zugeteilt und nicht versteigert werden. Unternehmen, die die ihnen zugestandenen Höchstmengen unterschreiten, können überschüssige Lizenzen verkaufen. Die Teilnahme am Emissionshandel sollte aber zunächst freiwillig bleiben. Erst ab 2008 soll die Teilnahme am EU-System für alle Unternehmen verbindlich werden. Bis 2007 sollten Ausnahmegenehmigungen für einzelne Anlagen möglich sein, die die Auflagen auf andere Weise erfüllen. Die EU-Kommission erkannte die in Deutschland seit 1990 aufgrund freiwilliger Vereinbarungen erreichten Fortschritte ausdrücklich an und räumte die Möglichkeit ein, Emissionslizenzen branchenbezogen zu bündeln. Dafür wurde aber die Möglichkeit eines „*Opt Out*" eingeschränkt. Nach Ansicht deutscher Kraftwerksbetreiber schafft dieser Kompromiß noch immer keine Planungssicherheit für Investitionen in neue Braunkohlekraftwerke. Und der Verband der Chemischen Industrie sieht im Emissionshandel nach wie vor ein generelles Hindernis für Investitionen in energieintensive Industriesparten.

Zu denken gibt die Tatsache, daß sich im EU-Parlament offenbar niemand daran störte, daß in Zukunft Produktionsbetriebe, die sich in der EU ansiedeln wollen, neben den Hürden der Genehmigungsverfahren und der Investitionskosten auch noch die Hürde des Erwerbs von Emissionslizenzen überwinden müssen. Wie wollen die Befürworter des Handels mit Emissionslizenzen dem Verdacht entgegentreten, hinter der „Klimapolitik" verberge sich eine Art Klassenkampf des mit schwarz-grüner und roter staatlicher Bürokratie verbündeten Finanzkapitals gegen Industrie und Mittelstand ?

Die Dummheit erringt einen Etappensieg

BUNDESUMWELTMINISTER Jürgen Trittin sah Grund zum Jubeln, als die EU-Kommission am 7. Juli den zum 31. März 2004 pünktlich in Brüssel vorgelegten ersten deutschen Nationalen Allokationsplan (NAP) für Treibhausgasemissionsrechte mit geringen Abstrichen annahm: „*Die Kommission hat ein erfreuliches und richtungsweisendes Signal gesetzt. Sie hat den deutschen Plan, der schon in der ersten Handelsperiode eine Reduzierung der CO_2-Mengen vorsieht, insgesamt genehmigt. Dies ist eine Bestätigung der ambitionierten deutschen Klimaschutzpolitik.*" Was Trittin dabei verschwieg: Außer Deutschland und Großbritannien verlangt kein anderes EU-Land von seiner Industrie bereits vom Start weg eine Verminderung des CO_2-Ausstoßes. Stattdessen wurden die Zuteilungen in den meisten EU-Ländern so bemessen, daß großer Spielraum für wirtschaftliches Wachstum (und statistische Manipulationen) bleibt.

Nach der Sommerpause war denn auch von Trittins Begeisterung nicht mehr viel übrig. Anfang September 2004 kündigte er an, vor dem Europäischen Gerichtshof gegen die EU-Kommission klagen zu wollen, wenn diese bis zum 22. September nicht Einsprüche gegen Passagen des deutschen NAP zurücknimmt, die der Verhinderung von Mißbrauch dienen sollen. Zum Beispiel gibt es im deutschen „Treibhausgas-Emissionshandelsgesetz" (TEHG) Vorkehrungen gegen die Erschwindelung von „Stilllegungsprämien" durch einen Scheinbetrieb von Anlagen, die in der Annahme, sie würden dauerhaft weiter betrieben, Emissionsberechtigungen erhalten haben. „*Ein Betreiber, der mit falschen Zahlen operiert, soll nach dem Willen der Kommission erschwindelte Emissionsrechte behalten dürfen*", entrüstete sich Trittin. Die Kommission akzeptiere nicht einmal die in Deutschland vorgesehene Korrektur der Prognose der Anlagenauslastung für das Jahr 2007, auf deren Basis die Emissionsrechtezuteilung erfolgt, klagte Trittin.

An diesem Beispiel zeigt sich, welche Schwierigkeiten sich die Politik einhandelt, wenn sie reale oder herbeigeredete Probleme planwirtschaftlich zu lösen versucht. Nach Schätzungen des europäischen Industrieverbandes UNICE verschlang die „Klimapolitik" schon vor drei Jahren etwa 0,3 Prozent der gesamten Wirtschaftsleistung der EU – mit steigender Tendenz. Diese prozentuale Angabe erscheint bescheiden. Doch entspricht sie etwa einem Drittel der Gesamtkosten der EU-Institutionen! Dennoch könne damit die globale Treibhausgaskonzentration selbst bei optimistischen Annahmen allenfalls um ein Prozent vermindert werden, rechnete der damalige UNICE-Präsident Jürgen Strube (Ex-Chef der *BASF*) Anfang Juli 2004 vor. Dieser Effekt werde aber allein durch den Wirtschaftsboom in China mehr als wettgemacht – ein Trend, der sich durch die bereits begonnene Abwanderung von Industrien aus Westeuropa noch verstärken dürfte. China unterliegt als „Entwicklungsland" nicht dem Kioto-Abkommen. Aber auch die im Annex I des Kioto-Protokolls aufgeführten „Industrieländer" werden ihren CO_2-Ausstoß, zusammen genommen, bis 2012 höchstwahrscheinlich um mindestens 10 Prozent erhöhen. Allein im Jahre 2003 stieg der globale CO_2-Ausstoß nach einer im September 2004 von Hans-Joachim Ziesig vom *Deutschen Institut für Wirtschaftsforschung (DIW)* in Berlin vorgelegten Studie (vgl. *Wochenbericht des DIW* 37/04) um ganze vier Prozent!

Nachdem die russische Staats-Duma im Oktober 2004 sich nach langem Zögern gegen das klare Votum der russischen Akademie der Wissenschaften aus rein politischen Gründen (gegen die Zusage der EU, Rußlands Aufnahmeantrag in die Welthandelsorganisation *WTO* zu unterstützen) für die Ratifizierung des Kioto-Protokolls durch Rußland ausgesprochen hat, konnte dieses schließlich in Kraft treten. Auf der Klimakonferenz von Kioto im Dezember 1997 hatte sich die EU verpflichtet, ihre CO_2-Emissionen bis zum Jahre 2010 (Bemessungsperiode 2008 bis 2012) gegenüber 1990 um insgesamt 8 Prozent zu verringern. Mit der Zusage, die deutschen CO_2-Emissionen im gleichen Zeitraum sogar um 21 Prozent zu reduzieren, übernahm die damals noch von Helmut Kohl (CDU) geführte deutsche Bundesregierung ohne Not die Hauptlast dieser Verpflichtung.

Konkret bedeutete das, daß die deutschen CO_2-Emissionen von 1014 auf 846 Millionen Tonnen im Jahr hätten sinken sollen. Nach den Plänen des Bundesumweltministeriums (BMU) sollten Industrie und Energieerzeugung gegenüber den Privathaushalten, dem Verkehr und dem Gewerbe davon den größten Teil übernehmen, indem sie ihre CO_2-Emissionen von derzeit etwa 505 bis 2005/2007 auf 488 und bis 2008/12 auf 480 Millionen Tonnen im Jahr absenken.

Nach der „Beschlußlage" im EU-Parlament und im EU-Ministerrat soll der EU-weite Handel mit CO_2-Zertifikaten zum wichtigsten Weg der Umsetzung des Kioto-Protokolls in der EU werden. Die am 25. Oktober 2003 im Amtsblatt der EU veröffentlichte Richtlinie 2003/87/EG setzte den Beginn des EU-Emissionshandels auf den 1. Januar 2005 fest. Ein Jahr davor, Anfang Januar 2004, legte das Trittin-Ministerium einen Plan für die kostenlose Erstzuteilung von Zertifikaten mit komplizierten Zuteilungsregeln und Erfüllungsfaktoren auf der Basis historischer Emissionsdaten vor. Dieser enthält Ausnahmen für die Kraft-Wärme-Kopplung, für „prozeßbedingte" CO_2-Emissionen von Stahl- und Zementwerken sowie für Betriebe, die in den vergangenen Jahren bereits „proaktiv" Vorleistungen (*early actions*) im Sinne des

„Klimaschutzes" erbracht haben. Strittig waren dabei vor allem die Zuteilungsregeln für neue Elektrizitätswerke. Trittin drängte darauf, die Zuteilung am Benchmark modernster gasbefeuerter GuD-Kraftwerke mit einem Nettowirkungsgrad von 57,5 Prozent und einem CO_2-Ausstoß von 365 Gramm CO_2 je Kilowattstunde zu orientieren. Danach hätten Betreiber von Kohlekraftwerken etwa die Hälfte der von ihnen benötigten Zertifikate zukaufen müssen.

Trittins Plan hätte also nach dem begonnenen Ausstieg aus der Atomkraft auch noch die Verabschiedung der heimischen Kohle als Brennstoff nach sich gezogen. Dagegen stemmte sich der damalige Bundeswirtschaftsminister Wolfgang Clement (SPD) mit der NRW-Kohlelobby im Rücken. Er konnte dabei obendrein auf die Risiken einer zu starken Abhängigkeit der deutschen Energieversorgung von Gaslieferungen aus Rußland verweisen. Unterstützung erhielt Clement auch durch ein hochkarätiges Gutachten, das vom Energiewirtschaftlichen Institut der Universität Köln unter Prof. C. Christian von Weizsäcker, vom Leipziger Institut für Energetik und Umwelt und vom Rheinisch-Westfälischen Institut für Wirtschaftsforschung (RWI) erarbeitet wurde.

Dieses Gutachten ging nicht vom Vorrang nationaler Versorgungssicherheit beziehungsweise von den Interessen der Kohlelobby aus, sondern unterstrich die Kostenvorteile eines ungehinderten Emissionshandels gegenüber der vielleicht gut gemeinten, aber teuren einseitigen Förderung sogenannter erneuerbarer Energien. Immerhin sind die Investitionskosten von Windkraftanlagen (WKA), bezogen auf die Jahresleistung, selbst bei günstigen Annahmen mindestens zehnmal so hoch wie bei modernen Kombi-Kraftwerken. Käme es in Europa zu einem florierenden Zertifikatehandel zum angenommenen Preis von 12,50 Euro je Tonne CO_2, würde das EEG schlicht „überflüssig", schätzen die Gutachter. Windkraftanlagen hätten dann in der Tat wenig Chancen, zum bevorzugten Investitionsziel zu werden, weil bei ihnen die Vermeidung einer Tonne CO_2 durch den Ersatz moderner Braunkohlekraftwerke (nach Schätzungen des Stromkonzerns *E.ON*) mindestens 65 Euro kostet.

Vor diesem Hintergrund muß der Ende März 2004 in nächtlichen Verhandlungen im Kanzleramt erzielte Kompromiß eingeschätzt werden. Dabei konnte Wolfgang Clement die Interessen des Kohlebergbaus beziehungsweise des Stromkonzerns *RWE* wahren, indem er durchsetzte, daß Industrie und Energiewirtschaft zunächst mit Zertifikaten für 503 statt der von Trittin geforderten 488 Millionen Tonnen CO_2 ausgestattet werden. Als Zielgröße wurde ein Durchschnitt von 750 Gramm

CO_2 je Kilowattstunde festgelegt. Das entspricht den Emissionswerten von Steinkohlekraftwerken. Gaskraftwerke erhalten aber nur die Zertifikate, die sie brauchen und nicht so viele, wie sie aufgrund der Zielvereinbarung bekämen.

Außer in Deutschland denkt aber kaum jemand an strengere Auflagen, solange Putins Rußland mit dem Angebot billiger, weil überschüssiger CO_2-Zertifikate lockt. Wie wenig ernst die meisten EU-Mitgliedsstaaten den Emissionshandel nehmen, zeigt sich schon daran, daß nur fünf von ihnen (neben Deutschland noch Dänemark, Finnland, Österreich und Irland) pünktlich zum Stichtag 31. März 2004 ihren Nationalen Zertifikate-Allokationsplan (NAP) in Brüssel vorgelegt hatten. Bemerkenswert ist, daß die EU-Kommission die Pläne Dänemarks und der Niederlande ohne Einschränkung akzeptiert hat. Diese sind zum Teil anders gestrickt als der deutsche NAP. Sie sehen eine großzügigere Ausgabe von Zertifikaten in der Anfangsphase vor und setzen stark auf den in der EU ab 2008 erlaubten Zukauf von CO_2-Emissionsrechten aus Industrieländern außerhalb der EU (*Joint Implementation, JI*) und aus Entwicklungsländern (*Clean Development Mechanism, CDM*). Deren Finanzierung ist bereits sicher gestellt.

Umstritten blieb in der EU lediglich, wieweit sich öffentliche Hände daran beteiligen dürfen, ohne die Subventionsregeln des Binnenmarktes zu verletzen. Immerhin hat die EU-Kommission Österreich und Irland, die eine solche Strategie verfolgen, angehalten, „Überallokationen" von CO_2-Zertifikaten wieder zurück zu nehmen. Der Hintergrund: Außer Schweden, Großbritannien, Deutschland, Luxemburg und vielleicht noch Frankreich dürfte kein weiteres EU-Land den Kioto-Zielen auch nur halbwegs näher kommen. Einige von ihnen bewegen sich sogar in Riesenschritten davon weg. So liegt das „Öko-Musterland" Dänemark schon um fast 40 Prozent über den Reduktionsvorgaben, gefolgt von Spanien mit einem Drittel sowie Irland und Österreich mit je etwa einem Viertel.

Käme es auch in den anderen EU-Ländern zum erhofften Wiederaufschwung der Wirtschaft, könnte man die Kioto-Ziele ohnehin vergessen. Etliche Regierungen scheinen denn auch darauf zu spekulieren, daß sich im Jahre 2010 kaum noch jemand daran erinnern wird. Sie spielen offen auf Zeit, zumal die Forderung, Zwischenziele für jedes Jahr festzulegen, im EU-Ministerrat keine Mehrheit gefunden hat. Überdies spricht es sich langsam herum, daß das Kioto-Protokoll, selbst wenn es buchstabengetreu umgesetzt würde, keinen Einfluß auf die Durchschnittstemperatur der Erde und das Wetter hätte.

Energie durch Ideologie substituieren ?

GERADE für High-Tech-Industrien wie die Chemie-, Pharma- oder Elektronikindustrie ist der Strompreis ein Standortfaktor ersten Ranges. Zum Beispiel würde die Erzeugung der „Zukunftsenergie" Wasserstoff mithilfe der Elektrolyse nach Ansicht von Prof. Dr.-Ing. Manfred Fischer vom Deutschen Zentrum für Luft- und Raumfahrt (DLR) in Stuttgart erst bei einem Strompreis von 1,5 Cent je Kilowattstunde rentabel. Nach Berechnungen von Prof. Dr.-Ing. Helmut Alt (*RWEplus* und FH Aachen) liegen die Stromerzeugungskosten beim bisherigen deutschen Primärenergiemix bei insgesamt 15 Milliarden *Euro* oder durchschnittlich 3 Cent/kWh.

Nach der Umsetzung der von der rot-grünen Bundesregierung beschlossenen „Energiewende" (Senkung des Atomstromanteils von derzeit 30 auf Null Prozent, Halbierung des Steinkohleanteils auf 12 Prozent, Steigerung des Erdgasanteils von 9 auf 15 Prozent, Steigerung des Anteils der „erneuerbaren" Energiequellen Wasser, Wind, Sonne, Abfall bzw. Biomasse auf insgesamt 45 Prozent) lägen die Gesamtkosten der Stromerzeugung in Deutschland jedoch bei 45 Milliarden Euro oder 9 Cent je Kilowattstunde. Dabei entfielen die Löwenanteile auf Wind- und Sonnenenergie, die mithilfe von Abnahmegarantien zu überhöhten Preisen (9,1 bzw. 57,4 Cent/kWh) von allen Stromverbrauchern zwangsweise subventioniert werden. Und zwar verschlänge die Windenergie nicht weniger als 10 und die Sonnenenergie sogar 24 Milliarden Euro im Jahr.

Der derzeitige durchschnittliche Erzeugerpreis von 4 Cent/kWh wird in Deutschland nur dank des hohen Anteils von Atom- und Braunkohlestrom erreicht, deren Produktionskosten jeweils bei 2,5 Cent je Kilowattstunde liegen. Danach kommen Öl und Erdgas, Wasser und Abfall mit 4 bzw. 5,5 und 6 Cent/kWh. Nach dem beschlossenen Ausstieg Deutschlands aus der Kernenergienutzung können also nur Braunkohlekraftwerke vergleichbar preiswerten Strom erzeugen. Der in Deutschland mithilfe von Steuervorteilen (Abschreibungsmodellen) massiv geförderte Bau von inzwischen bereits über 20.000 Windkraftanlagen (WKA) läuft demgegenüber auf die Substitution bezahlbarer Energie durch Ideologie hinaus. Denn sie kommen im Schnitt nur an 70 von 365 Tagen ihrer Nennleistung nahe und produzieren dann Strom zu Kosten von durchschnittlich etwa 9 Cent/kWh. Dennoch stellt die Bundesregierung das Ende Februar 2000 auf dem EU-Gipfel in Lissabon implizit festgelegte Ziel einer völligen „Dekarbonisierung" der

Energieproduktion in Europa nicht grundsätzlich in Frage, auch wenn die Subventionierung der unwirtschaftlichen heimischen Steinkohle auf Druck der Gewerkschaften fürs erste weiter geführt wird.

Dabei käme es viel billiger, der schon unter Bundeskanzler Helmut Kohl eingegangenen einseitigen Selbstverpflichtung einer Reduktion der CO_2-Emissionen um 25 Prozent bis zum Jahre 2005 durch die Modernisierung beziehungsweise Ertüchtigung vorhandener und auf den Bau neuer Braunkohlekraftwerke nachzukommen. So ging im September 2002 am Kraftwerksstandort Niederaußern zwischen Köln und Aachen ein neuer Braunkohleblock mit optimierter Anlagentechnik (BoA) in Betrieb, den ALSTOM Deutschland für den Stromkonzern *RWE* errichtet hat. Dieser bislang größte Braunkohle-Block der Welt mit einer elektrischen Leistung von fast 1000 Megawatt erreicht einen elektrischen Wirkungsgrad von über 43 Prozent und spart gegenüber herkömmlichen Braunkohlekraftwerken vergleichbarer Leistung, deren elektrischer Wirkungsgrad im Schnitt bei nur 31 Prozent liegt, im Jahr 2,5 Millionen Tonnen CO_2 ein. Die spezifischen Emissionen von Staub, SO_2 und NO_x gehen um rund 30 Prozent zurück.

Prof. Helmut Alt rechnet vor: Der BoA-Block, der 1,2 Milliarden *Euro* kostete, erzeugt im Jahr rund 7,5 Milliarden Kilowattstunden Strom, das heißt fast die Hälfte des gesamten in deutschen WKA erzeugten Stroms. Eine WKA mit einem Megawatt Leistung kostet rund eine Million *Euro* und erzeugt im Jahr rund 1,8 Millionen kWh, falls der Wind weht. Um die Leistung des BoA-Blocks von Niederaußern zu erreichen, müssten davon 4.167 Stück aufgestellt werden. Diese kosteten 4,2 Milliarden *Euro*, das heißt drei Milliarden Euro mehr als der BoA-Block, und benötigen zusätzlich ein Reservekraftwerk für windstille Zeiten. Somit erspart BoA der deutschen Volkswirtschaft etwa vier Milliarden Euro an Investitionen. Insgesamt würden bei einem Verzicht auf die subventionierte Windkraftnutzung 8 Milliarden Euro für andere Zwecke frei. Berücksichtige man noch die überhöhten Preise für Windstrom, dann koste die Windenergie die Deutschen Jahr für Jahr fünf Milliarden Euro, denen kein Zusatznutzen gegenüber steht.

Während in Deutschland zur Zeit wegen der politisch bedingten Investitionsunsicherheit nur zögerlich dem BoA-Block in Niederaußern vergleichbaren Neubau- oder Modernisierungsprojekte in Angriff genommen werden, hat dieser Weg, die strengen europäischen Umweltauflagen zu erfüllen, im EU-Beitrittsland Polen einen zentralen Stellenwert erlangt. Polen verfügt über große Vorkommen schwefelarmer Braunkohle. Zur Zeit haben dort Braunkohlekraftwerke, die überwiegend älter als 20 Jahre sind, einen Anteil von 36 Prozent an der Stromerzeugung. Steinkohlekraftwerke erreichen sogar einen Anteil von 59 Prozent. Die gesamte in Polen installierte Kraftwerksleistung von 34,5 Gigawatt entspricht immerhin einem Drittel der deutschen. Die polnische Regierung und die Privatwirtschaft (einschließlich westlicher Investoren) haben sich das Ziel gesetzt, den Anteil der Braunkohlekraftwerke durch die Stillegung der letzten Schwerölkraftwerke, die Modernisierung alter und den Zubau neuer Braunkohle-Blöcke zu vergrößern. Von den Beschlüssen von Lissabon lassen sich die Polen offenbar nicht beeindrucken.

Die deutsche Bundesregierung hat sich dagegen in den Kopf gesetzt, trotz (oder wegen) ihrer wirtschaftspolitischen Bremserrolle Deutschland zum Vorreiter der „Energiewende" und des „Klimaschutzes" zu machen und versucht (wie auf dem Gipfel von Johannesburg) der ganzen Welt Lektionen in Sachen „erneuerbare Energien" zu erteilen. In der im April 2002 beschlossenen nationalen Nachhaltigkeitsstrategie *„Perspektiven für Deutschland"* hat sich die Berliner Regierung das Ziel gesetzt, den Anteil „erneuerbarer" Energien am Stromverbrauch bis zum Jahre 2010 auf 12,5 und bis 2050 auf 50 Prozent zu steigern.

Dabei hat in Deutschland die immer massivere Einspeisung des räumlich und zeitlich sehr unregelmäßig anfallenden Windstroms schon jetzt die Preise für zuverlässige „Regelenergie" aus konventionellen Kraftwerken und Pumpspeicherwerken für den Ausgleich regionaler Spannungsabfälle in die Höhe schnellen lassen – und zwar seit Anfang 2001 um fast 200 Prozent. Weitere Preiserhöhungen sind bereits angekündigt. Schon wirft der Verband der Industriellen Energie- und Kraftwirtschaft (VIK), der Interessenverband der industriellen Stromkunden, den Stromkonzernen *E.ON* und *RWE* vor, ihre marktbeherrschende Stellung auszunutzen, und hat ein Verfahren beim Bundeskartellamt angestrengt. Die angesprochenen Stromriesen verweisen jedoch auf ihre gesetzliche Verpflichtung, Windstrom, der an der Strombörse wegen seiner Unregelmäßigkeit kaum 2 Cent/kWh wert wäre, für etwa 9 Cent abnehmen zu müssen.

Obwohl auf dem deutschen Strommarkt derzeit noch gewisse Überkapazitäten bestehen, müssen in den nächsten Jahren wegen des beschlossenen Atomausstiegs nach Schätzung des Oldenburger Volkswirtes Prof. Wolfgang Pfaffenberger neue Kapazitäten mit einem Gesamtvolumen in der Größenordnung von 50 Gigawatt errichtet werden. Das könne man zwar auch durch den Bau von Gasturbinen erreichen, die heute Strom für 3 Cent/kWh liefern, dieses Preisniveau wegen der starken Abhängigkeit von russischen Gaslieferungen jedoch nicht garantieren könnten. Auf den Beitrag der Kohle dürfe deshalb nicht verzichtet werden, zumal die politisch gewünschte CO_2-Reduktion mithilfe der Modernisierung von Kohlekraftwerken erheblich billiger zu haben sei als mithilfe des massiven Ausbaus subventionierter Windkraft- und Solaranlagen.

„*Bei einem Kraftwerkswirkungsgrad von 35 Prozent und einem Kohlepreis von 50 EUR/Tonne kostet die Vermeidung einer Tonne CO_2 durch den Einsatz von Windkraftwerken anstelle von Kohlekraftwerken die Volkswirtschaft 48 EUR/t CO_2. Gegenüber modernsten Kohlekraftwerken mit einem Wirkungsgrad um 50 Prozent steigen die Vermeidungskosten auf etwa 75 EUR/t an. Muß die Windenergie auch zusätzliche Netzkosten tragen, wie das bei weiterem Ausbau wahrscheinlich wird, so erhöhen sich die CO_2-Vermeidungskosten noch weiter*", rechnete Prof. Pfaffenberger vor.

Treibhaus der Phantasie

THEORETISCHE Hilfskonstruktionen, Modelle, mit deren Hilfe die Menschen versuchen, sich in einer unüberschaubaren Welt zurechtzufinden, gewinnen leicht ein Eigenleben. Nach und nach verlieren sie, zu Stereotypen des politischen Tagesgeschäfts geronnen, auch den letzten Bezug zu den Erfahrungen der fünf Sinne und zum gesunden Menschenverstand der einfachen Menschen. Die hölzernen Worthülsen werden immer mehr zum Gefängnis der Gedanken, aus dem etablierte und wohlversorgte Forscher nur schwer herausfinden. Irgendwann geht es dann einigen wenigen, die das unbefangene Nachdenken noch nicht verlernt haben, auf, daß theoretische Annahmen, die vielleicht eine Zeit lang nützlich waren, zum wichtigsten Hemmschuh für weitere Fortschritte im Verständnis der Welt geworden sind und schleunigst durch Vorstellungen abgelöst werden sollten, die besser mit der Datenlage übereinstimmen und dem gesunden Menschenverstand weniger Hohn sprechen.

Ein solcher Prozeß des Umdenkens ist inzwischen in der sogenannten Klimaforschung überfällig, auch wenn die Berufspolitiker der etablierten Parteien, deren Tätigkeit sich längst im Wiederkäuen von Denkschablonen, verselbständigten Konstrukten und angestaubten Theorieversatzstücken erschöpft, gewohnheitsmäßig noch einige Zeit so tun, als habe sich nichts geändert. Anders als im Falle des (weitgehend erfundenen)

„Waldsterbens“ ist jedoch auf absehbare Zeit kaum zu erwarten, daß sie schließlich auch beim Thema „Klimakatastrophe“ klein beigeben und ein neues Thema ausfindig machen werden, mit dessen Hilfe sie zu beweisen suchen, daß sie nicht überflüssig sind. Denn die Angst vor der Apokalypse ist inzwischen offiziell zum Kernbestand der Staatsräson erklärt worden. Deren Legitimität darf man heute gerade noch als freier Journalist, aber schon längst nicht mehr als beamteter Wissenschaftler oder festangestellter Wirtschaftsakteur in Zweifel ziehen.

Noch glauben die meisten Wähler quer durch die politischen Lager den Warnungen vor einer herannahenden „Weltklimakatastrophe“, zahlen brav die Ökosteuer und trennen (etwas weniger brav) ihren Hausmüll. Dabei ist nicht einmal klar, wie man das Konstrukt „Weltklima“ definieren könnte, bezeichnet doch das aus dem Griechischen stammende Wort „Klima“ (auf deutsch: „Neigung“) ursprünglich lediglich die durchschnittliche Wetterneigung bestimmter Regionen der Erde gegenüber anderen. So läßt sich zum Beispiel auf der Grundlage der von der *World Meteorological Organization (WMO)* geforderten 30-jährigen Beobachtung des jeweiligen Jahresgangs von Temperatur und Niederschlag sowie der Verbreitung von Indikatorpflanzen wie dem Olivenbaum oder der immergrünen Stein- oder Korkeichen das Mittelmeerklima (grob definiert durch trocken-heiße Sommer sowie milde, feuchte Winter) auf den Kilometer genau vom Kontinentalklima (heiße Sommer und kalte Winter) oder vom gemäßigt ozeanischen Klima (feucht-warme Sommer und feucht-kühle Winter) unterscheiden. Von „Weltklima“ zu reden, hätte demgegenüber allenfalls Sinn beim Vergleich der Erde mit ihrem Trabanten, dem Mond, oder mit anderen Planeten unseres Sonnensystems.

Als Sackgasse erweist sich in der Klimadebatte die den aufwändigen und dennoch wenig zuverlässigen mathematischen Klimamodellen zugrunde liegende Vorstellung vom „Treibhaus Erde“. Die heute in allen Schulbüchern als Selbstverständlichkeit dargestellte Auffassung, die Erdatmosphäre fange wie ein Glashaus Sonnenwärme ein, ist freilich kaum älter als hundert Jahre. Politisch durchgesetzt wurde sie gar erst im letzten Drittel des vergangenen Jahrhunderts. Auf den ersten Blick erscheint diese Auffassung plausibel, wenn man die Temperaturverhältnisse der Erde mit denen ihres Trabanten vergleicht. Dieser empfängt von der Sonne auf der Tagseite je Flächeneinheit annähernd die gleiche Energiemenge wie die Erde am Oberrand der Atmosphäre. Die Temperatur des Mondes schwankt im Rhythmus von 14 Tagen zwischen tödlicher Hitze (plus 120 Grad Celsius) in der Sonne und ebenso lebensfeindlicher Kälte (minus

160 °C) auf der sonnenabgewandten Seite. Die (theoretische) Durchschnittstemperatur des Mondes beträgt also minus 40 Grad Celsius.

Für die Erde berechnete der schwedische Chemiker Svante Arrhenius im Jahre 1896 eine theoretische Durchschnittstemperatur von minus 18 Grad Celsius. Demgegenüber betrage die reale Mitteltemperatur der Erde plus 15 Grad. Die Differenz von 33 Grad bezeichnete er als *„natürlichen Treibhauseffekt"*. Dieser gehe auf die Lufthülle zurück, durch die sich die Erde von ihrem Trabanten unterscheidet. Der spätere Nobelpreisträger vermutete, die Temperatur der Erde hänge in erster Linie von der CO_2-Konzentration einer „Strahlungsschicht" in sechs Kilometern Höhe ab, die wie ein Glasdach durch „Gegenstrahlung" reflektierter Wärmeenergie dafür sorge, daß die mittlere Temperatur der Erdoberfläche nicht der des Mondes entspricht. Verdoppele sich die CO_2-Konzentration, steige die durchschnittliche Temperatur um 4 bis 6 °C. Sinke sie hingegen, komme es zur Abkühlung der Erdoberfläche und letztlich zu einer Eiszeit.

Mit dieser Hypothese konnte Arrhenius um die vorletzte Jahrhundertwende allerdings niemanden überzeugen, weil die Annahme einer CO_2-reichen Schicht in sechs Kilometern Höhe schlicht der Tatsache widerspricht, daß Kohlendioxid schwerer ist als die Hauptbestandteile der Luft. Außerdem vermochte er nicht zu erklären, wie eine einmal eingetretene Eiszeit zu einem Ende kommen konnte. Den Nobelpreis für Chemie bekam Arrhenius 1903 für ganz andere Leistungen.

Gegen Ende der 30er Jahre des 20. Jahrhunderts grub dann der englische Ingenieur und Amateurforscher Gay Stewart Callendar die zwischenzeitlich völlig in Vergessenheit geratene Hypothese wieder aus und versuchte mit einigem Erfolg, ihr mit dem Hinweis auf Arrhenius' Nobelpreis Autorität zu verleihen. Über Callendar gelangte die Treibhaushypothese noch in den 40er Jahren zum deutschen Geophysiker Hermann Flohn, der später als Ordinarius an der Universität Bonn und als Mitglied des NATO-Wissenschaftsausschusses maßgeblich am Ausbau der Klimaforschung zur *Big Science* beteiligt war.

Auch wenn sie über die Idee einer „Strahlungsschicht" nur den Kopf schütteln können, akzeptieren viele mit Klimafragen befaßte Naturwissenschaftler heute dennoch Arrhenius' Herleitung des „natürlichen Treibhauseffektes" von plus 33 Grad Celsius, weil sich offenbar kaum jemand die Mühe machte, seine Originalarbeit zu lesen und die Berechnungen zu überprüfen. Als er das nachholte, stellte der Braunschweiger Physiker Prof. Gerhard Gerlich fest, daß Arrhenius neben Rechenfehlern grobe Fehlschlüsse unterlaufen sind. Zwar stimmen die von ihm mithilfe der Formeln von Stefan Boltzmann berechneten minus 18 Grad zumindest in der Größenordnung mit der theoretischen Durchschnittstemperatur des Mondes überein. Daraus läßt sich aber keineswegs logisch ableiten, die Differenz zwischen minus 18 und plus 15 Grad sei hauptsächlich auf die Wirkung der in der Erdatmosphäre enthaltenen „Treibhausgase" zurück zu führen.

Die Temperaturunterschiede zwischen der Erde und dem Mond, sind nach dem Mainzer Meteorologen Wolfgang Thüne nicht in erster Linie die Folge des Gehaltes der irdischen Atmosphäre an „Treibhausgasen", sondern des viel rascheren Wechsels von Tag und Nacht (der Mond braucht für eine Umdrehung 772, die Erde hingegen nur 24 Stunden) sowie des Besitzes riesiger Wassermassen, die 71 Prozent ihrer Oberfläche bedecken. Das Wasser speichert große Mengen der eingestrahlten Sonnenenergie in Form von Wärme, und die Kürze der Nächte in den polfernen Regionen der Erde verhindert deren Auskühlung über das offene „atmosphärische Fenster", d.h. dem Bereich des Lichtspektrums zwischen 8 und 13,5 Mikrometern Wellenlänge, in der keines der in der Atmosphäre enthaltenen „Treibhausgase" Infrarotstrahlen absorbiert. Wären auf der Erde die Nächte länger und fehlte Wasser, wäre es hier annähernd so kalt oder warm wie auf dem Mond, vermutet Thüne (wohl nicht zu unrecht).

Wie Thüne betont auch der Wiesbadener Chemiker Heinz Hug in seinem 2006 erschienen Buch *„Die Angsttrompeter"*, einer polemisch-sarkastischen Auseinandersetzung mit dem Hexenwahn der „Ökoscholastik", daß die Erde in erster Linie ein „Wasserplanet" ist. Die Ozeane empfangen den allergrößten Teil der in Form von Infrarotstrahlen zur Erde gelangenden Sonnenenergie – und zwar bis zu 470 Watt je Quadratmeter. Hug rechnet vor, daß eine knapp 10 Zentimeter dicke Ozeanschicht bereits so viel Energie speichert, wie dem gesamten „Treibhauseffekt" nach Lesart des *Intergovernmental Panel on Climate Change (IPCC)* zugeschrieben wird. Daß es nachts auf der Erde nicht so kalt wird wie auf der Rückseite des wasserlosen Mondes, hängt neben der viel rascheren Erddrehung vor allem an dem im Ozean gespeicherten riesigen Energievorrat, den Hug auf $1{,}57 \cdot 10^{18}$ Megajoule veranschlagt.

Verkehrte Welt

MACHT die Temperatur das Wetter, oder ist die Temperatur nicht umgekehrt eine Funktion der jeweiligen Wetterlage? Ist das Klima eine eigenständige Wesenheit, die das Wetter bestimmt, oder ist es nicht schlicht der langjährige Durchschnitt des in einer gegebenen Region vorherrschenden Wettergeschehens? Diese Fragen wurden in den „offiziellen“ Klimamodellen des 1988 von der *World Meteorological Organization (WMO)* und dem UN-Umweltprogramm *(UNEP)* gegründeten *IPCC* auf eine Weise beantwortet, die eigentlich Kopfschütteln hervorrufen müßte. Daß diese dennoch nicht als Herausforderung des gesunden Menschenverstandes empfunden werden, hängt offenbar mit ihrer durchaus logisch anmutenden Struktur zusammen. Doch was wäre, wenn diese Logik die wirklichen Sachverhalte auf den Kopf stellte?

Das globale Wettergeschehen ist längst nicht so chaotisch, wie es oft den Anschein hat. Manch einer denkt dabei an seinen Geografieunterricht, wo ihm Bilder der globalen atmosphärischen Zirkulation gezeigt wurden, die an eine regelmäßig drehende Rührmaschine erinnern. Angetrieben wird die Luftzirkulation nach diesem Ansatz von der im Tropengürtel aufsteigenden Warmluft und dabei entstehenden Tiefdruckgebieten. Die aufgestiegene Warmluft wird von der Erdrotation abgelenkt und sinkt in den so genannten Rossbreiten in Form trockener Fallwinde (Passat) wieder zu Boden. Diese Dynamik soll auch das Wetter im Westwindband höherer Breiten bis hinauf zur Arktis stark beeinflussen. Die diesem Erklärungsansatz zugrunde liegende Theorie wurde bereits in der Vorkriegszeit zum Dogma.

Der französische Meteorologe Marcel Leroux hatte jedoch das Glück, den größten Teil seines wissenschaftlichen Werdegangs im tropischen Afrika zu absolvieren, d.h. genau dort, wo der Motor der globalen Zirkulation vermutet wurde. Bei der über zehnjährigen zähen Arbeit an einem zuerst 1983 von der WMO in Genf veröffentlichten und 2001 neu aufgelegten zweibändigen Wetter- und Klimaatlas Afrikas, für den er alle bis dahin verfügbaren Wetterdaten zusammentrug, fiel Leroux jedoch auf, daß die Dynamik des tropischen Wettergeschehens, je nach Jahreszeit, deutlich von Vorgängen am Nord- oder Südpol geprägt wird. Und zwar gelingt es starken, von den Polen Richtung Äquator wandernden Hochdruckgebieten immer öfter, das Tiefdruckband des meteorologischen Äquators zu verschieben. Das hat dramatische Auswirkungen auf das Wetter. Leroux deutet u. a. die Trockenheit in der Sahel-

Zone und die *El Niño*-Anomalie vor der südamerikanischen Pazifikküste als Folgen von Einbuchtungen im meteorologischen Äquator.

Als Professor für Klimatologie an der Universität Jean Moulin in Lyon ging Leroux dieser Entdeckung nach, indem er eine Vielzahl von Satellitenfotos auswertete. Diese zeigen in Form charakteristischer Wolkenbilder ganz klar, was passiert: Seit den 70er Jahren lösen sich von den Polregionen vermehrt flache Kaltluftlinsen mit hohem Druck, die auf charakteristischen Bahnen Richtung Äquator ziehen, da sie Gebirgszüge, die höher sind als 1000 Meter, nicht überqueren können. Dabei verdrängen sie wärmere Luftmassen, deren Aufsteigen zu sekundären Depressionen mit Gewittern und Wirbelstürmen führen kann. Kurz: Nicht Tiefs und Warmluft, sondern durch das thermische Defizit an den Polen erzeugte Hochs erscheinen als die eigentlichen Motoren der globalen Luftzirkulation. Leroux hat dafür den Begriff *Mobile Polar High (MPH)* geprägt. Die von ihm als Beleg angeführten Satellitenbilder bestätigen die alte Erkenntnis, daß Europas „Wetterküche" im Norden und nicht im Süden liegt.

Der inzwischen pensionierte Klimatologe wirft seinen Zunftkollegen in einer 2005 im renommierten Springer Verlag erschienen grundlegenden Auseinandersetzung mit der These von der „Globalen Erwärmung" vor, seit über einem halben Jahrhundert theoretisch auf der Stelle zu treten und die seit rund drei Jahrzehnten verfügbaren präzise datierten Aufnahmen von Wettersatelliten nicht als Chance genutzt zu haben, überkommene Vorstellungen von den Triebkräften des Wettergeschehens kritisch zu hinterfragen.

So hört oder liest man in den täglichen Wetterberichten viel mehr von heranziehenden Tiefs und „Warmfronten" als von immer mächtigeren Hochs. Allenfalls ist vom „Azorenhoch" und seinem hin und wieder bis nach Mitteleuropa vorgetriebenen Keil die Rede. Doch die aus dem Weltraum geschossenen Fotos zeigen, daß es das „Azorenhoch" genauso wenig als selbständiges Wesen gibt wie „Warmfronten". Beim erstgenannten handelt es sich um eine Zusammenballung mehrerer MPHs, die von der Labradorsee oder vom Europäischen Nordmeer herabgezogen sind. Bei den zweiten handelt es sich um Warmluft, die der Vorderfront von MPHs („Kaltfront") ausweichend, bei uns meist Richtung Nordost strömt und dabei entlang der norwegischen Berge bis in die Arktis vordringen kann.

Deshalb, so Leroux, ist die Luft in den letzten Jahrzehnten auf der europäischen Seite der Arktis und über Alaska vor allem in mittlerer Höhe im Schnitt etwas wärmer geworden, was zum Schmelzen des Pakkeises führen kann, während die Temperatur der niederen Luftschichten über Ostkanada und einem Teil Sibiriens immer tiefer sank. Dort entstehen die meisten MPHs. Für Leroux ist diese Temperaturentwicklung, die erst durch die Freigabe der lange als militärische Geheimnisse gehüteten Wetterdaten der Arktis nach dem Ende des Kalten Krieges bekannt geworden ist, und die eindeutig belegte Häufung von MPHs seit den 70er Jahren, die an vielen Wetterstationen (ganz im Widerspruch zur Erwärmungsthese!) den durchschnittlich gemessenen Luftdruck ansteigen läßt, ein unübersehbares Vorzeichen des allmählichen Herannahens der nächsten Eiszeit.

Dagegen hat die vom zwischenstaatlichen Klimarat *IPCC* in den Vordergrund gerückte Kurve ansteigender Temperaturmittelwerte für Leroux keinerlei Aussagekraft. Die aus den Messungen von etwa 2000 mehr oder weniger repräsentativer Wetterstationen errechneten Mittelwerte verbergen gegenläufige Temperaturtrends in verschiedenen Teilen der Welt. Satellitenmessungen der Lufttemperatur haben in den letzten Jahrzehnten keine nennenswerte Veränderung des Mittelwertes ausmachen können. Für geradezu abenteuerlich hält Leroux die inzwischen durch UN-Verträge zur Staatsreligion erhobene These, es gebe einen engen Zusammenhang zwischen der (konstruierten!) Kurve der globalen Durchschnittstemperatur und dem Anstieg der atmosphärischen Konzentration des „Treibhausgases" CO_2. Denn „Treibhausgase" (wie vor allem Wasserdampf und in weitaus geringerem Maße CO_2) kühlen in Wirklichkeit die Erde und ihre Atmosphäre, statt sie aufzuheizen, betont Leroux. Er beruft sich dabei auf seinen Kollegen Yves Lenoir, der an der altehrwürdigen Pariser Elite-Ingenieurschule *Ecole des Mines* lehrte. Lenoir hat in einem 2001 in der Schweiz erschienenen Buch vorgerechnet, daß die Erdoberfläche auf der Sonnenseite ohne „Treibhausgase" mindestens dreimal wärmer würde.

Beim Transport der Wärme vom aufgeheizten Boden in die Atmosphäre und von dort in den Weltraum spielt die Konvektion des Wasserdampfes übrigens eine weitaus größere Rolle als die Strahlung. „Treibhausgase" könnten die Atmosphäre nur dann aufwärmen, wenn es wie in einem richtigen Gewächshaus eine Scheibe gäbe, die die warme Luft am Aufsteigen hindert. Die gängige Treibhaushypothese stellt demgegenüber die Verhältnisse auf den Kopf, indem sie behauptet, der Erdboden werde durch „Rückstrahlung" aus der Atmosphäre erwärmt. Diese „Rückstrahlung" wurde zwar im Prinzip gemessen, kann aber gegenüber der durch Konvektion nach oben transportierten Wärme kaum ins Gewicht fallen.

So ist die mittlere Oberflächentemperatur der Ozeane in den letzten drei Jahren sogar etwas gesunken, berichten John M. Lyman und Mitarbeiter in einem Ende September 2006 in den angesehenen *„Geophysical Research Letters“* (Vol. 33), dem Organ der *American Geophysical Union (AGU)*. Das kann sowohl mit dem kühlenden Effekt des von Menschen verursachten Anstiegs der H_2O- und CO_2-Konzentration in der Atmosphäre als auch mit dem verstärkten Zustrom polarer Kaltluft zusammenhängen. Ob es auch an einer Verminderung der Sonneneinstrahlung liegen könnte, ist noch nicht ausgemacht. Denn diese ist in den letzten Jahrzehnten deutlich stärker geworden. Eine deutliche Abschwächung der Sonnenaktivität erwarten Astronomen erst im kommenden Jahrzehnt.

Kein Zweifel also: Das Klima, das Politiker aller Schattierungen retten wollen, existiert nur im Computer. Statt eines globalen Klimas, das niemand definieren kann, gibt es auf unserem Planeten, wie Leroux mithilfe von Satellitenbildern demonstriert, in Wirklichkeit sechs relativ selbständige aerologische Zirkulationseinheiten, drei auf jeder Hemisphäre. Doch diese kommen in den gängigen Klimamodellen ebenso wenig vor wie MPHs. Überhaupt, kritisieren Leroux und Hug, sind die numerischen Computermodelle, die den *IPCC*-Berichten mit ihren Angst machenden Überhitzungsprojektionen zugrunde liegen, weitgehend frei von meteorologischem Sachverstand. An die Stelle experimentell überprüfbarer physischer Zusammenhänge treten bei ihnen Korrelationen zwischen statistischen Mittelwerten. Diese erlauben es jedoch nicht, Ursache und Wirkung eines Prozesses auseinander zu halten, solange es keine schlüssige Theorie über physische Zusammenhänge gibt. Leroux: *„Ein Marsmensch, der zum ersten Mal ins Innere eines Autos blickt, könnte leicht auf die Idee kommen, dieses werde vom Kühlerpropeller angetrieben.“*

So gibt es inzwischen eine lange Liste kurioser Beispiele, in denen meteorologisch unbedarfte Computerspieler den Schwanz mit dem Hund wedeln lassen. Da treiben auf einmal Meeresströmungen Winde an, obwohl jedes Schulkind wissen sollte, daß es umgekehrt ist. Nur wegen dieser Verwechslung von Ursache und Wirkung kam es übrigens zur gewagten Behauptung, ein Versiegen des Golfstroms führe zur schlagartigen Vereisung des Nordatlantik. Diese von Stefan Rahmstorf am *Potsdam-Institut für Klimafolgenforschung (PIK)* aufgestellte These, die ihm ein Preisgeld von einer Million Dollar eingebracht hat, liegt dem Szenario von Roland Emmerichs Hollywood-Horrorfilm *„The Day After*

Tomorrow" zugrunde. Dieses Szenario stützt sich auf die Vorstellung, der Golfstrom folge einem Dichtegefälle zwischen den Wassern des Süd- und Nordatlantik. In Wirklichkeit wird der Golfstrom jedoch vom Südwestwind angetrieben. Und es ist weit weniger die Meeresströmung, sondern viel mehr die warme Luft, die dafür sorgt, daß das Klima in Westeuropa auf einem gegebenen Breitengrad viel milder ist als an der Ostküste Nordamerikas.

Ähnliche Purzelbäume führen die Klimamodellierer vor, wenn sie versuchen, *El Niño* zu erklären. Wie dieser entsteht, läßt sich heute an Hand von Satellitenaufnahmen lückenlos verfolgen: Ein sehr starkes MPH wandert vom kanadischen Norden über den Mittleren Westen in die Karibik, überwindet mit Leichtigkeit die Landenge von Panama und drückt auf pazifischer Seite den meteorologischen Äquator nach Süden. Doch statt sich die Satellitenaufnahmen anzusehen, haben die Computerspieler geheimnisvolle Schwingungen als Ursache der Wetteranomalie und Fernwirkungen zwischen physisch getrennten Wasser- und Luftmassen ausgemacht. Sie finden dann beim Vergleich von Wetterdaten, *El Niño* habe Auswirkungen bis nach Nordkanada! Die Welt steht Kopf. So wird Klimatologie zu Esoterik. Demgegenüber hat Leroux' Ansatz, der im Detail sicher noch Verbesserungen bedarf, den Vorteil, die seit den 70er Jahren zweifelsohne wachsende Zahl von Wetterextremen nachprüfbar erklären zu können.

Die Auseinandersetzung zwischen den sehr unterschiedlichen Ansätzen zur Erklärung von Wetter und Klima ist viel mehr als ein akademischer Streit. Es geht nicht nur um Hunderte von Milliarden Euro oder Dollar, die die Unterzeichner des Kioto-Protokolls ausgeben müssen, um ein Phantom zu bekämpfen. Es geht schon heute auch um Menschenleben. So gab der nationale französische Wetterdienst *Météo France* in den letzten Jahren wiederholt verspätete Unwetterwarnungen, weil die beamteten Wetterfrösche sich standhaft weigerten, Satellitenfotos auszuwerten, die das drohende Unheil klar zeigten, und stattdessen lieber ihren mit numerischen Modellen gefütterten Computern vertrauten. In der Folge wurden viele Menschen in Südfrankreich wiederholt von sturzbachartigen Regenfällen überrascht, und es gab bei den folgenden Überschwemmungen Dutzende von Todesopfern. Zu recht geriet *Météo France* in der französischen Öffentlichkeit unter heftigen Beschuß. Das staatliche Institut hat daraus aber bislang nur gelernt, schon beim kleinsten Anlaß Alarm zu schlagen. Bald wird ihm deshalb vermutlich kaum noch jemand Glauben schenken.

Die Musik spielt im Ozean

INZWISCHEN betonen auch führende politisch korrekte Klimaforscher die Schlüsselrolle der thermischen Trägheit der Ozeane für die längerfristige Temperaturentwicklung auf der Erde. So hat Tim Barnett von der kalifornischen *Scripps Institution* auf dem Jahresmeeting 2005 der *American Association for the Advancement of Science (AAAS)* darauf hingewiesen, die Atmosphäre sei der ungeeignetste Ort, um nach dem Signal der globalen Erwärmung zu suchen, denn 90 Prozent der von der Erde absorbierten Sonnenenergie gingen in die Ozeane. Wenige Wochen später veröffentlichte James Hansen von der US-Weltraumfahrtbehörde *NASA* im *Science*-Magazin eine Berechnung der Energieaufnahme durch die Ozeane, die er aber fälschlicherweise dem „Treibhauseffekt" und nicht der Sonneneinstrahlung zuschreibt.[1] Der im *IPCC* einflußreiche Tom Wigley vom *US National Center for Atmospheric Research (NCAR)* folgerte an gleicher Stelle (*Science,* Vol. 307, issue 5716) aus der thermischen Trägheit der Ozeane, die begonnene Erwärmung der Erde werde auf jeden Fall weiter gehen, selbst wenn es gelingen sollte, die menschengemachten CO_2-Emissionen auf Null zu drosseln.

Deshalb stellt sich die Frage, warum die Politik und die von ihr abhängigen Großforschungseinrichtungen so zäh an den aufwändigen und dennoch bislang in Testläufen wenig zuverlässigen numerischen Modellen vom „Treibhaus Erde" festhalten. Zwar halten sie dabei heute nicht mehr an allen Annahmen von Arrhenius fest, sondern füttern ihre Computer mit experimentell ermittelten Spektraldaten der beteiligten Spurengase. Dennoch bleiben sie, was den Vergleich zwischen Erde und Mond angeht, in Arrhenius' Vorstellungen gefangen. Danach soll vor allem der Ausstoß des „Treibhausgases" Kohlendioxid (CO_2) durch Schornsteine und Auspuffrohre schuld daran sein, daß es auf der Erde in den letzten Jahrzehnten, wie es scheint, etwas wärmer geworden ist. Im zweiten von bislang drei dicken Berichten des *IPCC* las sich das 1996 so: „*The balance of evidence suggests a discernible human influence on global climate.*" Um einer drohenden Überhitzung unseres Planeten vorzubeugen, sei eine erhebliche Reduktion des Ausstoßes klimawirksamer Gase nötig. Auf den Weltklimakonferenzen Ende 1997 in Kioto und im November 2001 in Marrakesch einigten sich die Industrieländer (mit Aus-

---

[1] www.sciencemag.org/cgi/content/abstract/1110252v2?etoc

nahme der USA und Australiens) auf eine entsprechende, allerdings eher symbolische Verpflichtung.

Die Unterzeichner des Kioto-Protokolls tun vermutlich auch gut daran, ihre Versprechen nicht allzu ernst zu nehmen. Denn die Beweislage in Sachen Klimaentwicklung ist bei weitem nicht so eindeutig, wie interessierte Kreise vorgeben. Die seit 1958 auf dem aktiven Vulkan Mauna Loa auf Hawaii aufgezeichnete Kurve des Anstiegs der CO_2-Konzentration der Atmosphäre mit ihrem charakteristischen, durch die Jahreszeiten der Nordhemisphäre bedingten Sägezahnmuster ist die einzige Datengrundlage, auf die sich die Computermodelle des Deutschen Klimarechenzentrums (DKRZ) am Hamburger Max-Planck-Institut (MPI) für Meteorologie und anderer Großforschungseinrichtungen stützen.

Schon die Angaben über die möglicherweise mit dem CO_2-Anstieg zusammenhängende Entwicklung der Durchschnittstemperatur über den Landflächen des Globus sind nicht unumstritten, denn sie stützen sich auf ein Netz meteorologischer Meßstationen, das nicht zum Zwekke der Klimaforschung, sondern für die regionale Wetterbeobachtung, zum Beispiel in der Umgebung von zivilen oder militärischen Großflughäfen, eingerichtet wurde und obendrein in den letzten Jahren wegen des Einsatzes moderner Satelliten und Wetterballone erheblich ausgedünnt wurde. Die Zahl der Wetterstationen, deren Messungen der Berechnung des Temperaturmittelwertes zugrunde liegen, sank von den 70er Jahren bis heute von etwa 6000 auf 2000.

So gibt es nach dem Zusammenbruch der Sowjetunion in ganz Sibirien keine einzige Wetterstation mehr, deren Messungen in den globalen Durchschnittswert eingehen. Die Folge: Einer der wichtigsten Teile des Festlandes, über dem Satelliteninstrumente eine Abkühlung ausgemacht haben, wird gar nicht mehr im „offiziellen" Mittelwert berücksichtigt. Die mittelwertrelevanten Meßstationen befinden sich heute überwiegend in der Nähe großstädtischer Wärmeinseln. Es ist wohl kein Zufall, daß die insgesamt zuverlässigeren, aber in höheren Schichten der Atmosphäre erfolgenden Ballon- und Satellitenmessungen für die letzten Jahrzehnte keinen so eindeutigen Temperaturtrend zeigen. Dennoch läßt es sich nicht abstreiten, daß es zumindest in Europa in den vergangenen drei Jahrzehnten deutlich wärmer geworden ist.

Als höchst fragwürdig erscheint dagegen die im Bericht *„Impacts of Climate Change in Europe: An Indicator-based Assessment"* der Europäischen Umweltagentur *(EEA)* in Kopenhagen wiederholte Behauptung des vorletzten *IPCC*-Berichts, wir seien heute Zeugen der schnellsten und kräftigsten Temperaturerhöhung seit über tausend Jahren.[2] Diese Aussage stützt sich auf die sogenannte „Hockeyschläger-Temperaturkurve" (eine über tausend Jahre lang annähernd waagerecht verlaufende Linie, die erst im 20. Jahrhundert plötzlich steil ansteigt), die die jungen Forscher Michael Mann von der *University of Virginia* und Phil Jones von der *East Anglia University* auf der Basis der Auswertung sogenannter Stellvertreterdaten *(proxies)* wie Jahresringe fossiler Hölzer o.ä. konstruiert hatten. Diese Kurve dient als Hauptargument für die Notwendigkeit einer besonderen „Klimapolitik" mit kostspieligen „Klimaschutz"-Maßnahmen. Sie widerspricht aber allem, was in Form historischer Zeugnisse über das „mittelalterliche Klimaoptimum" zwischen den Jahren 800 und 1400 sowie die „Kleine Eiszeit" zwischen 1600 und 1850 bekannt ist.

Willie Soon, Sallie L. Baliunas und David R. Legates von der University of Delaware wiesen diese Darstellung in einem 2003 in der Zeitschrift *„Energy and the Environment"* erschienenen Artikel zurück. Steven McIntyre und Ross McKitrick wiesen in der gleichen Zeitschrift die Inkonsistenz der Datenverarbeitung durch Mann und Jones nach. Im folgenden Jahr zeigten die US-Geologen David Chapman, Marshall Bartlett, Robert Harris, Jan Esper, David Frank, Robert Wilson, Henry Pollak und Jason Smerdon im Detail, mit welch fragwürdigen Methoden, wenn nicht Tricks, Mann und Jones zu ihrer eindrucksvollen Kurve gelangt waren. Mann und Jones mußten wesentliche Aussagen der von ihnen geschriebenen Passagen des *IPCC*-Reports von 2001 zurücknehmen. In Amerika geht seither das Schlagwort vom „zerbrochenen Hockeyschläger" um.

Wenn die Aussagen der *IPCC*-Berichte (beziehungsweise ihrer politischen *Summaries*) nach dieser Widerlegung ihres zentralen „Beweisstücks" von Politik und Wirtschaft weiterhin für bare Münze genommen werden, zeigt das nur umso deutlicher, daß es sich bei den meisten Mitgliedern des *IPCC* um Leute handelt, bei denen man nicht weiß, ob man sie mit Professor oder Hochwürden anreden soll, daß sich die „Klimapolitik" also längst auf der Ebene einer (monotheistischen) Religion bewegt. Diese Religion muß sich in das Gewand einer Wissenschaft kleiden, um ihren Alleinvertretungsanspruch zu rechtfertigen.

---

2 www.org.eea.eu.int/documents/newsreleases/climat_report-en

Auch Schulwissen hilft manchmal weiter

ANGESICHTS dieser Sachlage wäre es jedenfalls naiv, den ausschließlich mit Computerberechnungen und nicht mit der Erhebung von Meßdaten befaßten Klimaforschern kein Eigeninteresse zu unterstellen, zumal es dabei um beträchtliche Summen öffentlicher Forschungsgelder geht. Statt sich von deren Computersimulationen blenden zu lassen, ist es deshalb an der Zeit, die Monopolstellung rein numerischer Computermodelle in der Debatte um die richtige „Klimapolitik" kritisch zu hinterfragen. Dabei hilft auch Schulwissen und gesunder Menschenverstand weiter.

Wärmetransport ist, wie man aus der Schulphysik und aus Alltagserfahrungen weiß, eine komplizierte Angelegenheit. Wärme ist keine eigenständige physikalische Größe, sondern eine Form von Energie. Diese wird sowohl durch Leitung in Festkörpern und durch Konvektionsströme in Gasen als auch durch Strahlung transportiert. In verspiegelten Thermoskannen werden alle drei Formen des Transports unterbunden. Die Energie kann aus ihnen nur langsam über den Verschluß entweichen. In Glashäusern hingegen wird im wesentlichen nur der Energieverlust durch den konvektiven Transport wirksam unterbunden. Verluste durch Abstrahlung und direkte Leitung hingegen werden lediglich etwas gehemmt. Das Prinzip von Gewächshäusern besteht bekanntlich darin, wärmende Lichtstrahlen durch eine Glasscheibe oder durchsichtige Plastikfolie eintreten zu lassen, die einmal erwärmte Luft jedoch an ihrem Aufstieg zu hindern.

Der Erdatmosphäre fehlt eine solche Barriere. Deshalb ist es eigentlich abwegig, sie als „Treibhaus" zu bezeichnen. Die Rolle der Barriere soll nach gängigen Vorstellungen der Klimaforschung von CO_2 und anderen fein verteilten „Treibhausgasen" übernommen werden. Das sind drei- oder mehratomige Gase (Wasserdampf, Kohlendioxid, Methan, Lachgas, Ozon und Schwefelhexafluorid), die im Unterschied zu den zweiatomigen Hauptbestandteilen der Luft (knapp 78 Prozent Stickstoff und knapp 21 Prozent Sauerstoff) Infrarotstrahlung absorbieren (und wieder abgeben), indem ihre Atome in charakteristische Schwingungen versetzt werden.

Eine Plastikfolien vergleichbare Barrierewirkung übt noch am ehesten der zu Wolken kondensierte Wasserdampf aus. Im Prinzip weiß jedes Schulkind: Ist der Himmel bedeckt, kühlt sich die Luft nachts spürbar weniger ab als bei klarem und trockenem Wetter. Wie überragend die Wirkung der Wolken und der Luftfeuchtigkeit auf den Temperaturhaushalt der Erde ist, haben Satellitenaufnahmen mithilfe der Falschfarbenfotografie zutage gefördert: Fast ganzjährig wolkenfreie und trockene Regionen der Erde wie die Zentralsahara und die arabische Halbinsel haben eine deutlich negative Energiebilanz. Wären dort die Nächte nicht verhältnismäßig kurz, käme es dort sogar zur Bildung von Permafrostböden, die tagsüber nur oberflächlich auftauen. Positiv ist die Energiebilanz der Erde ganzjährig nur in den Tropen und im Sommer in den gemäßigten Zonen

Von den 342 Watt je Quadratmeter (ein Viertel der „Solarkonstanten"), die die Erde im Jahresmittel am Oberrand der Atmosphäre von der Sonne empfängt, erreicht nur ein sehr variabler Teil die Erdoberfläche. Ausschlaggebend für diese Variabilität sind die Wolken, deren unterschiedliche Beschaffenheit die Rückstrahlung der eingetroffenen Solarenergie zu einem komplexen, turbulenten Energieaustauschprozeß macht. Verdunstung und Kondensation des Wassers zu Wolken sind der mit Abstand wichtigste Energieumwandlungsprozeß in der Atmosphäre. Dadurch angetriebene Winde und Ozeanströmungen sorgen zusätzlich für eine großräumige Umverteilung von Energie. Besser als das Bild vom Gewächshaus trifft dafür wohl die Vorstellung zu, daß die Sonnenenergie durch atmosphärische Umwandlungsprozesse eine Zeit lang wie durch einen Damm aufgestaut wird, bevor sie wieder in den Weltraum abfließen kann. Ist der Stausee gefüllt, ändert sich die Abflußmenge je Zeiteinheit aber nicht mehr.

Die Frage ist nun, wieweit daran neben den Wolken auch in der Atmosphäre enthaltene Spurengase beteiligt sind. Die rasche nächtliche Abkühlung bei wolkenfreiem Himmel rührt offenbar daher, daß das „atmosphärische Fenster", das heißt jener Bereich des Lichtspektrums, in dem keiner der Luftbestandteile Wärmestrahlen absorbiert, auf jeden Fall weit genug geöffnet ist, um die vom Boden reflektierte Wärme kaum gebremst in den Weltraum entweichen zu lassen. Ein Treibhaus mit einem derart weit geöffneten Dach verdient seinen Namen kaum.

Auf welchem Wege die von der Erde wieder abgestrahlte Wärme dieses Fenster erreicht, ist eher zweitrangig. Die Gelehrten streiten sich darüber, ob dabei der Strahlungstransport oder der Segelfliegern wohlbekannte Wärmetransport durch aufströmende Luftmassen (Konvektion oder Thermik) überwiegt. Jedenfalls bevorzugen die den *IPCC*-Berichten zugrunde liegenden Klimamodelle, die eine Erwärmung der Erde um bis zu 6 Grad bis zum Ende des Jahrhunderts errechnen, eindeutig den Strahlungstransport. Dieser könne aber nur in der dünnen Luft der oberen Atmosphäre die Hauptrolle spielen. Weiter unten überwiege wahrscheinlich der Energietransport durch Zusammenstöße zwischen Luftmolekülen und darauf fußende aufwärts gerichtete Konvektionsströmungen, meint der Wiesbadener Chemiedozent Heinz Hug.

Jedenfalls belegen das aufwändige spektroskopische Messungen, die Hug an der Universität Jena durchgeführt hat. *„Der Transport von Energie in höhere Schichten der Atmosphäre erfolgt hauptsächlich durch Aufströmung der durch Absorption erwärmten Luft und nicht über einen Kaskadenmechanismus, bei dem sich ein Photon von Treibhausgasmolekül zu Treibhausgasmolekül hangelt"*, folgert er. Im Klartext: Gerade weil „Treibhausgase", im Unterschied zu den reaktionsträgen Hauptbestandteilen der Atmosphäre, durch Wärme für Sekundenbruchteile zu Schwingungen angeregt werden, sind sie in der Lage, Wärme sehr effizient vom sonnenbestrahlten Erdboden abzuleiten.

Außerdem weist Hug darauf hin, daß die Hauptabsorptionsbande des in den gängigen Klimamodellen in den Vordergrund gerückten CO_2 (bei 15 Mikrometer Wellenlänge) in Bodennähe schon beim vorindustriellen Gehalt von 0,028 Volumenprozent gesättigt ist. Nur seine zum Teil noch ungesättigten schwachen Nebenbanden könnten überhaupt noch zu einer weiteren Erwärmung der Atmosphäre beitragen. Dieser Streit ist alles andere als nebensächlich, hängt von seinem Ausgang doch die Aussagekraft der sogenannten Strahlungstransportgleichung ab, die das Kernstück der vom *IPCC* ausgewerteten und in die Medien getragenen Klimamodelle ausmacht.

Im Herbst 2001 kam es deshalb darüber auf einem von der DECHEMA (Deutsche Gesellschaft für chemische Technik und Biotechnologie) in Frankfurt am Main veranstalteten Kolloquium zu hitzigen Diskussionen. Dabei zeigte es sich, daß Physiker zur Überbetonung des Strahlungstransports neigen, während Chemiker in der Atmosphäre in erster Linie Zusammenstöße zwischen Molekülen sowie Konvektion und Turbulenzen sehen. Wer hier recht hat, ist für Laien zunächst schwer auszumachen. Eine Rückbesinnung auf die Schulphysik und die Kenntnis einiger weniger Meßergebnisse genügen jedoch im Prinzip, um den Streit zu entwirren.

Entscheidend für die Klimaentwicklung – da ist sich der britische Chemiker Jack Barrett, ein heute im (Un-) Ruhestand lebender ehemaliger Kollege des zweiten *IPCC*-Präsidenten Sir John T. Houghton am Londoner *Imperial College*, mit dem zitierten Meteorologen Thüne einig – ist neben Variationen der Sonneneinstrahlung das Wasser in Form der Weltmeere und in Form von Wasserdampf, Wolken, Regen oder Schnee beziehungsweise Eis. Versuche, in den derzeitigen Klimamodellen den wechselnden Einfluß von Wolken zu berücksichtigen, haben jedoch zu Ergebnissen geführt, die um über 300 Prozent voneinander abweichen. Er frage sich deshalb, ob die jeweiligen Modellierer überhaupt mit der gleichen Physik arbeiten, merkte Barrett auf dem Kolloquium der DECHEMA dazu sarkastisch an.

Genau deshalb ging er mit dem *IPCC*-Bericht von 2001 hart ins Gericht. Daß dieser mit einer erwarteten Temperaturerhöhung von bis zu 5,8 Grad bis zum Ende dieses Jahrhunderts noch alarmierender ausgefallen ist als seine beiden Vorgänger, sei die Folge einiger negativer Prämissen, die den Modellrechungen undiskutiert zugrunde gelegt worden seien: So zum Beispiel eine viel zu große Verweilzeit des CO_2 in der Atmosphäre. Aus der Analyse des Fallouts der Wasserstoffbombenversuche in den 50er Jahren sei bekannt, daß die Halbwertszeit von CO_2 in der Atmosphäre 38 Jahre beträgt. Der *IPCC* nehme jedoch zehnmal so lange an. Der auf dem aktiven Vulkan Mauna Loa auf Hawaii gemessene jährliche Zuwachs der atmosphärischen CO_2-Konzentration verlangsame sich zusehends, obwohl der jährliche anthropogene CO_2-Eintrag in die Atmosphäre in den 90er Jahren um gut eine Milliarde Tonnen zugenommen hat. Das weise auf eine vermehrte Absorption von CO_2 durch die Ozeane und die Landvegetation hin.

Barrett hält deshalb die vom *IPCC* befürchtete Verdoppelung des CO_2-Gehalts der Atmosphäre für unwahrscheinlich. Sollte diese eintreten, sei keineswegs eine Zunahme des *radiative forcing* um 7 Prozent zu erwarten, wie der *IPCC* kalkuliert, sondern wegen der starken Überlappung der Absorptionsbanden von Kohlendioxid und Wasser allenfalls eine zehnmal geringere Verstärkung des „Treibhauseffekts" um lediglich 0,7 Prozent.

Die Rolle der Wolken bei der Umverteilung der einfallenden kurzwelligen Solarstrahlung und der von der Erde zurück gestrahlten Wärme sei so überragend, daß der Modellierung des Strahlungshaushalts der wolkenfreien (beziehungsweise wolkenfrei gerechneten) Atmosphäre nur eine begrenzte Aussagekraft zukomme, räumte denn auch der Atmosphärenphysiker Rainer Hollmann vom GKSS-Forschungszentrum Geesthacht auf dem besagten Kolloquium ein.

Er ließ deshalb auch den im März 2001 von Harries, Brindley, Sagoo und Bantges 2001 im *Nature*-Magazin veröffentlichten Vergleich von Satellitenmeßwerten von 1970 und 1997 nicht als Beweis für die These einer gefährlichen Verstärkung des menschengemachten Treibhauseffekt gelten. Satelliten messen die Differenz zwischen der am Erdboden in die Atmosphäre und der vom Oberrand der Atmosphäre in den Weltraum emittierten Strahlung, das heißt das Absorptionsvermögen der Atmosphäre für Wärmestrahlen. In den gängigen Klimamodellen hingegen werde der Treibhauseffekt *„als ständiger Antrieb zur Aufrechterhaltung der derzeitigen vertikalen Temperaturstruktur in der wolkenlosen Atmosphäre"* interpretiert. Der so definierte Treibhauseffekt könne aber nicht gemessen, sondern nur theoretisch berechnet werden, stellte Hollmann klar.

Dabei, so Hollmann weiter, könnten sich schwere Fehler einschleichen, *„weil Klimamodelle oft aus mehr als einer Million von Befehlen zur Rechnung und internen Datenweiterleitung bestehen, wodurch weitere Fehlermöglichkeiten sich eröffnen."* Das scheint umso bedenklicher, als der mit Abstand wichtigste Faktor der atmosphärischen Energieumwandlung, die Wolkenbildung, nur in Form grob geschätzter Durchschnittswerte in die Rechenmodelle eingeht. Damit nährt Hollmann (vielleicht ungewollt) den Vorwurf der „Klima-Skeptiker", die angeblich drohende Klimakatastrophe sei ein Produkt nicht mehr überschaubarer Verknüpfungen im Computer, denen bei Bedarf „von Hand" nachgeholfen werde, um zu politisch erwünschten Ergebnissen zu gelangen.

Inzwischen mehren sich die Stimmen, die davor warnen, die bisherigen Klimamodelle unhinterfragt zu Vorgaben der Politik zu machen. So heißt es in einem Ende 1999 im Bulletin der *American Meteorological Society* veröffentlichten Statusbericht über die Qualität mathematischer Klimamodelle, *„daß realistische Szenarien-Berechnungen noch nicht durchgeführt worden sind."* Mit zunehmendem Aufwand würden die Klimamodelle nicht besser, sondern eher schlechter, weil offenbar ihre Grundstruktur nicht stimme. Sie seien nicht in der Lage, der wechselnden Wasserdampfkonzentration und Wolkenbedeckung sowie Meeresströmungen Rechnung zu tragen und könnten das „anthropogene Signal" nicht ausmachen. Die führenden Autoren dieses Berichts, die Professoren Tim Barnett von der kalifornischen *Scripps Institution* und Klaus Hasselmann, der frühere Chef des Hamburger Max-Planck-Instituts für Meteorologie, sind als glühende Anhänger der mathematischen Klimamodellierung bekannt und stehen insofern nicht im Verdacht, unbelehrbare Querköpfe zu sein. Beide haben aber inzwischen das Rentenalter erreicht und können nun wahrscheinlich freier reden.

Eine ähnliche Wandlung war bei Rainer Hollmanns ehemaligem Chef, dem Hamburger Atmosphärenphysiker Prof. Ehrhard Raschke zu beobachten, nachdem dieser in den Ruhestand gegangen ist. Raschke warnt heute vor einer Überinterpretation der Klimamodelle, die den *IPCC-*

Berichten und dem Kioto-Protokoll zugrunde liegen: *„Viele der das Klima bestimmenden Prozesse sind nicht genau genug bekannt, um realistisch in Modellen nachvollzogen zu werden."* Deshalb, so Raschke weiter, müßten erst einmal die wichtigsten Klimamodelle mithilfe statistischer Methoden auf den Grad ihrer Übereinstimmung mit Meßdaten überprüft werden.

Das hat ein deutsch-israelisches Team theoretischer Physiker unter Leitung von Prof. Armin Bunde (Gießen) und Prof. Shlomo Havlin (Tel Aviv) getan. Die Ergebnisse der Untersuchung wurden bereits im Sommer 2002 in der angesehenen Fachzeitschrift *Physical Review Letters* unter dem Titel *„Global climate models violate scaling of the observed atmosphere variability"* veröffentlicht. Die ernüchternde Schlußfolgerung der Physiker: *„Klimamodelle sind weit schlechter als ihr Ruf. Sie reproduzieren die Gesetzmäßigkeiten des Wetters längst nicht so wie erhofft."* Demgegenüber hätten sich die bekannten Bauernregeln (etwa die „Siebenschläferregel") als viel zuverlässiger erwiesen, weil sie auf Jahrhunderte langer Erfahrung beruhen.

Das deutsch-israelische Team hat insgesamt sieben in Deutschland, in den USA, in Japan, Australien, Großbritannien und Kanada erstellte Klimamodelle überprüft, die allesamt vielschichtige Erweiterungen von Modellen der Wettervorhersage darstellen. Dabei schnitt das Modell ECHAM4/OPYC3 von Hasselmanns ehemaligen Hamburger Max-Planck-Instituts für Meteorologie am schlechtesten ab.

Die Rechnung geht nicht auf

NACH der heute gängigen Vorstellung lag die Gleichgewichtskonzentration von CO_2 in der Atmosphäre um 1850 bei 280 ppm (0,028 Volumen-Prozent). Bis zum Jahre 2005 stieg die auf dem Vulkan Mauna Loa auf Hawaii gemessene Konzentration auf 380 ppm an. Der in 150 Jahren akkumulierte CO_2-Überschuß geht höchstwahrscheinlich zum größten Teil auf die Verbrennung fossiler Energieträger und auf Waldrodungen und nur zum geringeren Teil auf die Freisetzung von CO_2 aus den Ozeanen zurück. So weit scheinen sich die mit Klimafragen befaßten Naturwissenschaftler einig zu sein. Anlaß zu Streit geben aber die Fragen, was das überschüssige CO_2 bewirkt und was damit kurz- und mittelfristig geschieht.

Das von der *World Meteorological Organization (WMO)* und vom UN-Umweltprogramm *UNEP* eingesetzte *Intergovernmental Panel on Climate Change (IPCC)* nimmt in seinen Warnungen vor einer drohenden Überhitzung unseres Planeten implizit eine mittlere Verweildauer des CO_2 in der Atmosphäre von etwa 570 Jahren an und schätzt auf dieser Basis den möglichen Anstieg der globalen Durchschnittstemperatur bis zum Ende dieses Jahrhunderts auf bis zu 5,8 Grad Celsius. Schon im Herbst 2001 hatte Jack Barrett auf dem erwähnten von der DECHEMA in Frankfurt am Main veranstalteten Kolloquium darauf hingewiesen, aus dem Abklingen des bei Atombombenexplosionen entstehenden Anteils von radioaktivem Kohlenstoff ^{14}C nach der Einstellung oberirdischer Kernwaffenversuche infolge des Teststopp-Abkommens von 1962 lasse sich eine CO_2-„Halbwertszeit" von weniger als 40 Jahren errechnen.

In der Zwischenzeit hat der Elektroingenieur und Hobbyklimaforscher Peter Dietze als offizieller *Reviewer* des *IPCC* ein einfaches „Wasserkastenmodell" der globalen C-Flüsse durchgerechnet. Mithilfe einer Regressionsanalyse der in der Nachkriegszeit gemessenen CO_2-Werte gelangte er dabei zu einer Lebensdauer der CO_2-Überschüsse von 55 Jahren beziehungsweise einer „Halbwertszeit" von 38 Jahren. Auf dieser Basis sei bis zum Ende dieses Jahrhunderts mit einer globalen Erwärmung von lediglich 0,52 °C zu rechnen.

Im März 2003 gab die DECHEMA Peter Dietze die Gelegenheit, seinen Ansatz mit den Auffassungen einer Reihe international anerkannter Klimaforscher zu konfrontieren. Auf generelle Skepsis stieß dabei die von Dietze vorgenommene Zusammenfassung der sehr unterschiedlichen Verweilzeiten des Kohlenstoffs in verschiedenen Kompartimenten der Biosphäre zu einer einzigen Zeitkonstanten analog zur Parallelschaltung elektrischer Widerstände und Kapazitäten. Der Botaniker Prof. Dr. Ernst-Detlef Schulze, Direktor des Max-Planck-Instituts (MPI) für Biogeochemie in Jena, forderte, neben der Parallelschaltung müsse auch die Reihenschaltung von Kohlenstoffquellen und –senken berücksichtigt werden, was das Modell komplizierter mache und die theoretische Verweildauer des Kohlenstoffs in der Biosphäre ansteigen lasse. Dietze behauptete, auch das schon durchgerechnet zu haben und verwies auf die gute Übereinstimmung seiner Berechnung mit dem in den letzten 27 Jahren gemessenen durchschnittlichen CO_2-Anstieg um etwa 1,5 ppm im Jahr. Danach würde im Jahre 2075 eine Maximalkonzentration von 470 ppm erreicht. Eine Simulation auf der Basis der *IPCC*-Parameter führe demgegenüber zu einem progressiven CO_2-Anstieg von jährlich etwa 2,6 ppm und schon die gegenwärtig meßbare CO_2-Konzentration würde auf dieser Berechnungsgrundlage um 12 ppm überschritten.

Aber auch Prof. Schulze ist mit dem Kioto-Protokoll nicht glücklich, obwohl er es grundsätzlich als einen *„ersten Schritt in Richtung auf eine planmäßige Gestaltung globaler Stoffkreisläufe“* befürwortet. Die in dem Abkommen erstmals eingeräumte Möglichkeit, an Stelle der Emissionsreduktion biologische Kohlenstoffsenken durch Aufforstung neu zu schaffen, sei eine kaum verhohlene Einladung zum Mißbrauch.

Es sei versäumt worden, klar zu definieren, was überhaupt als C-Senke anerkannt werden kann. Zum Beispiel werden Flächen von 500 Hektar, die zu zehn Prozent vom Kronendach von Bäumen bedeckt sind, schon als Wälder gezählt. Da die Anrechnungsperiode erst 2008 beginnt, sind bis dahin noch großflächige Rodungen von Primärwäldern möglich. Dabei wird viel Kohlenstoff durch Humusabbau freigesetzt. Werden gerodete Flächen für den humuszehrenden Kartoffelanbau genützt, entstehen weitere C-Verluste. Auch beim Weizenanbau sei die C-Bilanz negativ, betont Schulze. Und bei der oft gepriesenen energetischen Nutzung landwirtschaftlich erzeugter Biomasse sei auch nicht viel zu gewinnen. Bei der Erzeugung von Rapsöl zum Beispiel gehe der anfängliche Gewinn größtenteils durch die anschließend notwendige chemische Umwandlung (Methylierung) wieder verloren.

Andererseits würden nachhaltig bewirtschaftete Wälder in den gemäßigten Zonen nicht als Senken anerkannt, obwohl die Annahme, nicht bewirtschaftete Wälder seien bessere C-Senken, nachweislich falsch sei. Schulze bezieht sich dabei auf den Modellwald Hainich in Thüringen, in dem mithilfe eines Meßnetzes die jährliche Fixierung von sechs Tonnen Kohlenstoff je Hektar nachgewiesen wurde. Im B-Horizont des Waldbodens (Mineralboden) kann Kohlenstoff übrigens bis zu 6.000 Jahre gespeichert werden, wobei sich langkettige Lipide (Wachse) und nicht etwa der Holzstoff Lignin am langlebigsten erweisen.

Wie Prof. Dr. Wolfgang Cramer vom *Potsdam-Institut für Klimafolgenforschung* in Frankfurt darlegte, beträgt die gesamte jährliche Aufnahme von Kohlenstoff durch die Landpflanzen etwa 60 Gigatonnen (Nettoprimärproduktivität). Die nach Abzug der Atmung verbleibende Nettoökosystemproduktivität beträgt aber nur ein Zehntel davon. Noch geringer ist mit 1 bis 2 Gigatonnen pro Jahr die Nettobioproduktivität, die Ernteentnahmen und Schädlingsfraß Rechnung trägt. Diese Schätzungen stimmen durchaus mit dem Modell Dietzes überein.

Schwieriger ist die Abschätzung der Auswirkungen historischer und aktueller Landnutzungsänderungen. Cramer geht davon aus, daß durch die historischen Entwaldungen insgesamt 180 bis 200 Gigatonnen Kohlenstoff freigesetzt wurden. Zwischen 1920 und 1958 sei auch die Landwirtschaft unterm Strich eine C-Quelle gewesen; seither sei sie aber eine schwache C-Senke. Nach dem einfachen CLIMBER-Modell verstärken aktuelle Entwaldungen in den Tropen die globale Erwärmung, während Abholzungen in der borealen Klimazone zur lokalen Abkühlung führen. Sehr viel aufwändiger ist das LPJ-Modell, an dem das *Potsdam-Institut* und das Jenaer MPI gemeinsam arbeiten. Es trägt Ereignissen wie dem Pinatubo-Ausbruch und der Stimulierung des Pflanzenwachstums durch zusätzliches CO_2 Rechnung, erlaubt aber bis heute kaum Aussagen über konkrete Auswirkungen von Landnutzungsänderungen. Möglicherweise sei aber die Forst- und Landwirtschaftspolitik für den Kohlenstoffhaushalt in Zukunft wichtiger als die Energiepolitik, deutete Cramer an.

Auf Widerspruch stieß Dietzes Annahme, der atmosphärische Anteil (die *airborne fraction*) der globalen CO_2-Vorräte müsse in der Nachkriegszeit zugunsten des in den Ozeanen gelösten Teils abgenommen haben, da der gemessene CO_2-Anstieg hinter den stark ansteigenden Emissionen zurück bleibe. Martin Heimann vom Jenaer MPI, ein Schüler der inzwischen verstorbenen Berner Pioniere der globalen C-Kreislaufforschung, Oeschger und Siegenthaler, glaubt anhand von Meßwerten demonstrieren zu können, daß unverändert etwa 40 Prozent des durch menschliche Aktivitäten freigesetzten CO_2 in der Atmosphäre landen, während insgesamt 60 Prozent von den Ozeanen und der Landbiosphäre aufgenommen werden. Die gleichzeitig mit der Zunahme des Gesamtkohlenstoffgehaltes der Ozeane registrierte leichte Abnahme des Sauerstoffgehaltes der Atmosphäre zeige, daß die Verbrennung fossiler Vorräte die Hauptquelle des globalen CO_2-Anstiegs sei. Da die am Südpol gemessenen CO_2-Zuwächse der Mauna-Loa-Kurve etwas nachhinken, stehe überdies außer Frage, daß die stärker industrialisierte und urbanisierte Nordhemisphäre die Hauptquelle der CO_2-Emissionen ist. Da es im Ozean keinen Düngeeffekt des CO_2 gebe, müsse man wegen der Nichtlinearität der Karbonatchemie überdies mit einer Verringerung der Senkenkapazität der Ozeane rechnen.

Ein Sinken der Pufferkapazität der Ozeane befürchtet auch der schottische Ozeanograph Douglas W. R. Wallace, der jetzt am Kieler Institut für Meereskunde arbeitet. *„Don't forget the importance of chemistry!"*, warnte er. Insbesondere könnten Organismen mit Kalkschalen Probleme mit einem sinkenden pH-Wert, das heißt einer Versauerung der Meere bekommen. Möglicherweise könne die Kohlensäure aber auch durch unterseeische Vulkanausbrüche und große Kalksteinvorkommen neutralisiert werden. Fazit: Nichts Genaues weiß man nicht.

Etwas präzisere Angaben über das CO_2-Absorptionsvermögen der Ozeane versuchte die Heidelberger Physikerin Dr. Ingeborg Levin, eine Spezialistin für Radiocarbon-Messungen, zu machen. Ihre eigenen in Zusammenarbeit mit Vago Hesshaimer und Martin Heimann durchgeführten Berechnungen auf der Basis des rasch abgeklungenen ^{14}C-Peaks aus den Kernwaffenversuchen, die 1994 im *Nature*-Magazin veröffentlicht wurden, sowie eine im vergangenen Jahr abgeschlossene neue ^{14}C-Inventur der Ozeane von Peacock und Mitarbeitern legten eine Korrektur der 1995 von Wallace S. Broecker und Kollegen veröffentlichten Schätzung der CO_2-Aufnahmerate der Ozeane um 25 Prozent nach unten nahe. Jedenfalls sei die Hoffnung, die Meere könnten den menschengemachten CO_2-Überschuß aufnehmen, unbegründet. An der Umsetzung des Kioto-Protokolls führe kein Weg vorbei. Im Übrigen könnten die von ihrem Institut durchgeführten Radiocarbonmessungen den Suess-Effekt (die Verdünnung des natürlichen ^{14}C-Gehalts der Atmosphäre durch ^{14}C-freies CO_2 fossilen Ursprungs) nutzen, um die Umsetzung des Kioto-Protokolls auf regionaler Ebene zu kontrollieren. Das aber dürfte sich wegen der raschen Durchmischung der Atmosphäre als abwegig erweisen.

Demgegenüber fragte Peter Dietze, ob dem Suess-Effekt wirklich eine so große Beweiskraft zukommt, wenn man davon ausgehe, daß nicht 30, sondern allenfalls 5 Prozent des CO_2-Gehalts der Atmosphäre menschlichen Ursprungs sind. Sollte die von Dietze vorgestellte Modellrechnung realistisch sein, wäre das Kioto-Protokoll überflüssig. Denn die von ihm geschätzte globale Erwärmung um ein halbes Grad (und höchstwahrscheinlich auch noch einiges mehr) wäre nicht nur ohne weiteres von der Biosphäre verkraftbar, sondern könnte sich in nördlichen Breiten sogar als Segen für die Landwirtschaft erweisen. Welche Seite hier wieweit recht hat, ist selbst für ein Fachpublikum kaum auszumachen.

Wie man es auch dreht und wendet: Die globale Kohlenstoffbilanz zeigt große Lücken: Wieso konnte das ^{14}C aus dem A- und H-Bomben-Fall-out noch deutlich schneller aus der Atmosphäre verschwinden als erwartet? Warum kann die Mauna-Loa-Kurve langsamer ansteigen als die globalen CO_2-Emissionen, wenn die Weltmeere weniger Kohlenstoff aufnehmen als bislang angenommen? Diese offenen Fragen zeigen, daß wir von einer wissenschaftlichen Begründbarkeit von „Klimapolitik" so weit entfernt sind wie eh und je.

Dabei ist der Kohlenstoffkreislauf nach gängiger ökologischer Lehrmeinung ohnehin nur drittrangig. Die Entwicklung des „Erdsystems" wird in der Hauptsache vom Wasserkreislauf bestimmt. Dieser aber ist so verwickelt, daß jeder, der vorgäbe, ihn im Detail analysieren und steuern zu können, sofort für verrückt erklärt würde. An zweiter Stelle folgt der Kreislauf des Sauerstoffs. Dieser rückt erst neuerdings etwas ins Blickfeld, weil festgestellt wurde, daß der O_2-Gehalt der Atmosphäre sinkt. Beunruhigend ist das aber nicht. Im Gegenteil: Die Welt wird im Prinzip sogar sicherer, weil dadurch tendenziell die Gefahr spontaner Brände abnimmt. Zum Atmen reicht der übrig bleibende Sauerstoff allemal.

Wie ein beteiligter Forscher mit entwaffnender Offenheit erklärte, hat sich die Klimaforschung vor allem deshalb auf den drittrangigen C-Kreislauf konzentriert, weil sich CO_2, im Unterschied zu Wasserdampf, ziemlich gleichmäßig in der Atmosphäre verteilt und menschengemachte CO_2-Emissionen das einzige Schräubchen sind, an dem man drehen zu können glaubt. Doch wird die „Klimapolitik" zur Augenwischerei, wenn sie neben einigermaßen kalkulierbaren menschengemachten CO_2-Emissionen auch auf ein Management natürlicher C-Senken abzielt. Außer Deutschland ist denn auch bislang kein Land der Welt Kioto-Verpflichtungen in nachprüfbarer Größenordnung eingegangen. Abgesehen vom Verschwinden bestimmter Industrien aus Deutschland und der Verwandlung des Landes in einen Vogelscheuchenpark (Verzeihung: Windpark) dürfte das Kioto-Protokoll also nichts bewirken.

Fazit: Es ist erstens illusorisch, wenn nicht gefährlich, die (Fiskal-) Politik naturwissenschaftlich begründen zu wollen. Zweitens ist der gesunde Menschenverstand der kleinen Leute auch bei so komplexen Fragen wie der Klimaentwicklung nicht völlig machtlos und jedenfalls nicht schlechter als aufwändige mathematische Modelle und Szenario-Simulationen auf den größten Computern. Denn noch immer gilt bei ihnen: Mist rein, Mist raus.

3

Über produktive und destruktive Mißverständnisse

Daß der Gang der Dinge unabhängig von der Zustimmung der allermeisten seinen Weg nimmt: daran liegt es, daß einiges Erstaunliche sich auf der Erde eingeschlichen hat.

F. NIETZSCHE, Der Wille zur Macht

KONSENS beruht fast immer auf Mißverständnissen, denn die Möglichkeiten der verbalen zwischenmenschlichen Kommunikation sind (im Unterschied zu den kulturneutralen nonverbalen Ausdrucksformen) nicht nur auf internationaler Ebene, sondern schon im nationalen und selbst im lokalen oder familiären Rahmen erstaunlich beschränkt. Fortschritte der Hirnforschung und der Neuropsychologie auf der einen und von der Wissenschaftsforschung vermittelte Einsichten in die Entstehungsbedingungen und den gesellschaftlichen Stellenwert wissenschaftlichen Wissens auf der andern Seite legen es nahe, die Hoffnung, über „herrschaftsfreie Kommunikation" in rationalen Diskursen zu einvernehmlichen und dauerhaften Lösungen gesellschaftlicher Probleme gelangen zu können, als unbegründet fahren zu lassen.

Wir wissen heute: Mißverständnisse sind unvermeidlich. Wir fragen uns nur noch, ob sie destruktiver oder produktiver Natur sind. Die große Kunst der Politik besteht darin, Konsensformeln zu finden, die auf produktiven Mißverständnissen beruhen. Dabei handelt es sich im Prinzip um Leerformeln, die einen so großen politischen und wirtschaftlichen Interpretations- und Gestaltungsspielraum bieten, daß alle Akteure damit lange Zeit in Frieden leben und auf einigermaßen anständige Weise ihren jeweiligen persönlichen Interessen nachgehen können.

Als eine solche „irenäische" Formel *par excellence* erwies sich in der zweiten Hälfte des vergangenen Jahrhunderts das von Alfred Müller-Armack (Ludwig Erhards rechte Hand fürs Grundsätzliche) unmittelbar nach Ende des Zweiten Weltkriegs erfundene Begriffspaar „soziale Marktwirtschaft". Niemand kann bis heute genau definieren, was darunter zu verstehen war oder ist. Doch wurde dieses Manko keineswegs zum Anlaß, Meinungsverschiedenheiten mit juristischen Mitteln oder gar durch die Anwendung physischer Gewalt auszutragen. Es zeigten sich hier die Vorteile, die die Marktwirtschaft gegenüber allen Spielarten politisch oder religiös begründeter Planwirtschaft auszeichnen. Nicht auf die soziale oder religiöse Gesinnung der Wirtschaftsakteure kommt es hier in erster Linie an, sondern auf die Einhaltung allgemeiner Spielregeln und auf solche Ergebnisse ihres Handelns, die sich mit dem wichtigsten mentalitätsneutralen Kommunikationsmittel, das die Menschheit je erfunden hat, darstellen lassen: dem Geld.

Hätten sich Wissenschaftler und Politiker jedoch schon in den fünfziger Jahren daran gemacht, die Leerformel „soziale Marktwirtschaft" zum operativen Managementkonzept mit quantifizierten Handlungszielen und einem System von zwanzig, fünfzig oder gar hundert Indikatoren für die Messung von Fortschritten bei ihrer Umsetzung auszubauen, hätte der schillernde Begriff sicher bald seine Faszination eingebüßt und wäre inzwischen höchstwahrscheinlich schon längst wieder in Vergessenheit geraten.

Genau diese Dummheit drohen Regierungen, „proaktive" (das heißt vorauseilend gehorsame) Konzerne und politisierte Wissenschaftler jedoch heute bei der schönen, weil konsensträchtigen Leerformel *sustainable development* (nachhaltige Entwicklung) zu begehen. Sie haben sich schon vor zehn Jahren auf der UN-Konferenz über Umwelt und Entwicklung (UNCED), dem vielzitierten „Erd-Gipfel" von Rio de Janeiro, nicht mit Leerformeln begnügen wollen, sondern auf die Kinderei eines detaillierten politischen und wirtschaftlichen Aktionsplans für das 21. Jahrhundert, die *Agenda 21*, eingelassen. Schon seit Jahren fordern denn auch europäische „Vorreiter" einer „ökologischen Wende", Schluß zu machen mit der Vagheit der Definition von *sustainable development* in der Präambel der *Agenda 21* und der Welt und jeder einzelnen Nation stattdessen präzise bezifferte Ziele eines globalen Ressourcenmanagements vorzugeben. Der 10. Jahrestag der Rio-Konferenz *(„Rio+10")* sollte der Anlaß sein, endlich damit ernst zu machen.

Johannesburg: Wasser wird wieder Thema Nummer eins

ABER es kam alles ganz anders. Nach dem Abschluß der UN-Weltkonferenz über Nachhaltige Entwicklung am 4. September beklagten viele europäische Teilnehmer dessen dürftige Ergebnisse. Vertreter von Umwelt- und Entwicklungshilfeorganisationen sprachen gar von einer Katastrophe. Doch enthält der in Johannesburg nach zähen Verhandlungen verabschiedete Aktionsplan zumindest in einem Punkt Konkretes, und zwar die Verpflichtung der Weltgemeinschaft, den Anteil der Weltbevölkerung, der keinen Zugang zu sauberem Trinkwasser hat (zur Zeit 1,2 Milliarden Menschen), und der sogar doppelt so großen Zahl von Menschen ohne sanitäre Grundversorgung bis zum Jahre 2015 zu halbieren. Realisieren ließe sich so etwas freilich nur in einer idealen Welt. In der Welt, wie sie nun mal ist, wird ein Teil der Hilfsgelder unweigerlich sachentfremdet angelegt werden.

Wichtig ist hier lediglich, daß es in Johannesburg nur in diesem Punkt auch finanzielle Zusagen seitens der wohlhabenden Industrieländer gab. So stellt die Europäische Union jährlich 1,4 Milliarden Euro für Afrika und Zentralasien zur Verfügung. Die USA haben Investitionen von etwa einer Milliarde Dollar zugesagt und die Entwicklungsbank für Asien vergibt im Rahmen des Programms *„Wasser für asiatische Städte"* Kredite von umgerechnet 500 Millionen Euro. Hinzu kommen Zusagen geringeren Umfangs von insgesamt 21 weiteren Wasserinitiativen und Selbstverpflichtungen in armen Ländern operierender internationaler Konzerne.

Da diese Festlegungen ausdrücklich (ähnlich eines Kuhhandels) als Gegenleistung für den Verzicht der EU auf ihre gegenüber der US-Delegation verfochtenen „Klimaschutz"-Forderung einer verbindlichen Erhöhung des Anteils erneuerbarer Energien auf 15 Prozent bis zum Jahre 2010 erfolgten, sahen viele Beobachter darin nicht mehr als den konkreten Ausdruck des Scheiterns des Gipfels von Johannesburg. Doch kann man die Einigung, die die Rettung der aufwändigen Veranstaltung in letzter Minute ermöglichte, auch ganz anders sehen.

In seinem vor dem Johannesburg-Gipfel erschienen Buch *„The Sceptical Environmentalist"* (2002 mit dem Titel *„Apocalypse No!"* auf deutsch erschienen) hat der dänische Statistiker Bjørn Lomborg vorgerechnet, daß die Umsetzung des Kioto-Protokolls bis zu 350 Milliarden Dollar im Jahr kosten wird (siebenmal mehr als die gesamte in offiziellen Statistiken ausgewiesene „Entwicklungshilfe", was immer auch darunter zu verstehen sein mag), ohne dadurch in den nächsten 50 bis 100 Jahren zu meßbaren Ergebnissen gelangen zu können. *„Was Kioto in einem einzigen Jahr kostet, würde bequem ausreichen, um das größte Problem aller armen Länder zu lösen: die Versorgung mit sauberem Trinkwasser und sanitären Anlagen"*, forderte Lomborg stattdessen.

Da das Geld nur einmal ausgegeben werden kann, so Lomborg weiter, müsse man eben Prioritäten setzen. Das aber falle schwer, wenn man die von Berufspolitikern, Bürokraten und Massenmedien gebetsmühlenartig wiederholten Katastrophenszenarien für bare Münze nehme. Die Unfähigkeit, vernünftige Prioritäten zu setzen, sei heute vielleicht unser größtes Problem. Da in Johannesburg schlußendlich dennoch Prioritäten gesetzt wurden, wenn auch vielleicht nicht aufgrund rationaler Einsicht, können sich Lomborg und seine Anhänger zu recht auf die Schultern klopfen.

Der Ausgang des Johannesburg-Gipfels bietet gleichzeitig die Chance, zu einer Weltsicht zurückzukehren, die weder den gesicherten Erkenntnissen der Naturwissenschaften noch dem praktischen Alltagsverstand widerspricht. Denn bevor sich das Weltbild der „Klimapolitiker" durchsetzte, herrschte Einvernehmen darüber, daß die Ökologie unseres blauen Planeten nicht in erster Linie vom Kreislauf des Kohlenstoffs geprägt wird, sondern vom Wasser in allen seinen Aggregatzuständen: Ozeane, Wasserdampf, Wolken, Regen, Schnee, Eis. An zweiter Stelle kommt der Kreislauf des Sauerstoffs. Und erst dann kommt der Kohlenstoffkreislauf. Wie die Ökologie und damit auch das Klima der Erde durch Eingriffe in einen drittrangigen Stoffkreislauf gesteuert werden kann, bleibt das Geheimnis der „Klimapolitiker".

Die komplexen Kreisläufe des Wassers und die Übergänge von einem Aggregatzustand in den andern wie auch die nachrangigen Stoffkreisläufe sind bis heute nur sehr lückenhaft quantitativ erfaßt und werden sich global nie steuern lassen. Aber auf lokaler und regionaler Ebene können die Menschen ihren Wasserhaushalt zumindest so weit kontrollieren und regulieren, daß sie ihre elementaren Lebensbedürfnisse befriedigen können. Um das zu bewerkstelligen, brauchen sie weder eine Weltregierung noch Mammut-Palaver in festungsartig abgeriegelten Kongresszentren. Was sie brauchen, ist etwas Geld und die Möglichkeit, ihr Schicksal in die eigene Hand nehmen zu können.

Nachhaltigkeit: Platonische oder regulative Idee?

NACHHALTIGE Entwicklung war in der Präambel der *Agenda 21* als *„globale Partnerschaft für eine ökonomisch machbare, sozial gerechte, ökologisch gesunde Entwicklung, nicht nur heute, sondern auch in Zukunft"* verstanden worden. Diese Definition, in der ökonomische, soziale und ökologische Ziele als gleichwertig gelten, läßt Nachhaltigkeit als Quadratur des Kreises, als nobles, aber prinzipiell unerreichbares Ideal erscheinen. Sie bietet insofern größtmöglichen Interpretationsspielraum und legt es (zumindest implizit) nahe, die Suche nach einer irgendwie ausgewogenen Kombination der „drei Säulen" der Nachhaltigkeit den Kräften des Marktes anzuvertrauen.

Gegen dieses pragmatische Vorgehen sträubten sich schon auf der Rio-Konferenz zwei gegensätzliche, letztlich aber doch teilweise geistesverwandte politische Strömungen: Auf der einen Seite jene im Kalten Krieg tonangebend gewordene techno-bürokratische Elite des Westens, der infolge des sang- und klanglosen Zusammenbruchs der Sowjetunion und des Ostblocks das Feindbild abhanden gekommen war. Auf der andern Seite die Anhänger des Sozialismus beziehungsweise seiner Light-Version, des Kommunitarismus, die nach dem offenkundigen Scheitern des Experimentes „realer Sozialismus" nach neuen Wegen der Bestärkung und Anwendung ihres kollektivistischen Aberglaubens Ausschau halten mußten.

Die erstgenannte Gruppe fand in der angeblich drohenden Klimakatastrophe infolge eines menschengemachten „Treibhauseffekts" ein Ersatzfeindbild. Schon Anfang der 70er Jahre des vergangenen Jahrhunderts, als die am *Massachusetts Institute of Technology (MIT)* von einem internationalen Team junger Wirtschafts- und Computerwissenschaftler erstellte und vom *Club of Rome* medienwirksam lancierte apokalyptische Computersimulationsstudie *„Die Grenzen des Wachstums"* (Dennis MEADOWS et al. 1972) noch gar nicht erschienen war und die Geowissenschaftler weltweit noch beinahe einhellig vom Herannahen einer neuen Eiszeit überzeugt waren, hatte eine Publikation des NATO-Ausschusses *CCMS* (James B. HUNTLEY 1971) den „Treibhauseffekt" in diesem Sinne in die Diskussion gebracht. Kurz vor der Rio-Konferenz lieferte dann der spätere US-Präsidentschaftskandidat Al Gore in seinem Bestseller *„Earth in Balance"* (1992) diesem Ansinnen eine psychologisierende theoretische Begründung.

Die Studie *„Die Grenzen des Wachstums"*, die nicht zufällig kurz vor der ersten Umweltkonferenz der Vereinten Nationen 1972 in Stockholm mit einem beispiellosen publizistischen Aufwand weltweit verbreitet wurde, ist bei beiden Gruppen, das heißt auch bei Sozialisten und Kommunitaristen mehr und mehr zu einer Art ökologischer Katechismus geworden, obwohl viele Sozialdemokraten lange Zeit Probleme hatten mit dem darin nahegelegten „Nullwachstum". Was sie daran hingegen faszinierte, war die scheinbar objektive naturwissenschaftliche Herleitung der Notwendigkeit einer weltweiten umverteilenden Planwirtschaft. Nicht die tatsächlichen Grenzen des Wissens und der Machbarkeit erschienen als Problem, sondern vorgebliche Grenzen von Freiheit, Demokratie, Wettbewerb und Wirtschaftswachstum.

Als dann aber am Ende der 80er Jahre das „realsozialistische" Experiment (für rote, grüne und schwarze Feinde des Wachstums individueller Freiheit gleichermaßen überraschend) ein jähes Ende fand, konnte kaum noch jemand offen von Planwirtschaft reden. Auf einmal waren alle für Marktwirtschaft. Allerdings beeilten sich die Anhänger des kollektivistischen Rationalismus zu präzisieren, daß sie im Wettbewerb kein ergebnisoffenes Entdeckungsverfahren sehen, sondern lediglich ein besonders effektives Instrument zur Umsetzung politischer Gestaltungsansprüche. Dabei geht es ihnen weniger um Anliegen wie die Mehrung der individuellen Freiheit und die Stärkung der Demokratie, sondern vielmehr um quantifizierte Ziele eines globalen und nationalen Ressourcen-Managements.

Faktisch wurde dadurch das in der Präambel der *Agenda 21* skizzierte anspruchsvolle Dreieck von wirtschaftlichen, sozialen und ökologischen Zielen schon in den einzelnen Kapiteln des Aktionsprogramms durch einen sachzwangartigen Primat der Ökologie ersetzt. Aus einer allgemeinen Orientierungshilfe, einer „regulativen Idee" im Sinne Immanuel Kants, die nicht das Ziel, sondern nur die Richtung eines Suchprozesses angibt, wurde dadurch unter der Hand die platonische Idee einer besseren Welt als Ergebnis eines umfassenden *re-engineering* (in Deutschland besser als *„ökologischer Umbau der Industriegesellschaft"* bekannt geworden).

In Deutschland ist dieser Umschlag sehr gut an zwei einflußreichen Versuchen der Übersetzung der *Agenda 21* in nationale Politikziele ablesbar. Es handelt sich zum einen um die Studie *„Zukunftsfähiges Deutschland. Ein Beitrag zu einer global nachhaltigen Entwicklung"* (1996), die das *Wuppertal Institut für Klima, Umwelt, Energie* im Auftrag des Bundes für Umwelt- und Naturschutz Deutschland (BUND) und des katholischen Bischöflichen Missionswerks Misereor erarbeitet hat, und zum andern um die Studie *„Nachhaltiges Deutschland. Wege zu einer dauerhaft umweltge-*

rechten Entwicklung", die das Berliner Umweltbundesamt (UBA) 1997 vorgelegt hat. (Den Autoren der UBA-Studie hat es offenbar keine Bauchschmerzen bereitet, daß in dem von ihnen gewählten Buchtitel das „Tausendjährige Reich" anklingt.)

Beide Studien betonten auf der einen Seite, daß es in den heutigen vielgestaltigen, unüberschaubaren und offenen Gesellschaften mit einer wachsenden Pluralität individueller Lebensentwürfe keine Alternative zum Markt und zum demokratischen Diskurs gibt, weil es dort, wie in der Wuppertal-Studie zu lesen ist, weder einen Beobachtungsstandort geben kann, von dem aus die Gesellschaft als Ganzes einsehbar würde, noch ein politisches Steuerungszentrum, von dem aus gesamtgesellschaftliche Veränderungen programmiert und durchgesetzt werden könnten. *„Von daher wäre es nicht angebracht"*, folgern die Autoren der Wuppertal-Studie, *„sich einen Wandel als das Ergebnis einer umfassenden national ins Werk gesetzten Strategie vorzustellen."* (S. 151).

Auch die UBA-Studie erklärte, der für die Umsetzung der *Agenda 21* als notwendig erachtete tiefgreifende Wandel von Wirtschaft und Gesellschaft könne nicht „von oben" verordnet werden. Nachhaltige Entwicklung erfordere eher Problemlösungen nach dem Prinzip der Selbstorganisation. *„Große, offene Gesellschaften"*, heißt es in der UBA-Studie, *„sind polyzentrische Ordnungen, in denen die Menschen abstrakten Verhaltensregeln folgen und in denen niemand über das notwendige Wissen verfügt, um das Gesamtsystem zu ganz bestimmten Resultaten zu bewegen. Eine Strategie, die versucht, die als notwendig erkannten Anpassungen allein mit Hilfe einer hoheitlichen Ressourcenbewirtschaftung zu erreichen, ist daher zum Scheitern verurteilt."* (S. 23).

Auf der andern Seite sprachen sich aber beide Studien, im Widerspruch zu diesen Einsichten, dafür aus, die Rolle demokratischer Diskurse in der Politik und wettbewerblicher Suchprozesse in der Wirtschaft auf die Umsetzung wissenschaftlich-rational begründeter politischer Ziele zu beschränken, das heißt die Zielfestlegung selbst der demokratischen Meinungsbildung und dem Spiel von Angebot und Nachfrage auf dem Markt zu entziehen.

In der Wuppertal-Studie ergibt sich die Hierarchie politischer Handlungsziele aus dem Konzept des *„Umweltraums"* des Niederländers Hans Opschoor. Es handelt sich dabei um ein ökologisches Nutzungskonzept, das von weltweit gleichen Pro-Kopf-Zugriffsrechten auf physische Ressourcen und von folgenden allgemeinen Regeln für die Verwaltung des *„natürlichen Kapitalstocks"* ausgeht:

1. *Die Nutzung einer erneuerbaren Ressource darf nicht größer sein als ihre Regenerationsrate.*

2. *Die Freisetzung von Stoffen darf nicht größer sein als die Aufnahmefähigkeit der Umwelt.*

3. *Die Nutzung nicht erneuerbarer Ressourcen muß minimiert werden. Sie sollen nur in dem Maße genutzt werden, in dem ein physisch und funktionell gleichwertiger Ersatz in Form erneuerbarer Ressourcen geschaffen wird.*

4. *Das Zeitmaß menschlicher Eingriffe in den Naturhaushalt muß in einem ausgewogenen Verhältnis zum Zeitmaß natürlicher Prozesse stehen – sei es der Abbauprozesse von Abfällen, der Regenerationsrate erneuerbarer Rohstoffe oder Ökosysteme.*

Mithilfe dieser hauswirtschaftlichen Grundsätze leiten die Autoren der Wuppertal-Studie eine *„zulässige Pro-Kopf-Emission"* von etwa zwei Tonnen Kohlendioxid (CO_2) im Jahr ab. Da zur Zeit der Erarbeitung der Studie aber jeder Deutsche im statistischen Mittel etwa 12 Tonnen CO_2 erzeugte, läßt die buchhalterische Logik nur einen Schluß zu: Deutschland muß seine CO_2-Emissionen mindestens um 80 Prozent verringern, um „zukunftsfähig" zu werden. Bereits bis zum Jahre 2010 sollte eine Reduktion um 35 Prozent erreicht werden.

Inzwischen hat der „Umwelt-Ökonom" Lutz Wicke diese urkommunistische Argumentation in einem im November 2004 vorgestellten Modell eines globalen Handels mit CO_2-Emissionsrechten aktualisiert. Realistischerweise geht Wicke davon aus, eine Stabilisierung der „Treibhausgase" auf dem gegenwärtigen Niveau (etwa 380 ppm CO_2) sei gar nicht möglich. Großzügig, wie er nun mal ist, räumt er der Menschheit noch eine Gnadenfrist ein. Erst auf dem Niveau von 550 ppm soll der CO_2-Gehalt der Atmosphäre stabilisiert werden. Daraus ergibt sich ein Pro-Kopf-Emissionsrecht von 4,9 Jahrestonnen CO_2 je Erdenbürger. Deutschland bekäme danach nur noch Emissionsrechte für 400 Millionen Tonnen CO_2 (deutlich weniger als die Hälfte der aktuellen Menge), Indien dagegen Rechte für 5 Milliarden Tonnen und damit viel mehr, als es zur Zeit benötigt und wahrscheinlich jemals benötigen wird. Das Entwicklungsland könnte überschüssige Emissionsrechte an reiche Länder verkaufen, wodurch es zu einer globalen Umverteilung gigantischen Ausmaßes käme.

Dabei ist die dieser Rechnung zugrunde liegende Annahme, menschengemachte CO_2-Emissionen führten zu einer Verschlechterung der Lebensbedingungen der Spezies *homo sapiens*, reine Glaubenssache. Der

„zusätzliche, menschengemachte Treibhauseffekt", auf den sie sich stützt, ist ein theoretisches Konstrukt, das weder beweisbar noch ohne weiteres widerlegbar ist. Es zeigt sich hier, daß unsere exakten „Natur"-Wissenschaften in Wirklichkeit immer Laborwissenschaften waren. Ihre Erkenntnisse sind darum, wie die auf ihnen fußenden technischen Neuerungen zeigen, durchaus nicht belanglos. Aber sie gelten nur unter den Bedingungen der reproduzierbaren Versuchsanordnung. Diese werden auch bei den technischen Anwendungen respektiert. Andernfalls könnte Technik nicht funktionieren.

Demgegenüber bleiben die vom *Intergovernmental Panel on Climate Change (IPCC)*, einem in der Wissenschaftsgeschichte beispiellosen „Schiedsgericht", sowie von selbsternannten „Klimaschützern" in politischen Parteien und Öko-Verbänden in die Medien getragenen Klimamodelle trotz eines enormen Aufwandes an Manpower und Rechenkapazität, der hier getrieben wird, reine Computerspielereien. Sie sind, wie es mein befreundeter Kollege Gero von Randow Anfang 2002 in der *Frankfurter Allgemeinen Sonntagszeitung* treffend ausdrückte, *„Nichtwissen in Formeln"*, zumal es ein „Weltklima" gar nicht gibt und die neben der Sonneneinstrahlung wichtigsten Faktoren für das regional sehr unterschiedliche Wettergeschehen, die wechselnde Wolkenbedeckung und die Entfernung zu Ozeanen, in den Computermodellen nur in Form willkürlicher Durchschnittswerte vorkommen. Die Unmöglichkeit, die komplexen Wechselwirkungen zwischen der Sonne, der Erdatmosphäre, den Weltmeeren und den Landmassen experimentell zu entwirren, gibt niemandem das Recht, numerische Computersimulationen zum vollwertigen Ersatz für wissenschaftliche Experimente zu erklären.

Die Sonne rückt wieder in den Mittelpunkt

NACH einer im Jahre 2001 von der Braunschweiger Bundesanstalt für Geowissenschaften (BGR) unter dem Titel „Klimafakten" veröffentlichten Synthese des derzeitigen wissenschaftlichen Kenntnisstandes über die längerfristige Klimaentwicklung (U. BERNER/H. STREIF (Hg.) 2001) bewegt sich der Einfluß sämtlicher anthropogener „Treibhausgase" auf die Entwicklung der Durchschnittstemperatur der Erde in der Größenordnung von zwei Prozent, der von Kohlendioxid allein erreicht nur etwa ein Prozent. Damit kann die Frage nach dem Sinn oder Unsinn der 1992 auf der Rio-Konferenz aus der Taufe gehobenen globalen

„Klimapolitik" als klar beantwortet gelten: Das dort zur wichtigsten Herausforderung der Menschheit hochstilisierte Kohlendioxid kann **nicht** die treibende Kraft der Klimaentwicklung sein. Die Menschen können das Konstrukt „Weltklima" **nicht** „schützen".

Über längere Zeiträume betrachtet, gibt es vielmehr eine auffällige Korrelation zwischen den Sonnenfleckenzyklen und großräumigen Trends der Temperaturentwicklung. So fiel die bekannte „Kleine Eiszeit" des 18. Jahrhunderts, deren kurze Unterbrechung durch einen besonders warmen, aber verregneten Sommer uns (nach dem französischen Historiker Emmanuel Le Roy Ladurie) im Endeffekt die Französische Revolution mit der Schreckensherrschaft Robespierres beschert hat, mit einem von Astronomen dokumentierten Sonnenfleckenminimum zusammen. Aktuelle Satellitenmessungen zeigen einen eindeutigen Zusammenhang zwischen der Sonnenfleckenhäufigkeit, dem wichtigsten Indikator der Sonnenaktivität, und der durchschnittlichen Bedekkung der Erde mit niedrigen Wolkenschichten: Je mehr Sonnenflecken, desto weniger Wolken und entsprechend höhere Durchschnittstemperaturen auf der Erde. Leider wissen wir noch immer nicht genau, durch welchen Faktor die relativ schwachen Schwankungen der Sonneneinstrahlung so weit verstärkt werden, daß sie in der Erdatmosphäre so große Wirkungen hervorrufen können.

Deshalb tippten vor allem Geologen, die sich weniger mit Computersimulationen, sondern vielmehr in Form von Fossilien und Sauerstoff-Isotopen mit „harten" Proxydaten der längerfristigen Klimaentwicklung beschäftigen (so insbesondere Ulrich Berner und Hansjörg Streif in der Synthese *„Klimafakten"*), auf einen solaren Antrieb des irdischen Klimageschehens. Dabei blieben sie allerdings auf einem Erklärungsproblem sitzen: Seit den 80er Jahren des vergangenen Jahrhunderts divergieren die Temperatur- und die Sonnenaktivitäts-Kurve. Das hat eine Gruppe von acht in Deutschland und in der Schweiz arbeitenden Klimaforschern bewogen, dem Sonneneinfluß auf die irdische Klimaentwicklung in einer Stellungnahme zu einem in der *Chemischen Rundschau* Nr. 5/2003 erschienen Artikel des Verfassers eine *„nur untergeordnete Rolle"* zuzubilligen und die These vom menschengemachten Klimawandel zu bekräftigen (*Chemische Rundschau* 13/2003).

Ein in der Juli-Nummer 2003 von *GSA Today*, dem Organ der *Geological Society of America (GSA)*, unter dem Titel *„Celestial Driver of Phanerozoic climate?"* publizierter Aufsatz zweier Naturwissenschaftler, die sich erst kurze Zeit vorher kennen gelernt hatten, könnte neues Licht in die zum Teil widersprüchlichen Befunde bei der Suche nach Zusammenhängen zwischen den Solarzyklen und dem irdischen Wasserkreislauf, dem Kohlenstoffkreislauf sowie der Entwicklung der globalen Durchschnittstemperatur bringen. Bei den beiden Forschern handelt es sich um den Bochumer Geologieprofessor Jan Veizer, der aufgrund der Auswertung von Meeressedimenten schon seit Jahren fordert, dem Wasserkreislauf größere Aufmerksamkeit zu schenken und den jungen Jerusalemer Astrophysiker Nir J. Shaviv. Unabhängig voneinander fanden Veizer und Shaviv bei der Analyse von *drop stones* (im Eis eingeschlossene Steine, die bei der Ausdehnung der Polkappen Richtung Äquator wandern und dort beim Schmelzen des Eises zu Boden sinken) und der Verteilung von Sauerstoff-Isotopen in Sedimenten beziehungsweise bei der Analyse von Eisenmeteoriten eine zunächst geheimnisvolle Periodizität von 143 +/- 10 Millionen Jahren, die mit dem geologisch rekonstruierten Wechsel von Eis- und Warmzeiten übereinstimmt.

Es ist kein irdischer Prozeß mit einer solchen Periode bekannt. Vor vier Jahren kam Shaviv während eines Post-Doc-Forschungsaufenthalts in Toronto die Idee, das Auf und Ab könne vielleicht mit dem ziemlich regelmäßigen Rhythmus zusammenhängen, mit dem unserer Sonnensystem, das sich an der Peripherie der Milchstraße befindet, die vier Spiralarme unserer Galaxis (mit den wohlklingenden Namen *Norma*, *Scutum-Crux*, *Sagittarius-Carina* und *Perseus*) durchquert. Shaviv kannte aus der Klimadebatte die von den dänischen Physikern Henrik Svensmark und Eigil Friis-Christensen formulierte Hypothese, energiereiche kosmische Strahlen (überwiegend Protonen) wirkten als Kondensationskeime, verstärkten also die durchschnittliche Wolkenbedeckung und damit die Reflexion (Albedo) der Erde und bewirkten so indirekt eine Senkung ihrer Durchschnittstemperatur. Daher seine Vermutung, auf der Erde müsse es immer dann kälter werden, wenn das Sonnensystem gerade einen Galaxis-Arm durchquert, weil dann die Erdatmosphäre besonders viele Hinterlassenschaften von Sterngeburten, Super-Novae-Explosionen und anderen kosmischen Ereignissen abbekommt.

Shaviv versuchte, seine Hypothese durch die Analyse von Eisenmeteoriten zu belegen, da das periodisch verstärkte Bombardement mit kosmischen Partikeln zu deren vorzeitigen Alterung führen muß. Bislang hatten Astrophysiker allerdings angenommen, die Intensität der kosmischen Strahlung sei über die Zeit konstant und auf dieser Basis das Alter von Meteoritenfunden geschätzt. Gibt es jedoch in Wirklichkeit ein periodisches Auf und Ab der Strahlungsintensität, muß sich das in einer statistischen Häufung bestimmter Meteoriten-Altersklassen ausdrücken, sagte sich Shaviv. Genau das fand er bei der Analyse von 50 Meteoritenproben. Durch Umrechnung gelangte er etwa zur gleichen Periodenlänge, die Veizer bei der Suche nach den Hinterlassenschaften der Eiszeiten in Sedimentproben gefunden hatte. Stefan Rahmstorf vom *Potsdam-Institut für Klimafolgenforschung* hält die Zahl der bislang von Shaviv untersuchten Meteoriten aber für eine noch *„zu schwache Datengrundlage"* und sieht bis auf weiteres keinen Grund, von der offiziellen Lehrmeinung abzurücken, die in der zunehmenden CO_2-Konzentration die Hauptursache der globalen Erwärmung sieht.

Prof. Veizer hingegen hatte schon vor seinem Zusammentreffen mit Shaviv ernste Zweifel an der CO_2-Treibhaus-These geäußert. Er sieht in Shavivs Arbeit lediglich eine zusätzliche Bestätigung für seine auf langjährigen geologischen Forschungen fußenden Erkenntnisse. Denn die verfügbaren geologischen Daten wie insbesondere Bohrkerne aus dem Eis der Antarktis weisen darauf hin, daß die Zunahme der Kohlendioxid-Konzentration in der Atmosphäre Wärmephasen niemals vorausging, sondern dem Temperaturanstieg mit einer Verzögerung von jeweils etwa 800 Jahren **folgte**. *„Die Erde ist ein Wasserplanet. Auch die Lebewesen bestehen zu 60 bis 95 Prozent aus Wasser"*, betont Veizer. *„CO_2 reitet quasi Huckepack auf dem Wasserkreislauf, denn bei der Photosynthese müssen Pflanzen fast 1.000 Wassermoleküle ausatmen, um ein einziges CO_2-Molekül aufzunehmen."* Werde es wärmer, beschleunige sich der irdische Wasserkreislauf, die Bioproduktivität erhöhe sich und die Bodenorganismen atmeten vermehrt CO_2 aus. Dieses könne dann als „Treibhausgas" eventuell die bereits von anderen Faktoren verursachte Erwärmung verstärken. In den vom *IPCC* favorisierten numerischen Simulationsmodellen steht dieser Zusammenhang freilich, wie so vieles andere, auf dem Kopf: Der CO_2-Kreislauf soll in Form einer positiven Rückkopplung den Wasserkreislauf antreiben.

Als Geologe konnte Veizer allerdings nicht ohne weiteres auf die Idee kommen, den irdischen Wasserkreislauf mit dem Weg unseres Sonnensystems durch die Milchstrasse in Zusammenhang zu bringen. Insofern erscheint sein Zusammentreffen mit dem jungen israelischen Astrophysiker als Glücksfall für die vorurteilsfreie Klimaforschung. Sollte Shavivs Hypothese auf einer breiteren Datengrundlage bestätigt werden, könnte sie die Ungereimtheiten ausräumen, die sich beim Versuch ergeben haben, Klimaschwankungen auf Solarzyklen zurückzuführen. Dabei war man davon ausgegangen, die kosmische Strahlung sei konstant und die Erde werde lediglich durch das bei Sonnenfleckenmaxima verstärkte solare Magnetfeld und den Sonnenwind zeitweise stärker dagegen abgeschirmt. Nun könnte es aber sein, daß der primäre Antrieb für die irdische Klimaentwicklung in Schwankungen der kosmischen Strahlung zu suchen ist. Solarzyklen können diese Schwankungen dann lediglich modulieren. Der Solareinfluß kommt, wie leicht einsichtig ist, in Perioden intensiver kosmischer Strahlung am stärksten zum Tragen. Es kann dann der Eindruck entstehen, er sei der Hauptantrieb der Klimaentwicklung.

Veizer und Shaviv haben versucht, den möglichen Einfluß der kosmischen Strahlung im Vergleich zu anderen Klimafaktoren wie CO_2 mit Hilfe aufwändiger statistischer Verfahren (*Bootstrap*-Methode) abzuschätzen, wobei sie sich aus Gründen der Datenkonsistenz auf das Phanerozoikum (die letzten 550 bis 600 Millionen Jahre, in denen das Leben auf der Erde infolge des Aufkommens vielzelliger Pflanzen und Tiere explosionsartig aufblühte) beschränkten. Ihr vorsichtig formuliertes Ergebnis: Zu mindestens zwei Dritteln läßt sich die Klimaentwicklung auf der Erde auf Schwankungen der kosmischen Strahlung zurückführen. Im Unterschied zu den vom *IPCC* favorisierten Klimamodellen, die bei einer Verdoppelung der atmosphärischen CO_2-Konzentration einen Anstieg der Meerestemperatur in niedrigen Breiten von bis zu 5,5 Grad Celsius errechnen, erwarten Veizer und Shaviv davon lediglich eine Erwärmung um ein halbes Grad.

Wie die kosmische Strahlung die Wolkenbildung in der Erdatmosphäre beeinflussen kann, hat ein von Henrik Svensmark geleitetes Forscherteam am dänischen *National Space Center* in einer so genannten Wilsonschen Nebelkammer untersucht. Die Ergebnisse wurden Anfang Oktober 2006 in *„Proceedings of the Royal Society A"* online publiziert. Danach zeigte das Experiment, daß freie Elektronen, die beim Zusammenprall der energiereichen kosmischen Teilchen mit Luftmolekülen entstehen, als Katalysatoren der Wolkenbildung wirken, indem sie die Bildung stabiler Mikrocluster von Schwefeldioxid- und Wassermolekülen beschleunigen. Diese Cluster wirken dann als Kondensationskerne für niedrig hängende Wolken. Diese haben, im Unterschied zu hochfliegenden Wolken, einen deutlichen Abkühlungseffekt. Werden in einer Phase verstärkter Sonnenaktivität mehr kosmische Teilchen von der Erde ferngehalten, bilden sich im Schnitt weniger Wolken und die Erde erhält mehr Sonnenwärme. Da sich die Stärke des solaren Magnetfeldes im 20.

Jahrhundert mehr als verdoppelt hat, liegt es nahe, darin die wichtigste Triebkraft der steigenden Durchschnittstemperatur zu sehen.

Es spricht heute aber einiges dafür, daß die Erwärmung nur noch für kurze Zeit der Haupttrend der Klimaentwicklung bleibt, da aufgrund des absehbaren Endes des aktuellen Sonnenfleckenzyklus eine Abkühlung in Form einer neuen „Kleinen Eiszeit" zu erwarten ist und uns in einigen Tausend Jahren wohl auch eine richtige Eiszeit ins Haus steht. Schon heute deuten bestimmte Zeichen wie das frühe Zufrieren beträchtlicher Teile der Ostsee im Winter 2002/2003, die Bildung eines ausgeprägten Kaltluftwirbels am Nordpol im Winter 2004/2005 sowie extreme Fröste und starke Schneefälle mit vielen Todesopfern in mehreren Wintern hintereinander im Mittleren Westen der USA, in der Mongolei und in China auf den baldigen Beginn einer solchen „Kleinen Eiszeit" hin. Die Russische Akademie der Wissenschaften warnte Ende August 2006, die vorübergehende globale Abkühlung werde schon ab 2012 spürbar sein und um die Mitte dieses Jahrhunderts ihren Höhepunkt erreichen. Deshalb regten die russischen Astronomen um Khabibullo Abdusamatov die Aussetzung des Kioto-Protokolls an. Fürs erste überwiegt aber infolge starker Sonneneinstrahlung noch der Trend weiterer Erwärmung.

Nichts spricht allerdings dafür, darin eine Gefahr zu sehen. Denn es dürfte dabei wahrscheinlich mehr Gewinner als Verlierer geben. Hitzeperioden wie das „mittelalterliche Optimum" vor tausend Jahren, als auf Grönland Kühe grasten, gehören eindeutig zu den glücklicheren Epochen der Weltgeschichte. Es gab reiche Ernten, so daß selbst die Armen genug zu essen bekamen und Mittel übrig blieben, den Bau großer gotischer Kathedralen in Angriff zu nehmen. Verteilungskämpfe flauten ab. Kriegerische Auseinandersetzungen verschwanden zwar nicht, verloren aber an Schärfe und Dauer.

Deshalb erscheint es als abwegig, die Warnungen vor einer drohenden „Klima-Katastrophe" unhinterfragt als „objektive" Vorgabe der Politik zu akzeptieren. Grundsätzlich haben in einer freien, ergebnisoffenen Marktwirtschaft weder feste quantitative Ziele noch vorgeschriebene Wege einen Platz, wohl aber gewisse qualitative Ordnungsvorstellungen wie die Idee der *„sozialen Marktwirtschaft"*. Zu Unrecht gehen heute alle im deutschen Bundestag vertretenen Parteien und alle Wirtschaftsverbände davon aus, daß ein zukunftsoffenes, nichtökologisches Politikverständnis gar nicht mehr zulässig ist. Denn die Politische Ökologie (von *oikos*, das Haus) mit ihrer paternalistischen Vorstellung von Haushaltsführung erweist sich immer mehr als ideologisches Gefängnis für Innovationsanstrengungen.

Haus und/oder Markt?

DIE Geschichte der Ökologie beginnt nicht erst mit ihrer noch heute oft zitierten Definition in Ernst Haeckels Hauptwerk *„Generelle Morphologie der Organismen"* (1866). Der berühmte Zoologe, der in Deutschland willentlich die Rolle eines Statthalters Charles Darwins spielte, dachte damit seine „monistische Philosophie" (bzw. Wissenschaftsreligion) begründen zu können. Gegenstand der *„Oecologie"* oder *„Lehre vom Naturhaushalte"* sind für Haeckel die *„äußerst verwickelten Wechselbeziehungen der Organismen."* Ökologie sei *„die gesammte Wissenschaft von den Beziehungen des Organismus zur umgebenden Außenwelt" und insofern „ein Theil der Physiologie."* Darwins Evolutionstheorie *(„Descendenz-Theorie")*, so Haeckel weiter, erkläre *„die Haushalts-Verhältnisse der Organismen mechanisch, als die nothwendigen Folgen wirkender Ursachen, und bildet somit die monistische Grundlage der Oecologie."* (zit. n. SCHRAMM 1984, S. 150ff.)

Haeckel, selbst bekennender Anhänger des Freihandels und der (von ihm allerdings sozialdarwinistisch, wenn nicht rassistisch fehlinterpretierten) freien Konkurrenz, verwendet hier den sehr viel älteren Begriff *„Ökonomie der Natur"* bzw. *„Naturhaushalt"* als Synonym für die Ökologie und legt seinen Lesern nahe, in Darwins Theorie der natürlichen Zuchtwahl im *„Kampf ums Dasein"* die theoretische Grundlegung der Haus-Lehre zu sehen – und das zu einer Zeit, als das Haus-Paradigma in der politischen und wirtschaftlichen Praxis bereits weitgehend vom Markt als Deutungsmodell und regulierendem Prinzip verdrängt worden war.

Er konnte sich dabei aber in gewisser Weise auf Darwin selbst berufen, der in seinem überaus einflußreichen Hauptwerk *„Die Entstehung der Arten"* (1859) nahegelegt hatte, seine Theorie sei lediglich der Schlußstein für ein altes und allgemein anerkanntes Theoriegebäude, zu dem auch die Lehre von der *„Ökonomie der Natur"* gehörte. Vieles spricht dafür, darin eine bewußte Verkaufsstrategie zu sehen. Es ging Darwin offenbar darum, nicht nur seiner frommen Ehefrau, sondern auch seinen Lesern in der ganzen Welt die revolutionären Konsequenzen seines Denkansatzes zu verbergen, um sie dort abzuholen, wo sie geistig noch standen. Immerhin erreichte er dadurch, daß sein Hauptwerk nicht nach dem Vorbild der Werke Galileo Galileis von der vatikanischen Indexkongregation beanstandet wurde. Auch praktizierende Katholiken konnten sich im Prinzip auf Darwin berufen, ohne exkommuniziert zu werden. Darwins kongenialer Zeitgenosse Alfred Russel Wallace war da weniger vorsichtig und erntete mit seiner der darwinschen entsprechenden, theoretisch ebenbürtigen Evolutionstheorie weitaus geringeren öffentlichen Beifall.

In Wirklichkeit hat Darwin mit seiner materialistischen Erklärung der Entwicklung der Lebewelt in Richtung wachsender Komplexität, die ihrem Wesen nach eine Theorie spontaner Selbstorganisation ist, der alten Vorstellung vom *„Naturhaushalt im Gleichgewicht"* als einem planmäßig und sinnvoll geordneten Ganzen den Garaus gemacht. Deren Stimmigkeit brauchte ohnehin niemals empirisch überprüft werden, da sie nicht naturwissenschaftlichen, sondern theologischen Ursprungs ist.

Ihre Quellen sind so erbauliche Werke wie die *„Physico-Theologie"* des anglikanischen Kanonikus William Derham (1657-1735) oder die *„Insecto-Theologie"* des deutschen Pastors Friedrich Christian Lesser (1692-1754). Darin wird die scheinbare Harmonie der Natur, das Gleichgewicht zwischen Nützlingen und Schädlingen, der Kreislauf von Werden und Vergehen als Beweis für die göttliche Vorsehung *(Providentia)* interpretiert (SCHRAMM 1984). Vorbilder dieser Abhandlungen waren die im protestantischen Teil Europas weit verbreiteten volkspädagogischen Ökonomiken wie die *„Oeconomia Christiana"* (1529) des Thüringer Reformators Justus Menius, die unter der pejorativen Bezeichnung „Hausväterliteratur" überliefert sind (André HOLENSTEIN 2002).

Es handelt sich dabei um volkspädagogische Ratgeber für die Begründung und Wahrung der häuslichen Ordnung. Deren Ursprünge reichen bis zu Platon und Aristoteles zurück. Entscheidende Quelle im deutschen Sprachraum war aber Martin Luthers Bibelübersetzung, insbesondere die Haustafeln aus den Apostelbriefen, die Luther in seinen Katechismus integrierte. Die Ökonomiken betrachteten das Haus als sozialen, wirtschaftlichen und rechtlich-politischen Mikrokosmos: Ihre normative Beschreibung bezieht sich sowohl auf die eheliche Gemeinschaft zwischen dem Hausvater und seiner Gemahlin, auf die Beziehungen zwischen Eltern und Kindern sowie auf die Führung und Anleitung des Gesindes bei der Sicherung der Subsistenz.

Justus Menius zog in seiner, von Luthers Zwei-Reiche-Lehre ausgehenden Ökonomik auch schon den Faden von der patriarchalischen Hauswirtschaft zur politischen Monarchie: Gott hat *„zweyerley Reich verordnet [...]/Geistlich und Leiblich [...]. Leiblich regiment ist Oeconomia und Politia. Und dis eusserliche und leibliche reich ist auch zweyerley/als nemlich Oeconomia/das ist haushaltung/und Politia/das ist landregierung/Inn der Oeconomia oder haushaltung ist verfasset/wie ein jegliches haus christlich und recht wol sol regieret werden [...] denn daran ist kein zweiffel/aus der Oeconomia oder haushaltung mus* *die Politia oder landregierung/ als einen brunnequell entspringen und herkomen.*" (zit. n. HOLENSTEIN 2002).

Ausdruck der Übertragung des Hausmodells auf die staatliche Gesetzgebung und Verwaltung waren die von protestantischen Landesherren im 17. Jahrhundert erlassenen Gesindeordnungen zur Bevormundung und Disziplinierung von Untertanen, die sich (wie „müßige" Eigenbrötlerinnen, das heißt Dirnen, und „liederliche", nicht auf Vorsorge bedachten Hausväter) gewisse individuelle Freiheiten herausnahmen. Die Gesindeordnungen wurden später zum Vorbild von Forstgesetzen wie etwa das Badische Forstgesetz von 1831, die Holz- und Wilddieberei armer Landbewohner mit dem Hinweis auf die Notwendigkeit einer nachhaltigen Waldnutzung unter strenge Strafe stellten.

In Deutschland hatte diese obrigkeitsstaatliche Tradition einen besonderen Grund: Nach den Verwüstungen, die der Dreißigjährige Krieg hinterlassen hatte, mußte das gesellschaftliche Leben „von oben" neu organisiert werden. Eine spontane Selbstorganisation über den Markt hätte in völlig entvölkerten Landstrichen vermutlich viel zu lange Zeit in Anspruch genommen. Deshalb warben die Obrigkeiten mit dem Versprechen von Steuerfreiheit und anderen Verlockungen in ganz Europa Einwanderer an. Strenge Gesetze, Bauvorschriften und Gesindeordnungen sollten dafür sorgen, daß die zusammengewürfelten Immigranten mit den Resten einheimischer Bevölkerung einigermaßen friedlich und gesittet auskamen. Die auffällige Freiheitsfurcht und Staatsgläubigkeit der Deutschen haben hier nach Auffassung des bekannten US-Historikers Gordon A. Craig (1982) ihre Wurzeln.

Ich möchte zwar niemandem, der sich heute auf die Ökologie bezieht, unterstellen, sich bewußt in diese Tradition einreihen zu wollen. Aber es ist nicht zu übersehen, daß die deutsche Geschichte die Tendenz hat, sich zu wiederholen. Es gibt eine bedeutende Schnittmenge zwischen den geistigen Wurzeln der Grünen und der Braunen. Nicht zufällig waren bei der Gründung der Partei „Die Grünen" im Jahre 1980 etliche überlebende Fossilien der Hitlerzeit wie etwa Baldur Springmann beteiligt. Jedenfalls sollte klar sein: Ideengeschichtlich können sich ökologische Nachhaltigkeitskonzepte nicht auf demokratie- und marktverträgliche Theorien der spontanen Selbstorganisation der belebten und unbelebten Materie berufen, indem sie so tun, als seien die „Ökonomie der Natur" (Ökologie), die sich auf die göttliche Vorsehung beruft, und die Darwinsche Theorie der Artenveränderung im „Kampf ums Dasein" auf dem gleichen Holz gewachsen.

Gerade in Deutschland (aber nicht nur hier) haben sich denn auch maßgebliche Ökologen bis in die zweite Hälfte des 20. Jahrhunderts schroff vom Darwinismus distanziert. Erinnert sei hier nur an den einflußreichen Limnologen (Süßwasserkundler) August Friedrich Thienemann, der sich in seinem 1956 erschienenen populären Büchlein *„Leben und Umwelt. Vom Gesamthaushalt der Natur"* ausdrücklich gegen Darwins Theorie und die damit verbundene Aufwertung von Zufall und Selbstorganisation wandte, indem er hervorhob, *„daß wir den Zufall, der gemeinsam mit der Selektion, der sog. natürlichen Auslese, die Ganzheit und Harmonie des Kosmos angeblich erklären soll, scharf ablehnen."* (THIENEMANN 1956, S. 42).

Die Wissenschaftsgeschichte gibt Thienemann recht: Die klassische Lehre vom geschlossenen und wohlgefügten Naturhaushalt, die die Erde, ihre verschiedenen Lebensräume und die menschlichen Gesellschaften als *„Organismen höherer Ordnung"* auffaßte, auf der einen Seite und die neueren Theorien einer ergebnisoffenen Evolution/Selbstorganisation (*„ordre par fluctuation"* nach Ilya PRIGOGINE und Isabelle STENGERS) auf der anderen Seite sind tatsächlich zwei verschiedene, wenn nicht gänzlich unvereinbare Weltsichten (Edgar GÄRTNER 1981, Edgar GÄRTNER/Engelbert SCHRAMM 1990). Die Lehre vom Naturhaushalt im Gleichgewicht stützt sich auf einen Denkansatz, den man heute als *intelligent design* bezeichnen würde, während sich der Darwinismus einreiht in die Tradition des von Bernard Mandeville und Adam Smith nahe gelegten Vertrauens in die „unsichtbare Hand" des Marktes.

Vor diesem Hintergrund erhebt sich die Frage, ob die von allen im Deutschen Bundestag vertretenen politischen Parteien beschworene „ökologische Marktwirtschaft" nicht ein Widerspruch in sich ist. Handelt es sich doch beim Wettbewerb auf dem Markt um einen Prozeß spontaner Ordnungsbildung ohne hoheitliche Vorgaben, d.h. ein ergebnisoffenes Entdeckungsverfahren, das auf den mehr oder weniger vernünftigen Entscheidungen einer Vielzahl freier Individuen beruht. Kurz: Was nachhaltig ist, „weiß" in einem freiheitlich und marktwirtschaftlich verfaßten Gemeinwesen nur der Markt. Wir sind immer erst hinterher klüger.

Gegenüber der selbstgenügsamen und innovationsfeindlichen patriarchalischen Hauswirtschaft mit ihrer festen Rollenverteilung zwischen dem Hausherrn, seiner Familie und dem Gesinde bedeutet (erkämpfte oder eingeräumte) individuelle Freiheit also das Wagnis, sich auf unvorhersehbare Entwicklungen einzulassen. Dieses ist getragen von der Hoffnung, daß sich im Wettbewerb hinter dem Rücken der Akteure materielle Fortschritte einstellen, von denen zuvor niemand geträumt hat. Friedrich August von Hayek, der Wirtschaftsnobelpreisträger von 1974, hat diese Auffassung am klarsten auf den Punkt gebracht: *„Weil jeder einzelne so wenig weiß und insbesondere, weil wir selten wissen, wer von uns etwas am besten weiß, vertrauen wir darauf, daß die unabhängigen und wettbewerblichen Bemühungen Vieler die Dinge hervorbringen, die wir wünschen werden, wenn wir sie sehen."* (HAYEK 1991, S. 38)

Hayek sah den wichtigsten Vorteil einer freiheitlichen Wirtschaftsverfassung in ihrem nicht zaghaften, sondern mutigen, zuversichtlichen und schöpferischen Umgang mit Nichtwissen. Grundlage dieser Zuversicht in einer weitgehend undurchschaubaren und zukunftsoffenen Welt ist die Respektierung allgemeiner Regeln, die sich im Laufe der Evolution bewährt haben, aber nichts über die Beschaffenheit der äußeren Welt aussagen. In Hayeks Worten handelt es sich dabei um *„Regeln, die uns zwar nicht sagen, was in dieser Welt geschieht, aber sagen, daß uns wahrscheinlich nichts geschehen wird, wenn wir sie befolgen."* (HAYEK 1969, S. 170).

Solche Regeln wie die „Goldene Regel" beziehungsweise Kants *„kategorischer Imperativ"* oder zumindest Teile der Zehn Gebote der Bibel finden sich deshalb nicht von ungefähr sinngemäß, wenn nicht wortgleich im Fundus aller Kulturkreise, die sich als überlebensfähig erwiesen haben. Dabei fällt im Rückblick auf, daß die Mosaischen Gesetze lange vorweg genommen haben, was später als kondensierte Erfahrung im Römischen Recht fixiert wurde. Der Judaismus und später das Christentum spielten eine Vorreiterrolle bei der schriftlichen Fixierung allgemeiner vorstaatlicher Menschenrechte. Das wird besonders augenfällig, wenn man das Alte Testament im Hinblick auf die Gleichberechtigung der beiden Geschlechter mit dem Koran vergleicht.

Inzwischen bestärken übrigens neurobiologische Forschungen die Annahme, daß die meisten Menschen das Leben in einer völlig regellosen, kontingenten Welt nicht lange aushalten würden. Sie brauchen nicht nur etwas zu essen und ein Dach überm Kopf, sondern eine Heimat, einen Kosmos, in dem sie sich wohl fühlen, einen geistigen und materiellen Bezugsrahmen, der ihnen Trost und Halt vermittelt. Mit anderen Worten: Das Wagnis, sich auf das Risiko des marktwirtschaftlichen Wettbewerbs einzulassen, sich Kräften anzuvertrauen, die wir nicht beherrschen können, fällt Menschen mit Gottvertrauen und der damit verbundenen Gelassenheit leichter als von Urängsten geplagten Heiden. Auch Hayek hat deshalb nie behauptet, der Markt könne alles regeln, sondern in der Spätphase seines Wirkens wiederholt auf die Komplementarität von Marktwirtschaft und (christlicher) Religion hin-

Mischformen von Plan- und Marktwirtschaft bzw. schillernde Formeln wie „Soziale Marktwirtschaft“ scheinen hier daher Aussicht auf hinreichende Zustimmung zu haben. Zwar möchte angesichts des kläglichen Zusammenbruchs der sozialistischen Planwirtschaften im Osten heute selbst auf Seiten der alten politischen Linken kaum noch jemand auf die beeindruckenden Anpassungsleistungen von Märkten verzichten. Doch sollen marktwirtschaftliche Suchprozesse (zumindest in der Theorie) nicht ergebnisoffen bleiben, sondern sich an wissenschaftlich begründeten bzw. politisch festgelegten Leitplanken und Handlungszielen orientieren.

Dabei hatte gerade die Nachhaltigkeits-Enquête des 13. Deutschen Bundestages darauf hingewiesen, daß bei der Umsetzung politischer Gestaltungsansprüche meist andere als die gewollten Ergebnisse erzielt werden, wenn nicht sogar ihr Gegenteil: *„Am Ende kommt man bei der Gestaltung gesellschaftlicher Prozesse selten dort an, wohin man wollte – und wenn doch, hat das ursprüngliche Ziel seine Bedeutung geändert, hat der Weg selbst mit seinen Stationen und Umwegen längst die Perspektiven verschoben, neue Horizonte geschaffen. Notwendig ist deshalb die Offenheit der Suchprozesse, damit Versuch und Irrtum einander ablösen und einmal gesetzte Ziele revidiert werden können, wenn sie sich als Irrtum erweisen.“* (EK-Bericht 1998, S. 44) Überdies, so die Kommission weiter, gebe es *„keine eindeutigen Bezugspunkte, die es erlauben würden, wissenschaftlich zu entscheiden, was optimale Umweltzustände sind.“* (ebd., S. 45).

Diese Einsichten sind vermutlich beim Umzug von Parlament und Regierung von Bonn nach Berlin in Vergessenheit geraten. Zwar versicherte der zuständige damalige Staatsminister Hans-Martin Bury, mit Planwirtschaft habe die vom Bundeskabinett am 17. April 2002 verabschiedete „Nachhaltigkeitsstrategie“, der deutsche Beitrag für die *Rio+10*-Konferenz in Johannesburg, nichts zu tun. Doch zeigen die Reihenfolge der dort gewählten 21 Schlüsselindikatoren der Nachhaltigkeit (Verdoppelung der Energie- und Rohstoffproduktivität bis 2020, Erhöhung des Anteils „erneuerbarer“ Energien am Stromverbrauch auf 12,5 Prozent und des „ökologischen“ Landbaus auf 20 Prozent der Nutzfläche bis 2010 u. a.) sowie das (vergebliche) Insistieren der deutschen und anderer EU-Delegationen in Johannesburg auf entsprechenden quantitativen Vorgaben im dort verhandelten globalen Aktionsplan, daß dem Papier die Überzeugung zugrunde liegt, (pseudo-) naturwissenschaftlich sei längst ausgemacht, wohin die Reise gehen muß.

Der französische Wissenschaftsforscher Bruno Latour teilt diese Ansicht nicht. In seinem Versuch einer *„symmetrischen Anthropologie“* von 1991 (deutsch 1998) und in seiner Essaysammlung *„Pandora's Hope“*

(deutsch 2000) räumte er mit der Vorstellung auf, die exakten (Labor-) Wissenschaften (*sciences*) beschäftigten sich mit *der* Natur und lieferten den Schlüssel für die saubere Trennung zwischen Objekt und Subjekt, zwischen Tatsachen und Werten. Da es unmöglich sei, Menschen und Dinge voneinander zu trennen, existierten die Gegenstände wissenschaftlicher Forschung nicht ohne die Forscher und umgekehrt. Latour schließt daraus in provokatorischer Absicht, vor Louis Pasteur und Robert Koch habe es keine Mikroben gegeben.

Aus all dem folge: Um Glaubenskriege zu verhindern, kann sich die Politik nicht auf die *„modernistische Übereinkunft"* einer unabhängig von menschlichen Interessen existierenden Natur berufen. „Natur" gibt es nur im Plural. Die Erde ist nicht *a priori* die „eine Welt", das „gemeinsame Haus" der Menschen. Die unterschiedlichen konkreten Lebenswelten müssen vielmehr erst (auf möglichst demokratische Weise) „von unten" zu einem solchen gemacht werden – und zwar mithilfe des von Latour angeregten *„Parlaments der Dinge"* mit einem „Oberhaus", das entscheidet, welche Anliegen einbezogen werden, und einem „Unterhaus" für das Ordnen der einbezogenen Mischwesen (LATOUR 2001).

Ähnlich wie Friedrich August von Hayek (aber unter einem ganz anderen politischem Vorzeichen!) geht also auch Latour davon aus, daß die Menschen, trotz aller erreichten wissenschaftlich-technischen Fortschritte, weiterhin grundsätzlich im Dunkeln tappen müssen. Sie können sich (in Form des „Parlaments der Dinge") lediglich *politisch* auf eine *„experimentelle Metaphysik"* (LATOUR 2001, S. 179) einigen. Das heißt sie können nur so tun, als hätten sie das für das *„Erdsystemmanagement"* (Hans-Joachim SCHELLNHUBER 1999) nötige „Haus-Wissen". Man könnte das, nüchtern besehen, auch *„Anmaßung von Wissen"* (HAYEK) nennen.

In diesem Sinne interpretiert Latour Verlauf und Ausgang der Klimakonferenzen von Kioto (1997), Den Haag (2000), Bonn (2001) und Marrakesch (2001). In den Mammut-Palavern sieht er Vorstufen seines „Parlaments der Dinge". Denn dort habe es erstmals eine politische Repräsentation nichtmenschlicher Wesen neben allen Formen legitimer menschlicher Interessen gegeben. Man dürfe in den Ergebnissen solcher und anderer Großveranstaltungen aber keinen durch rationale Diskurse erzielten Konsens sehen. Vielmehr handele es sich dabei um diplomatische Zweideutigkeiten. *„Diplomatie bedeutet, daß es [...] keinen Schiedsrichter gibt, der darüber wacht, ob rationale Verhandlungsbedingungen eingehalten werden und der die eine oder andere Partei des Irrationalismus zeiht, wenn die Verhandlungen scheitern. In der Diplomatie ist vielmehr die Aufrechterhaltung der Zweideutig-*

keit Bedingung für die Einstellung von Feindseligkeiten. In einer Welt, in der Verstehen unwahrscheinlich ist, haben wir nur den Weg der Diplomatie, um Blutvergießen zu verhindern", erklärt Latour. *„Der rationale Diskurs ist demgegenüber ein unerreichbares Ideal. Wir sind zu viele auf der Welt, um uns darauf einigen zu können, wie diese aussehen soll."* (*FAS*, 12. 5. 2002) Die auf diplomatischen Arrangements fußenden Maßnahmen sind deshalb für Latour nichts weiter als (friedensstiftende) offene kollektive Realexperimente, deren Verlauf durch ein wissenschaftliches Monitoring begleitet werden sollte.

Ob das bei dem in Kioto beschlossenen Experiment einer Regulierung des globalen Kohlenstoffkreislaufs überhaupt möglich wäre, bleibt aber aus mehreren Gründen fraglich. Sollte die Annahme eines engen Zusammenhangs zwischen dem Anstieg der atmosphärischen Kohlendioxidkonzentration und der im vergangen Jahrhundert registrierten globalen Erwärmung um etwa ein halbes Grad Celsius richtig sein, werden die beschlossenen Maßnahmen, die wegen ihres bescheidenen Ziels (Senkung des Ausstoßes von sechs „Treibhausgasen" in den industrialisierten Ländern der Erde um durchschnittlich 5,2 Prozent bis zum Jahre 2010) eher Symbolcharakter haben, bei weitem nicht ausreichen, um die Temperaturkurve meßbar beeinflussen zu können.

Selbst Tom Wigley vom *IPCC* rechnet lediglich mit einer (nicht meßbaren!) globalen Temperaturabsenkung von 0,02 Grad Celsius bis zum Ende des Jahrhunderts, falls das Kioto-Protokoll auch von Rußland und den USA ratifiziert würde. In Wirklichkeit dürfte der Effekt des Kioto-Protokolls, falls es denn jemals umgesetzt wird, noch um eine ganze Größenordnung darunter liegen. Dafür Hunderte von Milliarden Dollar auszugeben, die die Umsetzung des Kioto-Protokolls selbst nach Schätzung des *IPCC* jedes Jahr kosten würden, müßte eigentlich von allen Menschen mit einigermaßen klarem Verstand als schlechter Witz erkannt werden.

So verschob die UN-Konferenz von Johannesburg Anfang September 2002 die Gewichte erneut: Auf dem ersten Platz der Problemhierarchie steht jetzt nicht mehr das Thema *„Kohlendioxid und Klima"*, sondern das Wasser, genauer: die Versorgung der Ärmsten der Welt mit sauberem Trinkwasser und sanitären Mindeststandards. Damit folgte die Konferenz nicht nur den Argumenten von Ökonomen, die vorrechneten, daß das dringende Problem, 1,2 Milliarden Menschen Zugang zu sauberem Trinkwasser zu verschaffen, höchstwahrscheinlich mit einem Bruchteil der Summen, die die Umsetzung des Kioto-Protokolls kosten würde, zu bewältigen sein wird (Björn LOMBORG 2001, Edgar GÄRTNER 2002).

Vielmehr kann das in Form eines Kuhhandels zustande gekommene Ergebnis der Johannesburg-Konferenz insofern nicht als zufällig und ephemer gelten, als es sich mit ökologischem Lehrbuchwissen deckt, das in diesem Fall mit dem Alltagsverstand in Einklang steht.

Folgt man nämlich einschlägigen älteren, aber nicht veralteten Lehrbüchern der Ökologie (z. B. Herrmann REMMERT 1980; S. 202ff.), dann wird der globale „Naturhaushalt" vom Kreislauf des Wassers bzw. vom ständigen Wechsel zwischen seinen Aggregatzuständen dominiert. Angetrieben wird dieser komplexe und im Detail chaotische Prozeß, in dem Stürme und Gewitter mit Energieumsetzungen kaum vorstellbarer Größenordnung auftreten, von der Sonne. Dieses Geschehen entzieht sich jeglicher Steuerung und war deshalb von vornherein auch nicht Verhandlungsgegenstand der besagten Klimagipfel. Auf dem zweiten Platz folgt der Kreislauf des Sauerstoffs und erst an dritter Stelle der des Kohlenstoffs.

Wie es möglich sein soll, das „Erdsystem" über einen drittrangigen Stoffkreislauf zu steuern, bleibt das Geheimnis der Klimapolitiker. Ohnehin bleiben diese und weitere Kreisläufe theoretische Vorstellungen, die bis heute empirisch nur zu einem sehr geringen Teil untermauert sind. Am größten sind die Wissenslücken über sogenannte Kohlenstoff-Senken in Böden und Weltmeeren (Ernst-Detlef SCHULZE 2000). Kurz: Wir kennen die „ökologische Wahrheit", die sich in einer ökologisierten Marktwirtschaft in den Preisen für Waren und Dienstleistungen ausdrücken soll (Ernst Ulrich VON WEIZSÄCKER 1990), wenn überhaupt, nur bruchstückhaft. Insofern hat Bruno Latour durchaus recht, wenn er Versuche, das Kioto-Protokoll naturwissenschaftlich zu begründen, von vornherein für unnütz und aussichtslos erklärt.

Als problematisch erscheint denn auch nicht das Gewicht, das Latour auf die Entwicklung einer experimentellen Kultur legt, sondern seine Orientierung auf kollektive, politisch „von oben" angeordnete Experimente. Sollen wir abwarten, bis die EU ihre Volkswirtschaften durch die massive Subventionierung von Windmühlen und die Rationierung der CO_2-Emissionen über die Nationalen Allokationspläne für Emissionszertifikate ruiniert hat? Was passiert, wenn die Annahme einer Fortsetzung der Erderwärmung sich als nicht stichhaltig erweist und sich die von Solarforschern für dieses Jahrhundert erwartete (vorübergehende) Abkühlung einstellt? Oder umgekehrt: Was kann die Verteuerung der Energie bezwecken, wenn die These von einer kosmischen Steuerung der irdischen Klimaentwicklung zutrifft? Spricht es nicht ohnehin dem gesunden Menschenverstand Hohn, von einer Verteuerung der Energie, dem „Schmiermittel" der ganzen Wirtschaft, irgendwelche positiven Wachstumsimpulse zu erwarten?

Gesetzt, die Bedrohung unserer globalen Lebensbedingungen seien so ernst, wie es von interessierter Seite dargestellt wird: Warum soll dann die Gesellschaft als Ganzes mit einer einzigen Strategie experimentieren, wo es doch – unter einem evolutionären Blickwinkel – eher darauf ankäme, Überlebensrisiken durch mehr individuelle Freiräume für unterschiedliche Antworten, für das Durchspielen verschiedener Strategievarianten zu minimieren? Andernfalls hätten diejenigen nicht Unrecht, die behaupten, Beten sei hilfreicher (und billiger!) als Experimentieren. Mit anderen Worten: Eine Politische Ökologie, die sich auf Darwin statt auf die „Physico-Theologie" bezöge, landete eher bei Friedrich August von Hayek, wenn nicht gar bei Hans-Hermann Hoppe als beim *Club of Rome*, bei *Greenpeace*, beim *IPCC*, bei nationalen Nachhaltigkeitsräten oder bei lokalen „Agenda-Initiativen".

Bruno Latour hat also mit dem von ihm vorgeschlagenen „Parlament der Dinge" zwar das Problem der Quellen des Managementwissens politisch-konstruktivistisch aus der Welt geschafft und dadurch die Ökologie (zumindest in der Theorie) einigermaßen mit demokratischen Ansprüchen versöhnt. Doch treibt er damit den „Primat der Politik" *ad absurdum.* Denn die Belange der Ökonomie sind beinahe vollständig seinem Gesichtskreis entschwunden. Obwohl in Latours Büchern – je nach Lesart – eine Menge politischer Sprengstoff steckt, hat der Meister denn auch wiederholt darauf hingewiesen, er sei alles andere als ein Revolutionär. Er ließ sogar durchblicken, im Grunde gehe es ihm nur darum, die in Europa gängige Praxis des politischen Krisenmanagements theoretisch abzusegnen und die Grünen vor sich selbst zu retten (so die Überschrift von 12 Thesen, die Latour am 7. Dezember 2001 in der französischen Tageszeitung *Le Monde* veröffentlichte).

Dabei könnte Latours Aussage, Konsens könne es nur über Verfahrensregeln, nicht aber über die Ergebnisse geben, auch als Plädoyer für einen radikalen, individualistischen Liberalismus und für den Freihandel aufgefaßt werden (was Latour wahrscheinlich vehement abstreiten würde). Der utopische Charakter des „Parlaments der Dinge" rührt doch wohl hauptsächlich daher, daß Latour (damit ganz in der französischen Tradition) vieles politisch geregelt sehen möchte, das man lieber – unausgesprochen – dem Markt und damit einer Vielzahl mehr oder weniger rationaler individueller Entscheidungen überlassen sollte. Jeder könnte dann nach seiner Façon glücklich oder unglücklich werden. Dagegen könnte der Autor zwar mit einigem Recht einwenden, es gebe heute keine unpolitischen Märkte mehr. Aber in einer Welt, in der Mißverständnisse (wie Latour zu Recht betonte) unvermeidlich sind, ist die (modernistische) Fiktion politikfreier Räume vielleicht nicht das schlechteste aller Mißverständnisse. Für ihn als Franzosen ist die Frage *„Markt- oder Planwirtschaft?"* aber offenbar völlig unwichtig. Es geht ihm einzig um die Demokratieverträglichkeit von Wissenschaft und Technik beziehungsweise die formaldemokratische Legitimation von „Klimapolitik". Und er legt seinen Lesern nahe, Schritte zum Weltfrieden eher von internationalen Bürokratien als von der Öffnung von Märkten zu erwarten. Den Ökonomen wirft Latour vor, statt auf eine Politische Ökonomie auf eine *„Ökonomie des Politischen"* im Sinne eines sparsamen Umgangs mit Politik hin zu arbeiten.

Der französische Philosoph unterschlägt dabei, daß der Pazifismus als politische Bewegung „von unten", in der Hauptsache getragen von Arbeitern, Handwerkern und Kleinunternehmern, im 19. Jahrhundert eng mit dem Kampf des heute zu Unrecht geschmähten „Manchester-Liberalismus" für den allgemeinen Freihandel verbunden war und daß die Hoffnung auf einen Weltfrieden beim Übergang vom 19. zum 20. Jahrhundert nicht durch die Profitinteressen konkurrierender Unternehmer und Kaufleute, durch Handel und Wandel, Austausch zu beiderseitigem Vorteil, sondern durch das Ränkeschmieden von Spitzenpolitikern und den von ihnen – angeblich im „Gemeinwohlinteresse" – verordneten Schutzzöllen zur wirtschaftlichen Verteidigung kolonialer Imperien und davon profitierenden staatsnahen, wenn nicht staatstragenden Großkonzernen durchkreuzt wurde. Die Kolonialpolitik, nicht die Marktwirtschaft, wurde zur wichtigsten Ursache von Kriegen. Auf die Herstellung des Weltfriedens mithilfe klassischer Diplomatie bedacht, übersieht Latour also, daß die Politik in Friedenszeiten (frei nach Karl Kraus) das Problem ist, für dessen Lösung sie sich hält. Politik läßt sich, überspitzt gesagt, definieren als Versuch, Probleme zu lösen, die die Klasse der Berufspolitiker erst geschaffen hat.

Ist die Politik nicht längst zur Fortsetzung des Krieges mit anderen Mitteln geworden und nicht umgekehrt, wie der meist gedankenlos zitierte Spruch von Clausewitz behauptet? Zumindest aus der Sicht der Radikal-Liberalen begann der heutige Kriegszustand nicht erst nach dem 11. September 2001 mit seiner offiziellen Feststellung durch US-Präsident George W. Bush. Er entwickelte sich seit der Beendigung der kurzen Periode des friedensschaffenden Freihandels aufgrund des Sieges der von Disraeli in Großbritannien, Napoléon III. in Frankreich und Bismarck in Deutschland eingeleiteten Politik des „Stimmenkaufs" zum Zwecke der Umwandlung überkommener feudaler Privilegien in einen vordergründig demokratisch legitimierten kolonialistischen Interessengruppenstaat über die Verfechter des Freihandels. Diese Entwicklung führte folgerichtig zu den Materialschlachten des Ersten Weltkrieges, der im Rückblick als die entscheidende Zäsur der Geschichte erscheint.

Ökologie: Religion, Forschungsmodell oder Leerformel ?

WIE man es auch dreht und wendet: Haus und Markt, Ökologie und Marktwirtschaft bleiben ein Widerspruch in sich. Trotzdem gilt: *„Nachhaltigkeit wird auf dem Markt erreicht oder gar nicht."* So Friedrich Schmidt-Bleek, der Urheber des Konzeptes einer „Dematerialisierung" der Wirtschaft um den Faktor 10 durch die Optimierung des Materialinputs pro Service-Einheit (MIPS) in seinem Buch *„Das MIPS-Konzept"* von 1998. Ökologie und Marktwirtschaft sollen also auch nach den Vorstellungen der „Ökos" irgendwie zusammenkommen. Andernfalls drohte der Idee des *sustainable business* das Schicksal der vielen Management-Moden, die wir in den vergangenen Jahrzehnten kommen und gehen sahen.

Da die Ökologie ohnehin eindeutig religiösen Ursprungs ist, könnte man versuchen, diesem Dilemma zu entkommen, indem man ihr wieder den Platz einer Religion zuweist. Soll die deutsche Bundesrepublik nicht zum Obrigkeitsstaat unseligen Angedenkens werden, müßte man ökologische Fragen dann aber der im Grundgesetz proklamierten individuellen Glaubensfreiheit (und dem damit verbundenen *„Recht auf Nichtwissen"*) überantworten. Damit kämen wir aber sogleich in ein weiteres Dilemma: Wie sollte man dann begründen, daß etwa Zeugen Jehovas im Prinzip im Namen der Glaubensfreiheit lebensrettende Bluttransfusionen verweigern dürfen, aber nicht die Zahlung der Ökosteuer? Der einzig denkbare Ausweg bestünde m. E. darin, der Nachhaltigkeit wieder den Status einer regulativen Idee zuzuweisen und auf deren konkrete Ausgestaltung zu verzichten, zumal es darüber schon einmal, wenn auch nur auf parlamentarischer Ebene, einen Konsens gab.

Wir benötigen kein Modell von einem mit einem Glasdach versehenen Haus, um effektiven Gesundheits- und Umweltschutz zu betreiben. „Natürliche" Ökosysteme, die geschützt werden sollen, gibt es gar nicht ohne menschliches Zutun. Sie werden, wie landwirtschaftliche Nutzungssysteme veranschaulichen, erst durch konkrete Nutzungsinteressen in den Köpfen von Menschen konzipiert und dann in der Arbeit zum Zwecke des Broterwerbs oder der ästhetischen Befriedigung verwirklicht. Ihre Bewahrung ergibt nur Sinn im Hinblick auf diese Nutzungsinteressen. Diese können allerdings vielfältig sein.

Es geht nicht an, dabei nur die Rohstoffgewinnung oder Nahrungsmittelproduktion im Auge zu haben. Es kann sich auch um rein künstlerische Interessen handeln. Jedenfalls hätte zum Beispiel der deutsche Biologe Karl August Möbius im 19. Jahrhundert nicht die Bedeutung der Lebensgemeinschaft von Pflanzen und Tieren („Biozönose"), die lebende Komponente eines „Ökosystems", erkennen können, hätte er sich nicht mit der konkreten Frage beschäftigt, ob es möglich sei, an der deutschen Nordseeküste nach dem Vorbild der französischen Atlantikküste künstliche Austernzuchten anzulegen und deren Produkte mithilfe des inzwischen erfundenen schnellen Transportmittels Eisenbahn frisch in die Hauptstadt Berlin zu schaffen (Details bei Engelbert SCHRAMM 1984, S. 158ff.). Hätte er eine andere Forschungsaufgabe gehabt, wäre das von ihm aufgedeckte Geflecht von Abhängigkeiten zwischen verschiedenen Organismen anders ausgefallen.

Ökosysteme sind demnach Modelle der Forschung, die im Hinblick auf bestimmte Erkenntnis- und Nutzungsinteressen konzipiert werden. Sie sind keine Überorganismen, sondern mehr oder weniger sinnvolle theoretische Konstrukte. Unabhängig vom jeweiligen interessegeleiteten Blickwinkel der Menschen gibt es sie nicht. Das hat in Deutschland als einer von wenigen hellsichtigen Biologen der Münchener Zoologe Josef Reichholf wiederholt betont (Vgl. REICHHOLF 2002). Selbst René Descartes, einer der Urväter der französischen Aufklärung, wies im übrigen schon darauf hin, daß die sogenannten exakten Wissenschaften *(sciences)* sich eigentlich nicht mit der uns umgebenden „objektiven" Natur beschäftigen, sondern mit dem, *„was von Natur aus möglich ist."*

Was genau möglich ist, erfährt man in Experimenten unter kontrollierten Randbedingungen. Diese Bedingungen werden auch bei der technischen Nutzung experimentell erlangter Erkenntnisse eingehalten. Chemische Produktionsanlagen erinnern deshalb, wenn auch vielleicht entfernt, noch immer an die Versuchsaufbauten im Labor, deren Ergebnisse sie großtechnisch umsetzen. Es ist ausgeschlossen, die Natur „ganzheitlich" zu erfassen und zu verstehen

Dieser Perspektivwechsel, nach dem „Ökosysteme" statt als Überorganismen lediglich als vorläufige, zweckorientierte Forschungsmodelle erscheinen, hat noch eine weitere wichtige Konsequenz: Statt von „Systemen" ist im Folgenden viel öfter von „Netzwerken" die Rede. Systeme (auch das System „Gesellschaft"!) sind immer Schöpfungen des menschlichen Hirns. Im Unterschied zum Systemdenken Hegelscher Prägung, das die Konfusion zwischen theoretischen Konstrukten und Realitäten nahe legt, bleibt das Netzwerkdenken auf dem Boden von Tatsachen und Beziehungen, die mithilfe der fünf Sinne wahrgenommen und mithilfe des gesunden Menschenverstandes kritisch überprüft werden können. Nicht Systeme sollten Gegenstand einer Nachhaltigkeitspolitik sein, sondern Populationen und Netzwerke beziehungsweise Arrangements zwischen Menschen, anderen Lebewesen und unbelebten Dingen. Kurz: Es geht nicht, wie viele „Ossis" nach dem Zusammenbruch des Sozialismus 1990 irrigerweise glaubten, um die Wahl zwischen einem ineffizienten und einem effizienten „System", sondern um die Alternative zwischen einem „System" und einem „Non-System", dem offenen Markt.

Das viel zitierte *„Gleichgewicht der Natur"*, das nach Auffassung vieler Naturschützer als interkulturelle Richtschnur des individuellen Handelns wie der nationalen und internationalen Politik dienen soll, ist in einer offenen Welt gar nicht definierbar. Denn zur „normalen" Entwicklung der Erde und unseres Sonnensystems gehören auch Katastrophen. Selbst wenn es sich bei der Ökologie um eine der Physik vergleichbare „exakte" Wissenschaft handelte, wäre es abwegig, die ganze Menschheit auf das darauf aufbauende Weltbild verpflichten zu wollen. Denn in einem auf individuelle Glaubensfreiheit gegründeten Gemeinwesen sollte dem Recht auf Wissen immer das Recht auf Nichtwissen gegenüber stehen – und zwar nicht nur in der Reproduktionsmedizin bei der Präimplantationsdiagnostik (PID) befruchteter Eizellen, wo dieses Recht heute ausdrücklich eingefordert wird. Bei beiden Rechten stellt sich allerdings die Frage, wieweit es klug ist, sie in Anspruch zu nehmen.

Jedenfalls ist die dem Erbe des Rationalismus der europäischen Aufklärung geschuldete Vorstellung vom Primat wissenschaftlichen Wissens gegenüber dem Alltagsverstand einfacher Marktteilnehmer nicht haltbar. Darauf weist übrigens auch ein im Jahre 2001 vorgelegtes *„Empfehlungspapier zur Verbesserung der Kommunikation zwischen Wissenschaft, Politik und Medien, insbesondere in Hinblick auf die Wahrnehmung der Klimavorsorge"* hin, das der Sachverständigenkreis des deutschen Bundesministeriums für Bildung und Forschung (BMBF) für Globale Umweltaspekte erarbeitet hat. Es müsse *„von einer Eigenständigkeit der Wahrnehmung und Prozessierung von Wissen in allen großen Funktionsbereichen der Gesellschaft (Politik, Wissen-*

schaft, Wirtschaft, Medien etc.) ausgegangen werden", schreiben die in diesem Beirat versammelten Naturwissenschaftler und Soziologen.

Naturwissenschaftliches Wissen sei deshalb nicht unmittelbar umsetzbar in politisches Handeln. Dennoch stelle die Politik hohe Sicherheitserwartungen an die Wissenschaft. Das rühre daher, daß die *„staatliche Daseinsvorsorge von der Gefahrenprävention zur Risikovermeidung"* erweitert worden sei (ein Trend, den die Autoren des Empfehlungspapiers allerdings nicht beklagen). Dadurch entstehe ein „Legitimationsdilemma", mit dem weder die Politik noch die Wissenschaft bislang umzugehen gelernt habe: *„Die Nachfrage seitens der Politik nach gesichertem Wissen erstreckt sich auf immer komplexere Bereiche der Sicherheitsgewährleistung. Sie zwingt dadurch die Wissenschaft zu Aussagen, die immer stärker durch Nichtwissen gekennzeichnet sind. Die von der Sicherheit wissenschaftlicher Aussagen erwartete Legitimierung politischer Entscheidungen schlägt in ihr Gegenteil um."*

Das sahen die Autoren der bereits zitierten UBA-Studie *„Nachhaltiges Deutschland"* ganz anders. Es heißt dort: *„Alles Wirtschaften und auch die Wohlfahrt im klassischen Sinne stehen unter dem Vorbehalt der ökologischen Nachhaltigkeit."* (UBA 1997, S. 6) Und an anderer Stelle steht gar: *„Sowohl die Wertorientierungen der Individuen als auch die Dynamik der kulturellen Trends müssen [...] den umweltpolitischen Notwendigkeiten angepasst werden."* (ebd., S. 221) Das Skandalöse an diesem Satz besteht darin, daß seinen Autoren, wie es scheint, gar nicht bewußt geworden ist, welch totalitäres Programm sie da formulierten!

Das UBA befürchtete, die in der Enquête-Kommission des 13. Deutschen Bundestages *„Schutz des Menschen und der Umwelt"* erhobene Forderung, die ökologischen, ökonomischen und sozialen Dimensionen der nachhaltigen Entwicklung gleichgewichtig zu berücksichtigen, mache Nachhaltigkeit zur *„konsensstiftenden Leerformel"* und fordert (wie einst maßgebliche Vertreter der Partei „Die Grünen") ausdrücklich ein *„Primat der Ökologie"*. Darin zeigt sich – angesichts der zu Beginn dieser Abhandlung herausgestellten Erkenntnis, daß der Wert der Nachhaltigkeitsformel gerade in ihrer produktiven Mißverständlichkeit liegt – die bis heute nicht kleiner gewordene Konfusion in der Nachhaltigkeitsdebatte. Diese rührt daher, daß es gerade in Deutschland ein unverbundenes und unerklärtes Neben- und Gegeneinander zweier Begriffe von Nachhaltigkeit gibt: einen aus der im 19. Jahrhundert aufgekommenen Forstbetriebslehre stammenden engen stofflich-betriebswirtschaftlichen und einen letztlich auf die Philosophie Kants zurückgehenden ethischen Nachhaltigkeitsbegriff.

Beim international gebräuchlichen Begriff *sustainable*, der, wörtlich übersetzt, gar nicht „nachhaltig", sondern „aushaltbar" beziehungsweise „durchhaltbar" bedeutet und damit von vornherein subjektbezogen ist, scheint diese Konfusion leichter vermeidbar, weil er im Grunde nur die zweite Bedeutung anspielt. Der deutsche Begriff „nachhaltig" legt hingegen ein naturalistisches Verständnis nahe – und zwar in dem Sinne, als sei Nachhaltigkeit ein ehernes Gesetz der Natur, dem sich Wirtschaft und Gesellschaft unterwerfen müßten, um „zukunftsverträglich" zu werden. Ein solches naturalistisches Verständnis von Nachhaltigkeit liegt auch den zitierten vier stoffwirtschaftlichen „Managementregeln" zugrunde.

Diese Regeln sind nicht an und für sich falsch. Nur wäre es irreführend, sie zu Kernaussagen der Idee des *sustainable development* hochzustilisieren, wie das die Berichte der Bundestags-Enquête nahe legen. Denn es lassen sich daraus, sofern sie wie das Wuppertal-Institut ein *„konstantes natürliches Realkapital"* unterstellen, allenfalls triviale Ziele auf technischer Ebene wie den sparsamen Umgang mit Rohstoffen und die Minimierung schädlicher Emissionen ableiten, aber gerade nicht Antworten auf Fragen nach deren Zukunftsfähigkeit finden.

Welche Rohstoffe sollen wir denn überhaupt für unsere Kinder und Kindeskinder aufheben und wie lange? Woher sollen wir wissen, was künftige Generationen von Menschen überhaupt benötigen oder wünschen? Werden sich unsere Nachkommen nicht eher über die 1,5 Billionen Euro Staatsschulden und die ungedeckten Versorgungsansprüche des aufgeblähten Beamtenheeres ärgern, die wir ihnen hinterlassen, als über verbrauchte Rohstoffvorräte und angehäufte Abfälle?

Kurzum: Solche „Managementregeln" können in ihrer Abstraktheit dazu verleiten, uns Sorgen um ungelegte Eier zu machen. Sie legen uns zum Beispiel nahe, den Einsatz des scheinbar absolut knapp werdenden Rohstoffs Kupfer streng zu rationieren, damit unsere Enkel und Urenkel noch telefonieren können. Dabei ist es doch schon heute absehbar, daß unsere Nachfahren bei der Verfolgung dieses Zweckes gar nicht mehr auf das Halbedelmetall angewiesen sein werden. Denn längst können Telefonverbindungen auf Kupfer verzichten, weil sie sich Lichtleitern (Glasfasern) oder der völlig kabelfreien Mobilfunktechnik bedienen. Gewiß gab es auch hier schon Engpässe, und zwar sehr ernste, denn es steht dem Mobilfunk nur ein sehr schmales Frequenzband zur Verfügung. Aber gerade hier läßt sich demonstrieren, wie scheinbar unüberwindbare Hürden mit Hilfe menschlicher Intelligenz und Kreativität gemeistert werden: Zum Beispiel durch den Einsatz „intelligenter" Antennen, die einen Mehrfachzugriff auf ein und dieselbe Frequenz erlauben.

Wie dieses Beispiel zeigt, lassen sich Ressourcenengpässe nur durch eine sprunghafte Steigerung der Nutzungseffektivität (um den Faktor Zehn oder Hundert, wenn nicht noch ein, zwei Größenordnungen mehr) oder durch den Umstieg auf neuartige, durch wissenschaftliche Entdekkungen erschließbar gemachte Ressourcen überwinden. Im Prinzip hing die Entwicklung der Menschheit immer von Ressourcen ab, die erst noch „erfunden" werden mußten. Früher, als alles deutlich langsamer voranging, hat man das nur nicht mit einer für manche so beängstigenden Deutlichkeit sehen können wie heute. Wäre eine bestimmte Ressource nicht nur endlich, sondern auch nicht erneuerbar und unersetzlich, dann könnte auch eine noch so starke Drosselung ihres Einsatzes sie nicht retten. Bis jetzt haben aber solche Nöte die Menschen noch immer erfinderisch gemacht. Und es ist nicht anzunehmen, ihnen könnten die Ideen einmal ausgehen. Es kommt allerdings darauf an, ein innovationsfreundliches Klima zu schaffen. Sonst fehlt den Erfindern die Luft zum Atmen.

Es bringt also nicht viel, wenn Nachhaltigkeit in Form stoffwirtschaftlicher Managementregeln lediglich in Anlehnung an die klassische Forstbetriebslehre definiert wird. Der „Umweltraum" oder das „Naturkapital", mit dessen Zinsen sich zu begnügen den Menschen empfohlen wird, sind gar nicht quantitativ bestimmbar. Auch gegenüber der eingängigen Parole *„Von der Natur lernen!"* ist Vorsicht angebracht. Was wir aus dem in Jahrmillionen in Laufe der Evolution angehäuften Schatz von Formen, Mechanismen oder Reaktionen lernen können, hängt von unseren Handlungszielen ab. Es gilt, den zumindest auf diesem Gebiet gefährlichen naturalistischen Fehlschluß zwischen Sein und Sollen, zwischen Natur und Moral zu vermeiden. Denn für sich genommen, böte die außermenschliche Natur Beispiele und Rechtfertigungen für alles mögliche: für Sparsamkeit und Verschwendung, für Vielfalt und Eintönigkeit, für Sensibilität und Brutalität, für allmähliche und katastrophale Veränderungen, für Stabilität und Fragilität und vieles andere mehr.

Deshalb ist es besser, Nachhaltigkeit von vornherein nicht naturalistisch als Realmodell oder idealistisch als platonische Idee der Weltverbesserung zu begreifen, sondern als offenes Leitbild, als „regulative Idee" im Sinne Kants, das heißt als vernünftige subjektive Verhaltensmaxime ohne Erfahrungsgegenstand. Regulative Ideen sind Werte wie Freiheit, Wahrheit, Gesundheit oder Gerechtigkeit, die den menschlichen Verstand auf Ziele ausrichten, die nicht quantitativ oder qualitativ operationalisierbar sind.

Diese Auffassung hatte sich am Ende auch in der Stoff-Enquête des 13. Deutschen Bundestages durchgesetzt (Vgl. GÄRTNER 1999). Doch der in der Kommission erreichte eher oberflächliche Konsens über die Interpretation von *sustainable development* überlebte den Umzug von Parlament und Bundesregierung von Bonn nach Berlin nicht. Auf breiter Front setzte sich stattdessen eine Auffassung von Ökologie und nachhaltiger Entwicklung durch, die zuvor nur in und im Umkreis der Partei „Die Grünen" vertreten worden war. Dieser Wandel läßt sich sehr deutlich in den Umweltgutachten des Sachverständigenrates für Umweltfragen (SRU) ablesen.

In seinem Umweltgutachten von 1994 hatte der SRU noch betont: *„Der entscheidende Erkenntnisfortschritt, der mit dem Sustainability-Konzept erreicht worden ist, liegt in der Einsicht, daß ökonomische, soziale und ökologische Entwicklung nicht voneinander abgespalten und gegeneinander ausgespielt werden dürfen."* (S. 46) Ausdrücklich hatte sich der SRU von einer Ideologisierung ökologischer Ansprüche distanziert, indem er schrieb: *„In einzelnen Gruppen der Umweltbewegung wird Natur als allein maßgebliche Orientierungsgröße und damit als unmittelbar handlungsleitender Wertebegriff verstanden. Hier hat sich Ökologie als eine letzte Sinnvorstellungen prägende „Heilslehre" etabliert. Manche der theoretischen Konzepte der 60er Jahre haben sich zu Mythen eines neuen Rousseauismus entwickelt."* (S. 69) Schließlich hatte er darauf hingewiesen: *„Bei der Bestimmung der Umweltqualitätsziele bleibt der Ökologe auf den Ökonomen angewiesen und umgekehrt."* (S. 79).

In seinem im Februar 2000 vorgelegten Umweltgutachten mit dem Titel *„Schritte ins nächste Jahrtausend"* paßt sich der inzwischen zum Teil personell anders zusammengesetzte SRU kaum verhohlen dem im Ergebnis der Bundestagswahl von 1998 dokumentierten neuen politischen Kräfteverhältnis an. Wie schon zuvor die Bundestags-Enquête regt er die Einrichtung eines *„Rates für Nachhaltige Entwicklung"* an. Besonders die Funktionsbestimmung dieses Gremiums erscheint als sehr bedenklich. Nach Meinung des SRU soll es sich auf die *„Kernfunktionen der Vorklärung und Konsensbildung"* konzentrieren. Es solle weder ein Entscheidungsorgan noch eine zusätzliche Beratungseinrichtung darstellen. Der SRU empfiehlt eine *„klare Trennung der insbesondere vom Umweltbundesamt zu koordinierenden wissenschaftlichen Vorleistungen und der politischen Konsensbildung."* Nur so gelange man zu *„hochwertigem Wissens-Input"* und zum *„professionellen Management eines sektorübergreifenden integrativen Zielbildungsprozes-*

ses." Diese Empfehlung birgt potenziell folgenreiche Mißverständnisse und bleibt letztlich dem technokratischen, einst den Anforderungen des Kalten Krieges entsprechenden Politikverständnis verhaftet. Im Unterschied zur damaligen Politik, die immerhin zum Ziel hatte, die Wachstums- und Überlebensfähigkeit des Westens zu stärken, besteht das Ziel dieser neuen Politik jedoch, unausgesprochen, darin, alles zu zerstören, was dem Westen einmal Überlegenheit gegenüber seinen Herausforderern verschafft hat.

Der SRU sieht (wie auch schon in seinem Gutachten von 1998) *„eine breite Reformtendenz hin zu ziel- und ergebnisorientierten Ansätzen der Politik"*, das heißt zur Ergänzung der Politiksteuerung über allgemeine Regeln und Rechtsnormen durch ein zielorientiertes Management *(„New Public Management")*. Es gelte, *„konkrete Ziele mit flexibleren Mitteln"* zu erreichen. Das setze, wie der SRU selbst hervorhebt, umfassende, wissenschaftlich eindeutige und im öffentlichen Bewußtsein allgemein akzeptierte Problemdiagnosen und davon abgeleitete Ziele voraus. Auf dieser Grundlage sollen dann diskursive politische Konsensbildungs- und Abstimmungsprozesse ansetzen. Eine solche Trennung zwischen Problemdiagnose und politischem Prozeß erscheint aber, nach allem hier zuvor ausgeführten, nicht nur als illusorisch, sondern auch als gefährlich.

Schaut man sich, so vorgewarnt, die im April 2002 vom Bundeskabinett beschlossene nationale Nachhaltigkeitsstrategie *„Perspektiven für Deutschland"* an, dann fällt als erstes auf, daß sich unter den insgesamt 21 für die Messung von Nachhaltigkeitsfortschritten ausgewählten Schlüsselindikatoren mit größtenteils quantifizierten Zielen für die kommenden 10 oder 20 Jahre kein Indikator für die knappste Ressource auf der Welt, die Entwicklung individueller Entscheidungsfreiheit und Verantwortung, findet, obwohl solche Indikatoren bei internationalen Vergleichen der Leistungs- und Anpassungsfähigkeit von Volkswirtschaften längst gebräuchlich sind (so vor allem im jährlich erscheinenden *„Economic Freedom Report"*, der in Deutschland vom Liberalen Institut der Friedrich-Naumann-Stiftung, Potsdam, herausgegeben wird).

Diese Untersuchungen zeigen erstens, daß Freiheit durchaus meßbar ist und zweitens, daß es einen engen Zusammenhang zwischen dem Grad der Freiheit, der Innovationsfreude, der wirtschaftlichen Dynamik und des gesamtgesellschaftlichem Wohlstands gibt. Jeder Versuch, die Zukunftsfähigkeit einer Volkswirtschaft meßbar zu machen, müßte also Indikatoren der individuellen Freiheit, angefangen von der Höhe des Staatsanteils am Bruttosozialprodukt, ins Zentrum rücken.

Stattdessen fehlt das Thema Freiheit im Nationalen Nachhaltigkeitsplan der Berliner Regierung beinahe völlig. Es wird lediglich angesprochen in Form einer Meßgröße für die internationale Öffnung der Volkswirtschaft. Die Liste so genannter Nachhaltigkeitsindikatoren wird angeführt von stofflichen Größen wie der Energie- und Rohstoffproduktivität, die bis 2020 gegenüber 1990 bzw. 1994 verdoppelt werden soll. An zweiter Stelle folgt die Entwicklung des Ausstoßes der sechs „Kioto-Gase". Und an dritter Stelle kommt der Anteil erneuerbarer Energien (vor allem der Windenergie) an der Stromversorgung, der bis 2010 auf 12,5 Prozent verdoppelt werden soll.

Mit dieser Prioritätensetzung hat sich die Bundesregierung bewußt von dem von der Enquête des 13. Deutschen Bundestages noch bevorzugten marktorientierten und zukunftsoffenen „Drei-Säulen-Modell" der Nachhaltigkeit, d.h. von der Gleichrangigkeit ökologischer, wirtschaftlicher und sozialer Belange verabschiedet und sich für das Deutungs- und Ordnungsmodell *Oikos* (Haus) entschieden. Der breiteren Öffentlichkeit ist dieser Paradigmenwechsel (wohl wegen des nach wie vor sehr geringen Interesses der Bevölkerungsmehrheit am Thema Nachhaltigkeit) allerdings kaum aufgefallen.

Gefährliche Blüten treibt das Haus-Paradigma im Umweltgutachten 2004 des SRU (*BR-Drucksache* 15/3600). Dort warnen die „Sachverständigen" ausdrücklich vor einer Entstaatlichung des Umweltschutzes und empfehlen, die *„Environmental Governance"* nach dem Vorbild des betrieblichen *„Management by Objectives"* mit einer *„förmlichen staatlichen Problemfeststellung"* zu beginnen. Die Forderung nach einer 80-prozentigen Reduktion der deutschen CO_2-Emissionen bis zum Jahre 2050 wie auch das Etappenziel einer 40-prozentigen CO_2-Reduktion bis zum Jahre 2025 seien *„wissenschaftlich gut begründet und notwendig"*. Das gebe den Entwicklungsländern Spielraum für ein moderates Wirtschaftswachstum. Um diese (im wahrsten Sinne des Wortes ebenso umstürzlerischen wie selbstzerstörerischen) Ziele zu erreichen, bedürfe es eines *„Transition Management"*, schließt der Umweltrat.

Da das auf eine Verschärfung des Kampfes deutscher und europäischer „Eliten" gegen den gesunden Menschenverstand ihrer Ernährer hinausläuft, kann den Freiheitsfreunden angesichts einer solchen Politikberatung angst und bange werden. Folgte die deutsche Politik diesen Ratschlägen, entfernte sie sich weiter vom Anspruch der Aufklärung als die untergegangene DDR und näherte sich Nazi-Phantasien.

5

Nachhaltigkeit – eine Frage des gesunden Menschenverstandes

DIE Top-Manager von Großbanken und international ausgerichteten Industriekonzernen, die *sustainable development* zum Kern ihrer *corporate identity* und entsprechender PR-Kampagnen gemacht haben, bekamen es angesichts fehlender Aufbruchstimmung vor und Enttäuschung nach dem „*Rio+10*-Event“ in Johannesburg, angesichts magerer Kompromisse durch die Anrechnung virtueller „Kohlenstoffsenken“ auf den „Klima-Gipfeln“ von Den Haag, Bonn und Marrakesch und angesichts der nachhaltigen Verschiebung des Problemhorizonts seit dem Terrorangriff auf das *World Trade Center* am 11. September 2001 immer mehr mit der Angst zu tun. Deshalb starteten sie Initiativen wie den *World Business Council on Sustainable Development (WBCSD)* und gaben große Summen aus, um sich von Unternehmensberatern tischfertige Zukunftsvisionen liefern zu lassen. Viel Hirnschmalz investierten sie auch in den Aufbau „ganzheitlicher“ Produktbewertungs- und Entscheidungssysteme nach Art der „Ökoeffizienzanalyse“ des Chemiekonzerns *BASF*, unterzogen sich mühsamer Auditierungs-, Zertifizierungs- und Rating-Prozeduren durch Wirtschaftsprüfungsgesellschaften wie *KPMG*, *Price Waterhouse Coopers* oder der inzwischen infolge ihrer Verwicklung in den *Enron*-Skandal in den USA bereits selbst als „nicht nachhaltig“ erkannten Beratungsfirma *Arthur Andersen*, um ihre „Zukunftsverträglichkeit“ (beziehungsweise *political correctness*) unter Beweis zu stellen. Aber kaum jemanden unter den normal Sterblichen interessierte, was dabei herausgekommen ist. Schlimmer noch: Die Zahl derer, die mit dem Schlagwort *sustainable development* etwas anzufangen wissen, sinkt in Meinungsumfragen weiter.

Dabei dürfte die große Mehrheit unserer Zeitgenossen das Anliegen, nicht auf Kosten unserer Kinder und Enkel zu wirtschaften, durchaus teilen. Aber offenbar sträubt sich der *common sense* des kleinen Mannes (oder der Frau) gegen die von westlichen Eliten bevorzugte und in der *Agenda 21* festgeschriebene Auslegung von Nachhaltigkeit als globale, wissenschaftlich untermauerte Ressourcenbewirtschaftung und Klimasteuerung. Die einen möchten diesem Problem beikommen, indem sie in den audiovisuellen Medien immer verbissener Klimakatastrophen im Computer oder auf der Kinoleinwand vorführen, um den uneinsichtigen Normalmenschen Angst einzujagen. Manch einer könnte sich aber auch daran erinnern, daß Demokratie nicht darin bestehen kann, bei den Wählern abzufragen, ob sie die von Katastrophenbestsellern, internationalen Mammutkonferenzen, exklusiven Gipfeltreffen oder „Experten“-Gremien vermittelten Lektionen brav gepaukt haben. Demokratie besteht vielmehr nach klassisch-liberalem Verständnis darin, Personal- und Sachentscheidungen einer mit parlamentarischer Mehrheit gewählten Regierung dem Urteil des *common sense* (auf deutsch, je nach Blickrichtung, „gesunder Menschenverstand" oder „Gemeinsinn") zu unterwerfen.

Leider wurde der *common sense* durch den Siegeszug der modernen Wissenschaftsgläubigkeit dermaßen abgewertet, daß bislang kaum ein theoretischer Kopf versucht hat, dessen Inhalt und Stellenwert zu bestimmen. So nannte der sozialistische Säulenheilige Friedrich Engels den gesunden Menschenverstand im *„Anti-Dühring"* abschätzig *einen „hausbackenen Gesellen"*, den es durch das Eintrichtern einer wissenschaftlichen Weltanschauung zu verdrängen gelte. Und seine Nachfolger gefallen sich heute darin, ihn mit dem *„gesunden Volksempfinden"* gleichzusetzen und damit all jene, die sich darauf berufen, als rechtspopulistisch, wenn nicht als faschistoid zu brandmarken. Es scheint sie wenig zu stören, daß die Berufung auf den *common sense* in der Tradition des legitimatorischen Individualismus steht, der einem völkischen Verständnis von Politik diametral widerspricht.

Unter gesundem Menschenverstand verstehe ich (in lockerer Anlehnung an den portugiesisch-amerikanischen Hirnforscher Antonio Damasio und den Aachener Soziologen Karl H. Hörning) die spontan-emotionale Urteilskraft erwachsen gewordener Individuen. Diese wahrscheinlich an bestimmte anatomische Strukturen des Vorderhirns gebundene Fähigkeit zur Unterscheidung von Gut und Böse, Gerecht oder Ungerecht gründet sich weder auf angeborene Instinkte noch auf theoretische Kenntnisse beziehungsweise kohärente rationale Weltbilder und einen damit verbundenen Willen zur Weltverbesserung, sondern auf eine in den praktischen Lebensverhältnissen des Alltags wurzelnde und daher historisch wandelbare Überzeugung vom „richtigen Leben" in einer hinreichend geordneten Gesellschaft, die die frankophonen Philosophen und Wissenschaftsforscher Isabelle Stengers und Bruno Latour mit dem antiken „Kosmos" vergleichen.

Wieweit das gerechtfertigt ist, sei hier dahin gestellt. Wichtig ist nur, daß erwachsenen Individuen die Moral nicht von außen, das heißt von einer Priesterkaste oder wissenschaftlichen „Expertengremien" (was, wie im Falle der „Klimaforschung" beobachtbar, oft auf dasselbe hinausläuft) eingetrichtert oder übergestülpt werden muß, sondern daß sich diese schon längst in deren Köpfen (und/oder Bäuchen) befindet – zumal schon Affen und vermutlich auch die affenartigen Vorfahren der

Menschen in Ansätzen herausgefunden haben, worauf es beim Zusammenleben in der (überschaubaren) Gruppe ankommt.

Schon im alten Athen diente demgegenüber, wie Bruno Latour schön aufzeigt, priesterliches/wissenschaftliches Expertentum hauptsächlich dazu, dem gemeinen Mann das Maul zu stopfen. *„Wenn es etwas gibt, das nicht eines Sachverständigen bedarf und den zehntausend uneinsichtigen nicht aus den Händen genommen werden darf, so ist es die Entscheidung, was gerecht und ungerecht, gut und schlecht ist"*, unterstreicht Latour (2000, S. 298). Unter dem Einfluß des psychischen Gruppendrucks geht das sittliche Urteilsvermögen einzelner, wie der französische Arzt Gustave Le Bon schon vor über hundert Jahren demonstrierte, allerdings leicht wieder verloren. Was die Masse fordert, kann dem gesunden Urteilsvermögen des Einzelnen Hohn sprechen (dazu später).

Auch der vor wenigen Jahren verstorbene österreichisch-englische Wissenschaftsphilosoph Sir Karl R. Popper ging übrigens davon aus, daß sich das für das Überleben in Frieden und Freiheit notwendige Wissen zu 90, wenn nicht 99 Prozent schon in den Köpfen gesunder einfacher Menschen befindet – und zwar größtenteils in nicht verbaler Form. Die Rolle, die Intellektuelle und wissenschaftliche Politikberater in der Gesellschaft glauben spielen zu müssen, beruhe auf reiner Anmaßung, wurde Popper zu wiederholen nicht müde. Allerdings glaubte Popper zu Unrecht, dieses Wissen sei nach Art der Kantschen Kategorien einfach angeboren.

Meme im Überlebenskampf

ERWERB und Weitergabe des *common sense* erfolgen über das Imitieren von Memen (Denkfiguren). Dieser 1976 vom britischen Evolutionsbiologen Richard Dawkins in seinem Bestseller *„Das egoistische Gen"* für die Ausbreitung stereotypischer Informations- und Denkmuster („Info-Viren") eingeführte Begriff bezeichnet die kulturelle Entsprechung zu den Genen. Die britische Psychologin Susan Blackmore (2000) hat diesen Ansatz später zu einer Memetik-Theorie ausgebaut, in der sie Gene und Meme allerdings ohne Begründung gegeneinander ausspielt. Die Meme unterliegen, wie die genetische Information, einer weitgehend unbewußten Auslese. Bestimmte Denkmuster beziehungsweise religiös aufgeladene Handlungsanweisungen wie etwa der Dekalog, die Zehn Gebote der Bibel, bewähren sich im praktischen Leben so sehr, daß sie gewiesen. In der Tendenz scheint sich diese Auffassung heute im konservativen „roten Gürtel" der USA durchzusetzen.

Im „alten" Europa ist diese Sicht der Dinge jedoch nicht mehrheitsfähig. Das hängt mit der historisch gewachsenen Rolle des absolutistischen Staates als Organisator des Wiederaufbaus der im Dreißigjährigen Krieg weitgehend zerrütteten, wenn nicht gänzlich zerstörten bürgerlichen Gesellschaft zusammen. In der Romantik wurde diese Notlösung dann idealistisch verklärt. Gesellschaft wurde daher im modernen Europa nicht als Gesamtresultat der Verfolgung vieler individueller Interessen und des Wettbewerbs von Glaubensinhalten begriffen. Vielmehr erscheint die Gesellschaft als durch den Staat erbaut – und zwar nach Maßgabe rationalistischer Philosophie oder romantisch-organizistischer Vorstellungen von Hauswirtschaft (*intelligent design*).

Der Rationalismus der europäischen Aufklärung wollte die Glaubenskriege des 16. und 17. Jahrhunderts gerade dadurch überwinden, daß er die Aufgabe der Sinnstiftung von Offenbarungsreligionen auf die Wissenschaft beziehungsweise eine Vernunftreligion verlagert hat. Die Romantik, soweit sie sich als reaktionäre Bewegung verstand, hat dann die Offenbarungsreligion wieder aufgewertet. In deutlichem Kontrast zu der zeitgleich in Nordamerika abgelaufenen Entwicklung ging es dabei aber weniger um individuelle Glaubensfreiheit, sondern um obrigkeitsstaatlich verordnete Einfügung in vorgegebene Glaubenssysteme unter dem Motto: *„Wes Brot ich esse, des Lied ich singe"*.

Es macht einen großen Unterschied, ob freie und eigenverantwortliche Individuen sich über die Brücke eines gemeinsamen Glaubens zu solidarischen Gemeinschaften zusammenschließen oder ob die einzelnen von vorneherein zu Gliedern eines bereits vorgegebenen Ganzen erklärt werden, dem sie sich unterordnen müssen. Im Zuge des Säkularisierungsprozesses des 20. Jahrhunderts wurde dann Religion (im Widerspruch zur Bedeutung dieses Begriffs!) zur Privatsache erklärt und im öffentlichen Raum zunehmend durch den Glauben an die Segnungen des Wohlfahrtsstaates beziehungsweise der durch diesen vorangetriebene *„ökologische Modernisierung"* ersetzt. Der Wohlfahrtsstaat spielt heute in allen westeuropäischen Ländern die Rolle eines Ersatzgottes. An der Untertanenrolle der Europäer hat sich dadurch wenig geändert. Nur die Ketten wurden ihnen zumindest eine Zeit lang etwas vergoldet.

Die im alten Europa weit verbreitete Anbetung der wohlfahrtsstaatlichen Variante von Planwirtschaft geht einher mit einem (zumindest anfänglichen) Mißtrauen gegenüber allem nicht bewußt Geplanten. Nur sich unabhängig von bestimmten religiösen Glaubenssystemen fortpflanzen und sich heute in ganz unterschiedlichen Kulturen wiederfinden, die sich im Zusammenspiel von Mutation und Selektion als nachhaltig erwiesen haben.

Bruno Latour sieht in der Ausbreitung der Meme eine Parallele zu den *„Gesetzen der Nachahmung"*, die der französische Jurist und Soziologe Gabriel Tarde (wie der schon zitierte Arzt Gustave Le Bon einer der Begründer der Massenpsychologie) schon 1890 am Beispiel der Ausbreitung wechselnder „Verbrechens-Moden" hergeleitet hat. Der Wissenschaftsforscher wundert sich allerdings darüber, daß Susan Blackmore Tarde nicht einmal erwähnt. Latour (2002) sieht in Tardes Buch *„Monadologie et Sociologie"* eine ihrer Zeit weit vorauseilende theoretische Begründung des aktuellen, durch die Ausbreitung des Internet geförderten Akteur-Netzwerk-Theorie (ANT) in der Soziologie und der damit vollzogenen Abkehr vom Denken in hierarchischen Systemen, die dabei statt als theoretische Gedankengebäude als Überorganismen (miß-) verstanden werden.

Latour findet schon bei Tarde *„das Ende des Sozialen"*, wie es von Tardes Gegner Émile Durkheim sowie von den von ihm geprägten Generationen von Soziologen verstanden worden war. Denn es gibt bei ihm kein kollektives Selbst. Das Ganze ist den Monaden nicht übergeordnet, sondern ist lediglich ein vereinfachter, standardisierter Ausdruck eines ihrer Ziele. Das Ganze ist daher weniger als das Teil, die Individuen sind unvergleichlich komplexer als die Gesellschaften, die sie bilden. Tarde hielt die schon zu seiner Zeit größte Gesellschaft der Welt, die chinesische, die damals etwa 300 Millionen Individuen umfaßte, für weniger komplex als selbst als primitiv eingestufte Einzelorganismen.

Und man kann heute hinzufügen: Selbst die heutige schätzungsweise 1,3 Milliarden Mitglieder umfassende Gesellschaft Chinas besteht lediglich aus einer beinahe noch überschaubaren Menge standardisierter Verknüpfungen, die sich nach Art einer fraktalen geometrischen Struktur wiederholen, während die Neuronen im Hirn jedes einzelnen Individuums im Prinzip unendlich viele Zustände ermöglichen. Erst über die Konkurrenz verschiedener Meme um die Vorherrschaft kommt es zur Ausbildung von Sprachen, Glaubenssystemen und Problemsichten, die von vielen, wenn nicht allen Individuen eines Kulturkreises geteilt werden.

Das Geheimnis der kollektiven Intelligenz

GANZ im Gegensatz zu der bei uns in den letzten Jahrzehnten bis zum Umfallen wiederholten psychoanalytischen Behauptung eines vermeintlichen Vorrangs des Seins vor dem Haben, erkannte Tarde vor über hundert Jahren: Nicht das Sein, sondern das Haben macht die Individuen netz- beziehungsweise gemeinschaftsfähig. Mit dem Spruch „*Haste was, biste was*" hat der Volksmund vielleicht nicht die ganze Tragweite von Tardes Einsicht erfaßt, aber unrecht hat er damit sicher nicht. Wir beginnen jedenfalls zu verstehen, warum die Vertreter der Sansculotten die Parole „*Liberté, Égalité, Sécurité, Propriété!*" in die Verfassungen von 1793 und 1795 schrieben und warum später reaktionäre Kräfte, die hinter Napoléon III. standen, ein Interesse daran hatten, die Forderung nach Eigentum, beginnend mit dem Eigentum am eigenen Körper (samt Kopf!), durch die schwammige, regressiv-romantische Forderung nach *fraternité* zu verdrängen (Vgl. Walter KRÄMER/Götz TRENKLER/Denis KRÄMER 2000, S. 47 ff.).

Gerade weil die Individuen/Monaden komplexer sind als die Gesellschaften, die sie bilden, muß geklärt werden, wieweit menschliche Gemeinwesen mit Ameisenvölkern vergleichbar sind. Denn menschliche Gesellschaften sind nicht wesentlich komplexer als Ameisenbauten. Sie können sich jedoch unter extremen Lebensbedingungen oder in Krisen als viel flexibler und anpassungsfähiger erweisen – allerdings nur unter der Voraussetzung, daß sie Arbeitsteilung und Meinungspluralismus zulassen. Im Ameisenstaat fügen sich Tausende und Abertausende winziger Hirne scheinbar spielerisch leicht zu einem leistungsfähigen großen zusammen. Geht der Zusammenhang jedoch einmal verloren, kann sich eine tödliche „Kreismühle" bilden, weil einfach jede Ameise der vorangehenden nachläuft. Ähnlich kann sich bei den Menschen die Intelligenz leicht in einem Kollektiv verflüchtigen, wenn dieses zu einer gleichgeschalteten Masse wird. Deshalb sollte der litaneiartig wiederholte Satz „*Das Ganze ist mehr als die Summe seiner Teile*" in dieser undifferenzierten Form als Mem-Müll beziehungsweise organizistisch-romantischer Kitsch betrachtet werden, der erst einem „Upcycling" unterworfen werden muß, um ihn für eine Theorie gebrauchen zu können, die erklärt, unter welchen Umständen Kollektive intelligenter sein können als vereinzelte Individuen.

Im Mittelpunkt dieser Theorie müßte die Erklärung des Unterschieds zwischen der undifferenzierten „Urhorde" der Neandertaler und modernen, hoch arbeitsteiligen Gesellschaften stehen. Worin bestand der Selektionsvorteil der neben den Neandertalern in Europa aufgetauchten Menschen von Cro Magnon *(homo sapiens)* gegenüber ihren dort zunächst noch heimischen körperlich überlegenen Vettern? Dieser empirisch nicht beantwortbaren Frage ist der amerikanische Ökonom Jason Shogren an der Universität von Wyoming kürzlich mithilfe von relativ einfachen (nicht numerischen!) Computersimulationen nachgegangen.[3] Er demonstrierte, schon allein die Annahme, daß *homo sapiens* die Vorteile der Arbeitsteilung und des Tauschhandels zwischen mehr oder weniger entfernten Regionen erkannte, erkläre, warum dieser kleinere Menschentyp die Eiszeiten überlebte, während die Neandertaler untergingen. *Homo sapiens* brauchte als Einzelner seinem gröber gebauten Cousin nicht intellektuell oder jagdtechnisch überlegen zu sein, um bessere Überlebenschancen zu haben.

Es genügte, daß seine Horden es zuließen, daß sich Angehörige des Kollektivs auf Tätigkeiten spezialisierten, für die sie besonders begabt waren beziehungsweise Aktivitäten mieden, die ihnen weniger lagen. So konnten sich geschickte Jäger auf die Fleischbeschaffung konzentrieren, während dafür weniger begabte sich um das Sammeln von Wurzeln und Früchten oder um die Herstellung von Kleidern kümmerten. Diese konnten sie dann über mehr oder weniger große Entfernungen gegen Fleisch oder Fisch tauschen. Das versetzte die Cro-Magnon-Menschen in die Lage, magere Kälteperioden zu überstehen, während die einseitig von Fleischnahrung abhängigen Neandertaler ausstarben.

Kurz: Es war weder der aufrechte Gang noch ein größeres Hirn, die *Homo* zum *„sapiens“* (Weisen) machten, sondern die Entdeckung der Vorzüge der Arbeitsteilung und des Fernhandels. *Homo sapiens sapiens* lernte nach und nach, in einer offenen Welt zu leben und konnte so den Engpässen ausweichen, die den Neandertalern zum Verhängnis wurden. Man könnte deshalb die heutigen Gegner des Freihandels mit Fug und Recht mit Vormenschen vergleichen.

Der Markt als Vermittlungsinstanz der Arbeitsteilung zwischen unterschiedlichen Begabungen und Weltsichten und als Entdeckungsverfahren für die Lösung von Ressourcenproblemen ist die wichtigste Bedingung für die intellektuelle Überlegenheit von Kollektiven gegenüber isolierten einzelnen oder gleichgeschalteten Menschenmassen. Kollektive, die es nicht gelernt haben, dem Markt zu vertrauen, haben nur eine geringe Überlebenschance. In Menschengruppen, die ohne klare Ar-

---

[3] http://uwacadweb.uwyo.edu/Shogren/

beitsteilung um knapper werdende Ressourcen konkurrieren, ist ein Krieg aller gegen alle unvermeidlich. Nur Arbeitsteilung und Fernhandel lassen überhaupt eine friedliche Lösung von Knappheitsproblemen zu. Das gilt bis zum heutigen Tag.

Wie *homo sapiens sapiens* seinen schwierigen Kampf ums Dasein unter den Bedingungen der Eiszeit konkret gewonnen hat, läßt sich freilich, wie schon angedeutet, nach unserem heutigen Kenntnisstand nur erraten. Shogrens Computersimulationen bestätigen jedenfalls, was der Ökonomie-Nobelpreisträger Friedrich August von Hayek schon vor längerer Zeit theoretisch hergeleitet hat: Niemand kann als Einzelner oder als Angehöriger politischer Gremien klüger entscheiden als die Summe der mehr oder weniger vernünftigen Marktteilnehmer.

Heute kommt diese nach Jahrzehnten scheinbar erfolgreicher paternalistischer Politik beinahe verdrängte Einsicht in Theorien einer „Schwarmintelligenz“ zu neuen Ehren. Der amerikanische Publizist James Surowiecki, einer der bekanntesten Verfechter des neuen, gegen autoritäre Entscheidungsmethoden gerichteten Denkansatzes, bezieht sich in seinem 2004 erscheinen Buch *„The Wisdom of Crowds“* ausdrücklich auf Hayeks Kritik der *„Anmaßung von Wissen“*. Surowiecki arbeitet aufgrund von Erfahrungen mit dem TV-Quiz *„Who wants to be a Millionaire?“* heraus, daß vier Bedingungen erfüllt sein müssen, um ein Kollektiv intelligenter als Einzelpersonen zu machen:

- *Die Gruppe muß erstens aus Menschen unterschiedlicher Meinung zusammengesetzt sein.*
- *Ihre Mitglieder müssen zweitens so weit wie möglich unabhängig voneinander sein.*
- *Sie muß drittens dezentral organisiert sein.*
- *Schließlich muß sie über eine gute, das heißt anonyme, marktähnliche Vermittlungs- beziehungsweise Aggregationsmethode des auf viele Individuen verteilten Wissens verfügen.*

Vor diesem Hintergrund erscheinen Einrichtungen wie der Klimarat *IPCC* von vorneherein denkbar ungeeignet, der Wahrheitsfindung zu dienen. Denn für die Einschätzung der längerfristigen Klimaentwicklung wichtige wissenschaftliche Disziplinen wie die Geologie und die Astronomie sind darin überhaupt nicht vertreten. Es dominieren sehr stark Spezialisten für numerische Computersimulation. Und deren Homogenität wird obendrein durch eine Gleichschaltung des Denkens verstärkt, die man nur religiös nennen kann. Handelte es sich hingegen bei der Frage nach den Ursachen des Klimawandels nicht um ein politisch-religiöses, sondern um ein wissenschaftliches Problem, dann bräuchte man ein Gremium wie den IPCC gar nicht. Ein einzelner Mensch (mit dem Beweis in der Hand!) genügte, um die Frage zu klären.

Nicht nur die Bedingung der individuellen Unabhängigkeit ist bis heute bei vielen kollektiven Entscheidungsstrukturen in Wirtschaft und Staat selten gewährleistet. Auf der Hand liegt diese Feststellung beim parteipolitischen Fraktionszwang in unseren Parlamenten. Es scheint nicht abwegig zu behaupten, daß die Parteiendemokratie nach dem bislang in Deutschland vorherrschenden Muster die „Schwarmintelligenz" tendenziell schon in der Wiege tötet. Etwas subtiler sind oft die Abhängigkeitsverhältnisse im Management großer Konzerne, zumal wenn gerade deren Aufsichtsräte – wie es in der Deutschland AG bis vor Kurzem gang und gäbe war – ineinander verwoben und verschachtelt sind.

Auch die Bedeutung der Anonymität in kollektiven Entscheidungsprozessen wird gemeinhin unterschätzt – vielleicht gerade, weil wir es in westlichen Demokratien heute für selbstverständlich halten, daß die Wähler ihr Kreuzchen in der Wahlkabine geschützt vor fremden Blicken machen und ihre ausgefüllten Wahlzettel in anonymisierten Kuverts in die Wahlurnen stecken. Geschichtlich wurde die Bedingung der Anonymität erst erfüllt mit der Entdeckung des Geldes als universelles Tausch- bzw. Zahlungsmittel. Es ist nicht übertrieben, zu behaupten, daß die Ablösung des Naturaltausches durch das Geld einem qualitativen Sprung in der Entwicklung kollektiver Intelligenz gleichkommt, da erst sie es den einzelnen erlaubte, sich dauerhaft aus dem Gruppenzwang der Familie, der Horde oder des Volksstammes zu befreien und sich auf ihre jeweiligen eigenen Stärken und Neigungen zu konzentrieren.

Von da an standen die Individuen allerdings vor der Alternative, entweder in mindestens zwei verschiedenen Welten leben lernen zu müssen oder schizophren zu werden. Denn zum einen bestehen die ursprünglichen Blutsbande und andere, durch Herkunft und starke Gefühle wie Liebe, Zu- oder Abneigung, wenn nicht Neid oder Haß geprägten persönlichen Beziehungen weiter. Gleichzeitig müssen sich die Menschen aber nun in einer anderen, durch „kalte", das heißt abstrakte Regeln des geldvermittelten Austausches geordneten arbeitsteiligen Welt zurechtfinden, die Hayek (1981) „Große Gesellschaft" nannte. Die „Große Gesellschaft" wird, wie schon Ludwig von Mises in seiner

„Theorie des Handelns und Wirtschaftens" von 1940 herausarbeitete, nicht durch übergeordnete Ziele und Zwecke, sondern durch gemeinsame Mittel, die spezialisierte Arbeit im Eigeninteresse jedes Individuums, zusammengehalten. *„Die gesellschaftliche Kooperation ist für jeden Einzelnen Mittel im Dienste seiner eigenen Zwecke"*, betont von Mises (1940, S. 122).

Deshalb haben Begriffe wie „Solidarität" oder übergeordnete Ziele wie „Klimaschutz" oder „Nachhaltigkeit" hier nichts zu suchen. Vielmehr müssen allgemeine Verhaltensregeln wie Vertragsfreiheit, Schutz des Privateigentums und die Verpflichtung, Versprechungen einzuhalten beziehungsweise für angerichtete Schäden aufzukommen, genügen. Alles, was darüber hinausgeht, wie vor allem die Forderung nach *„sozialer Gerechtigkeit"*, birgt die Gefahr des Totalitarismus. *„Alle Versuche, die große Gesellschaft nach dem Vorbild der vertrauten kleinen Gruppe zu formen, oder sie dadurch in eine Gemeinschaft zu verwandeln, daß man die Individuen auf gemeinsame, sichtbare Ziele hinlenkt, müssen eine totalitäre Gesellschaft hervorbringen"*, mahnte Hayek (1981, S. 198).

Die Unfähigkeit, wenn nicht der Unwille, das zu begreifen, ist allen Formen und Schattierungen von Sozialromantik gemeinsam. Es handelt sich dabei um eine Form von Schizophrenie bzw. um einen krankhaften Rückfall in die Stammesethik der Frühmenschen, der die Überlebensfähigkeit unserer Gemeinwesen in Frage stellt. Denn wer die Leistungen des Marktes und des Freihandels in Frage stellt, fällt gewissermaßen in die Mentalität der Neandertaler zurück, die es nicht schafften, mit den Folgen des Klimawandels in der Steinzeit fertig zu werden.

Noch einmal: Die Menschen von Cro Magnon erwiesen sich gegenüber den Neandertalern, die vor Ihnen Westeuropa besiedelt hatten, höchstwahrscheinlich nicht deshalb als überlegen und unter den schwierigen Bedingungen der Eiszeit als überlebensfähig, weil sie intelligenter oder moralisch vollkommener gewesen wären, sondern weil sie (vielleicht zufällig oder aus heute nicht mehr rekonstruierbaren religiösen Gründen) die Vorteile der Arbeitsteilung und des weiträumigen Handels erkannten. Damit machten sie den Weg frei für eine allmähliche Verdrängung der partikularistischen und heteronomen Stammesethik durch die abstrakten Spielregeln der „Großen Gesellschaft" und damit für das Aufkommen einer autonomen, individualistischen und gleichzeitig universellen Ethik.

Das *„Ende des Sozialen"* bedeutet also nicht, daß es menschliche Gesellschaften nicht gibt. Wir können diese aber nicht im Sinne eines Begriffsrealismus als autonome Wesenheiten verstehen. Das heißt wir dürfen in ihnen weder Überorganismen mit Hirnen und Bewußtsein noch zweckgerichtete Organisationen beziehungsweise Unternehmen mit eigenen Geschäftsmodellen und dem entsprechenden Jobzuteilungen sehen. Menschliche Gesellschaften sind ihrem Wesen nach marktvermittelte Netzwerke, nicht bewußt erdachte Systeme.

Auch der Begriff „Zivilgesellschaft", wie er in politischen Diskursen strapaziert wird, ist ein soziologisches Konstrukt, das der Realität der größtenteils über die Arbeitsteilung und den Markt vermittelten Interaktionen zwischen den Individuen nicht gerecht wird. Wer im alten Europa unter dem Einfluß der Romantik und des Etatismus von „Gesellschaft" redet, hat in der Regel gar nicht in erster Linie zwischenmenschliche Beziehungen im Auge, sondern Staat und Politik, die längst alles durchdrungen haben. Eine Abgrenzung zwischen dem Staatlichen und dem Zivilen ist unter diesen Bedingungen kaum noch möglich.

Daß im alten Europa in der Diskussion über die Bedingungen der Integration muslimischer Einwanderer ständig die Gefahr der Bildung von „Parallelgesellschaften" an die Wand gemalt wird, zeigt, mit welcher Selbstverständlichkeit hier noch immer überaus fragwürdige romantisch-organizistische Gesellschaftsbilder als Argumentationsgrundlage dienen. Denn eine nicht mit einem Willen ausgestattete Gesellschaft kann niemanden integrieren. Integrieren können sich nur Einzelpersonen oder Familien, indem sie erfolgreich ihre Arbeitskraft oder etwas anderes auf dem Markt anbieten.

Infoviren und Schweigespirale

GERADE weil der Zusammenhalt der „Großen Gesellschaft" auf kalten Regeln und nicht auf starken Gefühlen beruht, ist er heute überaus gefährdet – und zwar in ähnlicher Weise, wie Computerbetriebssysteme und -programme ständig durch Viren gefährdet sind. Denn seit audiovisuelle Massenmedien eine überragende Bedeutung erlangt haben, können sich Meme in Form von „Infoviren" verselbständigen. Das heißt, sie brauchen nicht mehr mit anderen Memen um die bessere Tauglichkeit für das praktische Leben zu konkurrieren. Es genügt, gewisse Argumentationsmuster oft und lange genug zu wiederholen, um ihnen Eingang in die Denkstrukturen einer Vielzahl von Individuen zu verschaffen. So kommt es dann, daß Menschen, die nie eine Zeile von Hegel oder sonst einem idealistischen oder materialistischen Philosophen gelesen haben, jeden Tag mit Begriffen wie „System" oder „Gleichgewicht" hantieren, ohne sich etwas dabei zu denken.

Elisabeth Noelle-Neumanns lange vor der Idee der Meme auf der Grundlage empirischer Beobachtungen entwickeltes Modell der „Schweigespirale" beschreibt treffend, wie leicht es umtriebigen und lautstarken, durch hohen Gruppendruck zusammengehaltenen Minderheiten mithilfe audiovisueller Massenmedien gelingen kann, ihre Sicht der Welt gegenüber der *„schweigenden Mehrheit"* politisch zur Geltung zu bringen. Ausschlaggebend für die Unterwerfung der *„schweigenden Mehrheit"* unter Meinungen, die zunächst nur für vorherrschend beziehungsweise stark im Kommen gehalten werden, ist die Angst der Individuen vor sozialer Isolierung. Es handelt sich hier, wie betont werden muß, nicht um eine Verschwörungstheorie, sondern um eine Erklärung für die naturwüchsige Ausbreitung bestimmter Denkmuster, die auf der Isolationsangst der Individuen aufbaut. Schon das berühmte Experiment von Salomon Asch, auf dem Noelle-Neumanns Argumentation aufbaut, zeigt: Aus Angst, alleine da zu stehen, schließen sich die meisten Menschen bereitwillig der Meinung an, die am raschesten Anhänger zu gewinnen scheint.

Es geht dabei nicht darum, die Entwicklung der Massenmedien in rückwärts gewandter Manier zu beklagen. Aber es wäre naiv, in ihnen neutrale Vermittler von Informationen und Meinungen zu sehen. Und aufgrund ihrer Funktionsweise spielen sie eine eher passive Rolle bei der Verbreitung aggressiver Meme. Ihr Grundprinzip ist die Skandalisierung und Personalisierung. Spontan und oft unbewußt ergreifen sie dort, wo sie frei von direkter staatlicher Gängelung sind, Partei für real oder auch nur scheinbar benachteiligte Personen oder Gruppen und deren Weltsicht. Kurz: Wer in den Medien Chancen auf die Verbreitung seiner Denk- und Argumentationsfiguren haben will, der muß sich als unschuldiges Opfer böser Mächte oder als Anwalt der Schwachen und Sprachlosen ausgeben.

So lassen sich die Medienerfolge der Organisation *Greenpeace* zumindest vordergründig erklären. Für den Aufstieg des Ökologismus zur Staatsreligion bedurfte es aber mehr. Im Kapitel 6 über die Geschichte des „Vorsorgeprinzips" als Denkfigur wird gezeigt, wie alles andere als uneigennützige Ministerialbürokraten sowohl in den USA als auch in Westeuropa seit den 60er Jahren systematisch auf eine Symbiose zwischen nationalen und internationalen Bürokratien und wadenbeißerischen „Nichtregierungsorganisationen" *(NGO's)* hingearbeitet haben. In vielen Ländern bekamen diese sogar Starthilfen in Form staatlicher „Anschubfinanzierung". Es läßt sich leicht belegen, daß die Proteste ganz unterschiedlicher *NGO's* letztlich immer zu einer Stärkung von Bürokratien und zu einer Schwächung der Selbstorganisationsfähigkeit freier Märkte geführt haben. Das gilt nicht nur für Warenmärkte, sondern auch für den Meinungsmarkt, auf dem politische und religiöse Ideen beziehungsweise Glaubenssysteme miteinander wettstreiten.

Wie beim „wissenschaftlichen Sozialismus" unseligen Angedenkens handelt es sich beim Ökologismus um eine politische Religion, die sich als Überwissenschaft und somit als alternativlos ausgibt und daher nicht mit anderen Glaubenssystemen auf dem Markt der Ideen konkurrieren braucht. Kern dieser Religion ist ein gnostischer Reinheitskult, ein Opfer- beziehungsweise Ablaßritual gegenüber einer vergötterten „Natur". Selbst in den abgemilderten, weil fachbürokratisch differenzierten Formen der Ökologie bleiben als unberührt, das heißt menschenfrei gedachte, wenn nicht gar gemachte „Ökosysteme" das Maß allen Tuns und Lassens. Es wird dabei übersehen, daß der bisherige Erfolg des *homo sapiens* im Kampf ums Dasein ***auch*** darauf beruht, daß er sich als dominante Organismenart über den ganzen Erdball ausgebreitet und konkurrierende Großsäugerarten verdrängt hat (was nicht ausschloß, daß es gerade in unseren Großstädten zu einer für viele überraschenden friedlichen Koexistenz der Menschen mit einer Vielzahl von Vogel- und Kleinsäugerarten gekommen ist, die vor Jahren noch auf der „roten Liste" aussterbender Arten standen).

Oberflächlich besehen, ist es einigen Müsli-Essern, die ihren größten Lustgewinn aus ihrem „Anderssein" zogen, in Deutschland und Europa in kaum mehr als zwei Jahrzehnten gelungen, in der breiten Mittelschicht immer mehr Anhänger zu gewinnen, zum Mainstream des Denkens zu werden und dabei dennoch fortzufahren, in der Pose einer unterdrückten Minderheit aufzutreten – bis am Ende selbst Großbanken und Industrieverbände mit ihren naturromantisch-urkommunistischen Memen infiziert waren. Beachtet man jedoch die Tatsache, daß die Weichen der Umweltpolitik ein ganzes Jahrzehnt vor der Gründung der Partei „Die Grünen" gestellt wurden, erscheinen Grüne und *NGO's* eher als naive Verstärker, wenn nicht nützliche Idioten, die mit der „Klimapolitik" und dem EEG letztlich umsetzen, was andere Parteien ihren Wählern nicht zumuten wollten oder konnten.

Grundlage für die rasche Verbreitung der Umweltideologie ist die für Massenmedien in demokratisch regierten Gemeinwesen (zu Recht!)

geltende Spielregel, immer für Benachteiligte Partei zu ergreifen. Die Rolle des unschuldigen und sprachlosen Opfers spielt in der Politischen Ökologie die „Umwelt", von der immer in der dritten Person und in der Einzahl die Rede ist – als gäbe es nicht, je nach Blickwinkel, verschiedene Umwelten und als gehörten wir Menschen nicht selbst dazu! So wird auch erklärlich, wie eine Bewegung, selbst wenn sie längst zum Mainstream geworden ist, noch immer in der Pose einer unterdrückten Minderheit auftreten kann und warum deren Kritiker in die Rolle von herzlosen Egoisten und Apologeten des Bösen gedrängt werden.

Kaum jemand fragt heute noch beispielsweise, ob es überhaupt sinnvoll ist, sich die Erdatmosphäre als Glashaus vorzustellen. Nur wenige regen sich darüber auf, daß die an die Schalthebel der politischen Macht gelangten Anbeter der Erdgöttin Gaia auch Ungläubige zur Zahlung einer Ökosteuer verdonnern, um Witterungsextreme abzuwenden und das „Erd-System" im „Gleichgewicht" zu halten. Wie selbstverständlich sollen auch die, die es gerne etwas wärmer hätten, dafür bezahlen, daß es auf der Erde wieder kühler wird. Ebenso gut könnten sie bei Konfessionslosen die katholische oder evangelische Kirchensteuer eintreiben! Wo bleibt da die im deutschen Grundgesetz verbriefte Glaubensfreiheit?

Es ist allerdings spürbar, daß der Einfluß der Öko-Meme seinen Zenit bereits überschritten hat. Zu groß ist die Diskrepanz zwischen den Erfordernissen der zunehmend global vernetzten Arbeits- und Lebenswelt und symbolischen Akten wie die Trennung von Verpackungsmüll, der Bau von Windrädern (auch in Landschaftsschutzgebieten!) oder die Anlage von Froschteichen, mit deren Hilfe der Zorn Gaias besänftigt werden soll. Denn die oben zitierte Spielregel der Mediendemokratie kann im Prinzip auch jene begünstigen, die eine Zeit lang im Namen der *political correctness* mundtot gemacht wurden, dann aber plötzlich als unterdrückte Minderheit dastehen.

Ein untrügliches Zeichen dafür ist der beachtliche Erfolg des 2001 erschienenen ketzerischen Buches *„The Skeptical Environmentalist"* des dänischen Ex-*Greenpeace*-Aktivisten und heutigen Statistikprofessors Björn Lomborg, das zunächst nur als Geheimtipp im Internet gehandelt wurde, später aber zum internationalen Bestseller geworden ist (wenn auch leider nicht in Deutschland). Dort demonstrierte Lomborg Punkt für Punkt, daß die in apokalyptischer Manier an die Wand gemalten Zukunftsbilder heraufziehender Hungersnöte, Epidemien, Rohstoffverknappungen und Umweltverderbnis aus der Luft gegriffen sind. Wie gesagt: Einen durchschlagenden Umschwung der öffentlichen Meinung erreichte Lomborg damit nicht – vielleicht, weil er selbst noch allzu sehr dem Weltbild der internationalen Umweltbürokratie verhaftet geblieben ist und im Grunde lediglich fordert, Steuergelder nach anderen Prioritätskriterien umzuverteilen.

Ein noch größerer Erfolg als dem Buch von Lomborg sollte dem Thriller *„State of Fear“* (*„Welt in Angst“*, München 2004) von Michael Crichton beschieden sein. Darin bringt Crichton das Weltbild der Öko-Bürokraten und ihrer Gefolgschaft von Gutmenschen von vornherein mit kriminellen Methoden der Geldbeschaffung und weltweit koordinierten terroristischen Bestrebungen in Verbindung. Er zeigt aber auch auf, wie das Internet der Wahrheit und dem gesunden Menschenverstand gegen die Keule der *political correctness* zum Durchbruch verhelfen kann. Leider hat sich das Buch in Deutschland nur sehr kurz in den Bestsellerlisten gehalten – wohl in der Folge einer regelrechten Immunisierungskampagne gegen das Werk in deutschen Massenmedien.

Die für viele Bürokraten überraschende Ausbreitung des Internet mit seiner unüberschaubaren Vielfalt von Informations-, Kommunikations- und Lernangeboten bringt den einzelnen nicht nur neue Qualen der Wahl, sondern gibt auch dem gesunden Menschenverstand und dem Denken und Handeln in persönlichen Netzwerken statt in abstrakten (Management-) Systemen neue Chancen. Denn die Netzwelten sind nicht hierarchisch aufgebaut. Die Individuen können sich weitläufig vernetzen, ohne als Rädchen zur Umsetzung zentral entschiedener und *top-down* verordneter Konzepte für den Umbau von Ressourcenmanagement- und Wertesystemen zu fungieren. Das beunruhigt die selbsternannten Verwalter der „einen Welt“. Denn jeder kann sich (im Guten wie im Bösen!) seine eigene Netzwelt schaffen. Von daher sollte es nicht überraschen, daß nationale und internationale Bürokratien eifrig nach technischen Möglichkeiten suchen, um auch im Internet Zensur ausüben zu können.

„Was der Bauer nicht kennt, das klickt er nicht an.“ Mit diesem Bonmot hat die FAZ vom 28. Mai 2002 auf den Begriff gebracht, was vor allem linksorientierten soziologischen Systemdenkern Kopfzerbrechen bereitet. Das auf Soziologiekongressen umgehende Schlagwort *Glocalisation* trägt der Erkenntnis Rechnung, daß die fortschreitende Globalisierung der Märkte durchaus nicht automatisch zur Vereinheitlichung von Sichtweisen und Wertesystemen führt. Auch Hollywood-Filme, die rund um den Globus hohe Summen einspielen, werden bekanntlich durchaus nicht überall mit den gleichen Augen gesehen. Noch weitaus unterschiedlicher fällt der Gebrauch aus, der vom Internet gemacht wird.

Wenn zum Beispiel Franzosen eine Netzwelt bauen, ist es sehr viel wahrscheinlicher, daß dabei etwas Hexagonales statt etwas Rundes herauskommt. Wenn sich Unternehmer und Freiberufler vernetzen, entsteht mit Sicherheit eine Welt, die mit der Welt beamteter oder fest angestellter Funktionäre wenig gemein hat. Menschen, die sonst nichts Besseres zu tun haben, engagieren sich in Anti-Globalisierungs-Bewegungen oder anderen mehr oder weniger friedlichen Nichtregierungs-Organisationen *(NGO's)*. Man braucht jedenfalls kein Anhänger des Anti-Systemdenkers Friedrich Nietzsche zu sein, um zu erkennen, daß das in Deutschland stark von Hegel und seinen Nachfolgern beeinflußte Systemdenken den Lebens- und Arbeitsbedingungen im Zeitalter des Internet nicht gerecht werden kann.

Chancen für den gesunden Menschenverstand

DIE Rehabilitierung des gesunden Menschenverstands als Leitbild und Prüfinstanz der Politik ist alles andere als eine triviale Aufgabe, denn sie ist gleichbedeutend mit dem Abschied von der Privilegierung des theoretischen Wissens im Abendland. Zur Disposition steht das gängige, von den Wissenschaftssoziologen Peter Weingart, Anita Engels und Petra Pansegrau im Jahre 2002 in einer Analyse des Diskurses zwischen Wissenschaft, Politik und Massenmedien über den Klimawandel als „naiv" bezeichnete rationalistisch-instrumentelle Modell wissenschaftlicher Politikberatung.

Weingart und seine Mitarbeiterinnen analysieren dort im Detail, wie aus der vagen Vermutung einer drohenden Klimaverschlechterung aufgrund des menschengemachten Kohlendioxid-Eintrags in die Atmosphäre im Zusammenspiel zwischen einer Klimatologen- beziehungsweise Computersimulations-Lobby, einem einflußreichen Massenmedium wie etwa *Der Spiegel* und den mit der öffentlich demonstrierten Sorge um ein fiktives „Gemeinwohl" um Wählerstimmen buhlenden Berufspolitikern in kurzer Zeit die kaum noch hinterfragte politische Regulierungsaufgabe *„Abwendung der Klima-Katastrophe"* wurde – mit der von allen im deutschen Bundestag vertretenen Parteien einhellig unterstützten einseitigen Selbstverpflichtung Deutschlands, seine CO_2-Emissionen bis zum Jahre 2005 um 25 Prozent zum Zwecke des „Klimaschutzes" zu senken. *„Das markanteste Merkmal des Mediendiskurses"*, schreiben die Wissenschaftssoziologen, *„ist die Transformation des hypothetischen Charakters* *wissenschaftlicher Prognosen und damit der Unsicherheit des Wissens in Gewißheiten."* (S. 92) *„Das besondere Problem der wissenschaftlichen Warnkommunikation besteht offenbar in diesem Fall darin, daß sie sehr erfolgreich ist. Abgesehen davon, daß die Warnungen geglaubt werden, erzeugen sie auch noch ein so hohes Maß an Resonanz, daß sie im weiteren in der öffentlichen Debatte ein von den ursprünglichen wissenschaftlichen Konzepten und Aussagen weitgehend abgekoppeltes Eigenleben entwickeln."* (S. 138).

Der gesunde Menschenverstand hatte hier keine Chance. Er blieb aber, wie hinzugefügt werden muß, durchaus nicht auf der Strecke. Denn er verschafft sich durch die Hintertür wieder Zugang zum politischen Prozeß. Sichtbar ist das am Unmut, auf den die sogenannte Ökosteuer (die inkonsequente, weil durch etliche Ausnahmen *ad absurdum* geführte fiskalische Verteuerung von Kraftstoffen und Elektrizität, mit deren Hilfe das „Klimaschutzziel" von 25 Prozent erreicht werden soll) in weiten Kreisen der Bevölkerung stößt. So sprachen sich in einer im September 2004 vom Meinungsforschungsinstitut *TNS Emnid* im Auftrag des BMU und des Umweltbundesamtes durchgeführten Umfrage zwar 56 Prozent für eine „Voreiterrolle" Deutschlands in der „Klimapolitik", aber nur 25 Prozent für eine „Ökosteuer" aus. Sichtbar wurde das auch schon am bereits geschilderten Desinteresse des „Mannes auf der Straße" am Konzept des *sustainable development* und am *Rio+10-Event.*

So folgert denn auch das bereits zitierte „Empfehlungspapier" des *„Sachverständigenkreises des BMBF für Globale Umweltaspekte"*, an dem Weingart mitgearbeitet hat, am Schluß: *„Ohne direktes Anschließen der Global-Change-Forschung an das Alltagsverständnis bleiben deren Ergebnisse weitgehend abstrakt."* Wie das erreicht werden soll, deuten die Autoren dieses Papiers aber nicht einmal an. Wie könnten sie auch! Ginge es doch dabei, in letzter Konsequenz, um nicht weniger als um die Einsicht, daß auch wir scheinbar Modernen, wie es Bruno Latour im Titel eines erstmals 1991 erschienen Essays treffend formulierte, im Grunde *„nie modern gewesen"* sind, uns also nur in Nuancen von *„vormodernen"* oder *„primitiven"* Gemeinwesen unterscheiden. Das Leben der rezenten Menschen und deren Beziehungen zu belebten und unbelebten Dingen bleibt nach Ansicht Latours mit den Methoden der Ethnologie analysierbar.

Die Moderne ist im Lichte dieses Netzwerkdenkens keine präzise datierbare Epoche der Weltgeschichte im Sinne einer hegelianischen Geschichtsphilosophie, die mit einem Paukenschlag (der Entdeckung der „neuen Welt" durch Christoph Columbus, dem Anschlag der Thesen Martin Luthers oder der Einführung des *Code Civil* durch Napoléon

Bonaparte) das „finstere" Mittelalter abgelöst hat. Sie bleibt vielmehr ein zwar anspruchsvolles, aber nur in Ansätzen verwirklichbares Programm. Auch die Französische Revolution ist ein Mythos. Sie hat als solche real gar nicht stattgefunden. Was abgelaufen ist, war ein grausamer Bürgerkrieg (in der Folge einer witterungsbedingten Hungersnot und einer Kette unproduktiver Mißverständnisse), dessen Sieger diesen im Nachhinein zur Großen Revolution und zum quasi offiziellen Beginn der Neuzeit hochstilisiert haben.

In Wirklichkeit gab und gibt es seit der Antike ständig ein Nebeneinander antiker und neuzeitlicher Mythen und ein Durcheinander von „modernen" und „primitiven" netzwerkartigen Beziehungen zwischen Menschen, anderen Lebewesen und unbelebten Dingen. Ein und dasselbe Individuum kann ohne weiteres gleichzeitig Glied beider Typen von Netzwerken sein. Das zeigte sich übrigens auf makabre Weise bei den Vorbereitungen des Terrorangriffs vom 11. September 2001. Wie das Neben- und Durcheinander verschiedener Sprachen, Religionen, Klassen und Kasten kreativ gewendet werden kann, zeigt die beeindruckende wirtschaftliche Wachstumsdynamik des „Schwellenlandes" Indien.

Die wichtigste Aufgabe einer Nachhaltigkeitspolitik, die diesen Namen verdient, bestünde also darin, die besten Wege einer friedlichen und kreativen Koexistenz zwischen heterogenen Netzwerken auszukundschaften. Es kann keineswegs darum gehen, den „primitiven" Typ von Netzwerken durch eine gleichwie geartete „Modernisierung" zu verdrängen! (Das tut in Wirklichkeit auch kaum jemand. Gerade die ökologischen Modernisierer erweisen sich ja in gewisser Hinsicht als Meister im Networking.)

Wie Bruno Latour (1999) hervorhebt, ist die auf dem Programm der Moderne fußende westliche Kultur die einzige Kultur auf der Welt, die versucht, durch die saubere Trennung zwischen außermenschlicher „Natur" und menschlicher Gesellschaft politischen Frieden zu stiften. Die anderen Kulturen suchen stattdessen, entgegen einem weit verbreiteten Gerücht, nicht die Harmonie mit der angeblich objektiven und einheitlichen äußeren „Natur". Sie kennen eine solche gar nicht, weil sie nichtmenschliche Lebewesen und selbst unbelebte Objekte, mit denen sie im Alltag zu tun haben, ganz selbstverständlich als Bestandteil ihrer Lebensnetzwerke, ihres Kosmos ansehen.

In Wirklichkeit vermögen auch wir Abendländer nicht, zwischen „Natur" und gesellschaftlicher Übereinkunft, zwischen Tatsachen und Werten zu trennen, sondern beschäftigen uns immer mit gesellschaftlich/natürlichen Mischwesen (Quasi-Objekten) und spannen dabei unsere Netze lediglich etwas weiter als unsere „primitiven“ Vorfahren. Die endlose Debatte über die Tragweite des „Treibhauseffekts“ und die darauf aufbauenden numerischen Klimamodelle oder der unsägliche Eiertanz um das angeblich überraschende BSE-Problem verdeutlichen zur Genüge die Grenzen des Projekts der Moderne.

Kurz: Das „Mittelalter“ ist, so gesehen, eigentlich nie zu Ende gegangen. Oder, anders ausgedrückt: Es gibt keine gesetzmäßige Abfolge von Altertum, Mittelalter und Neuzeit. Die Welt wird einfach älter und immer komplizierter. Deshalb ist es schwierig, ein anderes Fortschrittskriterium auszumachen als die Zunahme individueller Wahlmöglichkeiten beziehungsweise die Abnahme persönlicher Abhängigkeit, Unterordnung und Bevormundung. Menschliche Freiheit, auch die Freiheit zur religiösen und politischen Bindung, erscheint unter diesem Blickwinkel nicht in erster Linie als Funktion zunehmender Naturbeherrschung und somit als dialektisch verbunden mit der *„Einsicht in die Naturnotwendigkeit“* (des politischen Herrschaftsanspruches einer Bourgeoisfraktion), wie Hegel und andere Vordenker des deutschen Bildungsbürgertums einmal glaubten, sondern ist im Gegenteil gerade auf Unbestimmtheit (Kontingenz) als Ressource angewiesen.

Die unvermittelte Gegenüberstellung zwischen der menschlichen Gesellschaft und der Welt der Dinge wie zwischen der abgehobenen, nach eindeutigen Wahrheiten suchenden Wissenschaft und dem an den Umgang mit dem Dickicht verschlungener Kontingenzen gewöhnten Alltagsverstand ist nach Latour unhaltbar. Das betont auch der Aachener Technik-Soziologe Karl H. Hörnig (2001). Es geht bei der naheliegenden Abkehr von der modernistischen Subjekt-Objekt-Trennung jedoch keineswegs um Zugeständnisse an pseudo- oder antiwissenschaftliche Esoterik und Romantik.

Eine von etlichen weiteren Konsequenzen der Relativierung des Projekts der Moderne, des Ziels der globalen, rationalen Gestaltung der Beziehungen zwischen den Menschen und der „objektiven“ äußeren Natur, wäre die Einsicht, daß es unsinnig ist, von „Natur“ oder „Umwelt“ nur im Singular zu sprechen. (Zumal, da man sich im deutschen Sprachraum, unter dem Einfluß des Biologen Jakob von Uexküll, vor der Hitlerzeit schon einmal daran gewöhnt hatte, immer von „Umwelten“ zu sprechen. Ab 1933 war dann von „Lebensraum“ und „Umwelt“ nur noch im Singular die Rede.) Statt einen Multikulturalismus auf dem Hintergrund der „einen“ Natur zu predigen, sollte die Politische Ökologie besser von einem „Multinaturalismus" ausgehen, regte demgegenüber Bruno Latour an.

Mit der Fiktion der „einen" Natur lasse sich die Politik nicht erneuern, warnte der Wissenschaftsforscher. Und man muß wohl hinzufügen: Auch „die" Wirtschaft tut sich höchstwahrscheinlich keinen Gefallen, wenn sie (unter Ausschluß der echten, eher aus dem Bauch entscheidenden mittelständischen Unternehmer) über das unvermeidliche Maß von Anpassung an die gegebenen politischen Machtverhältnisse hinaus im Rahmen des deutschen *„Forum Nachhaltige Entwicklung"*, der Nachhaltigkeitskommission der UNO oder Kofi Annans *„Global Compact"* auf freiwilliger Basis einen kopflastigen Konsens über die Verwaltung der „ökoeffizient" rationierten „einen Welt" um jeden Preis sucht. Denn sie setzt sich damit dem Verdacht aus, mit dem *common sense* und mit der Idee einer pluralistischen Gesellschaft auf Kriegsfuß zu stehen und verbaut sich obendrein Kommunikationswege für die Vermarktung von Innovationen. Kurz: Die Wissenschaft mag noch so oft betonen, daß die Welt rund ist, für Normalsterbliche bleibt sie im täglichen Leben eine Scheibe (die beispielsweise für Franzosen die Form eines Sechsecks hat).

Die *Agenda 21* ist demgegenüber, trotz gewisser Zugeständnisse an den *common sense*, stark geprägt von der Wissensanmaßung und vom Missionseifer von „Modernisten" beziehungsweise bürokratischen Weltverbesserern. Es geht diesen im Endeffekt darum, die *„Kultur der hauswirtschaftlichen Rationalität"* über den ganzen Erdball zu verbreiten, die uneinsichtigen Menschen durch den *„Umstieg auf eine umweltverträgliche Preisgestaltung"* (Ökosteuer) zur Veränderung ihrer „Konsummuster" zu erziehen.

Zwar räumt die *Agenda 21* in einem kleinen Kapitel auch der Privatwirtschaft einen gewissen Stellenwert ein und führt die *Responsible Care*-Initiative der chemischen Industrie als positives Beispiel für eigenverantwortliches Handeln von Unternehmen an. Aber welcher Raum bleibt Experimenten und offenen marktwirtschaftlichen Suchprozessen, wenn von vornherein feststeht, was dabei herauskommen soll, und wenn sich die Privatwirtschaft im Eifer, es allen *stakeholders* des Rio-Prozesses recht zu machen, sozusagen selbst gleichschaltet? Wäre es nicht besser, die Industrie verbündete sich mit dem gesunden Menschenverstand der schweigenden Mehrheit, als den Konsens mit Gruppen und Grüppchen zu suchen, die die *Agenda 21* als Light-Version des „wissenschaftlichen Sozialismus" interpretieren?

Gerade beim Umgang mit Risiken innovativer Hochtechnologien (wie etwa der PID oder der Stammzellenforschung) entscheiden normal

Sterbliche, wie Volksabstimmungen in Kalifornien oder in der Schweiz sowie empirische sozialwissenschaftliche Erhebungen zeigen, im Schnitt viel vernünftiger, als es ihnen Expertengremien, Ethikräte und selbsternannte Tugendwächter zutrauen. Sowohl überraschende Erfolge als auch Enttäuschungen bei der Einführung neuer Produkte gehen doch oft darauf zurück, daß die Ingenieure und Designer den Alltagsverstand der Konsumenten falsch einschätzten.

Wir können nicht voraussetzen, daß über sechs Milliarden Menschen bereit sein werden, „Natur" in erster Linie als die „eine Welt" von Rohstoffvorräten und (Un-) Gleichgewichten zu sehen, die dauerhaft (nachhaltig) verwaltet und rational genutzt beziehungsweise ausgeglichen werden sollten. Wenn überhaupt, können die vielfältigen natürlich/gesellschaftlichen Mischwesen (Quasi-Objekte), mit denen sie es im Alltag zu tun haben, nur „von unten" zu einer gemeinsamen Welt gemacht werden. Mit anderen Worten: Solange die einfachen Menschen (nicht zu Unrecht) das Gefühl haben, daß *sustainable development* lediglich eine neue, ihnen von einer selbsternannten Avantgarde von oben verordnete Management-Mode, ja imperialistische Ideologie ist, die weder zu mehr Respekt vor Tradition und Erfahrung noch zu mehr individueller Freiheit und Verantwortung, sondern zum Ausbau entmündigender Techno-Bürokratien führt, dürfte die Vision der „einen Welt" keine Begeisterungsstürme auslösen.

Der *Rio+10*-Gipfel hätte eine Gelegenheit sein können, um die *Agenda 21* vom Kopf auf die Füße zu stellen, sie im Sinne eines nicht obrigkeitsstaatlich, sondern als Ausdruck der Konsumentendemokratie verstandenen „Parlaments der Dinge" umzuschreiben. Es hätte dabei vermutlich nicht alles verworfen werden müssen, was bislang in Sachen Nachhaltigkeit unternommen wurde. Aber man hätte davon ausgehen sollen, daß nachhaltig nur das sein kann, was sich ohne Subventionen auf dem Markt durchsetzt und was erwachsene Individuen, unbeeinflußt von volkspädagogischen Experimenten wie der sogenannten Ökosteuer, bereit sind, um seiner selbst willen zu tun.

fen. Leider tragen die Aktienfonds, in die er einmal seine größten Hoffnungen gesetzt hatte, dazu nur in sehr bescheidenem Maße bei.

Wir möchten aber nicht verraten, wo Martin sich jetzt aufhält. Denn damit könnte er, angesichts der wachsenden Unwirtlichkeit großer Teile unseres Planeten und der erdrückenden Steuerlast in ehemaligen Wohlstandsregionen, den Neid seiner Leser erregen. Jedenfalls lebt er nicht mehr in Frankfurt am Main, nicht einmal mehr in dem Wurmfortsatz Asiens, den man einmal Europäische Union nannte.

Wir haben Frühling und Martin sitzt auf der Veranda seines Hauses vor einem uralten, mehrfach mit Updates aufgefrischten Macintosh Powerbook, auf den er wie wild einhämmert – wenn ihm gerade mal eine zündende Idee kommt. Versorgt wird sein Mac tagsüber mit Solarstrom, nachts aus einer kompakten Nuklearbatterie im Keller seines Hauses und mit Miniatur-Brennstoffzellen, wenn er damit unterwegs ist. Zentralisierte Elektrizitätsversorgungssysteme gibt es dort, wo Martin jetzt mit seiner zweiten Frau Helen, zwei Kindern und etlichen Haustieren außer Sichtweite der nächsten Nachbarn lebt, schon lange nicht mehr. Das Haus des freien Technikjournalisten und Weinkritikers ist über Satellit mit mehreren, für unterschiedliche Aufgaben spezialisierten Internets verbunden.

Martin fühlt sich dort, wohin er sich mit seinem Anhang zurückgezogen hat, in jeder Hinsicht wie auf einer Insel der Glücklichen. Rund um sein Haus baut er seinen eigenen Wein an. Das Wasser kommt zumindest einen Teil des Jahres direkt aus einer nahegelegenen Quelle. Für die trockene Jahreszeit stehen ihm Erdtanks mit membranfiltriertem und sterilisiertem Brauchwasser zur Verfügung. Leider sprudelt die Quelle seiner Gedanken nicht mehr so munter wie in jungen Jahren. Heute fällt es ihm besonders schwer, sich zu konzentrieren. Denn er hat sich (immer noch der alte!) von der charmanten Botschafterin eines ihm bislang nicht bekannten Instituts für Kreislaufwirtschaft in Hannover (die Stadt an der Leine gab es also noch!) betören lassen, anläßlich des 25. Jahrestages der EXPO 2000 einen Essay über die Bedeutung dieser Großveranstaltung für die Entwicklung ressourcensparender Technik im 21. Jahrhundert zu schreiben. Außer in Hannover hält im Jahre 2025 freilich kaum noch jemand die EXPO 2000 für ein Weltereignis. Die meisten können sich nicht einmal mehr blaß daran erinnern.

Martin hatte sich aber schließlich doch auf das Ansinnen des Hannoveraner Instituts eingelassen, weil ihm nach einigem Nachdenken wieder einfiel, daß die EXPO für seine eigene Arbeit und persönliche Entwicklung nicht ohne Bedeutung war. Immerhin hatte er dort im *„Planet of Visions“* Helen kennen gelernt. Über etliche Umzüge hinweg hatte der Technikjournalist einige der schönen ledergebundenen Terminplaner gerettet, die er jedes Jahr von seiner Volksbank als Treuegeschenk bekam. Der für das Jahr 2000 weist aus, daß er nicht weniger als viermal von Frankfurt aus zur EXPO gefahren war. Zweimal hatte er dabei die Gelegenheit, die *Cyclebowl*, den auffälligen runden Kunststoffpavillon einer eigenartigen Firma namens Duales System Deutschland AG, zu besuchen. Einmal zu Beginn der Sommerferien ganz privat mit seinem Sohn Arne und gleich nach den Sommerferien schon wieder mit einer Gruppe hessischer Kolleginnen und Kollegen im Rahmen einer Pressefahrt.

Nach einigem Nachdenken fällt Martin sogar wieder ein, daß ihnen die Kommunikationschefin des Grünen Punktes (wie hieß sie noch?) mit engagierter Stimme persönlich erklärte, was das alles zu bedeuten hatte, was es dort zu sehen gab. Die hochgewachsene Dame führte ihnen vor, wie genial *die* Natur das Problem der Verpackung von Produkten wie Bananen, Kokosmilch oder Eiern löst und dabei Vorbilder für den Aufbau geschlossener Stoffkreisläufe liefert. Finden Sie Bananen wirklich vorbildlich verpackt, wenn Sie darauf treten und ausrutschen, hatte Martin fragen wollen. Aber eine direkte Kommunikation war wegen der Techno-Musikbegleitung und wegen des Lärms, den ein künstlicher Tornado im Rundpavillon machte, nicht möglich.

Doch im Ernst: Natur als Vorbild? Martin hatte als studierter Philosoph zuviel Nietzsche gelesen, um darüber nicht zu schmunzeln. Ihm war klar, daß mit „Natur“ nur jene symbolische „zweite Natur“ (Kultur) gemeint sein konnte, die sich die Menschen schaffen, erfinden müssen, weil sie es in der ersten (für Nietzsche das schlechthin „Ungeheure“) gar nicht aushalten. Sie orientierten sich nicht an der Natur, sondern an Bildern, die sie sich von ihr machen. Eines von vielen möglichen war die Ökologie mit ihren Vorstellungen von Gleichgewicht, Kreislauf und Harmonie. Technische Problemlösungen, das hatte Martin gelernt, sind in hohem Maße kulturell vermittelt. Die Notwendigkeit des weltweiten Übergangs von der Wegwerf- zur Kreislaufwirtschaft aus der „Natur“ herzuleiten, erschien ihm gedankenlos. Denn in der „Natur“ gibt es zwar *auch* Kreisläufe – etwa den Blutkreislauf, dessen Entdeckung durch Francis Harvey das Kreislaufdenken in der Nationalökonomie erst angeregt hatte. Aber alles in allem galt doch wohl in der Natur, wie schon der alte Heraklit wußte, daß man nicht zweimal in den gleichen Fluß steigen kann. Selbst in unseren Adern zirkuliert ja nicht immer der selbe Saft. Alles ist wandelbar und vergänglich. Deshalb hat auch der belebte Teil der Natur im Laufe der Geschichte ständig seine Strukturen verändert und ganz nebenbei riesige Abfallberge (wie die Dolomiten) aufgetürmt.

Man hätte damals, sagte sich Martin, ständig im Auge behalten sollen, daß es sich bei dem als notwendig erachteten Übergang zur Kreislaufwirtschaft nicht um eine simple Anpassung des menschliche Wirtschaftens an eherne Naturgesetze handeln konnte, sondern um die Einführung einer ganz neuen „Leitkultur". Es ging um nicht weniger als um die Durchsetzung eines neuen Verständnisses von Fortschritt, das zum Maßstab der Technikentwicklung hätte werden können. Man hätte dann vielleicht realistischer abschätzen können, wie groß die Chancen eines europa-, wenn nicht weltweiten Sieges einer solchen Kulturrevolution waren.

Woher nahmen die Leute vom Grünen Punkt nur die Gewißheit, ihr ökologisches Weltbild werde sich in absehbarer Zeit weltweit durchsetzen, fragt sich Martin. Ob er sich diese Frage auch schon stellte, als er mit der Journalistengruppe nach dem Mittagessen in der *VIP-Lounge* der *Cyclebowl* ins Industriegebiet von Hannover-Anderten fuhr, um zusammen mit dem Vorstandsvorsitzenden der Duales System Deutschland AG die erste vollautomatische Sortieranlage der Welt für Leichtverpackungsabfälle mit dem Namen *SORTEC* 3.0 zu besichtigen, kann er heute nicht mehr sagen.

Wahrscheinlich war auch Martin vor einem Vierteljahrhundert beeindruckt vom technischen Wunderwerk, das diese Anlage dargestellt haben muß. Vielleicht empfand auch er diese Technologie als wegweisend – zumindest für hochentwickelte Industrieländer wie Deutschland. Aber heute, in der komfortablen Position eines durch Schaden klug gewordenen, ist ihm natürlich klar, warum diese Art von Anlage, wie vieles andere auf der EXPO ausgestellte auch, in Deutschland nur einen engen Markt gefunden hat und später ganz in Vergessenheit geriet. Die Duales System Deutschland AG gibt es ja nun schon seit Jahren nicht mehr. Und zwar nicht, weil diese tolle Firma Pleite gemacht hätte, sondern weil es Deutschland nicht mehr gibt. Man redet stattdessen nur noch von deutschen Landen und meint damit eine Reihe überwiegend gebrochen deutsch sprechender und von einer deutschen Vergangenheit geprägter Klein- und Stadtstaaten auf den früheren Staatsgebieten Deutschlands, Österreichs und der Schweiz. Die Gegend, in der Martin geboren wurde, nennt sich nun wieder Chatten-Gau. Es gibt heute indes, wie er erfahren hat, immer noch so etwas wie ein Duales System, aber unter anderem Namen – und zwar nicht in dem, was von Deutschland übrig geblieben ist, sondern im Nachbarland Frankreich.

Das wundert ihn übrigens gar nicht. Frankreich blieb wegen seines starken kulturellen Zusammenhalts der einzige europäische Nationalstaat, der – einmal abgesehen vom inzwischen schon fast vergessenen Verlust Korsikas – nach dem Streit über unlösbare finanzielle Probleme der Ost- und Südosterweiterung und der Agrarsubventionierung und dem dadurch beschleunigten Auseinanderbrechen der Europäischen Union seine territoriale Integrität wahren konnte. Mit Korsika hatte es ohnehin nur Ärger gegeben. Einige Politiker hatten sich vor der Abtrennung der Mittelmeerinsel, am Ende ihrer Geduld, schon öffentlich zu dem nicht ganz ernstgemeinten zynischen Vorschlag hinreißen lassen, die schöne, aber unfriedliche und gleichzeitig subventionsgeile Insel doch einfach mit Stacheldraht zu umgeben und samt ihrer Bewohner im Mittelmeer zu versenken...

Die nach der (am Ende zum Glück doch weniger dramatisch verlaufenen) Verabschiedung Korsikas von seinem einzigen wirklich gefährlichen Konfliktherd befreite zentralisierte Republik mit ihrem Staatsmonopol bei der Stromversorgung und ihrem kollektivistischen Sozialversicherungsmonopol erwies sich für den flächendeckenden Aufbau einer hoch technisierten Kreislaufwirtschaft wie geschaffen, zumal Frankreichs Einnahmen aus dem europaweiten Verkauf von relativ preisgünstigem Atomstrom für die Finanzierung solcher landesweiten hauswirtschaftlichen Experimente teilweise zur Verfügung standen. Und die Franzosen wurden, trotz ihrer anfänglichen Abneigung gegen die von den Deutschen wie ein Volkssport zelebrierte kostspielige Mülltrennung, zu deren gelehrigsten Schülern. Sie ließen sich für den Aufbau einer landesweiten Trenn- und Sammellogistik für Abfälle aller Art zwar erheblich mehr Zeit als zuvor die Deutschen, taten das dafür aber mit cartesianischer Klarheit und beinahe deutsch anmutender Gründlichkeit. Sie importierten anfangs sogar die *SORTEC*, tauften diese aber um in *France Sélect* und entwickelten sie gemäß ihrer eigenen Vorstellungen in einer kostengünstigeren Form weiter. Nicht nur wegen dieser Entwicklung in Frankreich findet sich heute auf vielen Verpackungen (selbst auf der Insel, auf der Martin jetzt lebt) noch immer der Grüne Punkt – zum Teil sogar handgemalt. Aber kaum jemand weiß noch, was das Zeichen einmal bedeuten sollte. Die Menschen haben sich einfach daran gewöhnt und finden die wie Yin und Yang verschlungenen Pfeile irgendwie beruhigend.

Aber abgesehen von der Befriedigung, die ihnen die Wahrung ihrer nationalen Einheit vermittelte, war auch die große Mehrheit der Franzosen in den 20er Jahren des 21. Jahrhunderts keineswegs glücklich zu schätzen. Ein Land, das schon zu Beginn des 21. Jahrhunderts eine Staatsquote von 55 Prozent erreicht hatte und in dem fast ein Viertel der arbeitenden Bevölkerung im öffentlichen Dienst tätig war, konnte kaum als „zukunftsfähig" bezeichnet werden. Schon um 2010 überschritt die Steuer- und Abgabenquote die Schallmauer von 80 Prozent der privaten Einkommen der Franzosen. Nicht nur das kollektivistische Gesundheitswesen und die Versorgung eines Heeres von Ruheständlern, die drauf und dran waren, zur Bevölkerungsmehrheit zu werden, sondern auch die Befriedung der überwiegend in muslimische Ghettos verwandelten Vorstädte der Hauptstadt Paris und aller bedeutenden Provinzstädte verschlangen Unsummen. Nach dem Vorbild der korsischen Nationalisten, die im 20. Jahrhundert mit jedem ihrer Bombenanschläge eine Aufstockung der Subventionen erreicht hatten, verstanden es nun auch die muslimischen Enklaven, durch nächtliche Randale mit Brandstiftung die Geldhähne des Staates und zum Teil auch karitativer Organisationen zu öffnen. Wie auch in den benachbarten deutschen Landen kam es dabei örtlich auch zu einem Zusammengehen mit antisemitischen Rechtsradikalen in Springerstiefeln.

Die französischen Regierungen verstanden es aber glänzend, im Gerangel um EU-Gelder andere Regierungen über den Tisch zu ziehen. Nicht zuletzt blühte in den französischen Provinzen eine halb mafiose, halb libertär-anarchistische Schattenwirtschaft, die sich um die Nöte der von Paris aus gesteuerten wohlfahrtsstaatlichen Planwirtschaft wenig scherte. Nur *pro forma* schritten die Behörden des Zentralstaates hin und wieder gegen die Schattenwirtschaft ein, um beim einfachen Volk den Eindruck zu erwecken, sie sorge sich wenigstens im Prinzip um Gesetz und Ordnung. Die Pariser Bürokraten wußten aber sehr wohl, daß Versorgungsengpässe und Hungersnöte ausbrechen würden, schritten sie wirklich auf breiter Front gegen Dienstleistungen ohne Rechnung ein. So zeigten sich die Auswirkungen des ökonomischen Abstiegs Westeuropas hier etwas weniger drastisch. Der Mythos der „*République*" und der „*Grande Nation*" konnte in etwas lädierter Form fortleben.

Warum war alles so anders gekommen, als es sich Klaus Töpfer (zur Zeit der EXPO Generalsekretär des Umweltprogramms der Vereinten Nationen in Nairobi) vorgestellt hatte, als er zu Beginn der 90er Jahre als deutscher Bundesumweltminister mit seiner Verpackungsordnung (international bekannt geworden als *Toepfer Law*) den Weg in die Kreislaufwirtschaft vorzeichnete? Martin geht noch heute davon aus, daß das nicht primär an den gut gemeinten Konzepten und entsprechenden gesetzlichen Regelungen lag, selbst wenn deren Begründung manchmal zu wünschen übrig ließ. Er glaubt auch nicht, daß die Kompliziertheit und der entsprechend hohe Preis der Sortier- und Wiederaufbereitungstechnik ausschlaggebend war. Und auch die Zuverlässigkeit der aufwändigen Technik stand damals wohl außer Frage.

Das Problem lag vielmehr, wie ihm inzwischen schmerzlich bewußt geworden ist, darin, daß sich während der Inangriffnahme des Aufbaus einer Kreislaufwirtschaft auf hohem industriellen Niveau deren gesellschaftliche Voraussetzungen radikal änderten, ohne daß man das zunächst wahr haben wollte. Diese Umwälzungen führten dazu, daß den Deutschen und später auch etlichen anderen Völkern die Fortschrittskriterien, ja sogar die Idee des Fortschritts als solche abhanden kamen. Es fehlten ihnen auf einmal die Maßstäbe, um beurteilen zu können, ob die eine Technologie besser oder schlechter war als die andere, ob Wiederverwerten besser war als Wegwerfen oder Verbrennen, ob billig besser oder schlechter war als teuer, ob verschwenden besser oder schlechter war als sparen, ob reich besser oder schlechter war als arm, ob frei besser oder schlechter war als entmündigt und geknechtet.

Was war geschehen? Zweifelsohne bezeichnet das Jahr 2000 einen Einschnitt in der Geschichte, wenn auch beileibe nicht den Wendepunkt, den Angehörige einer selbst ernannten Öko-Elite hier hinein interpretieren wollten. Aber Martin fallen beim unbefangenen Rückblick auf die Jahrtausendwende spontan weder die *SORTEC* noch die Cyclebowl und auch nicht die vier Buchstaben EXPO ein, sondern nur die drei Schriftzeichen B.S.E. In dem, was von seinem Archiv übriggeblieben ist, hat er sogar noch Presseausschnitte gefunden, die seine spontane Erinnerung bestätigen. Kaum hatte die EXPO in Hannover ihre Pforten geschlossen, gab es in den Massenmedien beinahe nur noch ein einziges Thema: eine geheimnisvolle Rinderkrankheit, die viele für eine pestartige Seuche hielten. Wissenschaftlich bezeichnete man die dabei eintretende schwammartige Degeneration des Zentralnervensystems mit den besagten Buchstaben BSE, die Presse und der Volksmund redeten von „Rinderwahnsinn". Verrückt wurden aber aus heutiger Sicht weniger die Rinder, sondern die Menschen – und zwar schon bevor sie überhaupt mit Krankheitserregern (wenn es denn welche gab) in Kontakt gekommen waren.

Das zeigte sich in der wirren Geschäftigkeit, mit der die Deutschen und ihre Nachbarn auf die verspätete Entdeckung des BSE-Syndroms in schleswig-holsteinischen und bayerischen Kuhställen reagierten. Der damalige Bundeskanzler Gerhard Schröder (eigenartigerweise kann sich Martin noch gut an ihn erinnern) und seine inzwischen in Vergessenheit geratene Landwirtschaftsministerin gaben die Devise aus: *„Weg von den Agrarfabriken. Zurück zur Natur! Klasse statt Masse!“* Damit machte er aber offenbar die Konfusion komplett, denn niemand konnte angesichts des Fehlens jeglicher Anhaltspunkte über die Dimension des BSE-Risikos im Ernst behaupten, sogenannte biologisch-dynamische Bauernhöfe hätten ein niedrigeres BSE-Risiko als andere.

Kaum hatte sich die Aufregung um BSE etwas gelegt, lief in den Massenmedien bereits eine neue Welle der Hysterie auf. Diesmal wegen der ebenfalls in Großbritannien ausgebrochenen Maul- und Klauenseuche (MKS). Martin konnte sich über all dieses Treiben nur wundern, war ihm doch MKS aus seiner frühen Jugend durchaus ein Begriff. Damals in den 50er und frühen 60er Jahren kam es in deutschen Viehställen öfters zu Ausbrüchen der für die Tiere körperlich und für die Bauern wirtschaftlich schmerzlichen, aber für die Menschen nicht ansteckenden Virusinfektion – bis irgendwann in den 60er Jahren an jedem Kuhstall zwei Schilder darauf aufmerksam machten, daß der Viehbestand *„Tuberkulose-, Brucelose- und Bangefrei“* und *„gegen Maul- und Klauenseuche geimpft“* war.

Martin wußte das alles noch so genau, weil er selbst von einem Kleinbauern abstammte und sich während seiner Gymnasialzeit, nach einem schweren Unfall seines Vaters, sogar einmal monatelang selbst um den elterlichen Betrieb hatte kümmern müssen. Er konnte sich sogar noch daran erinnern, daß in seiner Kindheit einmal eine etwas störrische schwarzbunte Kuh namens Olga wegen Tuberkuloseverdacht notgeschlachtet und von der zuständigen Viehverwertungsanstalt abgeholt worden war. Notschlachtungen von Schweinen kamen so oft vor, daß ihm Einzelereignisse nicht in Erinnerung blieben. MKS-Ausbrüche kamen aber immer von selbst wieder zum Erliegen, weil der größte Teil der Tiere die Krankheit mit Hilfe der Verfütterung von maulschonendem Brei überlebte. Es gab im Dorf auch hin- und wieder Notschlachtungen einzelner nicht mehr gehfähiger Rinder, die man später als BSE-verdächtig eingestuft hätte.

Martin wußte aber noch genau, daß es deswegen niemals zu hysterischen Reaktionen und Massenschlachtungen auf Verdacht gekommen war. Zu Beginn des 21. Jahrhunderts hingegen kam nach der wiederholten Entdeckung lebensgefährlicher EHEC-Bakterien in angeblich gesunder Bio-Wurst und Salmonellen in Hühnereiern aus Bodenhaltung in den Medien der Ruf nach einer Wiedererrichtung von Schlagbäumen in Europa auf. Nur dem kurzen Gedächtnis der Menschen und der baldigen Ablösung eines Reizthemas der Medien durch ein neues war es wohl überhaupt zu verdanken, daß die Menschen damals ihr Vertrauen in Landwirtschaft und Nahrungsmittelindustrie nicht vollends verloren.

Das brachte zwei junge Genforscher (ihre Namen tun jetzt nichts zur Sache) auf eine Idee. Warum können unsere Steaks, Schnitzel und Currywürste künftig nicht in Petrischalen oder Fermentern wachsen statt in Rindern, fragten sich, ganz naiv, die beiden Wissenschaftler. Anders als bei Rindern, die letztlich niemand ausreichend kontrollieren kann, wüßte man bei der biotechnischen Herstellung von Fleisch wenigstens aufs Nanogramm genau über alle In- und Outputs Bescheid. Und man könnte dafür sorgen, daß immer alle notwendigen Vitamine und Mineralstoffe darin enthalten sind. Außerdem werde unseren Nachfahren das Einsperren und Schlachten von Tieren zum Zwecke menschlicher Ernährung ohnehin einmal als grausames, vorzeitliches Relikt erscheinen, sagten sich die beiden im Tierschutz engagierten Vegetarier. Sie waren sich sicher, die Chance ihres Lebens vor sich zu haben.

Unverzüglich machten sie sich an die Arbeit. Sie kannten die in den Niederlanden entwickelten vegetarischen Fleischersatzprodukte wie „Protex“ und „Fibrex“, wußten aber auch, daß diese bei Nicht-Vegetariern wegen ihrer weichen Konsistenz und ihres vergleichsweise faden Geschmacks nur wenig Anklang fanden. In der Literatur fanden sie auch Hinweise auf relativ weit gediehene Versuche, richtige Fleischzellen außerhalb tierischer Organismen wachsen zu lassen. Aber dieser Weg erschien ihnen als Vegetarier nicht sonderlich verlockend. Außerdem war ihnen bewußt, daß man dabei das BSE-Risiko oder Infektionsgefahren durch EHEC-Bakterien nicht völlig ausschließen konnte. Besser war es wohl, mit Organismen zu arbeiten, die nichts oder nur sehr wenig mit tierischen Zellen zu tun hatten.

Zufällig geriet ihnen ein im Juli 2000 im renommierten Wissenschaftsmagazin *Nature* erschienener Artikel unter die Augen. Dieser berichtete, einer Gruppe brasilianischer Forscher in São Paulo sei es als ersten gelungen, das komplette Genom eines Pflanzenschädlings, einer Bakterie namens *Xylella fastidiosa*, zu entziffern. Die Bakterie hatte von sich reden gemacht, weil sie, verbreitet durch winzige Zikaden, in den Orangen-Plantagen rund um São Paulo, wo die Hälfte des auf der ganzen Welt verbrauchten Orangensaftes produziert wurde, zunehmend Schäden verursachte. Und zwar verstopfte sie mit ihren proteinhaltigen Ausscheidungen die Wasserleitgefäße der Orangenbäume, was zum Eintrocknen der Früchte führte.

Unsere beiden tapferen Biotechnologen entschlossen sich, dieser exotischen Bakterie Gene für die Produktion fleischartiger Proteine einzupflanzen. Das nach einigen weniger überzeugenden Versuchen schließlich erreichte Resultat hielt der kritischen Prüfung zumindest dem Neuen gegenüber aufgeschlossener Gourmets und Chefköche stand. Die beiden Forscher fanden sogar Investoren, um mit der großtechnischen Produktion beginnen zu können. Doch ihr Genehmigungsantrag wurde nach einem wahren Kesseltreiben, das verschiedene Gruppen und Grüppchen gegen sie veranstalteten, als politisch nicht korrekt abgewiesen. (So deutlich sagte man das aber wohl damals noch nicht.)

Martin hat die langen Gesichter der beiden noch immer vor Augen. Und er kann auch gut verstehen, daß sie schließlich, um ihr Lebenswerk fortsetzen zu können, samt ihrer Mitarbeiter und einigen befreundeten Kollegen, die mit ihren Arbeiten auf ähnliche Schwierigkeiten gestoßen waren, auf einer Offshore-Plattform bei den Bahamas Zuflucht suchten. Dort bauten sie eine Fabrik für gentechnisch erzeugte Xylella-Steaks und Currywürste auf. Der Journalist kann sich noch gut daran erinnern, daß ihr Geschäft so gegen 2010 ganz hervorragend zu laufen begann. Sie lieferten ihre Ware gegen harte Dollars nach Westasien, dem ehemaligen Europa. Dort waren inzwischen wegen einer zunächst wegdiskutierten Abkühlung des Klimas vielerorts Hungersnöte ausgebrochen. Doch die neue Oberschicht, eine Art *Nomenklatura*, ließ sich heimlich das bei ihnen offiziell noch immer geächtete Genfood von den Bahamas einfliegen. Auch der ehemalige Bundeskanzler Gerhard Schröder soll zu den regelmäßigen Kunden der beiden zu erfolgreichen Unternehmern gewordenen Biologen gehört haben.

Längst war der US-Dollar nach einer Reihe von Staatsbankrotten infolge der Schulden- und Papiergeldinflation wieder zum Goldstandard zurück gekehrt und zur unumstrittenen internationalen Währung geworden. Immer weniger Geschäftsleute hatten das Polit-Kunstgeld Euro wegen starker Wertschwankungen noch als Zahlungsmittel akzeptiert. Die Großkonzerne, die im vergangenen Jahrhundert am lautesten nach der europäischen Einheitswährung gerufen hatten, gehörten zu den ersten, die zunächst firmenintern, dann aber auch zunehmend mit ihren Lieferanten und Kunden wieder in Dollar abrechneten.

Die Welt war zehn Jahre nach der EXPO 2000 vielfältiger, bunter, aber keineswegs besser geworden. Von Fortschritt konnte keine Rede mehr sein. Martin und Helen lebten nach der Jahrtausendwende in einer sehr viel komplexer und instabiler gewordenen Welt, mußten aber feststellen, daß sich das Denken einer erdrückenden Mehrheit ihrer Zeitgenossen unter dem Einfluß der von Massenmedien vermittelten *political correctness* keineswegs der gewachsenen Komplexität anpaßte. Im Gegenteil: Primitivster Aberglaube, borniertes Stammesdenken und vagabundierende Ängste feierten nicht nur in Afrika, sondern auch im alten Europa und teilweise auch in Amerika allenthalben fröhliche Urständ. Immer mehr Stoffe und Produkte wurden unter Hinweis auf BSE, MKS, EHEC, AIDS, Alzheimer, Vogelgrippe H5N1 und andere geheimnisvolle Krankheiten auf Verdacht aus dem Verkehr gezogen. Auch die Idee des Recycling fiel schließlich in Mißkredit. Man wußte ja nie, ob mit der Wiederverwertung von Abfällen nicht Schadstoffe auf Reise geschickt wurden. *„Verbrennen statt Recyceln!"* hieß die neue/alte Devise. Nicht nur ganze Rinderherden und Schweinebestände, sondern auch Essensreste, Klärschlamm und schließlich auch Haushalts- und Verpackungsabfälle wurden fortan aus Gründen der Hygiene wieder verbrannt. Auch politisch nicht korrekte Bücher hätten manche Eiferer am liebsten auf diesem Wege entsorgt. Doch sie mußten einsehen, daß man angesichts der Verbreitungsmöglichkeiten, die das Internet bot, ketzerische Ideen auf diese Weise nicht aus der Welt schaffen konnte.

Das Internet hatte wegen der ihm inhärenten Fähigkeit zur Selbstorganisation die Wirren der Zeit zum Glück überstanden. Aber es blieb die letzte durchgreifende Innovation, die die Welt erlebte. Martin war klar: Das *world wide web* hatte sich, ausgehend von einem im Kalten Krieg aufgebauten militärischen Kern, nur deshalb so rasch und nachhaltig in allen Lebensbereichen ausbreiten können, weil darüber niemals internationale Mammutkonferenzen multilaterale Verträge mit vielen Extrawürsten ausgehandelt und auf nationaler Ebene niemals vorgeblich nach Innovationsstrategien suchende Konsensrunden debattiert hatten. Und er sann mit einem Anflug von Melancholie über folgendes Paradox: Die „eine Welt" gab es nur, solange sie in zwei feindliche Blöcke geteilt war. Und das weltumspannende Internet war das nachhaltigste Nebenprodukt dieser Teilung.

Schon um die Jahrtausendwende verkaufte sich „antikapitalistischer" Schwachsinn (für DEM 39,90 das Stück) in Europa viel besser als neue Geschäftsideen. Es war viel leichter, Geld mit der undifferenzierten

Verteufelung der Gentechnik zu verdienen als mit der Ausgründung innovativer Biotech-Unternehmen aus den Hochschulen. Die politischen Rahmenbedingungen ließen seriöses Wirtschaften einfach nicht mehr zu. Da Forschung und Entwicklung unter diesen Umständen zum Lotteriespiel wurden und Erfinder obendrein ein sehr schlechtes gesellschaftliches Ansehen genossen, fand sich bald kaum noch jemand, der in neue Technologien und Produktideen investieren wollte.

Findigen Forschern und Ingenieuren blieb nichts anderes übrig, als ihr Wissen in anderen Regionen der Erde anzubieten: in China, wo sie von einer wirtschaftspolitisch und geostrategisch ehrgeizigen, aber in Bezug auf individuelle Menschenrechte wenig zimperlichen technokratischen Elite mit offenen Armen empfangen wurden, in Indien, wo Kreativität und Flexibilität viel mehr gefragt waren als das im alten Europa als Gewohnheitsrecht geltende Streben nach Sicherheit und Komfort, oder in Amerika, wo eine als provinziell und konservativ verschriene Regierung zum Glück in einem entscheidenden Moment dem massenmedial vermittelten weltweiten Meinungsdruck der *political correctness* standgehalten und einem gesunden Technik-Optimismus das Feld überlassen hatte. „Innovation" wurde demgegenüber im alten Europa immer mehr zum Synonym für die Verteidigung von „Besitzständen" und konsensuales Auf-der-Stelle-Treten. Dem entsprechend kam auch die Börse ab 2000 nicht mehr recht vom Fleck, sackte nach dem 11. September 2001 zeitweise sogar auf beängstigende Tiefstände ab. Und Martin mußte zusehen, wie seine wenig intelligent gemanagten Investment-Fonds mehr oder weniger schnell zusammenschmolzen. Als 2007 nach einem außerordentlich milden Winter die durch Massenmedien geschürte Angst vor einer „Klimakatastrophe" durch die globale Erwärmung hysterische Züge annahm und Investmentsfonds für „erneuerbare Energien" in abenteuerliche Höhen schossen, hatte Martin gar nichts mehr übrig, um sich an dem Boom zu beteiligen. Durch seine bisherigen Erfahrungen skeptisch geworden, ging er ohnehin davon aus, daß auch diese Hausse sich als Blase erweisen werde, denn sie stützte sich nicht auf Basis-Innovationen, sondern auf politisches Wunschdenken.

Wirkliche Innovationen wie z. B. die tierfreie Herstellung von Proteinen in sauberen Fabriken blieben in Europa verpönt. Die schmutzige Arbeit auf den Äckern und in den Kuh- und Schweineställen aber wollte auch kaum noch jemand tun. Zu allem Überfluß wurde es auf der Welt, entgegen dem in der „offiziellen" Klimaforschung angenommenen Trend, aufgrund einer im Prinzip voraussehbaren Verlangsamung des Sonnenflekkenzyklus wieder merklich kühler – so kalt, daß es ab 2015 in Europa zu einer Reihe von Mißernten kam. Bald war kaum noch jemand unglücklich darüber, daß das Kioto-Protokoll von 1997 über den Klimaschutz infolge der Wahl George W. Bushs zum 43. Präsidenten der USA und des Lavierens des russischen Präsidenten Wladimir Putin nur formal in Kraft getreten war, daß Konzerne und ehemalige Planwirtschaften zwar fleißig mit Treibhausgasemissionslizenzen handelten, ansonsten aber mithilfe von Outsourcing nach Indien und China so gut es ging weiter wurstelten.

Der Emissionshandel wurde immer mehr zum Ersatz für den geplatzten Traum von der Herstellung einer europäischen Identität durch Ausweitung des kuscheligen „europäischen Sozialmodells" mithilfe einer durch zahllose Ausnahmeregelungen aufgeblähten Verfassung, die ihren Namen nicht verdiente. Nach der Ablehnung des Vertrages über eine europäische Verfassung durch die französischen und niederländischen Wähler mußte dieses ehrgeizige Projekt begraben werden. An die Stelle des einzig von einer abgehobenen Politkaste verfolgten Projektes der flächendeckenden politischen Integration Europas traten wechselnde Interessenkoalitionen. Nur beim Emissionshandel blieben sich alle Berufspolitiker einig. Allerdings fand dieser Handel mehr und mehr nur noch auf dem Papier statt, da es wegen des Zusammenbruchs von Schlüsselindustrien immer weniger Emissionen gab.

Um die Jahrtausendwende hatte Martin noch zu den glühenden Verfechtern der europäischen Einigung gehört. Er hoffte, in einem größeren europäischen Ganzen würden die ihn ängstigende ideologische Verbohrtheit und die Staatsgläubigkeit seiner Landsleute durch Verdünnung entschärft. Das geschah auch zum Teil. Vor allem die östlichen Beitrittsländer der EU brachten aufgrund ihrer schrecklichen Erfahrungen mit jahrzehntelanger sowjetischer Knechtschaft etwas frischen liberalen Wind nach Brüssel. Doch Martin hätte sich wohl der schlichten Wahrheit erinnern sollen, daß es viel leichter ist, Krankheiten zu verbreiten als zu heilen. So mußte er beobachten, daß gerade die verrücktesten Ideen in Europa mehr Schule machten als die Idee der Freiheit.

Da der Irak-Krieg eine unglückliche Wende erfahren hatte, bekam der Kampf gegen die freie Welt auf den meisten Kontinenten zusehends Oberwasser. Die Integration des scheinbar laizistisch regierten und marktwirtschaftlich ausgerichteten islamischen EU-Beitrittslandes Türkei in die EU kam wegen der Hinhaltetaktik verschiedener Parteien und der wachsenden kulturellen Entfremdung ihrer Wählerschaft vom Projekt Europa nicht mehr recht voran und die meisten den Unterschichten angehörenden Einwanderer verweigerten sich auch der Integration in westeuropäische Gesellschaften. So bekamen bei den Muslimen immer deutlicher diejenigen die Oberhand, die behaupteten, es gebe für sie keinen anderen Weg zum Heil als den Dschihad gegen Ungläubige und Apostaten auf der ganzen Welt. Gleichzeitig setzten sich auch bei den linksradikalen europäischen Globalisierungsgegnern gewaltbereite Strömungen durch.

So mußte Martin mit Bestürzung beobachten, daß mit jedem ziel- und zeitgenau geplanten islamistischen oder protektionistischen Terroranschlag gegen Symbole der Freiheit das Verständnis der Europäer für die nihilistischen Motive der Terroristen zunahm. Vermeintlich um des lieben Friedens willen wurde allerorts der Bau von Moscheen gefördert, islamische Feiertage eingeführt und schönredende Muslime wurden in die Beiräte öffentlich-rechtlicher Funk- und Fernsehanstalten aufgenommen, um gemäßigte Strömungen des Islam zu unterstützen. Doch auch von diesen verwechselten immer mehr das ihnen angebotene multikulturelle „Haus Europa" mit dem patriarchalischen Haus des Islam, zumal sie darin von Öko-Pazifisten bestärkt wurden, die die Devise ausgaben: „Hauptsache Grün!" So störten sich viele auch nicht daran, daß in die Leichenhallen immer öfter Tote mit durchschnittener Kehle oder gar abgetrennten Köpfen eingeliefert wurden und sich die Krankenhäuser immer häufiger mit abgehackten Gliedmaßen beschäftigen mußten, da in immer mehr Einwanderer-Enklaven nach der Scharia Recht gesprochen wurde, während das Recht in den übrigen Landesteilen nach der *political correctness* der jeweils tonangebenden Szene zurechtgebogen wurde. Die in Putins Rußland üblich gewordene Regelung politischer und wirtschaftlicher Konflikte durch gezielte Auftragsmorde machte nach und nach auch in Westeuropa Schule.

Statt nach Recht und Gesetz beziehungsweise gemäß allgemeiner Spielregeln wurden in Europa in den folgenden Jahren immer mehr Streitigkeiten um Geld und Nahrungsmittel mithilfe des Faustrechts geregelt. Dabei zogen die vermeintlich Starken immer öfters den kürzeren, denn die politisch korrekten „Schwachen" hatten meist die mächtigen Massenmedien auf ihrer Seite. Die Organisation *Greenpeace* hatte ihnen bei der Zerstörung genetisch optimierter Mais- und Rapskulturen vorgemacht, wie man das schafft. Geld- und Glaubensstreitigkeiten zwischen südlichen und östlichen beziehungsweise südöstlichen EU-Beitrittsländern, zwischen Nord- und Süditalien wie zwischen den wohlhabenden südlichen und den ärmeren nördlichen und östlichen deutschen Bundesländern führten immer häufiger zu separatistischen

Bewegungen, denen gegenüber sich die fremdenfeindlichen Ausschreitungen einiger Glatzköpfe, die um die Jahrtausendwende die Gemüter erhitzten, wie Dumme-Jungen-Streiche ausnahmen. Um sich dagegen zu schützen, mauerten sich die letzten, auf ihren gesunden Menschenverstand und die eigene Schaffenskraft vertrauenden in Festungen *(Gated Communities)* ein oder machten sich, wenn sie es sich finanziell und emotional leisten konnten, auf Nimmer-Wiedersehen davon. Unter den Zurückgebliebenen machten sich Neid und Zwietracht breit, zumal die deutsche Wirtschaft wegen des schrumpfenden Anteils unternehmungslustiger junger Leute über Jahrzehnte stagnierte, während die zahlenmäßig übergewichtige ältere Generation aber aufgrund verbriefter Rechte einen immer größeren Teil des Bruttosozialprodukts für sich beanspruchte. Das erregte natürlich den Unmut der Jüngeren, die ganze Last zu tragen hatten. Hie und da kam es deshalb zu Angriffen von Halbstarken auf Greise. Doch diese lebten überwiegend in Heimen, die von schwer bewaffneten privaten Sicherheitsdiensten bewacht wurden.

Gleichzeitig kam es zu einer babylonische Sprachverwirrung. Die Menschen sprachen in immer mehr Regionen Europas nur noch scheinbar die gleiche Sprache. Jede Szene, jede Clan-Struktur, jede mafiose Großorganisation, die das entstehende politische Vakuum füllte, hatte ihren eigenen Code. Das Übersetzen wurde, neben dem besser als je zuvor florierenden Drogenhandel, zum einzigen wirklich goldenen Handwerk. (Martin weiß, wovon er redet.) Daneben bot auch die Errichtung von Tausenden und Abertausenden von Windrädern eine Zeit lang Verdienst- und Beschäftigungsmöglichkeiten. Aber die Zerrüttung der Staatsfinanzen und die fortschreitende Verarmung der Bevölkerung bereiteten der Subventionierung dieser mehr demonstrativen als effektiven Form von Energieerzeugung schon nach wenigen Jahren ein Ende. Bald standen die Windräder nur noch nutzlos als Mahnmale planwirtschaftlicher Hybris in der Landschaft herum und verkamen zusehends. Nachdem nach und nach die Flügel abgebrochen waren, konnte sich bald kaum noch jemand daran erinnern, wozu die spargelartig in den Himmel ragenden Maste einmal gut gewesen sein sollten. Mancherorts spannten die Menschen zwischen ihnen Hanfkordeln, um daran ihre Wäsche zum Trocknen aufzuhängen, denn elektrische Wäschetrockner gab es wegen der allgemeinen Energieknappheit schon lange nicht mehr. Die Menschen standen längst wieder mit beiden Füßen im Mittelalter, hatten es nur noch nicht gemerkt.

Dabei hatte es durchaus Vorwarnungen gegeben. Kein geringerer als der bekannte italienische Sprachwissenschaftler und Bestsellerautor Umberto Eco hatte schon zu Beginn der 70er Jahre in einem Essay hellsichtig die Studentenbewegung von '68 als Vorboten eines neuen Mittelalters ausgemacht. Er hatte die Voraussage gewagt, so wie im ersten Mittelalter die Figur des klassischen Römers verschwunden sei, werde im zweiten der klassische bürgerliche Liberale von der Bühne abtreten. Und der französische ENA-Erste und Top-Manager Alain Minc hatte 1993 in einem Bestseller mit bestechender logischer Klarheit hergeleitet, daß der Zusammenbruch des Kommunismus ein neues Mittelalter einläutet. Jacques Delors, damals Präsident der EU-Kommission, hatte in einer vielbeachteten Rezension dieses Buches sogar prophezeit, der Begriff „neues Mittelalter" werde sich in allen politischen Debatten durchsetzen. Eigenartigerweise war dem aber nicht so – offenbar, weil niemand wahrhaben wollte, daß die Moderne nur ein ehrgeiziges Programm war, aber keine eindeutig abgrenzbare Zeitenwende darstellte, die alles Vorherige unwiderruflich abgelöst hätte.

Freilich hatte es einige wenige Politiker gegeben, die klar erkannt hatten, daß die westliche Welt nach dem Ende des Kalten Krieges eines neuen Ansatzes bedurfte, um ihren Zusammenhalt zu wahren. So hatte der spätere Vizepräsident der USA, Al Gore, die westlichem Eliten in seinem 1991 erschienen Buch *„Earth in Balance"* beschworen, die *„Rettung der Umwelt zum zentralen Organisationsprinzip unserer Zivilisation"* zu machen. Die im Folgejahr in Rio de Janeiro auf dem „Erd-Gipfel" versammelten Regierungschefs und Minister dachten, diesem Appell nachzukommen, als sie die *Agenda 21* verabschiedeten. Sie hörten nicht auf den *„Heidelberger Appell"*, in dem einige hundert führende Wissenschaftler und Intellektuelle (darunter zum Beispiel Umberto Eco) vor Fortschrittsfeindlichkeit und Irrationalismus gewarnt hatten. Bei der kaum gelesenen *Agenda 21* handelte es sich, wie sich später immer deutlicher herausstellte, um ein sozialistisches Umverteilungsprogramm, dessen Umsetzung zur allgemeinen Verarmung führte.

Die am weitesten reichenden Versuche, mit der Orientierung auf „Nachhaltigkeit" ernst zu machen, kamen ausgerechnet aus der Privatwirtschaft, zum Beispiel von dem auf Initiative des schweizerischen Milliardärs Stephan Schmidheiny gegründeten *World Business Council for Sustainable Development (WBCSD)*. Die dort zusammengeschlossenen international ausgerichteten Banken und Großunternehmen der Öl- und Chemieindustrie und anderer Branchen deklarierten die Verbesserung der menschlichen Lebensqualität und die Schonung natürlicher Ressourcen zu Maßstäben ihrer Investitionsentscheidungen und gaben gegenüber dem Staat und der öffentlichen Meinung „proaktiv“ entsprechende Selbstverpflichtungen ab. Um sich vor Irrtümern und bösen Überraschungen zu schützen, entwickelten sie aufwändige Verfahren formalisierter Ökoeffizienzanalysen und bemühten sich um die Einbeziehung unterschiedlicher gesellschaftlicher Anspruchsgruppen in die Unternehmensentwicklung.

Dabei wurde jedoch verschwiegen, daß es gar nicht spektakulärer Anstöße wie Töpfers Verpackungsverordnung und der darin festgeschriebenen Produktverantwortung *„von der Wiege bis zur Bahre“* bedurfte, um umweltschonende Techniken wie Abwasserkläranlagen und Anlagen für die Rückgewinnung von Produktionsrückständen auf den Weg zu bringen. Es wurde verdrängt, daß Schmidheiny sich vor allem deshalb als Philanthrop und Umweltschützer profilierte, um seinen durch den Asbestskandal angeschlagenen Eternit-Konzern günstig loszuwerden.

Aber im 21. Jahrhundert zeigte es sich immer deutlicher, daß das ein Trend neben vielen anderen bleiben würde. Nach dem Ende des Kalten Krieges zwischen dem im Prinzip der individuellen Freiheit verpflichteten Westen und dem kollektivistischen Osten gab es außer einer überbordenden, aber im Endeffekt dennoch ziemlich machtlosen internationalen Bürokratie keine Macht auf der Welt, die dafür sorgen konnte, daß das ökologische Weltbild zur dominierenden Sicht der Dinge und *sustainable development* zum dominierenden Modell der Weltwirtschaft wurde. Denn es konnte auch den einfachen Menschen nicht verborgen bleiben, daß das ökologische Weltbild auf höchst fragwürdigen Annahmen über begrenzte Rohstoffvorräte, über naturgegebene „Wachstumsgrenzen“ und übertriebenen Warnungen vor einer herannahenden Klimakatastrophe beruhte. Der Alltagsverstand des „Mannes auf der Straße“ sträubte sich gegen die Auffassung, die Menschen könnten den Kohlenstoffkreislauf und das Klima der Erde politisch selbst gestalten.

Das Scheitern der Klimakonferenz von Den Haag im November 2000 und die Niederlage Al Gores gegen George W. Bush (auch im Wendejahr 2000), der Terrorangriff auf die *twin towers* in New York am 11. September 2001, der vage Ausgang des *Rio+10*-Gpfels 2002 im südafrikanischen Johannesburg und nicht zuletzt der in seinen ferneren Auswirkungen zwiespältige US-Feldzug im Irak signalisierten denn auch unmißverständlich, daß es niemandem gelingen würde, der Welt eine solche Entwicklungsrichtung vorzugeben. Aber außer der Angst vor dem Fortschritt und dem religiösen Glauben an die herannahende Klimakatastrophe hatte die Europäische Union keine Legitimationsgrundlage. Die legitimatorische und identitätsstiftende Wirkung des europäischen Sozialstaatsmodells ließ rapide nach, als sich zeigte, daß die meisten EU-Mitgliedsländer gerade deswegen gegenüber der US-amerikanischen und asiatischen Konkurrenz an Wirtschaftskraft einbüßten. Das machte die Versprechen sozialer Sicherheit zunehmend unbezahlbar. Kein Wunder, daß die EU schon gegen Ende des ersten Jahrzehnts des 21. Jahrhunderts zu zerbröseln begann. Das machte sich zuerst als Tendenz einer Renationalisierung der Energie-, Forschungs-, Industrie- und Umweltpolitik bemerkbar. Bald aber erwiesen sich auch die meisten Nationalstaaten nicht mehr als fähig, bei ihren Bürgern patriotische Gefühle hervorzurufen. Die bei internationalen Fußball-Meisterschaften künstlich angefachte Partylaune verflog ebenso rasch, wie sie aufgekommen war. So zerfielen die Republiken immer mehr in von religiösen und ethnischen Gruppen beherrschte Kleinstaaten.

„Multikulturalität“ bedeutete unter diesen Umständen, daß *sustainable development* eine schöne Idee neben vielen weniger schönen blieb, daß es in der Technik in immer größerem Maße von allem etwas gab: ressourcensparende Mikro- und Nanotechniken neben höchst verschwenderischen Techniken des primitiven Landbaus und der Verbrennung verdächtiger Abfälle. Kurz: Es sah in Europa bald aus wie in Indien – mit dem Unterschied, daß das Chaos sich hier nicht als produktiv erwies, sondern in einer Abwärtsspirale mündete.

Auf der Insel zum Beispiel, wohin sich einige dem europäischen Chaos entkommene Forscher und Intellektuelle gerettet hatten, stand zum Glück alles zum besten, da die wenigen, die sich hierher gerettet hatten, gelernt hatten, den Wert persönlicher Freiheit zu schätzen und zu verteidigen. Doch schon wenige hundert Kilometer weiter beginnt das kalte Grausen. Hier auf kleinstem Raum die Erzeugung von Nahrungsmittelüberschüssen mit Hilfe der Bio- und Gentechnik, dort der aussichtslose Versuch, eine hungernde Bevölkerung durch Waldrodung und primitive Landbewirtschaftung zu ernähren. Hier die saubere Energieerzeugung mithilfe großer Atomkraftwerke und dezentraler Brennstoffzellen, dort die ineffektive Verbrennung riesiger Mengen von Holz und Kohle in vorsintflutlichen Feuerstellen.

Wie hätte sich verhindern lassen, daß dieses (sicher nicht ganz unrealistische) Szenario Wirklichkeit wird, fragte sich Martin. Mit dieser Frage kehren wir wieder in die Gegenwart zurück. Denn in der Diskussion über die Grundlagen einer „nachhaltigen Entwicklung“ gab und gibt es neben folgenschweren Irrtümern durchaus Ansätze, die in eine andere Richtung weisen. Es bleibt aber die Frage, ob die Idee der Nachhaltigkeit zu mehr taugt als zu einem friedensstiftenden Mißverständnis.

5

Nachhaltigkeit: Von der Wissensanmaßung zur regulativen Idee

[...] man gratuliert einem Lehrer nicht, weil er lehrt, daß zwei und zwei vier ist. [...] Aber es kommt immer eine Stunde in der Geschichte, da derjenige, der zu sagen wagt, daß zwei und zwei vier ist, mit dem Tod bestraft wird.

ALBERT CAMUS, Die Pest

ÜBLICHERWEISE beginnen Abhandlungen über die Idee der nachhaltigen Entwicklung (*sustainable development*) mit Hinweisen auf den historischen Ursprung dieses Konzepts in der deutschen Forstbetriebslehre des 18. und 19. Jahrhunderts. Ich gehe diesen Weg der Darstellung hier bewußt nicht, weil er einem verkürzten bürokratischen Verständnis von *sustainable development* nach Art einer globalen Betriebswirtschaft („Stoffstrom-Management") unter einer zentralen Geschäftsführung Vorschub leisten könnte. Stattdessen beginne ich bei meiner vorwiegend ökonomischen Argumentation mit einigen elementaren philosophischen, ordnungspolitischen und demokratietheoretischen Überlegungen. Dabei geht es mir um die Begründung einer liberalen, den individuellen Menschenrechten verpflichteten Politik für Deutschland unter den Bedingungen der Globalisierung von Wirtschaft, Wissenschaft und Kultur.

Was ist nachhaltig?

NÜCHTERN betrachtet, böte es sich an, den Begriff „nachhaltig" zum Unwort des Jahrhunderts zu küren. Denn es ist nicht möglich, eine Handlung, deren Folgen sich erst in der näheren oder ferneren Zukunft zeigen, im Voraus als „nachhaltig" zu bezeichnen. Denn niemand (außer

4

Szenario: Abschied von der „einen Welt“

Ist das Mittelalter erst akzeptiert,
lebt es sich ganz ungeniert.

Unbekannter Sprücheklopfer

Als Liberale und Libertäre vor anderthalb Jahrzehnten den sang- und klanglosen Zusammenbruch des Kommunismus feierten, schien der Weg ins 21. Jahrhundert klar vorgezeichnet. Mit einigem Recht schienen sie vom nahenden Ende utopischer Realitätsverleugnung und vom Beginn einer neuen Ära der Menschenwürde und des klugen, verantwortlichen Gebrauchs der individuellen Freiheit ausgehen zu können. Doch hatten sie in ihrer Euphorie angesichts des Triumphes der Marktwirtschaft und der parlamentarischen Demokratie über die angeblich rationale Planwirtschaft des kollektivistischen Ostens wohl verdrängt, daß erstens die Dummen niemals aussterben (weil Dummheit, wie demonstriert, ansteckend ist) und zweitens auch bei der Mehrheit der sogenannten Intellektuellen die Angst vor der Freiheit tief sitzt.

So kam alles ganz anders. In Form einer Uchronie aus utopischer Perspektive, d.h. eines Negativ-Szenarios, das sich aus einem Angsthaushalt nährt, der politisch zur Zeit als nicht ganz korrekt gilt, möchte ich im folgenden skizzieren, wohin die Entwicklung Europas zu laufen droht:

Wir befinden uns im Jahre 2025. Martin hat die siebzig deutlich überschritten, verdient aber seinen Lebensunterhalt zum Teil immer noch durch Schreiben, auch wenn ihm die Arbeit längst nicht mehr so leicht von der Hand geht wie früher. Allerdings kann er es sich auch leisten, sein Tagwerk gemächlicher angehen zu lassen. Denn seine Lebenshaltungskosten haben sich vermindert: Sein Haus ist abbezahlt, seine Energiekosten sind sehr niedrig und er kann auf eine kleine Rente, zwei Lebensversicherungen und auf etwas selbst Erspartes zurückgrei-

Gott) kann wissen, was die Zukunft bringt. Insofern ist die Kampagne für eine „nachhaltige Entwicklung" Ausdruck irrationaler Wissensanmaßung. Es gibt aber auch einen durchaus rationalen Gebrauch des Nachhaltigkeitsbegriffes, wenn er etwa dazu dient, seriöse Geschäfte nach den in Jahrhunderten bewährten Regeln guter kaufmännischer Praxis von der Jagd nach dem schnellen Reibach abzugrenzen oder wenn es gilt, die beharrliche, strategiegeleitete Verfolgung realistischer Ziele von kurzsichtigem, opportunistischem Verhalten oder nur strohfeuerartiger Begeisterung für rationale Anliegen und längerfristige Orientierungen abzugrenzen.

Was, so verstanden, unter „nachhaltig" zu verstehen ist, müßte eigentlich jeder wissen, der mit einem halbwegs gesunden Menschenverstand ausgestattet ist, und zwar auch in einem Land wie dem unsrigen, in dem der gesunde Menschenverstand nur mit großen Einschränkungen als politisch korrekt gilt. Zu Sprichworten verdichtete Jahrhunderte, wenn nicht Jahrtausende alte Erfahrungen und Volksweisheiten *wie „Ehrlich währt am längsten", „Lügen haben kurze Beine", „Verschiebe nicht auf morgen, was Du heute kannst besorgen", „Spare in der Zeit, so hast Du in der Not"* drücken unmißverständlich aus, worum es in der Debatte über die Umsetzung der 1992 in Rio de Janeiro auf der UN-Konferenz für Umwelt und Entwicklung *(UNCED, Earth Summit)* von über 170 Staaten angenommenen *Agenda 21* zur weltweiten Umsetzung der Nachhaltigkeitsidee eigentlich gehen sollte: Um Wahrhaftigkeit, Ehrlichkeit, Klugheit im Umgang mit den gegenständlichen und gesellschaftlichen Lebensbedingungen. Ziel ist ein langes Leben frei von Mißachtung und Gewalttätigkeit seitens habgieriger, neidischer oder rechthaberischer Mitmenschen, frei von Unterdrückung und Bevormundung durch Machthaber, frei von Langeweile, frei von materieller Not sowie körperlichem und seelischem Leid. Das soll aber nicht nur für die einzelnen Individuen gelten, sondern im Prinzip auch für die Gemeinwesen, in die sie hineingeboren wurden oder denen sie sich freiwillig angeschlossen haben. Mit anderen Worten: Das individuelle Ziel eines erfüllten und gesunden Lebens soll weder auf Kosten der lebenden Mitmenschen noch auf Kosten der Kinder und Kindeskinder erreicht werden.

Da ich hier noch öfters das Qualitätsmerkmal „gesund" verwenden werde, möchte ich kurz erklären, was ich damit meine. „Gesundheit" verstehe ich weniger im Sinne der leider viel zu oft zitierten Gesundheitsdefinition der Weltgesundheitsorganisation *(WHO)* von 1948 als *„Zustand des (vollständigen) physischen, geistigen und sozialen Wohlbefindens".*

Denn diese passive, gefühlsbetonte Definition öffnet nur kollektivistischem Anspruchsdenken Tür und Tor. Ich verstehe Gesundheit eher entsprechend einer von nicht weniger als 200 neueren Definitionen der WHO: *„Health is the capability of a person to cope with disturbances and adverse factors."* Hier steht die Fähigkeit von Individuen, aus eigener Kraft mit unvorhergesehenen Entwicklungen und Widrigkeiten des Lebens fertig zu werden, im Vordergrund. Wie man Gesundheit nach der sogenannten Gesundheitsreform der in Berlin regierenden Großen Koalition definieren wird, steht auf einem ganz anderen Blatt.

Der harte Kern von Zukunftsfähigkeit – so hat es der evangelische Theologe Klaus D. Wachlin, in der Ende 2003 geschlossenen Stuttgarter Akademie für Technikfolgenabschätzung eine Zeit lang zuständig für das Management von Diskursen, einmal auf den Punkt gebracht – ist die Wahrheit. Denn wer nicht „wahr" denkt, redet und handelt, den bestraft das Leben. *„Zivilisationen bewältigen Wandlungsprozesse in dem Maß, wie sie rückgekoppelt bleiben an Wahrheit, und es schaffen, Individuen, Gruppen und Institutionen über Wahrheit zu integrieren"*, betonte Wachlin.

Dabei verwendete er im Unterschied zur glücklicherweise außer Mode kommenden Postmoderne, die den Begriff „Wahrheit" nur noch im Plural zulassen wollte, den nichttrivialen Wahrheitsbegriff des spätmittelalterlichen Kirchenlehrers Thomas von Aquin (1225 bis 1274): *„Ratio veritatis subsistit in adaequatio rei et intellectus."* Zu deutsch: *„Der Sinn von Wahrheit liegt in der Entsprechung von Sachverhalt und Bewußtsein."* Dabei ging Thomas aber von einer durchaus nicht anmaßenden Position aus. Denn nach seinem Verständnis fallen Bewußtsein und Sachverhalt grundsätzlich auseinander. Die absolute Wahrheit ist für Menschen unergründbar. Sie bleibt nach christlicher Auffassung Gott vorbehalten. Die Menschen können jedoch Teilwahrheiten erkennen, sich in einem offenen, nie endenden Erkenntnis-, Lern-, Erziehungs- und Verständigungsprozeß der Entsprechung von Sachverhalt und Bewußtsein annähern und dabei im Prinzip auch fernere Folgen ihres Tuns bedenken. Erkenntnisse über Sachverhalte bleiben deshalb zeit-, raum- und standortgebunden. Demgegenüber erscheinen naturalistische beziehungsweise technokratische Ideologien, die die Differenz zwischen Sachverhalt und Bewußtsein leugnen und zwischen Sein und Sollen kurzschließen, als grundsätzlich nicht diskurs- und daher auch nicht wahrheits- und zukunftsfähig.

Betrachtet man die Idee *Gott* nicht naiv oder allein dogmatisch im Sinne kirchlicher Lehren, sondern als einen Begriff, der die prinzipielle Begrenztheit menschlicher Erkenntnisfähigkeit gegenüber einem nur denkbaren Ideal zum Ausdruck bringt, dann leitet der Wahrheitsbegriff im Sinne Thomas von Aquins direkt über zur moderneren, maßgeblich von Karl R. Popper geprägten Wahrheitsauffassung. Danach lernen die Menschen – wie alle höheren Organismen – durch Versuch und Irrtum, Probleme zu lösen und sich dabei der Wahrheit anzunähern, ohne das *„Ding an sich"* beziehungsweise die *„Welt als Ganzes"* jemals begreifen zu können.

So verstanden, ist „Wahrheit" nichts Greifbares, das von einzelnen oder Gruppen von Menschen monopolisiert werden könnte, sondern (in den Worten Immanuel Kants) eine „regulative Idee". Darunter verstand der Königsberger Philosoph keine theoretischen Begriffe, sondern praktische Maximen der Vernunft ohne Erfahrungsgegenstand. Man spricht auch von heuristischen Prinzipien für den Umgang mit Erfahrung. Gemeint sind damit Regeln, nach denen der Verstand Begriffe und Gesetze ordnen kann. Neben der Wahrheit gehören zu den regulativen Ideen nach Kant auch Ideen wie Freiheit, Fortschritt, Unendlichkeit und Gott. Heute könnte man auch die Idee der Nachhaltigkeit und den im folgenden noch öfters bemühten Gesundheitsbegriff hinzufügen. Im Übrigen bedeutet die Einstufung dieser Ideen als „praktisch" keineswegs ihre Herabsetzung im Vergleich zu Kategorien und hehren theoretischen Begriffen. Denn gerade Ideen wie Wahrheit, Freiheit, Gerechtigkeit oder auch Gott sind imstande, in den Menschen Leidenschaften zu wecken – bis hin zur Bereitschaft, dafür auf dem Schlachtfeld, auf Barrikaden oder auf dem Scheiterhaufen zu sterben. Offen ist allerdings die Frage, ob auch die Idee der Nachhaltigkeit in der Lage ist, solches Engagement zu begründen oder ob die Wahrheit nicht schlicht darin besteht, daß Nachhaltigkeit *„nur so 'ne Idee"* ist und bleibt.

Die Täuschung als Lokomotive der Geschichte

BEI näherem Hinsehen und Nachdenken erscheint nun aber Klaus D. Wachlins Satz: *„Zivilisationen bleiben zukunftsfähig in dem Maße, als ihre Entwicklungsdynamik gesteuert bleibt durch Wahrheit."* doch allzu leicht daher gesagt. Denn die Geschichte lehrt, daß sich alle eingangs zitierten klugen Sprichworte ausschließlich auf Individuen und nicht auf Kollektive in irgendeiner Form beziehen. Die bisherigen Fortschritte menschlicher Zivilisation samt der Entwicklung von Moral, Recht und Kultur wurden nicht im geringsten vom Intellekt, das heißt von rationalen Einsichten und deren bewußten Umsetzung in Zukunftsentwürfe gesteuert. Sie haben sich vielmehr hinter dem Rücken der Menschen durchgesetzt. Sagen wir es ganz klar: Alles wirklich Wahre, Gute und Schöne (und damit auch Nachhaltige) hat sich in der Geschichte unbewußt, in einem Prozeß von Mutation und Selektion, von Versuch und Irrtum herausgebildet. Im Soziologendeutsch: Die Evolution der Zivilisation ist ein dynamischer Prozeß ohne Handlungssubjekt.

„Die große Triebkraft der Völkerentwicklung war niemals die Wahrheit, sondern der Irrtum", schrieb der französische Arzt und Begründer der Massenpsychologie Gustave Le Bon 1895. *„Die soziale Täuschung"*, fährt Le Bon fort, *„herrscht heute auf allen Ruinen, die die Vergangenheit auftürmte, und ihr gehört die Zukunft. Nie haben die Massen nach Wahrheit gedürstet. Von den Tatsachen, die ihnen mißfallen, wenden sie sich ab und ziehen es vor, den Irrtum zu vergöttern, wenn er sie zu verführen vermag. Wer sie zu täuschen versteht, wird leicht ihr Herr, wer sie aufzuklären sucht, stets ihr Opfer."* (S. 78) Le Bons Abhandlung über die *„Psychologie der Massen"* wirkt noch heute so aktuell, als wäre sie hundert Jahre später geschrieben worden. Sie erklärt, warum es in der politischen Praxis meist einzelne Querköpfe und nicht Massenbewegungen sind, die den gesunden Menschenverstand zur Geltung bringen.

Dabei war Le Bon, bei allem düsteren Sarkasmus, sogar noch verhältnismäßig optimistisch. Er konnte noch die Hoffnung hegen, aus der Entgleisung der Französischen Revolution unter der Terrorherrschaft Robespierres und dem mißglückten Versuch, von einem leitenden Zentrum aus eine Gesellschaft um den Preis von Tausenden und Abertausenden von Toten ausschließlich nach Prinzipien der „reinen Vernunft" umzumodeln, sei etwas gelernt worden. Heute wissen wir es besser. Der im Gefolge des Sturms auf die Bastille in die Welt gesetzte Revolutionsmythos war überaus verführerisch und stellte die magere, wenn nicht gar desaströse Bilanz der Schreckensherrschaft Robespierres in den Schatten. So kam im 20. Jahrhundert alles noch viel schlimmer.

Rousseaus verhängnisvolle Weichenstellung

C'EST la faute à Rousseau!" (Daran ist Rousseau schuld!) singen französische Schüler auf einer bekannten Compact Disk mit kommerziellen Kinderliedern. Unrecht haben sie damit jedenfalls nicht. Denn weder der Weltgeist noch der profanere Zeitgeist flüstern den Menschen die politischen Parolen ins Ohr. *„Alles, was in gebildeten Köpfen herumgeistert und in den Schulen gelehrt wird, nahm seinen Ursprung im Geheimnis eines einsamen*

Kopfes", erklärte der soziologische Gründervater Gabriel Tarde vor über 100 Jahren in seiner Abhandlung *„Les Lois Sociales"*. Insofern lohnt es sich, die Spuren der heute maßgeblichen politischen Vorstellungen vom „Wohlfahrtsstaat" bis zu ihren geistigen Urhebern zu verfolgen.

Die Erkenntnis, daß die Geschichte von den Siegern geschrieben wird, ist zwar längst Gemeinplatz und damit auch die Einsicht, daß gerade den Siegesparolen sozialer Bewegungen mit größter Vorsicht begegnet werden muß. Aber unser Abstand zur siegreichen Französischen Revolution ist offenbar noch nicht groß genug, um unbefangen analysieren zu können, wie es passieren konnte, daß die ursprüngliche Parole der Sansculotten *„Liberté, Égalité, Sécurité, Propriété"* durch den Einfluß der Sozialromantik unter dem verkommenen Regime von Napoléon III. unter der Hand zu *„Liberté, Égalité, Fraternité"* verkitscht wurde, was den Weg ebnete für jene von Friedrich August von Hayek angeprangerte konservative Korruption der Demokratien durch Finanzoligarchien, die sich zu Unrecht auf das ursprüngliche Anliegen der Amerikanischen oder der Französischen Revolution berufen.

Die Reihenfolge der von der Französischen Revolution auf die Fahnen geschriebenen Ideale ist allerdings auch in ihrer sozialromantisch verfälschten Form nicht beliebig. Auch im Französischen handelt es sich dabei durchaus nicht um eine alphabetische Aufzählung. Es ist kein Zufall, daß die Freiheit am Anfang steht. So setzte schon Jean Jacques Rousseau, der wichtigste geistige Wegbereiter des Sturms auf die Bastille, die Freiheit mit Bedacht an die erste Stelle. Allerdings war Rousseau aufgrund der Widersprüche und Inkonsequenzen in seinen Schriften selbst keineswegs unschuldig daran, daß seine Botschaft von den Anführern der gegen schreiende Ungerechtigkeiten der Monarchie aufbegehrenden Volksmassen bald im Sinne eines Primats der Gleichheit ausgelegt wurden. Angelegt ist dieses Mißverständnis in Rousseaus Verständnis von Volkssouveränität, das sich Demokratie nicht anders denn als Diktatur der Mehrheit (oder deren selbsternannten Stellvertreter) über Andersdenkende, das heißt als umgedrehte, auf den Kopf gestellte absolute Monarchie vorstellen kann und von einer Einschränkung der politischen Macht durch Gewaltenteilung, Föderalismus und Subsidiarität sowie durch wirtschaftliche und gesellschaftliche Gegengewichte *(checks and balances)* nichts wissen will.

Inspiriert einerseits von antiken Kosmos- und Organismusvorstellungen, andererseits aber auch vom *corpus Christi mysticum*, der dem allmächtigen *Leviathan*, dem *„sterblichen Gott Staat"* von Thomas Hobbes als Vorbild diente, schwebte Rousseau in *„Du Contrat social ou Principes du droit politique"* (1762) ein überschaubares kleines, wirtschaftlich autarkes und geschlossenes Staatsgebilde nach dem Vorbild seiner damals etwa 30.000 Einwohner zählenden Heimatstadt Genf vor, in dem eine Behörde die wirtschaftliche und gesellschaftliche Entwicklung nach übergeordneten politischen Kriterien des Gemeinwohls und der Gleichheit steuert.

In Deutschland fielen Rousseaus Ideen auf besonders fruchtbaren Boden. Während in Frankreich unter dem Einfluß Voltaires, Condorcets und Saint Simons eine optimistische Einstellung gegenüber dem wissenschaftlich-technischen Fortschritt vorherrschend blieb, legte der idealistische Philosoph Georg Wilhelm Friedrich Hegel in Deutschland mit seiner Entfremdungstheorie die Fundamente für eine bis heute fortwirkende grundsätzliche Technikskepsis, wenn nicht –feindschaft. Indem der Mensch die Arbeit an Apparate delegiere, werde er sich selbst fremd, behauptete Hegel schon in seiner „Jenenser Realphilosophie" zu Beginn des 19. Jahrhunderts. Hegel idealisierte hier das Bild des mittelalterlichen Handwerkers und Kleineigentümers und bediente sich damit der von Rousseau in die Welt gesetzten Denkfigur: Das glückliche, nicht entfremdete Leben liegt in der Vergangenheit. Es bleibt aber die Hoffnung, durch die Aufhebung der „Entfremdung" in der Zukunft wieder in ein „Goldenes Zeitalter" zurückkehren zu können.

Auf dem gleichen Mythos aufbauend, hatte schon der idealistische Philosoph und gescheiterte Kleinunternehmer Johann Gottlieb Fichte unter Berufung auf Rousseau am Ende des 18. Jahrhunderts die Lehre vom „Geschlossenen Handelsstaat" entwickelt. Das ist der Entwurf eines autarken diktatorischen Systems von Kleineigentümern mit maximaler Vermögensgleichheit. Wie Rousseau sah Fichte die Entwicklung des Welthandels nicht als Chance zur Friedenssicherung, sondern im Gegenteil als Hauptgrund für das Aufkommen von Neid und Zwietracht zwischen den Völkern. Ein solches Politikverständnis muß notwendigerweise in Konflikt geraten mit technischen Neuerungen und anderen Innovationen. Denn diese erzeugen oder verstärken – gewollt oder ungewollt – die Ungleichheit unter den Menschen, indem sie ihren Erfindern und Erstanwendern Konkurrenzvorteile auf dem Markt verschaffen oder einen exklusiven Lebensstil ermöglichen.

Deshalb haben bis heute alle sozialistischen Parteien und nationalistische, sozial- und/oder naturromantische Bewegungen, die das Gleichheitsideal über die Freiheitsansprüche von Individuen stellen, Probleme mit dem technischen Fortschritt, zumal dieser sich als nicht steuerbar erweist. Am liebsten würden sie ihn ganz aufhalten und stemmen sich daher beliebigen technischen Neuigkeiten vom Automobil über den PC bis zum „Handy" mit zum Teil aberwitzigen Begründungen so lange entgegen, bis sie ihnen selbst unentbehrlich geworden sind. (Die „Grünen" möchten heute nicht mehr daran erinnert werden, daß ihre erste Bundestagsfraktion in den 80er Jahren strikt die Aufstellung von Bürorechnern in den Bonner Abgeordnetenbüros ablehnte.) Auch die in der Bundestags-Enquête *„Schutz des Menschen und der Umwelt"* in den 90er Jahren lang und breit diskutierte und inzwischen von der Schröder-Regierung in die Tat umgesetzte Vorstellung, nachhaltiges Wirtschaften lasse sich über einen *„Rat für Nachhaltigkeit"* oder einen nationalen Nachhaltigkeitsplan wenn schon nicht „von oben" verordnen, dann zumindest durch gezielte Bewußtseinsveränderung anregen, gehen letztlich auf Ideen Rousseaus und Fichtes zurück.

Die Forderung „Zurück zur Natur" stammt nicht von Rousseau selbst, sie wurde ihm aber von seinem Widersacher Voltaire nicht ganz zu Unrecht in den Mund gelegt. Rousseau idealisierte in seiner Beantwortung der Preisfrage der Akademie von Dijon nach dem Ursprung der Ungleichheit zwischen den Menschen (*„Discours sur l'origine et les fondements de l'inégalité parmi les hommes"*, 1754) den angenommenen „Naturzustand" einer Menschheit ohne Arbeitsteilung. Alle könnten gesund und glücklich sein, wenn sie bei der anspruchslosen Lebensweise ihrer vorgeschichtlichen Urahnen geblieben wären, erklärte Rousseau. Erst die Spezialisierung der einen auf den Ackerbau und der anderen auf die Metallverarbeitung habe die Menschen ihrer natürlichen Freiheit und Güte beraubt, sie voneinander abhängig und ungleich gemacht. Die Arbeitsteilung und die damit aufgekommene Ideen des Privateigentums und der Konkurrenz hätten einer Minderheit Luxus und Müßiggang ermöglicht, während sie die Mehrzahl der arbeitenden Menschen in Elend und Unglück stürzte.

Die Verführungskraft von Rousseaus Schrift beruht auf einer geradezu genialen Art, Sachverhalte auf den Kopf zu stellen. Zum Beispiel ist kaum ein Zusammenhang besser belegt als die Abhängigkeit von Gesundheit und Lebenserwartung der Menschen vom ihrem wirtschaftlichen Wohlstand. Doch Rousseau behauptete das glatte Gegenteil: Die Zivilisation ist die Hauptursache für Krankheit und Gebrechlichkeit, weil sie die Menschen verweichlicht. *„Armut und Naivität sind gesund"*, lautet Rousseaus Botschaft.

Zwar erkannte Rousseau einerseits recht klar, was die Unterschiede zwischen Mensch und Tier ausmacht: Die Freiheit, Gutes oder Böses zu tun zu können. Er weist zum Beispiel darauf hin, daß die Menschen in ihrem *„unnatürlichen"* Zustand der *„Réflexion"* sogar ihr Leben opfern können. Und hellsichtig schreibt er, Gustave Le Bon vorgreifend: *„Der Weise hält sich fern von Massenzusammenrottungen und Straßengezeter."* Bei Rousseau dient das allerdings zur Begründung seiner Idee der *„Perfektibilität"* des Menschen und damit der Abkehr von der Idee einer fixen *„menschlichen Natur"*, die den alten Griechen heilig war. Damit machte er die Bahn frei für verschiedene Programme planmäßiger „Menschenzüchtung" durch eugenische Experimente im 19. und 20. Jahrhundert.

Andererseits erscheint Rousseau die Freiheit aber im Endeffekt gar nicht als Vorteil gegenüber tierischen Konkurrenten der Menschen, wenn er betont, das Menschengeschlecht sei wohl längst ausgestorben, wenn seine Erhaltung von den Überlegungen seiner einzelnen Mitglieder abhängig wäre. In der Freiheit sieht Rousseau also den eigentlichen Grund der Erbsünde, derentwegen die Menschen aus dem ursprünglichen Paradies verstoßen wurden. Und es ist nur logisch, daß im *„Contrat Social"* (1762) von der Freiheit nur die freiwillige Unterordnung unter die *volonté générale*, den Gemeinwillen, übrig bleibt. Immerhin scheinen Rousseau gegen Ende seines Lebens gewisse potentiell gefährliche Konsequenzen dieser Gedanken selbst bewußt geworden zu sein. Aber er konnte sie, einmal als „Info-Viren" in die Welt gesetzt, nicht mehr zurück rufen.

Rousseaus Ideen bestärken bis heute schlichte Gemüter in ihrem Gefühl, daß in der „guten alten Zeit" alles besser gewesen sei, daß die Bereicherung der einen nur auf Kosten der andern möglich sei und Probleme des menschlichen Lebens besser ohne Markt und Wettbewerb gelöst werden. Auch die enge physisch-naturale Sicht der Nachhaltigkeit, die Problemen der Erhaltung physischer Lebensbedingungen durch eine Umverteilung beziehungsweise Rationierung von Ressourcen und durch eine Rückkehr zu einem einfachen und knauserigen Leben (Suffizienz) beizukommen sucht, geht direkt auf Denkfiguren Rousseaus zurück. So erlebten wir Ende 1999 bei den Tumulten, in denen die Tagung der Welthandelsorganisation *(WTO)* in Seattle (USA) unterging, wie die von Rousseau in die Welt gesetzte abwegige Idee, internationaler Handel könne unterm Strich nicht allen Partnern Vorteile bringen, sondern sei bestenfalls ein Nullsummenspiel, protektionistischen Besitzstandswahrern verschiedenster Couleur „Argumente" lieferte. Kurz: Rousseau machte jenen politischen Infantilismus salonfähig, der sich heute auf internationalen Mammut-Konferenzen über Konstrukte wie das „Weltklima" mit ausufernden internationalen Bürokratien in Form einer immer intimer werdenden Symbiose verbündet.

Rousseaus widersprüchliches, aber im Endeffekt eindeutig platonisches Verständnis der *volonté générale*, wonach Andersdenkende nötigenfalls zu ihrem Glück gezwungen werden können, lieferte die Begründung für den noch immer aktuellen jakobinischen „Primat der Politik", bei dem das Recht auf Freiheit hinter das Recht auf Existenz durch staatliche Fürsorge zurücktritt. Dieser setzt jedoch ein Wissen über die gesellschaftliche Totalität und ihren Entwicklungsgang voraus, das weder Einzelne noch Kollektive jemals haben können.

Um das zu begreifen, bedurfte es eigentlich nicht der bitteren Erfahrungen, die Völker und Kontinente seither mit diesem „Primat der Politik" gemacht haben. Denn es war gerade eine der großen Leistungen Kants, eines Zeitgenossen und grundsätzlichen Bewunderers Rousseaus und der Anfänge der Französischen Revolution, das erkannt zu haben. Zwar berief sich auch Kant auf die *volonté générale*. Aber er bestimmte den Gemeinwillen (wie alles Unbedingte, Absolute) als *„regulative Idee"*. Er bezog damit, im Unterschied zu Rousseau und seinen Anhängern, im Hinblick auf den scholastischen Universalienstreit keine realistische (platonische), sondern eine nominalistische Position. Damit stellte sich Kant implizit (in seiner Polemik gegen den Paternalismus auch explizit) auf die Seite des politischen und ökonomischen Liberalismus, bei dem das Einzelne Vorrang vor dem Allgemeinen, das Individuum Vorrang vor dem Kollektiv genießt.

Leider reichte die politische Wirksamkeit von Kants Philosophie, die man als notwendiges Korrektiv der Parolen der Französischen Revolution betrachten kann, nicht entfernt an die Verführungskraft des Jakobinismus heran. Dieser machte im Übrigen durchaus nicht nur auf Seiten der politischen Linken, sondern auch rechtsgewendet in Form verschiedener Strömungen des „Nationalen Sozialismus" Schule. So etwa in Frankreich in dem bereits von Le Bon analysierten Boulangismus (eine antisemitische und antikapitalistische Massenbewegung um den ehemaligen General und Kriegsminister Georges Boulanger am Ende der 80er Jahre des 19. Jahrhunderts).

Auch der Ausbruch des ersten Weltkrieges – so erscheint uns der Sachverhalt heute – ging keinesfalls in erster Linie auf die Konkurrenz auf dem bis dahin offenen Weltmarkt zurück, sondern auf die populistische Abwendung etlicher Regierungen von der Freihandelspolitik und die Flucht in den Protektionismus. Es geht also nicht an, die Gräuel der

Materialschlachten des Ersten Weltkrieges dem „bösen“ Weltkapitalismus anzulasten. Mit größerem Recht könnte man dafür den nationalistischen Jakobinismus der *union sacrée* in Frankreich und des „Burgfriedens“ in Deutschland sowie die von den beiden „Erbfeinden“ aufgebauten staatsmonopolitischen Kriegswirtschaften verantwortlich machen. Auch der Nationalsozialismus Adolf Hitlers konnte an den von Rechts- und Links-Jakobinern postulierten „Primat der Politik“ anknüpfen, auch wenn es sich bei ihm, wie Albert Camus 1951 unterstrich, genau genommen nicht um Jakobinismus handelt.

Das einschlägigste Beispiel für die verhängnisvollen Auswirkungen eines explizit am jakobinischen „Primat der Politik“ orientierten Versuchs der totalen Umgestaltung von Wirtschaft und Gesellschaft ist die Entwicklung der Sowjetunion. Die russische Oktoberrevolution von 1917 und die Jahrzehnte währende despotische Herrschaft, der sie den Weg ebnete, zeigt, wie angemaßte Wissenschaft und technobürokratischer Machbarkeitswahn in finstersten Aberglauben, primitive Magie und rohe Gewalt umschlugen, denen bis zu hundert Millionen Menschenleben zum Opfer fielen. Statt zur versprochenen höheren Form der Menschlichkeit führte das Experiment am lebendigen Leibe der Gesellschaft bekanntlich zu einer allgemeinen Regression: zur Refeudalisierung, zum Wiederaufleben ständischer Lebensformen auf Seiten der *Nomenklatura* und zur Entdifferenzierung, ja Amorphisierung, Atomisierung, Anomisierung, also zum Verfall von Regeln, Konventionen und Orientierungen, (und Alkoholisierung) der Gesellschaft. Diese wurde nur noch durch Befehl, Zensur und Liturgie zusammengehalten. Alle aus sich heraus, das heißt aus spontanen individuellen Motiven entstandenen lebens- und reproduktionsfähigen gesellschaftlichen Beziehungen wurden zerstört. Nach dem Zusammenbruch des Sowjetreiches blieb eine *tabula rasa*, auf der sich zunächst archaische Clan- und kriminelle Bandenstrukturen ausbreiteten, die später unter der eisernen Faust des zum Präsidenten aufgestiegenen subalternen Geheimdienstbeamten Wladimir Putin durch den Aufbau der unheimlichen „Kreml AG“ abgelöst wurden.

Lenin, dessen Vorstellungen über den Aufbau des Sozialismus in Rußland sich explizit am deutschen Staatskapitalismus des Ersten Weltkriegs mit Arbeitspflicht und Brotkarten orientierten, hatte sich vorgenommen, bei der Errichtung der *„proletarischen Diktatur“* weit über Robespierre hinauszugehen, das heißt jeglichen Widerstand gegen die Kollektivierung, gegen das *„Einschmelzen“* der gewachsenen gesellschaftlichen Gruppen und Beziehungen zu brechen. Zu diesem Zweck wurden noch zu Lenins Lebzeiten erste Konzentrationslager eingerichtet. Stalin vollendete später das Werk der Vernichtung aller historisch gewachsenen Klassen der bürgerlichen Gesellschaft.

Geradezu als Sinnbild der Verletzung des Nachhaltigkeitspostulats kann die Tatsache gelten, daß die stalinistischen „Organe" bei der Liquidierung des selbständigen Bauerntums in Rußland nicht davor zurückschreckten, deren Saatgut zu zerstören und damit unvorstellbare Hungersnöte heraufbeschworen. Von der Kollektivierung hat sich die russische Landwirtschaft bis heute nicht erholt. Und die Modernisierung der Volkswirtschaft kommt nur inselartig und „wild" in Gang, weil es keine Tradition der Vertragstreue beziehungsweise der Rechtstaatlichkeit und somit außerhalb politischer Netzwerke und Festlegungen keine Vertrauensbasis für Investoren gibt.

Demgegenüber darf das Regime Hitlers zwar nicht verniedlicht werden. Trotzdem kann ich mich der Meinung Gerd Koenens anschließen, daß der Begriff „Totalitarismus" am ehesten auf den Bolschewismus paßt. Der „Primat der Politik" ging im deutschen Nationalsozialismus trotz Gestapo und systematischer Judenvernichtung in Konzentrationslagern bei weitem nicht bis zum Versuch der totalen Umgestaltung von Wirtschaft und Gesellschaft gemäß ideologischer Vorgaben, zumal Hitlers Macht zumindest in der Vorkriegszeit alles andere als unumschränkt war. Vielmehr blieben die gegebene gesellschaftliche Gliederung und das Zivilrecht im Wesentlichen unangetastet. Außerdem lockerte bereits Hitlers Rüstungsminister Albert Speer ab 1942 die staatliche Bevormundung der Wirtschaft, um angesichts der drohenden militärischen Niederlage die Effizienz der deutschen Kriegswirtschaft zu erhöhen. Die Wirtschaft verwaltete sich mit Hilfe starker Industrieverbände zusehends selbst. Es entstanden der Typus des selbstverantwortlich handelnden Geschäftsführers und des technisch kompetenten Facharbeiters (Vgl. Werner ABELSHAUSER 1999). So fand die Wirtschaft nach dem Zusammenbruch des Hitler-Regimes in Westdeutschland rasch zurück auf den Weg der Selbststeuerung. Eine Anstoßfinanzierung durch den US-amerikanischen Marshall-Plan (deren Wert und Einfluß übrigens sehr umstritten ist) und die Befreiung der Marktkräfte durch die Aufhebung der Preiskontrollen unter Ludwig Erhard genügten, um den raschen Wiederaufbau der zerstörten Städte in Gang zu setzen und ein historisch beispielloses „Wirtschaftswunder" einzuleiten.

Alles in allem liefert das 20. Jahrhundert mehr als genügend Anschauungsunterricht darüber, wie Nachhaltigkeit mit Sicherheit nicht erreicht werden können: Es sah ein „Tausendjähriges Reich", das nach sechs Jahren Kriegsvorbereitung und knapp sechs Jahren Krieg mit der bedingungslosen Kapitulation endete. Es erlebte eine „proletarische Diktatur", die nach (immerhin) sieben Jahrzehnten wegen innerer Erschöpfung zusammenbrach. Wir waren Zeitzeugen des Regimes der „Roten Khmer" in Kampuchea, dem innerhalb weniger Jahre schätzungsweise zwei Millionen Menschen (ein Viertel der Bevölkerung des Landes) zum Opfer fielen. Und wir beobachteten aus der Ferne, wie es das fast irreal wirkende Terror-Regime Kim Il-Sungs und seines ihm an die Macht gefolgten Sohnes in Nordkorea schaffte, die Hungersnot in einem einst blühenden Land zum Dauerzustand zu machen.

Lernen könnten wir aus diesen Katastrophen, daß nicht das Bestand hat, was arrogante Intellektuelle sich ausdenken und Bürokraten am grünen Tisch entscheiden. Bestand haben auch nicht die von „kleinen Leuten" erträumten scheinbar bequemen bürokratisch-kollektivistischen „Lösungen" von Problemen wie Arbeitslosigkeit, Umweltverderbnis und Armut. Bestand hat letztlich nur das, was sich so niemand ausgedacht hat, weil es nicht das Ergebnis feststehenden Wissens, sondern das Ergebnis von Suchen, Lernen und Wetteifern auf dem Markt ist.

Nur einzelne denken an morgen und übermorgen

NACHHALTIGKEITSORIENTIERTES Verhalten gibt es, wie die eingangs zitierten Sprichworte schon angedeutet haben, zunächst nur bei Individuen. (Was nicht heißt, die Menschen könnten außerhalb von Gesellschaften existieren!) Wir können davon ausgehen, daß sich die meisten erwachsenen Menschen, solange sie gesund sind, als einzelne spontan zukunftsorientiert verhalten, weil sie zu einem Teil von Geburt an, zum andern Teil mit dem Abschluß der Pubertät nach Art der Kantschen Kategorien mit einem Vorrat an rational-emotionalen Urteilsvermögen, an zukunftsbezogenem „Vermutungswissen" (Popper) ausgestattet sind. Sie zeichnen sich gegenüber tierischen Konkurrenten dadurch aus, daß sie neben einem allen Wirbeltierarten gemeinsamen Selbsterhaltungstrieb auch einem Gewissen, das heißt einer mit körperlichen Symptomen („Bauchschmerzen") verbundenen rational-emotionalen Prüfungsinstanz gehorchen. Nach Ansicht von Antonio Damasio (1999) ist das Gewissen Ausdruck des menschlichen Selbstbewußtseins. Dieses gilt inzwischen nicht mehr lediglich als Gegenstand metaphysischer oder psychoanalytischer Spekulation, sondern ist biologischer Forschung zugänglich geworden, weil es bereits im Tierreich Ansätze dafür gibt.

Die Verankerung des moralischen Urteilsvermögens in Hirnstrukturen, die sich erst in der Pubertät fertig ausdifferenzieren, könnte nicht nur erklären, warum es so lange dauert, bis Menschen erwachsen werden, sondern auch, warum es zwischen westlichen und östlichen Kulturen seit zweieinhalbtausend Jahren keine nennenswerten Unterschiede in den elementaren Vorstellungen von Menschenwürde, Menschenrechten und moralischen Verpflichtungen gibt. Genaugenommen erklärt das sogar, warum zwei plus zwei überall auf der Welt vier ist! Die Goldene Regel: *„Was Du nicht willst, daß man Dir tue, das füg' auch keinem andern zu"*, von Kant in seinem *„kategorischen Imperativ"* zu einem dem Status einer „regulativen Idee" widersprechenden, von jeglicher organischen Grundlage abgehobenen moralischem Rigorismus überhöht, gilt im Konfuzianismus ebenso wie im Buddhismus, im Islam oder im Christentum. Schon Rousseau erklärte die Goldene Regel – anders als Kant – aus einem allen Menschen gemeinsamen Mitgefühl *(pitié)*. Die Tatsache, daß heute noch immer in Ländern wie China Menschenrechtsverletzungen an der Tagesordnung sind, widerspricht dem nicht.

Diese Ausführungen, die manchem als biologistisch erscheinen mag, stützen sich auf neueste Ergebnisse der Hirnforschung. (Ich denke hier vor allem an die Untersuchungen des portugiesisch-amerikanischen Forscherpaares Hanna und Antonio Damasio an Hirnverletzten sowie der Kinderpsychiater Jay Giedd und Elizabeth Sowell an Teenager-Hirnen.) Das Gewissen ist offenbar keine Erfindung von Moralaposteln, sondern beruht, wie schon Kant logisch folgerte, aber nicht beweisen konnte, auf bestimmten Strukturen des Gehirns. Zwar gibt es im strengen Sinn kein „anatomisches Korrelat" für das Gewissen. Erwiesen ist indes, daß im vorderen Stirnhirn Gefühle und Intellekt zusammengeschaltet werden. Wird dieser Teil des Hirns schwer verletzt, so verschwindet das Gewissen als Entscheidungsinstanz.

Der an der *John Hopkins University* in Baltimore lehrende Philosoph und Politologe Francis Fukuyama entwickelte, ausgehend von diesen Erkenntnissen der Hirnforschung, in seinem Buch *„Das Ende des Menschen"* (2002) ein Konzept von menschlicher Würde, das nicht auf religiösen Annahmen über den Ursprung des Menschen beruht, aber dennoch religiösen Gefühlen breiten Raum läßt. Er stützt sich dabei bewußt auf eine aristotelische, das heißt vorkantianische Argumentation, in deren Zentrum die *„menschliche Natur"* und davon abgeleitete Naturrechte stehen.

Zu Recht weist Fukuyama hier die auf Locke, Rousseau und Kant zurückgehende und später von Hegel und Marx aufgegriffene Idee, das menschliche Hirn gleiche bei der Geburt einer *tabula rasa* und das menschliche Wesen sei daher tendenziell unbegrenzt formbar, entschieden zurück: *„Heute liegt die Vorstellung einer tabula rasa in Trümmern"*, schreibt er. *„Forschungen der Neuropsychologie haben die leere Tafel durch ein modulares Organ ersetzt, dessen hoch angepaßte kognitive Strukturen meist einzig bei der Gattung Mensch auftreten. Es gibt tatsächlich so etwas wie angeborene Ideen – oder genauer gesagt – ererbte gattungstypische Formen von Wahrnehmung sowie gattungsspezifische emotionale Reaktionen auf Erkenntnisse."* (S. 199).

Beispiele dafür seien das Farbensehen, die Reaktion auf angenehme oder unangenehme Gerüche, das Lesen in Gesichtsausdrücken, das Analysieren der Sprache auf Glaubwürdigkeit, das spontane Ausweichen vor bestimmten Gefahren, das Streben nach Gegenseitigkeit, aber auch nach Rache, das Spüren von Befriedigung oder Enttäuschung, die Sorge für Kinder und Eltern, die Abscheu vor Inzest und Kannibalismus, die Suche nach kausalen Erklärungen für Ereignisse, die in den unterschiedlichsten Kulturkreisen der Erde übereinstimmen. Damit bestätigt Fukuyama, wie er zwischen den Zeilen erkennen läßt, letztlich die Auffassung der Liberalen, es gebe so etwas wie den gesunden Menschenverstand und dieser setze sich durch, wenn die Politik dem Streben der Individuen nur genügend Raum lasse. Fukuyama konnte das aber mit Rücksicht auf einen Flügel der Republikanischen Partei, der er damals nahe stand, nicht so klar aussprechen.

Die Entdeckungen der Hirnforschung ändern aber nichts an der bereits auf den deutschen Klassiker Johann Gottfried Herder zurückgehenden Einsicht, daß der Mensch sich von den höchstentwickelten Menschenaffen dadurch unterscheidet, daß er *„von Natur"* aus ein Kulturwesen ist. Denn nicht der Werkzeuggebrauch unterscheidet die Menschen, wie man früher annahm, in erster Linie von den Tieren. Der entscheidende Unterschied zu den ihm genetisch am nächsten stehenden Menschenaffen besteht vielmehr im Gebrauch einer künstlichen, über unmittelbare Gefühls- und Willensäußerungen weit hinausgehenden Sprache. Mit dem Sprachgebrauch und der Weiterentwicklung der gesprochenen Sprache zur Schriftsprache entfaltet sich auch die (wie Rousseau richtig sah) „unnatürliche" Fähigkeit zur Reflexion. Diese macht es dem Menschen unter anderem möglich, sich selbst zu beobachten und von sich selbst in der ersten, zweiten und dritten Person zu sprechen, sich in verschiedene Rollen zu versetzen.

Und daraus erwächst auch die Lust oder Last der Freiheit – angefangen mit der Freiheit, die Wahrheit zu sagen oder zu lügen. Der Mensch kann, wie die berüchtigten Kaspar-Hauser-Experimente Friedrichs des Großen zeigten, seine Lebensfähigkeit und sein Selbstbewußtsein nur durch die Kommunikation mit anderen selbstbewußten Wesen entwikkeln. Dabei entfalten sich aber nur Fähigkeiten, die in seinen Hirnstrukturen und in anatomischen Besonderheiten des Kehlkopfs, der Wirbelsäule (aufrechter Gang) und der Hände bereits angelegt sind.

So wissen wir seit etwa einem Jahrzehnt aufgrund der Arbeiten der Neurologen Vittorio Gallese und Giacomo Rizzolatti, daß gegenseitiges Verstehen von Absichten, Mitfühlen von Emotionen und Lernen durch Nachahmung, ohne die die Ausbreitung und Fortentwicklung von Kulturen nicht vorstellbar ist, an die Existenz sogenannter Spiegelneurone in verschiedenen Regionen der Hirnrinde gebunden sind.

Lernen heißt deshalb nicht, wie manche Aufklärer im Anschluß an John Locke glaubten und manche „Umweltpädagogen" offenbar noch heute glauben, einem als *tabula rasa* angenommenen oder durch Gehirnwäsche dazu gemachten Hirn Bewußtseinsinhalte einzutrichtern beziehungsweise die grauen Zellen umzuprogrammieren. Vielmehr geht es darum, bereits vorhandenes „Vermutungswissen" zu aktualisieren, das heißt den allen gemeinsamen gesunden Menschenverstand mit konkreten Inhalten zu füllen. Wäre das menschliche Wissen nicht, wie Karl Popper mit seinem Freund, dem bekannten Hirnforscher John Eccles, vermutete, bereits zu über 90 Prozent in Hirnstrukturen vorgeprägt, gäbe es übrigens kaum eine Chance, jemals einen Weltfrieden zu erreichen!

Unsere Hoffnung gründet sich aber gerade auf die Annahme, daß das „Vermutungswissen" erwachsener Chinesen zu über 90 Prozent mit dem erwachsener Deutscher übereinstimmt. Denn die genetischen Unterschiede zwischen Asiaten und Europäern sind kaum der Rede wert. Die genetische Variabilität der menschlichen Spezies ist im Vergleich zu anderen Säugetierarten überhaupt extrem niedrig. Es gibt, trotz einer ungleichen Verteilung von Begabungen für verschiedene Sportarten und intellektuellen Lernleistungen bei Trägern verschiedener Hautfarbe, keine klar voneinander abgrenzbaren Rassen, weil die Variabilität zwischen Weißen, Schwarzen und Gelben niedriger ist als innerhalb der nur scheinbaren „Rassen". Die hohe genetische Gleichförmigkeit der Menschheit läßt sich übrigens nur damit erklären, daß ihre Entwicklung den engen Flaschenhals einer extrem starken Selektion überwinden mußte. Wie Svante Pääbo und Mitarbeiter vom Max-Planck-Institut für evolutionäre Anthropologie in Leipzig 1999 gezeigt haben, sind zwei beliebig aus geographisch weit auseinanderliegenden Sprachgruppen ausgewählte Menschen enger miteinander verwandt als zwei Schimpansen, die in Afrika nahe nebeneinander leben.

Wir können deshalb annehmen, daß alle Vor- und Frühmenschengruppen, denen die Anlagen für die besagten Hirnstrukturen fehlten und die es deshalb nicht schafften, aus Schaden klug zu werden, bald ausgestorben sind. Gruppen, die mit sozialem Einfühlungs- und Kooperationsvermögen sowie Verantwortungsbewußtsein ausgestattet waren, das heißt für in Not geratene Angehörige und für ihre Kinder und Kindeskinder sorgten, indem sie Vorräte anlegten, mit Hilfe einer elaborierten Sprache überlebenswichtige Kenntnisse und Verhaltensregeln weitergaben, konnten hingegen überleben. Wäre das anders gewesen, hätte sich der in kleinen Horden organisierte Urmensch als physisch schwache Organismenart niemals über „Klimakatastrophen" wie die Eiszeit hinweg retten und gegenüber physisch stärkeren, aber intellektuell unterlegenen tierischen Konkurrenten wie etwa Bären behaupten können.

Die moderne Hirnforschung liefert somit neue, eindrucksvolle Argumente für die politische Theorie des methodischen oder legitimatorischen Individualismus und das darauf aufbauende Subsidiaritätsprinzip (dazu näheres im Kapitel 8). Weil der Gesellschaft ein dem Gewissen vergleichbares „Organ" fehlt, führen alle Versuche, Probleme menschlicher Gemeinwesen unter Umgehung oder Ausschaltung, wenn nicht durch gewaltsame Unterdrückung des Gewissens der Individuen allein auf der Grundlage theoretischer Vernunft beziehungsweise davon abgeleiteter ideologischer Vereinfachungen zu lösen, zum Verlust des gesunden Menschenverstandes und damit letztlich ins Verderben.

Auf die Institutionen kommt es an

WIE sich Menschen verhalten, wenn sie im Kollektiv auftreten, haben Soziologen und Psychologen eingehend untersucht. Der wesentliche Unterschied zum Einzelkämpfer läßt sich wie folgt charakterisieren: Während der einzelne bei Strafe seines finanziellen Ruins oder sogar physischen Untergangs immer davon ausgehen muß, daß zwei und zwei vier ist, kann ein Kollektiv, wenn gewisse Hemmungen erst einmal gefallen sind, leicht fünf gerade sein lassen. Ob ein gleichgeschaltetes Kollektiv Gutes oder Schlechtes bewerkstelligt, hängt deshalb ganz von der Einstellung und den Führungsqualitäten seines Chefs beziehungsweise seiner Chefin ab. Ganz anders steht es, wie schon dargelegt, um Kollektive, die über marktähnliche Mechanismen der Aggregation des beschränkten Wissens ihrer Mitglieder verfügen. Hier ergibt sich die Stärke des Chefs nicht dadurch, daß er den einzelnen seinen bornierten Willen aufzwingt, sondern durch seine Fähigkeit, die Ergebnisse kollektiver Lernprozesse („Schwarmintelligenz") auf den Punkt zu bringen und in kollektive Handlungen umzusetzen.

Bewegte Menschenmassen können einzelne anstacheln, Großartiges, ja Übermenschliches zu leisten. Sie können aber auch brave Bauern oder Büroangestellte zu Teufeln machen. Denn in einer größeren, quasi unter Hypnose stehenden Masse verhalten sich die Menschen, wie schon Gustave Le Bon erkannt hat, oft extrem kurzsichtig, lassen sich von flüchtigen Stimmungen und Halluzinationen zu unverantwortlichen Entscheidungen und zerstörerischen Handlungen bis zu Mord und Totschlag hinreißen. Die Blutorgien der Hutus in Rwanda, der *Frenkie Boys* im ehemaligen Jugoslawien oder die Ausschreitungen von *Hooligans* bei Sportveranstaltungen in unseren Breiten liefern heute plastischen Anschauungsunterricht für die massenpsychologischen Mechanismen, die brave Familienväter in blutrünstige Bestien verwandeln können.

Zwar unblutig, aber in den wirtschaftlichen Konsequenzen kaum weniger verheerend kann das Gruppenverhalten der Manager von Banken und Investmentfonds und das Herdenverhalten von Anlegern an den Weltbörsen sein. Der Anlagestrategie James Montier der *Dresdner Kleinwort Wasserstein (DrKW)* hat empirisch nachgewiesen, daß durch Teams gesteuerte Investmentfonds immer eine schlechtere Performance haben als die individuellen Entscheidungen unterliegenden (Vgl. *Die Welt,* 18.9.04). Offenbar genügten die untersuchten Teams nicht grundlegenden Bedingungen einer „Schwarmintelligenz" wie Unabhängigkeit und Anonymität der einzelnen Mitglieder.

Rousseau sah zwar richtig, daß die Freiheit, Gutes oder Böses zu tun, das Wesen des Menschen ausmacht. Aber er irrte sich gründlich, als er annahm, die Menschen seien von Natur aus gut und büßten ihre *„natürliche Freiheit"* durch die Entwicklung der Arbeitsteilung, des Privateigentums und des Geldes wieder ein. Freiheit und Moral sind vielmehr Produkte der Zivilisation. Erst die fortschreitende Arbeitsteilung ermöglichte es den Individuen, sich mehr und mehr auf ihre jeweiligen Stärken zu konzentrieren und sich so von der Qual unschöpferischer Tätigkeiten zu befreien. Erst dann konnten verschiedene Freiheitsideen und Moralvorstellungen überhaupt aufkommen.

In der Urhorde waren demgegenüber, abgesehen vom Häuptling und vom Medizinmann, alle gleich, aber nicht frei. Forschungen an den letzten überlebenden Naturvölkern weisen darauf hin, daß in der Urhorde strengster Gruppenzwang herrschte. Und die nach Maßstäben der biologischen Evolution sehr kurze Zeit zwischen der Zähmung des Feuers und der heutigen Zivilisation hat mit Sicherheit nicht ausgereicht, um die den Lebensbedingungen der Urhorde entsprechende genetische Ausstattung der Menschen nennenswert zu verändern.

Entgegen der Annahme Rousseaus, die Entwicklung von Kunst und Wissenschaft führten zu moralischer Verderbnis und Sittenzerfall, haben die Menschen gerade in den letzten drei Jahrtausenden erhebliche moralische Fortschritte gemacht, so daß die Chancen für eine wirklich nachhaltige Entwicklung gestiegen sind. Das ist nicht so zu verstehen, als seien die Individuen zunehmend engelsgleich geworden. Vielmehr kann sich jedermann leicht selbst davon überzeugen, daß der alte Adam noch in ihnen steckt. Was sich jedoch gebessert hat, sind die Institutionen, das heißt die Spielregeln menschlicher Kommunikation und Zusammenarbeit beziehungsweise Konkurrenz, die auch eigensüchtige Menschen dazu bringen können, sich moralisch korrekt, das heißt im Sinne des Gemeinwohls zu verhalten.

So gewinnt neben dem naturwüchsigen, in Hirnstrukturen vorgeprägten individuellen Nachhaltigkeitswissen mehr und mehr ein in Institutionen objektiviertes Wissen über die Bedingungen einer dauerhaften Mehrung des Gemeinnutzes durch die Verfolgung mehr oder weniger eigennütziger Ziele an Bedeutung. Treffend formulierte der schottische Moralphilosoph Adam Smith in seiner vielzitierten *„Untersuchung über Wesen und Ursachen des Reichtums der Völker"* (1776) worum es geht: *„Nicht vom Wohlwollen des Metzgers, Brauers oder Bäckers erwarten wir unsere Mahlzeit, sondern von deren Bedachtnahme auf ihr eigenes Interesse. Wir wenden uns nicht an ihre Menschenliebe, sondern an ihre Eigenliebe und sprechen ihnen nie von unseren eigenen Bedürfnissen, sondern von ihren Vorteilen."* (zit. n. der Ausgabe von Erich W. STREISSLER 1999, S. 98).

Kollektive und den Bedingungen anonymer Großgesellschaften entsprechende Formen vorsorgenden, nachhaltigkeitsorientierten Fühlens, Denkens und Tuns oder Lassens können sich nur in sehr beschränkten Maße auf angeborene Instinkte oder in der Pubertät nachgewachsenes rational-emotionales Urteilsvermögen verlassen und auch nicht aus irgendwelchen Wissenschaften abgeleitet werden. Wissenschaftliche Erkenntnisse können den gesunden Menschenverstand nur ergänzen, aber nicht ersetzen. Kollektives, in Institutionen verkörpertes Nachhaltigkeitswissen kann zum allergrößten Teil nur das Ergebnis eines mühsamen Lernprozesses durch Versuch und Irrtum sein. Religionsstifter, Philosophen und Gesellschaftstheoretiker haben dieses in einem weitgehend unbewußten Evolutionsprozeß entstandene Wissen lediglich zusammengefaßt und in griffige Formeln gegossen, aber nicht erfunden.

Wir sind damit bei der zentralen Frage, wie das durchaus zukunftsorientierte Verhalten gesunder Einzelmenschen, massenpsychologische Fallen vermeidend, auf Großgesellschaften übertragen werden kann. Es wäre naiv, hier einfach Werte wie „Liebe" oder „Solidarität", die allenfalls überschaubare Kleingruppen zusammenhalten können, zu bemühen. Kann es denn Liebe geben ohne Bezug auf konkrete Personen mit all ihren Stärken und Schwächen? Kann es Solidarität geben außerhalb einer mehr oder weniger verschworenen Urhorde oder modernen Gesinnungsgemeinschaft? Kann es Solidarität geben ohne jemanden oder etwas, gegen den oder das man sich solidarisiert? Kann Solidarität etwas zur Befriedigung unbekannter Bedürfnisse unbekannter Menschen in Großgesellschaften beitragen? Gibt es keinen Unterschied zwischen Solidarität und Mitleid beziehungsweise Barmherzigkeit, das heißt selbstloser Hilfe für unverschuldet von Leid und Not getroffene Menschen? Was heißt „soziale" Gerechtigkeit? Kann es eine noch bessere Gerechtigkeit geben als die den Geboten des fairen Wettbewerbs entsprechende? Kann es distributive (austeilende) Gerechtigkeit geben ohne Despoten und/oder Bürokraten, die willkürlichen Eingebungen oder bürokratischen Regeln folgend austeilen? Aufgrund welchen Wissens soll die Zuteilung erfolgen? Was heißt überhaupt „sozial"? Gibt es dafür eine nichttautologische Definition? Ich möchte mir die Beantwortung dieser Fragen in den folgenden Kapiteln nicht zu leicht machen.

Für die Übertragung des Nachhaltigkeitsprinzips vom naturwüchsig zukunftsorientierten Verhalten gesunder erwachsener Individuen auf anonyme Großgesellschaften gibt es nach allem, was uns die Geschichte lehrt (oder lehren könnte), nur einen Weg: Man muß erstens den einzelnen die Freiheit lassen, ihren eigenen Motiven und Antrieben zu gehorchen, ihr angeborenes und erlerntes Wissen zu mobilisieren, ihrer Kreativität freien Lauf zu lassen, ihre je eigenen Interessen und Zwecke zu verfolgen. Das entspricht auch der christlich-abendländischen Tradition, die den einzelnen Menschen als Ebenbild Gottes prinzipiell als unverfügbar und mit der „Freiheit des Willens“ und der Kraft eigener Entscheidung ausgestattet betrachtet.

Um die Gesellschaft zusammenzuhalten, muß aber zweitens ein gesetzlicher Ordnungsrahmen dafür sorgen, daß sich die Menschen bei ihren Entscheidungen weniger an persönlichen Sympathien oder Antipathien als an den Preissignalen des Marktes orientieren und dabei einfache, abstrakte Verhaltens- beziehungsweise Spielregeln, Normen und Tabus beachten, deren universelle (und weitgehend unbewußte) Anwendung nach bisherigen Erfahrungen mit großer Wahrscheinlichkeit den Zusammenhalt des Gesellschaftsganzen fördert oder zumindest nicht in Frage stellt.

Ich möchte also keineswegs einer einseitigen Betonung ökonomischer Berechnung des Wort reden. Eine realistische Nachhaltigkeitsstrategie sollte im Auge behalten, daß Märkte, nach allen historischen Erfahrungen, nicht immer aus sich heraus funktionieren, sondern in der Regel „multi-institutioneller“ Voraussetzungen bedürfen, die politisch gestaltet werden müssen.

So führt der peruanische Ökonom Hernando de Soto (2002) die Entwicklungshemmnisse in vielen Ländern Lateinamerikas hauptsächlich auf die ungeklärten Eigentumsverhältnisse zurück. Wer dort legal Eigentum erwerben und ein Unternehmen aufbauen will, sieht sich einem kaum durchdringbaren bürokratischen Dschungel gegenüber. Und wo nicht einmal der Eigentumsbegriff geklärt ist, ist es müßig, nach fairem Wettbewerb zu rufen. Wo die Zehn Gebote aufgrund historischer Zufälle nicht respektiert werden, braucht sich niemand zu wundern, daß die Regeln guter kaufmännischer Praxis, die dafür sorgen, daß mittel- und längerfristig nicht der Ehrliche, sondern der Betrüger der Dumme ist, dort fremd sind.

Das betont auch Amartya Sen, der Wirtschaftsnobelpreisträger von 1998. *„Der Kapitalismus bezog seine Kraft auch aus einem System von allgemein anerkannten Werten, von Vertrauen, Zuverlässigkeit und Geschäftsmoral“,* stellt Sen fest und fordert deshalb: *„Wir müssen den Anteil nichtmarktlicher Institutionen am Erfolg der Marktwirtschaft künftig besser erkennen und anerkennen als bisher. Wir müssen uns klar werden darüber, daß der Erfolg des Kapitalismus auch von moralischen Werten abhängt, die mit dem maximalen Gewinn nichts zu tun haben.“* (*FAZ*, 31. 12. 1999).

Das kann jedoch nicht die heute bei Spitzenmanagern von Großkonzernen oft beobachtbare Neigung rechtfertigen, bei alltäglichen Problemen sofort nach staatlichen Eingriffen in den Markt durch Forschungssubventionen, Investitionsanreize und branchenbezogenen Regulierungsbehörden zu rufen. Solche Detailregelungen durch Dritte eignen sich lediglich dazu, Verantwortung auf andere abzuwälzen. Bei den angesprochenen allgemeinen moralischen Verhaltensregeln handelt es sich nicht um solche externen Vorgaben, sondern vielmehr, formuliert in den Worten Friedrich August von Hayeks, um *„Regeln, die uns zwar nicht sagen, was in dieser Welt geschieht, aber sagen, daß uns wahrscheinlich nichts geschehen wird, wenn wir sie befolgen."* (1969, S. 170) Solche Spielregeln können nicht in Studierstuben von Professoren ergrübelt oder von Bürokraten am Grünen Tisch entworfen werden. Sie bilden sich vielmehr im praktischen Leben heraus und werden, wenn sie sich bewährt haben, als zentraler Bestandteil kultureller beziehungsweise religiöser Tradition von einer Generation zur anderen weitergegeben.

So werden die Zehn Gebote (beziehungsweise Verbote) heute nicht deshalb in der Tendenz überall auf der Welt von den geistig gesunden Menschen respektiert, weil sie in der Bibel stehen, sondern weil gesellschaftliche Systeme, in denen sie als Ausdruck universaler, vorstaatlicher Menschenrechte (Recht auf Leib und Leben, Recht auf Eigentum usw., Pflicht zur Nächstenliebe, Pflicht zur Wahrhaftigkeit, usw.) nicht respektiert wurden, größtenteils untergegangen sind oder zumindest vor dem Untergang stehen. Wer heute die Ergänzung des Dekalogs durch Umweltvorschriften fordert (wie etwa mein ehemaliger Weggefährte Reinhard Loske als umweltpolitischer Sprecher der Grünen im Deutschen Bundestag), der hat nicht verstanden, warum die Zehn Gebote der Bibel keinerlei Aussage über Natur und Gesellschaft enthalten.

Ähnlich wie bei den Zehn Geboten ist es bei den Regeln von Angebot und Nachfrage auf dem Markt, die in erster Näherung nichts weiter als pure Arithmetik sind. Und auch die Grundsätze des (noch immer gültigen) römischen Rechts, daß Privateigentum unantastbar ist und Verträge einzuhalten sind, wurden wohl von niemandem mit fester Absicht ersonnen. Alle gegenteiligen Regelungen haben sich einfach nicht bewährt und sind längst wieder in Vergessenheit geraten. Die universelle Anwendung solch einfacher Regeln ermöglicht hingegen die Entwicklung beständiger gesellschaftlicher Ordnungen, deren materieller und kultureller Reichtum durch keinen noch so detailliert ausgetüftelten Plan je hätte erreicht werden können.

Um eine Gesellschaft zusammenzuhalten, „zukunftsfähig" zu machen, bedarf es also im Prinzip keiner Soziologen oder Sozialarbeiter, dafür aber unparteiischer öffentlicher Institutionen zum Schutz des Lebens und des Eigentums, zur Durchsetzung des Vertragsrechts und zur Förderung des Wettbewerbs sowie nicht zuletzt unabhängiger Richter. Und wir bräuchten, was die stoffliche Ressourcenbasis der Nachhaltigkeit anbelangt, im Prinzip auch keine Ökologen, weil Regeln der Nachhaltigkeit, die nicht am grünen Tisch erdacht und auf bürokratischem Wege in Kraft gesetzt werden, sondern sich im *„Wettbewerb als Entdekkungsverfahren"* (von Hayek) durchsetzen, nicht notwendigerweise Aussagen über die außermenschliche Natur enthalten müssen. Das gilt übrigens auch für die in der *Agenda 21* empfohlene Erarbeitung eines Systems von Indikatoren der Nachhaltigkeit (dazu später).

Agenda 21 – *Steinbruch der Weltverbesserer*

DIE 1992 in Rio beschlossene *Agenda 21* zeichnet sich demgegenüber allerdings (wie viele andere umwelt- beziehungsweise nachhaltigkeitspolitische Verlautbarungen) dadurch aus, daß sie das oben herausgearbeitete zentrale Problem der Nachhaltigkeitspolitik gewissermaßen auf den Kopf stellt: Während es darauf ankäme, dem naturwüchsig zukunftsorientierten Verhalten gesunder Individuen durch institutionelle Innovationen besser als in den bisherigen Formen der Vergesellschaftung in der großen Politik zum Durchbruch zu verhelfen, sahen die in Rio de Janeiro versammelten Vertreter der 170 Unterzeichnerstaaten der *Agenda 21* die eigentliche Wissensbasis einer Nachhaltigkeitspolitik in Klimamodellen und anderen ökologischen und ökonomischen Simulationen der zukünftigen globalen Lebensbedingungen der Menschheit.

Ihnen geht es ganz im Gegenteil darum, die Menschen zur Verinnerlichung der von politisch korrekten „Experten" abgeleiteten Grenzen des ökonomischen Wachstums und der Selbstentfaltung zu erziehen. Mit anderen Worten: Die in Rio versammelten Regierungschefs und Minister taten so, als werde „oben" bereits verstanden, was die zentralen Aufgaben einer Nachhaltigkeitspolitik sind, und es komme jetzt nur noch darauf an, den unwissenden Völkern die Ziele dieser Politik einzuhämmern.

In der Tat liest sich die, nur ein Jahr nach dem (endgültigen?) Zusammenbruch des Sozialismus verfaßte *Agenda 21* streckenweise wie ein sozialistisches Umerziehungsprogramm. So zum Beispiel das Kapitel 4 über die Veränderung der Konsumgewohnheiten. Vor allem versteht die *Agenda* die Nachhaltigkeitsidee nicht lediglich als allgemeine Orientierungshilfe einer integrativen, das heißt ökonomische, soziale und ökologische Aspekte gleichermaßen umfassenden Politik (wie das in der Präambel anklingt), sondern stofflich-naturalistisch im Sinne einer globalen Ressourcenbewirtschaftung.

Unter diesem Blickwinkel wird auch der Schutz der Erdatmosphäre beziehungsweise des Weltklimas abgehandelt – so als stünde ein für allemal fest, was als Ressource gelten kann, und als werde die Klimaentwicklung schon halbwegs verstanden. So schlägt ökologisches und soziales Engagement an etlichen Punkten in Wissensanmaßung um. Wer sind überhaupt die Adressaten der *Agenda* ? *„Die Regierungen"*, sagt die Präambel. Viele Forderungen sind aber so formuliert, als richteten sie sich an eine nicht existierende Weltregierung. War den Unterzeichnern der *Agenda* nicht bewußt, was sie da durchgehen ließen?

Jedenfalls verstehen wir auf diesem Hintergrund besser, warum kurz vor der Rio-Konferenz 264 bekannte Wissenschaftler und Schriftsteller (darunter 52 Nobelpreisträger) im *„Heidelberger Appell"* vor Angstmache, Pseudowissenschaft und Irrationalismus warnten – leider ohne an konkreten Beispielen zu demonstrieren, was und wen genau sie damit im Auge hatten. Das könnte man aber leicht nachholen.

Insbesondere die in Rio neben der *Agenda*, der Rio-Deklaration, der Walderklärung und der Konvention über die Biologische Vielfalt verabschiedeten Klimakonvention dokumentiert einen von der „grünen" beziehungsweise der 68er Bewegung über die Massenmedien in die Diskussion gebrachten romantisierenden und gleichzeitig moralisierenden Umgang mit Nichtwissen und Unsicherheit in Form eines weniger im Sinne von Vorratsbildung und Versicherung, sondern einseitig im Sinne bevormundender Risikovermeidung interpretierten „Vorsorgeprinzips" (Artikel 3.3), der mir äußerst bedenklich erscheint. Denn er könnte zum Einfallstor willkürlicher Verdächtigungen, verschiedener Formen des Aberglaubens und damit begründeter Tyrannei werden.

Eine wirkliche Vorsorgepolitik müßte vor allem folgendes bedenken: Investitionen zur Erhöhung der Sicherheit technischer, ökonomischer oder sozialer Systeme unterliegen wie alle anderen Investitionen auch dem Ertragsgesetz. *„Allzu viel ist ungesund!"* sagt der Volksmund. Wird zu viel in Sicherheit und Vorsorge investiert, werden Störfall- und Katastrophenrisiken infolge sinkender Flexibilität und Handlungsfähigkeit größer statt geringer, während die Lebenschancen der Menschen kleiner und ihre wirtschaftlichen wie kulturellen Wahl- und Entfaltungsmöglichkeiten enger werden. Sozialistischer Aberglaube kann dann obendrein Politiker dazu verführen, dieses kontraproduktive Ergebnis dadurch korrigieren zu wollen, daß sie noch mehr von der falschen Medizin verschreiben.

Stattdessen käme es darauf an, über das rechte Maß an Vorsorge nachzudenken. Dieses läßt sich nicht ohne weiteres aus dem Streben, Lebensrisiken zu minimieren, ableiten. Denn mit den Risiken sinken meist auch die Chancen. Überhaupt ist die landläufige Gegenüberstellung von Risiken und Chancen – wortwörtlich genommen – barer Unsinn. Ginge man davon ab, in Risiken von vornherein etwas Negatives zu sehen, dann käme man zur Unterscheidung zwischen guten und schlechten Risiken und zwischen guten und schlechten Chancen, wie es in der Finanzwelt (und in der englischen Sprache) üblich ist. Ein gutes Risiko ist dann auch eine gute Chance, die Begriffe „Chance" und „Risiko" wären also gewissermaßen gegeneinander austauschbar. Der gegenwärtige Sprachgebrauch in Deutschland unterstellt hingegen untergründig, man könne das eine ohne das andere haben. Hier zeigen sich späte Nachwirkungen gewisser Strömungen der 68er-Revolte, die Genuß ohne Reue predigten (dazu später).

Es geht im praktischen Leben schlicht um die Entscheidung, ob man zum Beispiel in einen bestimmten Börsenwert (dem Analysten ein gutes Risiko bescheinigen) investiert oder lieber an einer Lotterie teilnimmt. Alleiniges Trachten nach Risikominimierung führt schlicht zu Lähmung und Stillstand und damit in den sicheren Abstieg, wenn nicht Untergang. Der gesunde Menschenverstand wendet bei seinen alltäglichen Operationen deshalb seit eh und je neben der „Übelminimierungsregel" auch eine „Übelabwägungsregel" an. Danach ist Handeln, wenn es einem guten, mit der Menschenwürde vereinbaren Zweck dient, auch dann gerechtfertigt, wenn nicht geboten, wenn seine unerwünschten Nebenfolgen geringer sind als die Übel, die bei Nichtstun heraufbeschworen würden.

Solche Überlegungen sind auch in die Diskussionen um die *Agenda 21* eingeflossen, und zwar in Form sogenannter *„no regret"*-Lösungsvorschläge. Es handelt sich dabei um Investitionen (zum Beispiel in die Erschließung neuer Energiequellen oder zur Verbesserung der Energieeffizienz), die sich bis zu einem gewissen Grade auch dann auszahlen würden, wenn sich Motive wie die Abwendung einer drohenden Klimaverschlechterung als grundlos erweisen sollten. Die bei der Formulierung der *Agenda* und der Klimakonvention getroffene Übelabwägung ist jedoch rational nicht nachvollziehbar, wenn man die Hypothese einer menschengemachten Überhitzung der Atmosphäre als das nimmt, was sie ihrem wissenschaftlichen Status nach tatsächlich ist: als eine unbewiesene Vermutung neben anderen. In einer solchen Situation erscheint Lotteriespielen als die rationalste und kostengünstigste Entscheidungsalternative.

Die bedenklichsten Formulierungen der Klimakonvention sind demnach die folgenden: Ziel des Abkommens sei *„die Stabilisierung der Treibhausgaskonzentrationen in der Atmosphäre auf einem Niveau[...], auf dem eine gefährliche anthropogene Störung des Klimasystems verhindert wird. Ein solches Niveau sollte innerhalb eines Zeitraums erreicht werden, der ausreicht, damit sich die Ökosysteme auf natürliche Weise den Klimaänderungen anpassen können, die Nahrungsmittelerzeugung nicht bedroht wird und die wirtschaftliche Entwicklung auf nachhaltige Weise fortgeführt werden kann.“* (Artikel 2) Und: *„In Fällen, in denen ernsthafte oder nicht wiedergutzumachende Schäden drohen, soll das Fehlen einer völligen wissenschaftlichen Gewißheit nicht als Grund für das Aufschieben solcher Maßnahmen dienen[...]“* (Artikel 3.3).

Diese Formulierungen setzen voraus,

- *daß erstens die seit etwa einem Jahrhundert beobachtete leichte Erhöhung der Durchschnittstemperatur über den Landmassen der Erde hauptsächlich auf menschliche Einflüsse wie die Freisetzung sogenannter Treibhausgase wie Kohlendioxid (CO_2) durch die Verbrennung fossiler Energieträger zurückgeht (was nicht bewiesen und wahrscheinlich sogar grundsätzlich nicht beweisbar ist),*

- *daß diese zweitens durch bewußte, weltweit koordinierte Gegenmaßnahmen gestoppt werden kann.*

Selbst wenn die erste Bedingung erfüllt wäre, bliebe die Hoffnung auf die Wirksamkeit von Gegenmaßnahmen äußerst schwach begründet, da wirtschaftliche und gesellschaftliche Großexperimente, wie eingangs geschildert, meistens zu Ergebnissen führen, die so niemand gewollt hat. Ich fürchte, daß bei dem zum Beispiel von Hermann Scheer (1999) geforderten vorsorglichen radikalen Umbau der heutigen „Verbrennungswirtschaft“ zur globalen „Solarwirtschaft“ nicht nur stoffliche Grundlagen unseres Wohlstandes und materielle Vorkehrungen für den Fall einer möglichen drastischen Abkühlung des Weltklimas in Form von Atomkraftwerken auf der Strecke blieben, sondern auch essentielle immaterielle Werte wie Freiheit und Selbstverantwortung, weil eine starr auf quantitative physische Ziele ausgerichtete Politik selbst bei den besten Vorsätzen kaum den Schritt vom Wert- zum Zweckrationalismus oder Konsequenzialismus (wonach der Zweck die Mittel heiligt) vermeiden könnte.

Ich fürchte also, daß eine Politik, die sich an vermeintlich objektiven, von computerbasierten „Weltmodellen" abgeleiteten Sachzwängen orientiert, gerade das opfert, was eine Nachhaltigkeitspolitik, die diesen Namen verdient, längerfristig bewahren sollte: die Freiheit. Bei einer Übelabwägung unter diesem Blickwinkel erschiene der Weltuntergang wohl etlichen Zeitgenossen als das kleinere Übel. Um noch deutlicher zu werden: Welchen Sinn hätte es für Menschen, die die Freiheit lieben und deshalb bereit sind, für deren Verteidigung ihr Leben einzusetzen, ihre Freiheit für eine hypothetische Stabilisierung des Weltklimas zu opfern – ohne die geringste Gewißheit zu haben, mit diesem Opfer irgend etwas nützliches zu bezwecken? Es verwundert so besehen nicht, daß sich das auf der Basis der Klimakonvention von Rio ausgehandelte Kioto-Protokoll von 1997 als so schwer umsetzbar erweist.

Tatsächlich sprechen zur Zeit in der internationalen Klimadebatte mindestens ebenso viele Forschungsergebnisse für eine erneute *Abkühlung* des Erdklimas wie für eine Fortsetzung der begonnenen Erwärmung. Eine Politik, die sich an „objektiven" Vorgaben orientieren möchte, läuft deshalb Gefahr, genau das Falsche zu tun. Es gibt deshalb wohl keine Alternative zu der vom gesunden Menschenverstand nahegelegten Auffassung, daß die Klimaentwicklung (wie das Wetter) von der Position unseres Sonnensystems in der Milchstraße und den Launen der Sonne abhängt, folglich ohnehin *„kommt, wie es kommt"* und es deshalb besser ist, die Probleme der Anpassung von Wirtschaft und Gesellschaft auf sich zukommen zu lassen, anstatt sich um ungelegte Eier zu sorgen. Wie steht es demgegenüber um die Ehrlichkeit und damit auch um die geistige Gesundheit eines politischen und rechtlichen Systems, das zwar Streiks, Arbeitsverweigerungen abhängig Beschäftigter als *„höhere Gewalt"* anerkennt, nicht aber Klimaveränderungen?

Der Grundsatz der Ehrlichkeit gebietet es auch einzugestehen, daß eine inzwischen auf über sechs Milliarden Menschen angewachsene und mit einiger Sicherheit noch bis auf acht bis neun Milliarden Menschen weiter wachsende Weltbevölkerung auf der Basis heutiger Techniken und gegebener sozialer Systeme nicht dauerhaft, das heißt wenigstens Jahrhunderte lang auf der Erde leben könnte. Das gilt unabhängig von der Richtung, die die Klimaentwicklung einschlagen wird. Wir stehen heute vor dem schier unlösbar erscheinenden Problem, die Nahrungsmittelproduktion global in nur 25 Jahren verdoppeln zu müssen. Deshalb brächte ein buchhalterisches Herangehen an die Ressourcenfrage mit der mehr oder weniger klaren Absicht der Rationierung gar nichts.

Vielmehr benötigt die physische Umsetzung der Nachhaltigkeitsidee Dinge und Verhältnisse, die erst noch erfunden werden müssen. Diese Situation erfordert einen Politikansatz, der auf den Erfindungsreichtum freier Menschen baut. Die heutige Politik tut aber genau das Gegenteil, indem sie vordringlich solche Forschung fördert, die Zukunftsängste und den dadurch geförderten Aberglauben bestärken.

Das Überleben der Menschen hängt heute stärker denn je zuvor von technischen und sozialen Innovationen ab. Diese können nicht am runden Tisch ausgehandelt oder durch demokratische Mehrheitsbeschlüsse, wenn nicht gar durch revolutionäre Massenerhebungen herbeigeführt werden. Denn Revolutionen vom Typ der Französischen Revolution orientieren sich, trotz aller Innovationsrhetorik, in Wirklichkeit immer an eher rückwärtsgewandten Zielen und erweisen sich als „nachhaltig" nur in dem Sinne, daß sie das Denken der Menschen über Jahrhunderte in die falsche Richtung lenken. Statt des jakobinischen Konformismus *(Quelle horreur!)* erfordern Innovationen vielmehr gesellschaftliche und wirtschaftliche Verhältnisse, die Tüftlern, Spinnern und Ketzern Freiräume gewähren und jene belohnen, deren Erfindungen bekannte Probleme menschenwürdiger, effizienter und kostengünstiger lösen als herkömmliche Techniken und Systeme. Nur die Verbindung von demokratischer Politik und entpolitisierter Marktwirtschaft, nur die Kombination des Schutzes individueller Eigentums- und Menschenrechte wie des Rechtes auf körperliche Unversehrtheit, der Meinungs- und Vertragsfreiheit mit einem politikfreien, aber harten, disziplinierenden marktwirtschaftlichen Wettbewerb schafft solche Anreize für Innovationen und die dafür nötigen Freiräume.

Der Kölner Ökonom C. Christian von Weizsäcker brachte diese Aufgabe 1999 wie folgt auf den Punkt: *„Damit ein sanktionsschwacher Bereich des Politischen in der gleichen Gesellschaft Platz hat neben einem sanktionsstarken Bereich der Arbeitsteilung, müssen die beiden Bereiche voneinander getrennt werden. Würden die beiden Bereiche vermischt, so wäre entweder die Wirtschaft nicht mit hinreichend starken Anreizen ausgestattet: eine sanktionsschwache Wirtschaft funktioniert nicht. Oder der politische Bereich wäre mit starken Sanktionen versehen: dann gäbe es keine Meinungsfreiheit. Eine politisierte Wirtschaft schafft entweder Armut oder Unfreiheit, entweder Chaos oder Diktatur."* (1999, S. 41f.). Demgegenüber kann die in Rio aus der Taufe gehobene „Klimapolitik" als Versuch charakterisiert werden, den jakobinischen „Primat der Politik" ins Zeitalter der Globalisierung zu retten.

Freilich haben sich auch in der *Agenda 21* gewisse ökonomische Einsichten und liberale politische Orientierungen in Form der Forderung nach Stärkung der Privatwirtschaft und der Anregung eines offenen internationalen Wirtschaftssystems ohne einseitig diskriminierende Handelspolitik niedergeschlagen. Diese Kapitel stehen aber unverbunden neben den erwähnten Ansätzen einer globalen Ressourcenbewirtschaftung mit strenger bürokratischer Zielorientierung, die in der *Agenda* den größten Raum einnehmen. Es fehlt eine klare Unterscheidung zwischen politisch gestaltbaren und nicht gestaltbaren Prozessen und somit auch eine Klärung des Verhältnisses zwischen Politik und Ökonomie auf globaler, kontinentaler, einzelstaatlicher, regionaler und lokaler Ebene.

So erscheint die *Agenda* in der politischen Praxis denn auch weniger als ein ganzheitlich umsetzbares Aktionsprogramm, sondern eher als Steinbruch, in dem sich jede Gruppierung heraussucht, was ihr gerade in den Kram paßt. Trotzdem hat sich die der *Agenda* zugrunde liegende Idee des *sustainable development* bislang sowohl global als auch national, alles in allem, als eine bessere Orientierungshilfe für die Politik erwiesen als frühere, noch stärker vom Kalten Krieg geprägte Leitideen – auch wenn noch keineswegs bewiesen ist, daß die gar nicht so neue Idee der Nachhaltigkeit ähnliche Leidenschaften wecken kann wie die Idee der Freiheit.

Einen (begrenzt) positiven Einfluß der Nachhaltigkeitsidee sehe ich hingegen vor allem im folgenden: Auch wenn sie die einen eher für eine Zauberformel, ja eine säkularisierte Heilslehre, die anderen mehr für eine modische, beinahe beliebig für unternehmens- oder parteipolitische Zwecke nutzbare Leerformel halten, gilt *sustainable development*, auf deutsch parlamentsoffiziell: *„nachhaltig zukunftsverträgliche Entwicklung“* (so als wüßte man, was die Zukunft bringt!) seit der Rio-Konferenz bei Nichtregierungsorganisationen *(NGO's)* wie bei Regierungen, politischen Parteien, Wirtschaftsverbänden und Großunternehmen einhellig als nützliches, weil friedenstiftendes Leitbild, das heißt als ein echtes produktives Mißverständnis. Das ist kein geringer Vorteil, denn es hat sich bereits erwiesen, daß mit Hilfe dieser Orientierung langjährige fruchtlose umweltpolitische Konfrontationen zwischen der „grünen“ Bewegung und der Industrie in konstruktive Diskurse verwandelt werden konnten.

Ein herausragendes Beispiel dafür ist der Dialog zwischen dem deutschen Verband der Chemischen Industrie (VCI) und der Arbeitsgemeinschaft PVC und Umweltschutz (AgPU) auf der einen und Umweltverbänden sowie der Partei Bündnis 90/Die Grünen auf der anderen Seite über Probleme und Perspektiven der Chlorchemie. Dieser Dialog hat zum Beispiel bewirkt, daß inzwischen auch rot-grün-regierte Kommunen nüchtern zwischen den Vor- und Nachteile des lange Zeit verteufelten Kunststoffs PVC abwägen. Dabei stellen sie meist fest, daß die Anwendung des preisgünstigen und langlebigen Kunststoffs für Rohre, Fenster, Fußböden und Dachbahnen in Zeiten knapper Kassen Mittel für die Wärmedämmung von Gebäuden frei macht und ihnen somit hilft, ihren lokalen *Agenda*-Zielen näher zu kommen. Nur die Organisation *Greenpeace* hält noch (aus naheliegenden Gründen) an der undifferenzierten Ablehnung, wenn nicht Verteufelung von PVC fest.

Der Bundestag entdeckt den gesunden Menschenverstand

IN der alten (Bonner) Bundesrepublik beschäftigte sich in zwei aufeinanderfolgenden Wahlperioden eine Enquête-Kommission des Bundestages mit der Konkretisierung des Leitbildes „nachhaltige Entwicklung". Die erste Enquête-Kommission *„Schutz des Menschen und der Umwelt – Bewertungskriterien und Perspektiven für Umweltverträgliche Stoffkreisläufe in der Industriegesellschaft"* befaßte sich, ausgehend von Herausforderungen wie die pauschale Verurteilung der Chlorchemie durch die Umweltverbände, fast ausschließlich mit Fragen der Stoffbewertung und des Stoffstrom-Managements. Die in der Präambel der *Agenda 21* beschworene *„globale Partnerschaft für eine ökonomisch machbare, sozial gerechte, ökologisch gesunde Entwicklung"* stand nicht im Zentrum der Diskussionen.

Der im Juli 1998 vorgestellte Abschlußbericht der 1995 eingesetzten zweiten Enquête-Kommission des Deutschen Bundestags zum Thema *„Schutz des Menschen und der Umwelt – Ziele und Rahmenbedingungen einer nachhaltig zukunftsverträglichen Entwicklung"* markiert demgegenüber einen Paradigmenwechsel und gleichzeitig eine Relativierung des stofflich-naturalistischen Ansatzes der *Agenda 21*. Nachhaltigkeit galt in diesem Bericht nicht länger als Formel für die heile Welt beziehungsweise als ein der Natur abgeschautes technokratisches Konzept zur Rettung des Lebensraums Erde, das sich mit Hilfe strikter „Stoffstrom-Managementregeln" und detaillierter quantitativer Zielvorgaben umsetzen ließe, sondern wortwörtlich als „regulative Idee" im Sinne Kants. Nachhaltigkeit gilt seither nicht mehr als wissenschaftlich begründbarer Zustand, sondern als offenes erkenntnistheoretisches Konstrukt, das dem menschlichen Verstand bei Such- und Lernprozessen die Richtung weist (Vgl. Edgar GÄRTNER 1999).

Im Abschlußbericht „*Konzept Nachhaltigkeit. Vom Leitbild zur Umsetzung*" der Enquête-Kommission von 1998 stehen statt „Stoffstrom-Managementregeln", die – zumindest untergründig – eine hoheitliche Rationierung real oder vermeintlich knapper Ressourcen nahe legten, Methoden der gesellschaftlichen Friedensstiftung und Wege zu institutionellen Innovationen im Vordergrund, auch wenn die „Managementregeln" keineswegs *ad acta* gelegt, sondern sogar noch um Regeln der ökonomischen und sozialen Zukunftsfähigkeit ergänzt worden waren. Die Regeln haben aber nun als Ausformulierungsvorschläge der regulativen Idee der Nachhaltigkeit einen ganz anderen Stellenwert (was einem Teil der ehemaligen Kommissionsmitglieder übrigens bis heute nicht aufgefallen ist).

Die aus der nachhaltigen Waldbewirtschaftung abgeleitete Maxime, nur von den Zinsen zu leben und das Realkapital nicht anzutasten, soll im übertragenen Sinne auch in Wirtschaft und Gesellschaft gelten. Überwiegend handelt es sich bei den ökonomischen und gesellschaftlichen Nachhaltigkeitsregeln um Selbstverständlichkeiten, die aber in einem Land, in dem gesunder Menschenverstand als Ketzerei gilt, vermutlich mindestens der höheren Weihe einer parlamentarischen Enquête bedürfen, um wieder als solche anerkannt zu werden. „*Das Leitbild*", heißt es im Abschlußbericht, „*verlangt in kürzester Form, nicht auf Kosten der Enkel und Urenkel zu leben. [...] Staatliche und private Verschuldung, denen keine Zukunftsinvestitionen gegenüberstehen, Egoismen politischer und wirtschaftlicher Machteliten, Verteidigung sozialer Besitzstände, mangelnde Anpassungsfähigkeit des Bildungs- und Ausbildungssystems verletzen das Nachhaltigkeitsgebot ebenso wie die Beeinträchtigung der natürlichen Lebensgrundlagen[...]*" (EK-Bericht 1998, S. 43).

Die Enquête-Kommission räumte also ein, daß Staatsschulden, die wir unseren Nachkommen hinterlassen, wahrscheinlich mehr sozialen Sprengstoff bergen als reale oder vermeintliche Rohstoffknappheiten oder Belastungsgrenzen der Erdatmosphäre. Nachhaltigkeitspolitik sei deshalb Gesellschaftspolitik. Es sei aber folgendes zu bedenken: „*Am Ende kommt man bei der Gestaltung gesellschaftlicher Prozesse selten dort an, wohin man wollte – und wenn doch, hat das ursprüngliche Ziel seine Bedeutung geändert, hat der Weg selbst mit seinen Stationen und Umwegen längst die Perspektiven verschoben, neue Horizonte geschaffen. Notwendig ist deshalb die Offenheit der Suchprozesse, damit Versuch und Irrtum einander ablösen und einmal gesetzte Ziele revidiert werden können, wenn sie sich als Irrtum erweisen.*" (EK-Bericht 1998, S. 44).

Deshalb orientiert die Bundestags-Enquête in ihrem Abschlußbericht weniger auf die Umsetzung quantitativer Umweltqualitätsziele in Form eines von einem Teil ihrer Mitglieder geforderten „nationalen

Umweltplans" als vielmehr auf institutionelle Reformen mit dem Ziel, die Anpassungsfähigkeit der Individuen und der ganzen Gesellschaft durch kontinuierliche Such- und Lernprozesse zu steigern. Dem Staat komme dabei weniger die Funktion der Steuerung, sondern eher die Funktion der Wettbewerbsförderung sowie die Rolle eines Initiators und Moderators offener Gestaltungsdiskurse zwischen den maßgeblichen Kräften der Zivilgesellschaft und der Politik zu. Dabei dürften auch Tabuthemen wie die Kohlesubventionierung oder der Umbau des Systems der sozialen Sicherung nicht ausgeklammert werden. Letztlich müsse der Staat als die dem Gemeinwohl verpflichtete Instanz *„die Rahmenbedingungen für die Akteure in Wirtschaft und Gesellschaft so gestalten, daß deren rollengerechtes und interessengeleitetes Handeln notwendigerweise in Richtung der Nachhaltigkeitsziele führt."* (EK-Bericht 1998, S. 73f.).

Nach sechsjährigem zähen Ringen hatte sich in der Bundestags-Enquête also am Ende zumindest in Ansätzen der gesunde Menschenverstand durchgesetzt. Daran wird übrigens deutlich, daß unsere häufige Berufung auf diesen *„hausbackenen Gesellen"* nichts mit Populismus zu tun hat. Im Gegenteil: Heute muß der gesunde Menschenverstand gegen den mächtigen Widerstand des bei den Deutschen tief verwurzelten roten und schwarzen Sozialdemokratismus ankämpfen. Denn es geht in der Nachhaltigkeitspolitik um nicht weniger als die Ablösung des sozialistischen Aberglaubens durch die Wahrheit – angefangen von der simplen Wahrheit, daß zwei und zwei vier ist, und das ehrliche Eingeständnis, daß wir über die außermenschliche Natur, die Ökologie des Lebensraums Erde, die Sonnenzyklen und das Klima, noch viel weniger wissen als über die Natur des Menschen.

Das Eingeständnis, nichts zu wissen und fehlbar zu sein, kann einem aber wie Sokrates im alten Athen leicht Kopf und Kragen kosten. Zwar müssen auch die „kleinen Leute", wenn sie ehrlich sind, zugeben, daß sie nichts oder zumindest nicht viel wissen. Sie wiegen sich aber gerne in der Illusion, „die Großen" blickten durch und wüßten schon, wo es lang geht. Und paternalistisch eingestellte Sozial- und Umweltpolitiker tun alles, um sie in diesem Köhlerglauben zu bestärken.

Eine echte Nachhaltigkeitspolitik setzt aber gar nicht voraus, daß wir wissen, was nachhaltig ist. Sie setzt nur voraus, klar zu sehen, was keinen Bestand haben kann. Um zum Beispiel die Nicht-Nachhaltigkeit des bestehenden Systems der umlagenfinanzierten Altersversorgung zu erkennen, hätten das Einmaleins und die Zehn Gebote voll ausgereicht. Wenn die Geburtenrate weiter sinkt und sich die Lebensarbeitszeit infolge langer

Ausbildungszeiten und früher Verrentung verkürzt, gleichzeitig aber die Lebenserwartung stetig ansteigt, kann der Zeitpunkt der faktischen Aufkündigung des nicht unterschriebenen und auch nicht unterschreibbaren „Generationenvertrages“ nicht weit sein. Gelehrte Abhandlungen dienten jedoch häufig eher dazu, diese simplen Sachverhalte zu verschleiern.

Eine Politik im Sinne des gesunden Menschenverstandes steht vor der nicht geringen Aufgabe, Schluß zu machen mit dem von Le Bon postulierten Gesetz der Dekadenz, wonach im Wechselspiel zwischen politischer Vernunfts- und Wissensanmaßung auf der einen Seite und der Vermassung des Volkes infolge des Verlustes essentieller Bürgertugenden wie Rechtssinn und Zivilcourage, Gerechtigkeitssinn und Toleranz, Staatsbürgersinn, Gemeinsinn, Besonnenheit und Klugheit auf der andern Seite nach und nach auf allen Ebenen der politischen und gesellschaftlichen Organisation das persönliche Gewissen als Kontrollinstanz ausgeschaltet wird.

Der Kampf für eine antipopulistische, auf eine Wiederbelebung von Bürgertugenden abzielende Politik wäre übrigens von vorneherein verloren, könnte er nicht auf ein allen Menschen gemeinsames „Nachhaltigkeitswissen“ zurückgreifen und hätte er nicht im Megatrend der Globalisierung der Märkte einen mächtigen Bündnispartner. Nur dem frischen Wind weltweit geöffneter Märkte dürfte es gelingen, die Verkrustungen aufzubrechen, die sich in Deutschland in den letzten Jahrzehnten aufgrund besonderer, mit dem Kalten Krieg zwischen dem (im Prinzip) freiheitlichen Westen und dem kollektivistischen Osten zusammenhängender Bedingungen herausgebildet haben.

6

Das „Vorsorgeprinzip", ein Kind des Kalten Krieges

[...] der typische Zustand der menschlichen Geschichte war stets Tyrannei, Knechtschaft und Elend. Nur das 19. und das frühe 20. Jahrhundert in der westlichen Welt bilden auffallende Ausnahmen im generellen Trend der geschichtlichen Entwicklung [...]

MILTON FRIEDMAN, Kapitalismus und Freiheit

DAS „Nachhaltigkeitswissen" liegt, wie das vorangegangene Kapitel gezeigt hat, wenn überhaupt, in den Köpfen von Individuen oder in den Spielregeln von Institutionen. Kollektive dagegen haben von sich aus weder Seele noch Gewissen. Nachhaltig können deshalb nur solche auf zunehmender Arbeitsteilung beruhende Formen menschlicher Vergesellschaftung sein, die den einzelnen genügend Freiräume lassen, durch die Bildung von Vorräten, durch den Abschluß von Versicherungen und nicht zuletzt durch eine gesunde Lebenseinstellung und -praxis selbsttätig für sich und für ihre Kinder Vorsorge zu treffen.

Das schließt kollektive Formen des Schutzes gegen Gefahren nicht aus. Im Gegenteil: In erster Näherung werden individuelle Freiheiten ja erst dadurch garantiert, daß ein Teil von ihnen gegen den Schutz durch das staatliche Gewaltmonopol eingetauscht wird. Der Staat muß die Individuen durch die Gewährleistung von Rechtsgrundlagen und Bildungsmöglichkeiten in den Stand setzen, ihre Freiheit auszuüben, eigenverantwortlich Vorsorge zu betreiben. Dabei muß sich aber, wie der Philosoph Otfried Höffe herausgearbeitet hat, *„das Gemeinwesen vor jedem einzelnen rechtfertigen, nicht umgekehrt [...] das Individuum vor dem Gemeinwesen."* (1999, S. 46).

Auf diese (kollektivistische) Umkehrung der Beweislast läuft aber das „Vorsorgeprinzip", wie es in den Dokumenten der Rio-Konferenz, in nationalen Umweltprogrammen und im neuen Chemikalienrecht der EU *(REACh)* verstanden wird, letztlich hinaus. Danach sollen die Individuen die Entscheidungen über ihren Arbeits-, Wirtschafts- und Lebensstil ohne Rücksicht auf die Kosten einem globalen bürokratischen Ressourcenmanagement und einer undurchschaubaren, weil mehr und mehr willkürlichen Ansammlung von Ge- und Verboten unterordnen.

Der 1993 verstorbene amerikanische Politikwissenschaftler Aaron Wildavsky hat in seinem 1995 posthum unter dem Titel *„But is it true? A Citizen's Guide to Environmental Health and Safety Issues"* herausgearbeitet, daß das so verstandene „Vorsorgeprinzip" seine Überhöhung zur politischen Philosophie dem Kalten Krieg verdankt. Der Hinweis auf die kommunistische Bedrohung des Westens genügte nach dem Zweiten Weltkrieg für beispiellose Finanzaufwendungen im Rahmen des Marshall-Plans und später für Rüstungsausgaben in astronomischer Höhe. Denn die verteidigungspolitischen Entscheidungen wurden immer nach *worst case*-Annahmen bemessen, was konkret bedeutete, daß die westlichen Strategen schönfärberischen Angaben über das Wirtschaftspotential im Ostblock Glauben schenkten (vielleicht sogar schenken mußten) und deshalb 1989/90 vom Zusammenbruch des kommunistischen Herrschaftssystems überrascht wurden.

Es erübrigte sich bis zum Zusammenbruch des Kommunismus, danach zu fragen, ob sich die enormen Investitionen in die Sicherheit der westlichen Welt wirtschaftlich rechnen könnten. Ging es doch nach Meinung der Regierenden um das Überleben des Westens schlechthin. Diese Denkfigur wurde nach Ansicht Wildavskys aber in der Umweltpolitik im Laufe der Zeit unter dem Druck von Medienkampagnen und angstgetriebener außerparlamentarischer Bewegungen unreflektiert auf die Behandlung ökologischer Risiken übertragen – vermutlich in der instinktiven Annahme, ohne festumrissenes Feindbild weder das westliche Verteidigungsbündnis zusammenhalten noch vorhandene nationale politische Machtstrukturen aufrechterhalten zu können.

Genau genommen handelte auch schon Josef Stalin streng entsprechend des „Vorsorgeprinzips", als er nicht nur mögliche Rivalen, sondern Angehörige verdächtiger Volksgruppen in Millionenzahl (vorsorglich!) liquidieren ließ, um seine diktatorische Macht auszubauen. Wie dem auch sei, der Hinweis Wildavskys führt demnach beim Versuch, die historischen Ursprünge von Pessimismus und Risikoscheu in der Nachhaltigkeitsdebatte zu begreifen, auf die richtige Spur.

Die Faszination von Planung und Regulierung

Es fällt auf, daß der eingangs zitierte Milton Friedman, Wirtschaftsnobelpreisträger von 1976, die Zeit nach dem Zweiten Weltkrieg nicht zu den Goldenen Zeiten des wirtschaftlichen und politischen Liberalismus rechnet. Obwohl der Marshall-Plan zur Wiederankurbelung der vom Krieg stark angeschlagenen westeuropäischen Volkswirtschaften im Gegensatz zu konkurrierenden Vorschlägen (wie dem Morgenthau-Plan) zum Teil von liberalem Geist durchdrungen war, gelangte die politische Gängelung der Wirtschaft in der Nachkriegszeit bald wieder zu neuer Blüte. Ludwig Erhards von der ordoliberalen Freiburger Schule der Nationalökonomie (Alfred Müller-Armack, Wilhelm Röpke, Walter Eucken und Alexander Rüstow) inspirierter, aber nicht mit den Alliierten abgestimmter (und zunächst außerordentlich unpopulärer!) Überraschungs-Coup der Aufhebung fast sämtlicher Preiskontrollen im Juni 1948 blieb eine Ausnahme. Überall sonst in der westlichen Welt (einschließlich der USA) hatte die Weltwirtschaftskrise der 30er Jahre mit ihren Arbeitslosenheeren das Vertrauen in die „unsichtbare Hand" des Marktes nachhaltig erschüttert. (Später wies Milton Friedman nach, daß die Weltwirtschaftskrise eher Fehlern der US-amerikanischen Wirtschaftspolitik als einem Versagen des Marktes angelastet werden muß.)

Die vom schottischen Moralphilosophen Adam Smith 1776 in seiner *„Untersuchung über Wesen und Ursachen des Reichtums der Völker"* mit großem Widerhall verfochtene (nicht ganz neue) Idee, daß die einzelnen am besten zur allgemeinen Wohlstandsmehrung beitragen, indem sie auf halbwegs anständige, bürgerliches Recht und Gesetz respektierende Weise ihren beschränkten eigenen Interessen, ihrem individuellen Gewinnstreben nachgehen, wurde in den 50er und 60er Jahren allenthalben mit müdem Lächeln und Kopfschütteln kommentiert. Stattdessen waren viele Menschen im Westen, angesichts des Sieges der Roten Armee über Hitlers Wehrmacht, tief beeindruckt von der zentralistischen Kontroll- und Kommandowirtschaft der Sowjetunion. Die ehrgeizigen sowjetischen Fünf-Jahres-Pläne übten eine große Faszination aus. Bis weit in die siebziger Jahre versuchten Technobürokraten verschiedenster Couleur (zum Glück meist vergeblich!), im Westen etwas Vergleichbares auf die Beine zu stellen. Vielen blieb bis zum Fall der Berliner Mauer weitgehend verborgen, welche Opfer das sowjetische Experiment auch in „Friedenszeiten" kostete und welches moralische Desaster es anrichtete.

Bekanntestes Beispiel ist die französische *planification* mit ihren Fünf-Jahres-Plänen. Als Kuriosität gilt heute das zwischenzeitlich fast völlig in Vergessenheit geratene und grandios gescheiterte chilenische *Cybersyn*-Projekt einer kybernetischen Planwirtschaft in Echtzeit. Das vom britschen Management-Berater Stafford-Beer ersonnene „sozialistsche Internet" auf der Basis von Fernschreibern in den Schlüsselbetrieben, die mit einem Zentralcomputer im Präsidentenpalast *La Moneda* verbunden waren, sollte Kollektivismus und individuelle Freiheit auf einen Nenner bringen und die sozialistische Revolution Salvador Allendes vor dem Abgleiten ins Chaos bewahren. Es würde mich nicht wundern, wenn *Cybersyn* demnächst wiederentdeckt würde, um die Abwicklung des europäischen Emissionshandels zu verbessern.

Die meisten westlichen Industrieländer suchten, angeregt von Präsident Franklin D. Roosevelts Umverteilungs- und Beschäftigungspolitik des *New Deal* in den USA der 30er Jahre, in der Nachkriegszeit ihr Heil jedoch in verschiedenen Formen einer „gemischten Wirtschaft" *(mixed economy)*, wobei in Großbritannien, Frankreich und Italien die Verstaatlichung ganzer Industriezweige, in den USA hingegen eher die strenge politisch-bürokratische Regulierung von Märkten im Vordergrund stand. Es grenzt übrigens an Geschichtsfälschung, wenn heute landauf, landab so getan wird, als sei Müller-Armacks und Erhards „soziale Marktwirtschaft" lediglich eine spezielle Ausprägung von *mixed economy* gewesen.

Ansonsten herrschte diesseits und jenseits des Atlantik Konsens darüber, daß die Märkte „dumm" und gefährlich sind, Regierungen hingegen in den Besitz einer höheren Weisheit gelangen können. Als solche galt bis in die 70er Jahre unwidersprochen die *„Allgemeine Theorie der Beschäftigung, des Zinses und des Geldes"* von John Maynard Keynes (1936). Dessen Anliegen war es, den Kapitalismus durch eine makroökonomische Steuerung der Nachfrage ohne direkte Eingriffe in Unternehmensentscheidungen vor den ihm zugeschriebenen selbst zerstörerischen Kräften zu retten.

Dabei stand die Sicherung der Vollbeschäftigung mit Hilfe der Fiskalpolitik im Vordergrund. In Zeiten wirtschaftlicher Stagnation oder Rezession sollte der Staat durch *deficit spending*, das heißt die Aufnahme von Krediten nicht nur für Investitionsaufwendungen, sondern auch für konsumtive Ausgaben, die Nachfrage ankurbeln und eine milde Inflation als Folge höherer Staatsverschuldung in Kauf nehmen. Ein ausgeglichener Staatshaushalt, wie ihn der gesunde Menschenverstand fordert, galt nicht länger als erstrebenswert. Nicht zuletzt gab es nach dem „Sputnikschock" von 1957 in der politischen Klasse einen wachsenden Konsens darüber, daß der Westen im Kalten Krieg nicht würde bestehen können, ohne Methoden der politischen Planung und Steuerung nicht nur der Verteidigungsanstrengungen, sondern auch der zivilen Technologie- und Wirtschaftsentwicklung sowie der sozialen Sicherung einzuführen.

Zu der so begründeten politischen Bevormundung der Wirtschaft kamen weiterreichende Einschränkungen der Meinungsfreiheit im Namen der Verteidigung des freien Westens gegen die kollektivistische Sowjetunion und ihre Satelliten. Hier galt oft die Devise: Der Zweck heiligt die Mittel. Dabei bleibt es dahingestellt, ob es im Westen zur Politik des Kalten Krieges angesichts der spätestens im Korea-Krieg manifest gewordenen Aggressivität Stalins und seiner Genossen überhaupt eine Alternative gab. Zumindest scheinen gewisse Exzesse wie die Hexenjagd der McCarthy-Ära in den USA oder regionale Eskalationen vom Kalten in den Heißen Krieg wie in Indochina, die Stützung von Militärdiktaturen in Ländern Lateinamerikas sowie in Griechenland, der Türkei, Spanien und Portugal und schließlich die Wiederbelebung obrigkeitsstaatlicher Traditionen in verschiedenen anderen westeuropäischen Ländern (einschließlich Westdeutschland) vermeidbar gewesen zu sein. Man sollte sich daran erinnern, daß nicht nur Hippies und Studenten gegen den Vietnam-Krieg protestierten, sondern (wohl nicht zufällig) auch ein so bekannter Vordenker des Liberalismus wie der Chicagoer Wirtschaftsprofessor Milton Friedman.

1968 oder wie Revoltierende autoritär werden

Im Ergebnis führte der Primat der (Militär-) Politik im Kalten Krieg dazu, daß einer zunächst sehr kleinen, aber lautstarken Minderheit der ersten Nachkriegsgeneration in den USA und in einigen westeuropäischen Ländern angesichts des Vietnam-Kriegs am Ende nicht mehr klar war, welcher Machtblock die Sache der Freiheit und der Menschenrechte verteidigte. Es kam zur generellen Infragestellung des westlichen Nachkriegs-Wirtschaftswunder-Konsenses durch die Studentenrevolte von 1968.

Trotz durchaus verständlicher Motive erscheint die 68er Revolte, nach allen späteren Erfahrungen mit ihren noch heute allenthalben spürbaren Folgen, als eine Art Betriebsunfall des Kalten Krieges mit ausgesprochen konterrevolutionären Zügen. Denn die Studentenbewegung richtete sich nicht nur gegen die repressive Politik der Eindämmung des Kommunismus, gegen den kleinbürgerlichen Mief des *Gelsenkirchener Barock* und die schleppende Bewältigung der Nazi-Vergangenheit in der Adenauer-Ära, sondern auch gegen die *soziale Marktwirtschaft* und andere Grundlagen des schon 20 Jahre nach Kriegsende erreichten Wohlstands, darunter alle seit Jahrhunderten bewährten moralischen Normen, Sitten, Bräuche und Konventionen einschließlich des lebenswichtigen staatlichen Gewaltmonopols.

1968 war somit auch ein Aufstand gegen den gesunden Menschenverstand. Der Schriftsteller Peter Schütt, ein ehemaliger Protagonist dieser Bewegung, traf wohl den Nagel auf den Kopf, als er in einem Rückblick anläßlich des 30. Jahrestages des Jugendaufstandes schrieb: *„Die Revolte von 1968 war keine Revolution der leeren Mägen, sondern der leeren Köpfe.“* (*MUT* 2/1998, S. 60). Wobei die Frage auf der Zunge liegt, ob sich daran bei Schütt selbst etwas geändert hat, denn inzwischen ist dieser vom DKP-Kommunismus zum Islam konvertiert. Jedenfalls gerieten die damals endlosen Debatten über die richtigen Alternativen zur ungeliebten *„Konsumgesellschaft“* mit ihrer *„repressiven Toleranz“* (so Herbert Marcuse, der wichtigste geistige Vater der 68er Bewegung) nicht selten zum Streit um die Frage, ob Schwachsinn attraktiver ist als Unsinn. Und erst heute kommt ein Teil der Ex-68er bei den Grünen und den Liberalen nach langen, verschlungenen Umwegen da an, wo der gesunde Menschenversand schon immer war.

Obwohl in der 68er-Bewegung auch libertär-individualistische Strömungen eine Rolle spielten, führte die Bewegung in Europa unterm Strich zu einer Renaissance kollektivistischen Gedankenguts und zu einer Wiedergeburt des nach 1945 zunächst beinahe tot geglaubten Nihilismus. Dieser drückte sich nicht nur im blutigen Terrorismus der Rote Armee Fraktion (RAF) aus, der eingehend, wenn auch bei weitem noch nicht hinreichend analysiert wurde, sondern auch in einer bis heute fortwirkenden Renaissance des europäischen Etatismus. Dessen nihilistische und terroristische Dimensionen sind bislang ebenfalls höchstens ansatzweise untersucht worden. Es war ein folgenschweres Unglück, daß Albert Camus, der für eine tiefergehende Analyse des Abgleitens der 68er Revolte bestens gerüstet gewesen wäre, weil er schon 1951 gezeigt hatte, daß jede noch so verständliche Revolte in menschenverachtenden Nihilismus umschlagen kann, schon gut acht Jahre vor dem Mai 1968 durch einen banalen Verkehrsunfall ums Leben gekommen war. So überließ er unfreiwillig seinem Widersacher, dem Nihilismus-Freund Jean-Paul Sartre, das Feld.

Die wichtigste, wenn auch nicht einzige geistige Brücke zwischen dem „antiautoritären" Gehabe der 68er und der heute von ihnen getragenen götzendienstähnlichen Form des Etatismus bildete die Ökologie beziehungsweise das Haus-Paradigma des Ökologismus und der damit verbundene Autoritarismus. Nicht zufällig strebte fortan in Deutschland und Frankreich die große Mehrheit der vorgeblich *„Anti-Autoritären"* in den öffentlichen Dienst, in die öffentlich-rechtlichen Massenmedien oder andere Sparten des staatlich subventionierten Kulturbetriebs. In den USA und insbesondere in Kalifornien hingegen ging aus der Anti-Vietnamkriegs-Bewegung die Generation von Turnschuh- und Garagenunternehmern hervor, die hinter dem legendären Gründerboom im *Silicon Valley* stand. Ein Teil dieser Nonkonformisten fand später zu den *„Neokonservativen"*.

Vor 1968 war in Deutschland kaum von *„Gesellschaft"* die Rede, dafür aber umso mehr von Institutionen wie der Familie. Danach erschien auf einmal alles und jedes *„gesellschaftlich determiniert"*, *„gesellschaftlich relevant"* oder im *„gesellschaftlichen Interesse"*. Die Familie hingegen, die normalerweise als wichtigster Hort der Pflege bewährter Traditionen, der Weitergabe historischer Erfahrungen und Bildungsgüter (einschließlich der Meme des gesunden Menschenverstandes) dient, wurde als *„autoritär"* denunziert. Die Revolte von 1968 hat in Europa so im Endeffekt eine Generation extrem außengeleiteter Individuen hervorgebracht. Dem Protest gegen teilweise fragwürdige „Sekundärtugenden" fielen in der Tendenz auch universelle sittliche Regeln wie die Zehn Gebote zum Opfer. Den Platz dieser über Jahrtausende bewährten inneren Richtschnur nahm der äußere Zwang der *political correctness* (PC) ein.

Diese ist die wohl wichtigste moralische Hinterlassenschaft der 68er. Dabei handelt es sich um einen zunächst an kalifornischen Universitäten aufgekommenen extrem vergangenheitsfixierten und gleichzeitig heilsgewissen politischen Moralismus, der mit der Keule des Faschismusverdachts einen tendenziell noch größeren Konformitätsdruck erzeugt als die gescheiterten kollektivistischen Ideologien des 20. Jahrhunderts. Denn die deutschen *Ex-Post-„Anti-Faschisten"* usurpierten dabei die Rolle von tapferen Widerstandskämpfern, obwohl sie mit ihrem Konformismus und ihrer untergründigen Deutschtümelei mental eher den SS-Schergen nahe standen. Insofern können wir PC mit einigem Recht als *„geistige Umweltverschmutzung"* durch verselbständigte Meme bezeichnen. Augenfällig wird die virenartige Verselbständigung von PC-Memen an der noch immer modischen Verdrängung des Christusbildes durch den Kopf eines Mörders (Che Guevara) auf T-Shirts. Es ist eben leichter, Krankheiten zu verbreiten als zu heilen.

Das Ende des „Wirtschaftswunders" und die „dritte Dimension" der NATO

NICHT ganz zufällig hatten sich die Studentenproteste zu einem Zeitpunkt erhoben, als dem deutschen „Wirtschaftswunder" der Atem ausging und Zweifel an der Tragfähigkeit seiner Begründung aufkamen. Die wirtschaftliche Rezession von 1966/67 markierte das Ende des liberalen Sonderweges der „sozialen Marktwirtschaft" in Deutschland. 1967 wurde das *„Gesetz zur Förderung der Stabilität und des Wachstums der Wirtschaft"* (Stabilitätsgesetz) verabschiedet. Sein Ziel war das durch häufiges Zitieren in den Medien zum Standardbegriff gewordene *„magische Viereck"* von Preisstabilität, Vollbeschäftigung, außenwirtschaftlichem Gleichgewicht sowie *„stetigem und angemessenem Wirtschaftswachstum"* (so sein Paragraph 1).

Spätestens unter der Großen Koalition von 1969 bis 1972 und danach unter den sozialliberalen Regierungen Willy Brandts und Helmut Schmidts kam auch in Westdeutschland der Keynesianismus zu großen Ehren. Wer von den mittleren und älteren Jahrgängen erinnert sich heute nicht mehr an den makroökonomischen Nachhilfeunterricht, den der zum „Superminister" für Wirtschaft und Finanzen aufgestiegene Professor Karl Schiller seinen Landsleuten beinahe allabendlich im Schwarz-Weiß-Fernsehen erteilte?

Dabei verstand sich Schiller, obwohl er in Deutschland erstmals eine strikt keynesianische Politik einführte, persönlich durchaus nicht als reinblütiger Keynesianer. Er war mit seinem Freund Ludwig Erhard oft auch in wirtschaftspolitischen Fragen einer Meinung und suchte, nach eigener Einschätzung, eine *„Synthese aus Keynes und Eucken"*. Die von Schiller eingefädelte „konzertierte Aktion" zwischen Arbeitgebern und Arbeitnehmern zur Überwindung der Wirtschaftskrise dient heute als (unerreichbares) Vorbild für ein immer wieder einmal gefordertes „Bündnis für Arbeit".

Mit dem „Stabilitätsgesetz" fand (zunächst unausgesprochen) das Anliegen der „Nachhaltigkeit" Eingang in die deutsche Politik – und zwar in einer Form, die schon damals ahnen ließ, welche Heuchelei sich hinter diesem Begriff verbergen kann. Sehr bald kam auch der Vorschlag, das *„magische Viereck"* durch das Ziel *„Qualität des Lebens"* zu einem *„magischen Fünfeck"* zu erweitern. Eigenartigerweise ging dieser Vorschlag nicht auf eine Initiative europäischer Sozialdemokraten zurück, sondern über Kanäle der NATO auf den damaligen republikanischen US-Präsidenten Richard Nixon. Im April 1969, anläßlich des 20. Jahrestages der Unterzeichnung des Nordatlantik-Vertrages, hatte Nixon seine Überzeugung kundgetan, daß *„das westliche Bündnis [...] eine soziale Dimension benötigt, um sich mit unseren Besorgnissen über die Qualität des menschlichen Lebens im letzten Drittel dieses Jahrhunderts zu befassen."* (zit. n. James R. HUNTLEY 1972, S. 7) Noch im Dezember 1969 trat das *NATO Committee on Challenges of Modern Society (CCMS)*, der NATO-Umweltausschuß, zu seiner konstituierenden Sitzung zusammen. Nach der *„zweiten Dimension"*, der Entspannungspolitik des *„Brückenschlages"* zur *„Aufweichung des Ostblocks von innen"*, wurde damit die *„dritte Dimension"* der NATO aus der Taufe gehoben.

Ich halte es für notwendig, die Gründungsphase der Umweltpolitik als relativ eigenständiges Ressort Ende der 60er Jahre etwas ausführlicher darzustellen, um dem noch immer verbreiteten Gerücht entgegenzutreten, die Umweltpolitik gehe auf den Druck außerparlamentarischer Bürgerinitiativen zurück oder sei gar eine Erfindung der Grünen. Vielmehr ist die bis heute betriebene Art der Umweltpolitik, wie sie im folgenden belegt werden soll, von ihrem Begründungszusammenhang her ein Kind des Kalten Krieges.

Dabei soll hier die Vorgeschichte der „Entdeckung" des Umweltthemas durch die NATO ausgeblendet bleiben, weil diese nur lückenhaft dokumentierbar und von Verschwörungstheorien umrankt ist. Sicher ist aber, daß es schon während der Amtszeiten John F. Kennedys und Lindon B. Johnsons Diskussionen auf höchster Ebene im Rahmen von hochkarätig besetzten Seminaren privater Stiftungen wie der *Rockefeller Foundation* und im Rahmen von Gedankenspielen großer *Think Tanks* wie der *RAND Corporation* gab, die der Frage nachgingen, wie man die Völker und das atlantische Bündnis in Alarmstimmung halten könnte, falls der Friede ausbrechen sollte. (Interessierte mögen das Stichwort *iron mountain* bei *Google* eingeben.).

Eines der Hauptanliegen des *CCMS* war die *„Nutzbarmachung wissenschaftlicher Erkenntnisse bei der Entscheidungsfindung"*, im Klartext: die Entwicklung und Erprobung technobürokratischer Methoden der politischen Finanz- und Programmsteuerungsplanung einschließlich der Übertragung betriebswirtschaftlicher und militärischer Systemanalyse-, Programmbudgetierungs- und Distributionsmethoden in die zivile Verwaltung in Form sogenannter *Planning-Programming-Budgeting-Systeme* (vgl. dazu die Übersicht in NASCHOLD/VÄTH 1973). Diese Ansätze waren im Rahmen eines *„Kreuzzuges gegen die Armut"* mit dem Programm der *Great Society* von Nixons Vorgänger im Weißen Haus, dem Demokraten Lyndon B. Johnson, in großem Stil erprobt worden – mit mehr als zweifelhaften Resultaten hinsichtlich der Effizienz und der demokratischen Legitimation, wie die amerikanischen Politikwissenschaftler Aaron Wildavsky und Bertram M. Gross bitter beklagten (vgl. NASCHOLD/ VÄTH 1973).

CCMS beschäftigte sich in den folgenden Jahren mit so unterschiedlichen Problemen wie der Verstädterung, der Bekämpfung von Drogenmißbrauch und Kriminalität, der Modernisierung der Gesundheitsversorgung, der Entwicklung neuer Verfahren der Abwasserreinigung, der Bekämpfung der Ölverschmutzung der Weltmeere, der Sanierung verschmutzter Flußmündungen und Binnengewässer, der Entwicklung abgasfreier und unfallsicherer Automobile, der Kontrolle der Luftverschmutzung, der Katastrophenhilfe und der Regionalplanung.

Bei jedem der Einzelprojekte transatlantischer Zusammenarbeit fungierte ein Land als „Musterland". Es bestand nach Aussage des damaligen NATO-Generalsekretärs Manlio Brosio der durchaus nicht bescheidene Anspruch, *„für die Regierungspolitik und die Gesetzgebung Rezepte zu geben."* (*NATO-Brief* 4/1969, S. 4) Die Frage, warum sich nicht lieber die Privatwirtschaft um solche Probleme kümmern sollte, wurde in diesem Kreisen gar nicht erst gestellt.

Zwar hatte Aaron Wildavsky mit feinem jiddischen Humor die unter Johnsons Verteidigungsminister Robert McNamara von der militärischen in die Zivilverwaltung überführten Systemanalyse- und Planungsmethoden der *RAND-Corporation* schon Jahre vorher als blendende Schaumschlägerei (*„hokum"*) entlarvt. Aber der gemäßigte Republikaner Nixon dachte gar nicht daran, Johnsons Programm der *Great Society* zurückzunehmen. Er ließ die Planungs- und Budgetierungsmethoden lediglich durch Methoden der Evaluation (Bewertung) ergänzen.

Nixon stand wegen der innenpolitischen Folgen des von seinem Vorgänger begonnenen Vietnam-Krieges – gleichzeitig wachsende Inflation und Arbeitslosigkeit sowie nicht zuletzt eine starke Studentenbewegung, die sich immer mehr zu einer bundesweiten Volksbewegung gegen den Vietnam-Krieg ausweitete – unter enormem Druck. Um die Präsidentschaftswahlen von 1972 zu gewinnen, mußte er sich etwas einfallen lassen. Da bot es sich an, die von seinem Vorgänger genährte Illusion der Planbarkeit von Wirtschaft und sozialer Sicherung zum transatlantischen Programm zu machen. Zum Auftakt seiner Wahlkampagne hat sich Nixon 1971 sogar offen zum Keynesianismus bekehrt, ein defizitäres *„Vollbeschäftigungsbudget"* in den Kongreß eingebracht und strikte Lohn- und Preiskontrollen eingeführt. Nixons zweite, durch den Watergate-Skandal vorzeitig beendete Amtsperiode ging als *„die letzte linke Regierung"* in die Wirtschaftsgeschichte der USA ein (Details bei Daniel YERGIN/ Joseph STANISLAW 1999).

In Westdeutschland engagierte sich neben Willy Brandt (damals Außenminister der Großen Koalition) vor allem der Soziologe Ralf Dahrendorf (damals sein Staatssekretär im Außenamt) für die Umsetzung der *CCMS*-Studien in Politik und Verwaltung. Er schlug die Bundesrepublik Deutschland als Musterland für die Studie *„Nutzbarmachung wissenschaftlicher Erkenntnisse bei der Entscheidungsbildung"* vor. In einem Beitrag zum 20-jährigen Jubiläum der Gründung der NATO deutete Dahrendorf an, was *CCMS* nach Meinung seiner Urheber bezwecken sollte: *„Wenn wir gemeinsame Probleme untersuchen, die durch die physische und soziale Umwelt hervorgerufen werden, die wir geschaffen haben, dann erschließen wir das Bündnis dem Verständnis der Probleme, die von den Kritikern innerhalb und außerhalb unserer Parlamente so oft herausgestellt werden. Gerade die Tatsache, daß dieser Ausschuß ins Leben gerufen worden ist, zeigt, daß für uns Sicherheit ebenso von der Lebenskraft unserer Gesellschaften abhängt wie von der Stärke unserer Armeen. [...] Es ist durchaus möglich, daß die Fragen, die wir hier erörtern, den Anfang einer Tagesordnung für Ost-West-Verhandlungen darstellen werden [...]"* (*NATO-Brief* 4/1969, S. 8).

Es ging bei der *„dritten Dimension"* der NATO also – ausgesprochen oder unausgesprochen – darum, das systemkritische Potenzial der Studentenrevolte dadurch zu entschärfen, daß man es auf die Schiene umwelt- bzw. soziotechnischer Verbesserungen der Lebensqualität in den Industrieländern lenkte. Gleichzeitig hoffte man damit, die Politik des „Brückenschlages" zwischen dem Nordatlantik- und dem Warschauer Pakt, substanziell zu untermauern, um den Kalten Krieg auf ein für den Westen günstigeres Terrain zu verlagern.

An anderer Stelle drückte Dahrendorf noch deutlicher aus, was ihm vorschwebte: *„Vielleicht ist die Ausnutzung wissenschaftlicher Ergebnisse zur politischen Entscheidungshilfe an sich eine der größten Aufgaben der modernen Gesellschaft. Wir könnten in einer besseren Welt leben, wenn jene, die Entscheidungen zu treffen haben, etwas mehr Nutzen aus der Erfahrung jener, die der Entwicklung des menschlichen Wissens dienen, [...] zögen."* (*NATO-Brief* 2/1970, S. 8).

In diesem Anliegen stimmten die Vordenker des westlichen Bündnisses mit jenen Top-Managern, Bürokraten und Koryphäen der Wissenschaft aus 25 Ländern überein, die sich 1968 unter Führung des *Fiat-* und *Olivetti*-Vorstandes – und Vorsitzenden des Komitees für Atlantische Kooperation – Aurelio Peccei in London (nicht in Rom!) zum *Club of Rome* zusammengeschlossen hatten. (Peccei stand bis gegen Ende der 70er Jahre mit dem Verfasser in persönlichem Kontakt und lud ihn öfters zu handverlesenen Meetings in verschiedenen west- und osteuropäischen Hauptstädten ein, weil er offenbar davon ausging, einen jungen Ökologen leicht für seine Sache gewinnen zu können.)

In seinem programmatischen Buch *„The Chasm Ahead“* (etwa: *„Vor uns der Abgrund“*) von 1969 skizzierte der als umfassend gebildeter Renaissance-Mensch auftretende Top-Bürokrat Peccei die verschlungene *„Weltproblematik“*, die es seiner Meinung nach mit den modernsten Instrumenten der Systemanalyse zu entwirren und mit Hilfe vorausschauender politischer Planung und des Einsatzes modernster Managementmethoden zu lösen galt: den Bildungsnotstand im alten Europa und das von daher drohende weitere Aufreißen einer technologischen Lücke zwischen der Alten und der Neuen Welt sowie die Bevölkerungsexplosion in den armen Ländern und die damit einhergehende Zerstörung des *„ökologischen Gleichgewichts“*.

Als Einstieg in die Systemanalyse der „Menschheitskrise“ erteilte der *Club of Rome* 1970 einer 17-köpfigen international zusammengesetzten Arbeitsgruppe junger Betriebswirtschaftler und Systemanalytiker unter Leitung von Dennis L. Meadows am *Massachusetts Institut of Technology (MIT)* den Auftrag, Pecceis Befürchtungen mit Hilfe der am *MIT* vom damals führenden Management-Theoretiker Jay W. Forrrester entwikkelten Methode *industrial dynamics* in ein kybernetisches *„Weltmodell“* zu übertragen und in Form von Computersimulationen durchzuspielen, um *„Denkanstöße“* zu geben. In der Tat schlug die von der deutschen Volkswagen-Stiftung finanzierte, 1972 unter dem Titel *„The Limits to Growth“* (*„Die Grenzen des Wachstums“*) veröffentlichte *MIT*-Studie in den westlichen Medien wie eine Bombe ein.

Knapp zusammengefaßt, hat die Studie folgenden Inhalt: Das rasche Wachstum von Wirtschaft und Bevölkerung werde höchstwahrscheinlich schon in der ersten Hälfte des 21. Jahrhunderts infolge der Erschöpfung nicht regenerierbarer (mineralischer) Rohstoffe zum Erliegen kommen. Gelinge es jedoch, den Rohstoffverbrauch je Produkteinheit durch Wiederverwendung von Abfällen ab 1975 auf ein Viertel zu senken und den Abbau wenig ergiebiger Rohstoff-Lagerstätten rentabel zu machen, dann komme es – nur leicht verzögert, dafür aber mit umso größerer Wucht – zu einer Katastrophe infolge der Umweltverschmutzung. Werde diese hingegen ab 1975 je Produkteinheit auf ein Viertel reduziert, breche das Bevölkerungswachstum mit einer Verzögerung von nur 20 Jahren durch eine Nahrungsmittelkrise infolge der Überbauung landwirtschaftlicher Nutzflächen zusammen. Abwenden könne man die Katastrophe nur, wenn das Wachstum der Weltbevölkerung gestoppt und die Industrieproduktion pro Kopf auf dem bis 1975 erreichten Niveau angehalten werde, um einen *„Zustand weltweiten Gleichgewichts"* zu erreichen.

Dieses Ergebnis, dessen Datengrundlage niemals geklärt wurde, scheint von vornherein festgestanden zu haben. Kam es doch den Auftraggebern der Studie in erster Linie darauf an, die öffentliche Meinung der westlichen Welt – vor allem in Hinblick auf die Umweltkonferenz der UNO im Juni 1972 in Stockholm – einer Art Schockbehandlung zu unterziehen. Abgesehen von einem kleinem Kreis marktfeindlicher Bürokraten ahnten viele von der *MIT*-Studie Begeisterte sicher nicht, daß sie damit auch Geister auf den Plan riefen, die sie so leicht nicht wieder los werden würden.

Tief beeindruckt von der Vorstellung eines Vorberichtes der Ergebnisse der *MIT*-Studie vor einem handverlesenen Publikum im Juli 1971, die nicht zufällig in *Moskau* (und nicht etwa in New York, in Washington, in Rio de Janeiro oder einer anderen westlichen Metropole) stattfand, verfaßte der damalige EWG-Wirtschaftskommissar in Brüssel, der niederländische Sozialist und überzeugte Planwirtschaftler Sicco Mansholt, im Februar 1972 einen viel beachteten „Offenen Brief" an Franco Maria Malfatti, den damaligen Präsidenten der Europäischen Kommission (abgedruckt in: Henrich von NUSSBAUM (Hg.) 1973). Darin forderte Mansholt für Europa *„eine strenge Planwirtschaft, die jedermann das Existenzminimum sichern würde" sowie den Aufbau eines umweltschonenden Produktionssystems mit systematischer Wiederverwertung. Dieses Ziel lasse sich nur erreichen „durch eine merkliche Senkung des materiellen Wohlstands des Einzelnen und einer Beschränkung der freien Verfügung über Güter (Rationierung)."* Die Gesellschaft von morgen könne nicht am materiellen Wachstum des Bruttosozialprodukts (BSP) orientiert sein. Vielmehr gelte es die Wirtschaft nach Kriterien wie den *„Bruttosozialnutzen"* oder *„Bruttosozialglück"* auszurichten.

Konkret forderte Mansholt die Erarbeitung eines *„europäischen Zentralplans"* und eines *„Fünfjahresplans für die Entwicklung eines neuen sauberen Produktionssystems auf der Grundlage eines geschlossenen Wirtschaftskreislaufs"*, die *„Einführung eines Systems von Produktionsbescheinigungen, das auf europäischer Ebene kontrolliert würde"*, die Erhöhung der Mehrwertsteuer für herkömmliche Produkte, um Recyclingprodukte beziehungsweise besonders lange haltbare Erzeugnisse zu fördern (Ökosteuer). Denkbar sei auch ein *„Produktionsverbot für nicht lebenswichtige Güter"*.

Damit wurde Mansholt (der mit der späteren Grünen-Parteimitgründerin Petra Kelly das Bett teilte) zum geistigen Vater der erst zu Beginn der 80er Jahre gegründeten Parteien der Grünen, die den Kampf der 68er gegen den „Konsumterror" mit einer ökologistischen Begründung weiterführten. In Form von Versatzstücken tauchten Ideen aus Mansholts „Testament" wie die Kreislaufwirtschaft, die Ökosteuer usw. aber auch in den umweltpolitischen Programmen sozial- und christdemokratischer und selbst liberaler Parteien auf. Und man kann im Rückblick leicht feststellen, daß die EU bis zum Ende der Amtszeit ihres Kommissionspräsidenten Romano Prodi nicht zuletzt mit der Inkraftsetzung der Emissionshandelsrichtlinie bereits vieles von Mansholts Programm abgearbeitet hatte. Inzwischen fordert EU-Umweltkommissar Stavros Dimas offen den Aufbau einer „Kriegswirtschaft" zur Bekämpfung des Treibhauseffektes.

Etappen der Umweltpolitik

OBWOHL der Begriff „Umweltschutz" erst 1970 als Übersetzung der amerikanischen Bezeichnung *environmental protection* Eingang in die deutsche Sprache fand, gab es gerade hier eine lange Tradition umweltbezogener gesetzlicher Regelungen. Schon 1820 schrieb ein Gesetz vor, daß Waldbesitzer wegen Rauchschäden im Umkreis von Blei-, Silber- und Eisenhütten entschädigt werden müssen. 1869 führte die Gewerbeordnung des Norddeutschen Bundes eine Genehmigungspflicht für Industrieanlagen, die Nachbargrundstücke beeinträchtigen können, und (begrenzte) Einspruchsmöglichkeiten potentiell Leidtragender ein.

Nach dem Zweiten Weltkrieg begann die Umweltgesetzgebung mit der Verabschiedung des Wasserhaushaltsgesetzes (WHG) im Jahre 1957. Dort findet sich bereits der „Besorgnisgrundsatz", der als Vorläufer des später im Bundesimmissionsschutzgesetz von 1974 erstmals eingeführten Vorsichts- oder Vorsorgeprinzips gilt. Damals waren Flüsse und Bäche in Deutschland infolge des explosionsartigen Produktionswachstums während des „Wirtschaftswunders" bereits so stark mit Abwässern belastet, daß sowohl die Versorgung der Industrie mit Brauch- und Kühlwasser als auch die Trinkwasserversorgung der Bevölkerung schwierig wurden. Im September 1964 erließ das damals dafür zuständige Bundesgesundheitsministerium die *„Technische Anleitung zur Reinhaltung der Luft" (TA Luft)*, eine Verwaltungsvorschrift, die den Paragraphen 16 der GewO von 1869 (die Bestimmungen über genehmigungsbedürftige Anlagen) näher ausführen sollte. Diese Sammlung von Konstruktionsnormen (etwa Berechnungsmethoden für die Mindesthöhe von Fabrikschornsteinen in Abhängigkeit von der Menge der ausgestoßenen Luftschadstoffe) und Abgasgrenzwerten für die Arbeitsräume (MAK-Werte) und die Umgebung (MIK-Werte) ist nach wiederholten Novellierungen noch heute gültig.

Wichtigster Anlaß für die Verabschiedung der *TA Luft* war die immer unerträglicher gewordene Belastung der Luft des Ruhrgebietes mit Stäuben sowie Schwefel- und Stickstoffdioxid aus Zechen und Großkraftwerken. Die Luftbelastung hatte nicht nur zum kostenträchtigen Ansteigen des Krankenstandes und zur Abwanderung qualifizierter Arbeitskräfte aus dem industriellen Ballungsgebiet geführt, sondern auch die technische Modernisierung der Schwerindustrie behindert. Vor allem die Belastung mit Stäuben hatte die Lebensbedingungen für viele unerträglich werden lassen. Es wird berichtet, daß der Staubniederschlag auf den Straßen so stark war, daß es bei einsetzendem Regen zu zahlreichen Rutschunfällen kam.

WHG und *TA Luft* waren also Versuche, mit Hilfe staatlicher Regulierung konkrete Engpässe der industriellen Entwicklung zu beseitigen. Das war bei der Umweltpolitik als relativ eigenständiges neues Ressort, die ab 1970 in den wichtigsten westlichen Industrieländern in Szene gesetzt wurde, ganz anders. Als die ersten die Medien Wasser, Boden und Luft übergreifenden Umweltprogramme formuliert wurden, gab es als Anlaß weder eine zugespitzte Krise der industriellen Ressourcennutzung noch einen Druck der öffentlichen Meinung. Ohne die oben geschilderte strategische Neuorientierung des atlantischen Verteidigungsbündnisses ist die Hektik, mit der damals in allen hochentwickelten Industrieländern gleichzeitig umweltpolitische Programme formuliert wurden, also nicht erklärbar.

Das Startsignal gab die Nixon-Regierung mit dem *National Environmental Policy Act* am 1. Januar 1970, einer Botschaft Präsident Nixons an den Kongreß im Februar 1970 und einem Bericht zur Lage der Nation im November des gleichen Jahres. In Deutschland begann die Umweltpolitik mit der Verabschiedung eines *„umweltpolitischen Sofortprogramms“* im September 1970. Aus diesem entstand das am 29. September 1971 verabschiedete erste Umweltprogramm der Bundesregierung.

Dessen intellektueller Hochmut ist an folgender Passage im einleitenden Kapitel über die Umweltpolitik ersichtlich: *„Die Bundesregierung* *will sich in dem vorgelegten Gesamtprogramm nicht damit begnügen, diesen oder jenen bereits entstandenen Umweltschaden festzustellen und zu bekämpfen; sie will erreichen, das unerwünschte Nebenwirkungen wirtschaftlicher und gesellschaftlicher Entwicklungen rechtzeitig erkannt und durch weit vorausschauende Umweltplanung vermieden werden können."* Neben einer Umweltplanung auf lange Sicht nennt das Programm die Durchsetzung des *„Verursacherprinzips"* bei der Verteilung der Kosten, die Förderung umweltfreundlicher Technologien, die Weckung eines *„Umweltbewußtseins"* in allen Teilen der Bevölkerung und die Verbesserung der internationalen Zusammenarbeit als Hauptziele der Umweltpolitik.

Das Umweltprogramm selbst blieb, entsprechend dem neutralen Anspruch der aus den USA importierten Systemanalyse, frei von parteipolitischen Einflüssen. Es entsprach in seiner Ausrichtung ganz der Ende der 60er Jahre mit dem „Stabilitätsgesetz" eingeleiteten Politik der Globalsteuerung. Zur *„Entpolitisierung des Umweltschutzes"* (Edda MÜLLER 1989) trug obendrein die Tatsache bei, daß die Kompetenzen für die Luft- und Wasserreinhaltung sowie die Abfallbeseitigung in dem vom kleinen Koalitionspartner FDP geleiteten Bundesinnenministerium angesiedelt wurden.

Mit der Ausarbeitung des stark ins technische Detail gehenden Umweltprogramms befaßten sich unter Leitung von Günter Hartkopf (Staatsekretär in dem von Hans Dietrich Genscher geleiteten Bundesinnenministerium) eigens freigestellte Spitzenleute der Ministerialbürokratie, die sich (wie Hartkopf später in einem Anfang 1986 in Bad Kissingen beim „Deutschen Beamtentag" gehaltenen Vortrag offen eingestand) wie eine verschworene Bande über Ressort- und Parteigrenzen hinwegsetzten und an Bundestag und Bundesrat vorbei wissenschaftlich-technische Kompetenzen von Fachbehörden auf Bundesebene aufbauten. Deshalb ist die konzeptionelle Phase der Umweltpolitik sogar als *„Zeit der Technokraten"* (Gerhard VOSS 1990) bezeichnet worden.

Zum „konspirativen" Vorgehen der Technokraten (eigentlich Bürokraten) passen auch gut die erst sehr viel später bekannt gewordenen Tatsachen, daß das Bundesinnenministerium ausgewählte Journalisten gezielt mit Meldungen über ökologische Mißstände beziehungsweise die von der Regierung geplanten gesetzlichen Abhilfemaßnahmen versorgte und gleichzeitig Umweltverbänden wie dem Bundesverband Bürgerinitiativen Umweltschutz (BBU) nicht nur wichtige Informationen, sondern auch eine Art „Anschubfinanzierung" zukommen ließ, während die Unternehmen und Wirtschaftsverbände in der Regel erst relativ spät über die Vorhaben der Regierung informiert wurden.

Ähnliches gab es beim Start der Umweltpolitik auch in anderen westeuropäischen Ländern. Wie die Veröffentlichung der Studie *„Die Grenzen des Wachstums"* erinnert auch dieses Vorgehen unwillkürlich an die Fabel vom Zauberlehrling. Doch lag die Förderung einer „Umweltbewegung" ganz auf der Linie des aus den USA importierten Modells der *professionalized reform* und des *consent management.* Danach bedienen sich die Planer bei der Festlegung umwelt- und sozialtechnologischer Ziele nicht nur der Kenntnisse wissenschaftlicher Experten, sondern versuchen auch, die „Betroffenen" zumindest so weit in den Planungsprozeß einzuschalten, wie deren Mitarbeit Informationen zur Präzisierung der Ziele beisteuert und Reibungsverluste bei deren Realisierung vermeiden hilft. Bürgerinitiativen und Grüne wurden also als Erfüllungsgehilfen der NATO in der Endphase des Kalten Krieges betrachtet. Wie Hartkopf in seinem Bad Kissinger Vortrag mit entwaffnender Offenheit ausführte, benötigte die Ministerialbürokratie das *„Wadenbeißen"* der Umweltverbände. Es habe ihr *„Luft zum Agieren"* verschafft, weil es immer in die richtige Richtung gegen Industrie und Marktwirtschaft zielte.

Allgemeine Orientierungshilfen und zum Teil auch konkrete technische Vorgaben oder Anregungen für die Einbindung „Betroffener" in die Umweltplanung lieferten dabei Modellprojekte im Rahmen oder im Umkreis der *„dritten Dimension"* der NATO. Zum Beispiel vergab *CCMS* Forschungsstipendien zum Thema *„Die Rolle von Bürgerschutzvereinigungen und 'Pressure Groups' bei der Erkennung von Umweltproblemen"* (J. R. HUNTLEY 1972, S. 37) So konnte NATO-Generalsekretär Manlio Brosio schon im April 1971 auf der 4. Vollsitzung von *CCMS* befriedigt feststellen, *„daß der CCMS eine wichtige Rolle bei dem allgemeinen Trend gespielt hat, der die meisten Länder des Bündnisses veranlaßte, neue administrative oder Regierungseinrichtungen zu schaffen, um in der Lage zu sein, mit ihren neuen Aufgaben auf dem Gebiet der Umwelt fertig zu werden. Darüber hinaus erkennt jedermann, daß die Regierungen von unserem Handeln profitieren. Die politischen Maßnahmen, die auf diesem Gebiet ergriffen werden, verlangen nämlich Opfer wegen der damit verbundenen Kosten, wegen der Überwindung von Privilegien und wegen der Traditionen. Es ist für die Mitgliedsländer von großem Wert, daß sie sich auf die Autorität der NATO berufen können, um Maßnahmen durchzusetzen, die, wenngleich notwendig, in gewissen Kreisen unpopulär sein mögen."* (*NATO-Brief* 5/1971, S. 14f.).

Brosio wies damit auch darauf hin, daß die technobürokratische Umweltpolitik nicht nur polizeirechtlicher Durchführungsbestimmungen, sondern auch einer Flankierung durch eine drohende Zeigefinger-Pädagogik nach Art des „Struwwelpeter“ bedurfte. Das besorgten mit Hilfe der Massenmedien im wesentlichen die Weltuntergangsszenarien des *Club of Rome*. Die umweltpolitische Sensibilisierung erfolgte also in der konzeptionellen Phase der Umweltpolitik hauptsächlich „von oben“. Bürgerinitiativen gab es bis zum Beginn der 70er Jahre nur gegen regional begrenzte Belästigungen. So zum Beispiel die vom späteren Umweltbeauftragten des Rates der Evangelischen Kirchen Deutschlands (EKD), Pfarrer Kurt Oeser, geleitete Initiative gegen den Fluglärm im Umkreis des Rhein-Main-Flughafens.

Die Geburtsstunde einer breiteren Bewegung *von unten* fiel nicht zufällig in die Zeit nach der Ölkrise von 1973 und die schwere Wirtschaftskrise von 1974/75, die ihr folgte. Hochmut kommt vor dem Fall, sagt ein altes Sprichwort. Dieses bestätigte sich gegenüber der Überzeugung, mit Hilfe von Systemanalyse und bürokratischer Steuerung dauerhaft die *„Qualität des Lebens“* optimieren zu können, schneller als erwartet. Die „Ölkrise“ (an deren Auslösung die Argumente der Studie *„Grenzen des Wachstums“* sicher nicht unbeteiligt waren) wurde zum „Elchtest“ der wirtschaftspolitischen Globalsteuerung.

Die Nationalisierung der Ölquellen und die deutliche Anhebung des Rohölpreises durch das Kartell erdölexportierender Länder (OPEC) genügte, um der Wirtschaft der westlichen Industrieländer einen Schock zu versetzen, von dem sie sich bis zum Ende der 70er Jahre nicht mehr erholte, weil sich die scheinbar bewährten Keynesianischen Werkzeuge der Globalsteuerung wie vor allem das *deficit spending* während der sich nun einstellenden „Stagflation“ – der nach der Theorie von Keynes eigentlich undenkbaren Verbindung von wirtschaftlicher Stagnation, Massenarbeitslosigkeit und Inflation – als überaus stumpf erwiesen.

Bis das dem letzten klar wurde, gab es aber eine Reihe von Großversuchen, der Wirtschaftskrise doch noch durch *deficit spending* Herr zu werden. So diskutierte die 1971 als Clearingstelle zwischen der Ministerialbürokratie, der Politik, der Wissenschaft, der Wirtschaft, der Gewerkschaften und der Umweltverbände eingerichtete *Arbeitsgemeinschaft für Umweltfragen (AGU)* im Juli 1975 auf Schloß Gymnich bei Köln mit Bundeskanzler Helmut Schmidt über eine Verstaatlichung und konjunkturpolitische Instrumentalisierung der Umweltschutzinvestitionen nach dem *„Gemeinlastprinzip“*. Anlaß des *„Gymnicher Gesprächs“* waren Klagen von Industriellen und Gewerkschaftern über einen *„Investitionsstau“* in Höhe von 50 Milliarden DM wegen zu strenger Umweltauflagen beziehungsweise Genehmigungsvoraussetzungen nach dem 1974 erlassenen Bundesimmissionsschutzgesetz (BImSchG) und die damit zusammenhängende Verschärfung des seit der „Ölkrise" akut gewordenen Beschäftigungsproblems.

Eine Frucht dieser und weiterer Gespräche war die Verabschiedung des *„mehrjährigen öffentlichen Investitionsprogramms zur wachstums- und umweltpolitischen Vorsorge" (Bund-Länder-Programm für Zukunftsinvestitionen, ZIP)* mit einem Gesamtvolumen von ungefähr 16 Milliarden DM im März 1977. Im Rahmen dieses Programms wurde unter anderem der Bodensee als Europas größtes Trinkwasserreservoir saniert. Das ZIP entsprach in seiner Begründung dem Verständnis von *„qualitativem Wachstum"*, das sich im Gefolge der 4. Internationalen Arbeitstagung der Industriegewerkschaft Metall zum Thema *„Aufgabe Zukunft – Qualität des Lebens"* im April 1972 in Oberhausen bei Sozialdemokraten und Gewerkschaftern durchgesetzt hatte: als ***bewußte*** Ausweitung des Staatsanteils am Bruttosozialprodukt (BSP). Heute kann man darüber – angesichts der schwierigen Aufgabe, den Staatsanteil wieder auf ein halbwegs vernünftiges Maß herunterzufahren – nur den Kopf schütteln, denn die damals gemachten Staatsschulden sind bis heute nicht abbezahlt. Aber im Nachhinein ist man immer klüger.

Als arbeitsplatzschaffende „Zukunftsinvestitionen" galten damals bei den regierenden Sozialdemokraten und bei den Gewerkschaften aber nicht nur die ZIP-Projekte, sondern auch der im Energieprogramm der sozialliberalen Regierung von 1973 beschlossene rasche Ausbau von Kernkraftwerkskapazitäten. Bis zum Jahre 1985 sollte danach die Zahl der deutschen Kernkraftwerke von acht auf nicht weniger auf 50 ansteigen. Doch damit stießen Regierung und Atomwirtschaft auf den wachsenden Widerstand zunächst regional, bald aber bundesweit koordinierter Bürgerinitiativen (BI). Was im badischen Wyhl als friedlicher Protest mit originellen Aktionsformen begann, artete in der zweiten Hälfte der 70er Jahre an der norddeutschen Kraftwerksbaustelle Brokdorf und später am Bauzaun der im oberpfälzischen Wackersdorf geplanten atomaren Wiederaufbereitungsanlage in bürgerkriegsähnliche Schlachten zwischen Polizisten und Demonstranten aus. Dabei konnten sich die Demonstranten nicht nur auf Aktionsformen der Studentenrevolte von 1968, sondern auch auf die ökologistische Argumente der *Studie „Grenzen des Wachstums"* berufen, die ihnen in der Startphase der Umweltpolitik vermittelt worden waren.

Mit der Wirtschaftskrise von 1974/75 begann so eine etwa 15 Jahre währende Etappe umweltpolitischer Polarisierung zwischen vorgeblich moralisch lupenreinen „Ökopazifisten“ auf der einen Seite und als *„Knechte des Großkapitals“* verteufelten Politikern und Sachverständigen auf der anderen Seite, in deren Verlauf sich auf Seiten der „Umweltbewegung“ immer stärker die Überzeugung festsetzte, daß Marktwirtschaft und Umweltschutz unüberwindbare Gegensätze darstellen. Auf diese Überzeugung ging auch die Gründung der Partei „Die Grünen“ durch die Zusammenführung eines Sammelsuriums romantischer, wertkonservativer und linksradikaler aus der 68er Revolte hervorgegangener Strömungen im Januar 1980 zurück. Das Auftreten einer „grünen“ Opposition mit einem geschätzten Wählerpotential von 15 Prozent diente den im Deutschen Bundestag vertretenen Parteien als Vorwand, sich ihrerseits noch stärker umweltpolitisch zu profilieren.

So wurde die bürokratische (aber immerhin nach außen hin rationale) Phase der Umweltpolitik in den 80er Jahren mehr und mehr durch einen Wettlauf populistischer Anbiederung an mehr oder weniger irrationale beziehungsweise nihilistische „Vorsorge“-Ideen der „Umweltbewegung“ abgelöst. Diese manifestierten sich nicht nur in der – mit gewalttätigen Aktionen unterstrichenen – Forderung nach einem „Sofortausstieg“ aus der Kernenergienutzung, sondern auch in der Forderung nach der Einführung von Grenzwerten nahe Null für Chemikalien, die kaum giftiger sind als Kochsalz, etwa für das inzwischen vom Markt genommene Pflanzenschutzmittel Atrazin (vgl. dazu Heinz HUG 1997).

Alle im Bundestag vertretenen Parteien reagierten auf das Erstarken der „Umweltbewegung“ und die Gründung der Partei der Grünen zwischen 1979 und 1981 mit der Vorlage neuer umweltpolitischer Programme. Die sozialliberale Regierung hatte schon im Oktober 1979 eine interdisziplinäre Projektgruppe *Aktionsprogramm Ökologie* eingesetzt, die den Auftrag hatte, dem im Umweltprogramm von 1971 schon angesprochenen *„Vorsorgeprinzip“* im Rahmen eines *„ökologisch-ökonomischen Gesamtkonzepts“* stärker zur Geltung zu verhelfen.

Der 1983 vorgelegte Abschlußbericht dieses Professorengremiums kritisierte die geringe Kosteneffektivität der bisherigen Umweltpolitik (Öffentliche Hand und Wirtschaft hatten seit 1971 zusammen fast 200 Milliarden DM für Umweltbelange ausgegeben) und empfahl deshalb immerhin zu prüfen, ob die damals schon in den USA und in Japan erprobten *„marktwirtschaftlichen“* Instrumente im Umweltschutz (*Offset-* und *Bubble-Policy, emission trading)* vielleicht zu kostengünstigeren Lösungen führen könnten. Mit seinen Empfehlungen, Umweltabgaben und Ökosteuern einzuführen, blieb der Bericht aber – alles in allem – auf der oben skizzierten Linie sozialdemokratischer Vorstellungen von einem *„qualitativen Wachstum“* durch die Steigerung der Staatsquote am BSP.

Die verpaßte „Wende“

DAS offensichtliche Scheitern der keynesianischen Politik der „Globalsteuerung“ führte in Großbritannien und in den USA zu den Wahlsiegen Margaret Thatchers und Ronald Reagans und bereitete damit halbwegs konsequenten, von den liberalen Wirtschaftstheoretikern Friedrich August von Hayek und Milton Friedman inspirierten, antidirigistischen, angebotsorientierten wirtschafts-, sozial- und umweltpolitischen Experimenten den Weg. Aber auch Margret Thatcher versuchte sich dabei als Zauberlehrling, als sie mithilfe ihres politischen Freundes Sir John Houghton aktiv an den Vorbereitungen zur Gründung des *IPCC* mitarbeitete, weil ihr die Verteufelung des Kohlendioxids als „Klimakiller“ gut in den Kram paßte: Das Kohlendioxid-Argument eignete sich gut als Allzweckwaffe, um die streikenden Gewerkschaften der Kohlekumpel in die Knie zu zwingen. Währenddessen blieb in Deutschland die 1982 bei der Ablösung der Regierung Schmidt/Genscher durch Helmut Kohl (CDU) angekündigte *„geistig moralische Wende“* aus.

Zwar gab es im Jahre 1983 im Vorfeld des Bundestagswahlkampfes eine Reihe von Initiativen, die Idee einer *„ökologischen Marktwirtschaft“* durch den Handel mit *„Schadstoffguthaben“* und *„Emissionsrechten“* in die Diskussion zu bringen (so zum Beispiel das von der *Deutschen Shell AG* Anfang Juni 1983 in Bonn organisierte Symposium *„Saubere Luft als Marktprodukt“*). Doch die Verzerrung des umweltpolitischen Instrumenteneinsatzes zugunsten außermarktlicher polizeirechtlicher Ge- und Verbote wurde unter der Kohl-Regierung noch extremer (vgl. Gerhard VOSS 1999). Die öffentliche Debatte wurde neben der 1979 von der NATO beschlossenen Stationierung zusätzlicher amerikanischer Mittelstreckenraketen („Nachrüstung“), bis 1986 hauptsächlich durch voreilig als „Waldsterben“ interpretierte, scheinbar neuartige Waldschäden und die von den Massenmedien in dramatisierender Weise interpretierten jährlichen Waldschadenserhebungen bestimmt. Das „Waldsterben“ galt bis in die Reihen der Regierungsparteien als *„Offenbarungseid der bisherigen Umweltpolitik“*. Über Teilverbesserungen und Problemverschiebungen durch die Politik der hohen Schornsteine habe man übersehen, daß die industrielle Entwicklung in ganz Europa an natürliche Grenzen stoße. Nach Umfragen des Instituts für Demoskopie Allensbach wurde die Bezeichnung „Waldsterben" innerhalb kurzer Zeit in Deutschland sogar erheblich geläufiger als der Begriff „Umweltschutz".

Die CDU-CSU-FDP-Regierung trug dem in Deutschland um sich greifenden Pessimismus durch die Verschärfung der *TA Luft* im Sinne des „Vorsorgeprinzips" und durch die Verabschiedung der Großfeuerungsanlagenverordnung Rechnung. Diese schreibt Kraftwerken den Bau aufwendiger Abgasentschwefelungs- und Entstickungsanlagen vor. Die westdeutsche Elektrizitätswirtschaft mußte dafür zweistellige Milliardenbeträge aufbringen, obwohl ein Zusammenhang zwischen ihren Abgasemissionen und den Baumkrankheiten mehr als fraglich blieb. Aber nichts lag bei der Betonung des „Vorsorgeprinzips" ferner als eine rationale Kosten-Nutzen-Abwägung. Heute macht sich auf den deutschen Äckern in der Folge der übertriebenen Rauchgasentschwefelung Schwefelmangel bemerkbar. Augenfällig wird dieser Mangel am Verblassen der normalerweise leuchtend gelben Rapsblüten, die nicht mehr von Bienen erkannt und befruchtet werden können. Um den Mangel auszugleichen, müssen die Landwirte in verstärktem Maße Ammoniumsulfat und andere schwefelhaltige Dünger einsetzen.

Die in Deutschland um sich greifende Endzeitstimmung erreichte ihren Höhepunkt im Jahre 1986, das als „Schaltjahr" der politischen Risikobewertung in die Literatur eingegangen ist (vgl. Ortwin RENN 1997). Dieses Jahr erschien in der veröffentlichten Meinung als eine einzige menetekelartige Kette großtechnischer Katastrophen mit tendenziell apokalyptischen Auswirkungen, die mit der Explosion der US-Raumfähre *Challenger* begann, Ende April im Reaktorbrand im ukrainischen Kernkraftwerk Tschernobyl gipfelte und Anfang November mit dem Brand einer Lagerhalle für Pflanzenschutzmittel der Baseler Sandoz AG und dem dabei durch das Löschwasser im Rhein ausgelösten Fischsterben endete.

Nicht ganz zufällig erschien im gleichen Jahr auch das programmatische Werk *„Die Risikogesellschaft. Auf dem Weg in eine andere Moderne"* des deutschen Soziologen Ulrich Beck, das in den folgenden Jahren die Risikodiskussion im deutschen Sprachraum beherrschte. Der moderne (versicherungsmathematische) Risikobegriff als Produkt aus potentieller Schadenshöhe und Eintrittwahrscheinlichkeit eines Schadensereignisses erweise sich, so Ulrich Beck, als unzulänglich. Beck legte nahe, neben der bislang maßgeblichen Expertenmeinung auch die gefühlsmäßigen lebensweltlichen Erfahrungen der Laien stärker zu berücksichtigen. Den gesunden Menschenverstand meinte er aber offenbar nicht damit.

Der Wandel in der gesellschaftlichen Risikowahrnehmung drückte sich nicht zuletzt darin aus, daß der Deutsche Gewerkschaftsbund (DGB), der seit der Bewegung gegen die Atombewaffnung in den 50er Jahren dem Motto *„Schwerter zu Pflugscharen"* gefolgt war und zudem als tragende Säule der korporatistischen Organisation der Energiewirtschaft ohnehin zu den konsequentesten Befürwortern der friedlichen Nutzung der Kernenergie gehört hatte, sich unter dem Eindruck von Tschernobyl erstmals der Forderung nach einer Energiepolitik ohne Atomkraft anschloß. Und die SPD, zuvor treibende Kraft des (Atom-) Energieprogramms von 1973, inzwischen aber auf Bundesebene wieder in die Opposition zurückgekehrt, beschloß auf ihrem Nürnberger Parteitag im August 1986, auf einen schrittweisen Ausstieg aus der Kernenergienutzung in einem Zeitraum von zehn Jahren hinzuarbeiten.

Nach Tschernobyl verselbständigten sich in Deutschland Umweltängste und dadurch beeinflußte maßlose „Vorsorge"-Forderungen vollends. Die Grenze zwischen begründeter Beunruhigung und Hysterie war bereits überschritten, als Leute, die es sich leisten konnten, zu den Kanarischen Inseln oder gar nach Australien aufbrachen, um der beim Tschernobyl-Unglück freigesetzten radioaktiven „Wolke" zu entfliehen. Die Überreaktion einzelner wuchs sich dann zur unkontrollierbaren Massenhysterie aus, als es galt, einen mit „verstrahltem" Molkepulver beladenen Güterzug zu *„entsorgen"*. Wäre nicht 1989/90 (gefördert durch die „Nachrüstung" des Westens) plötzlich der sozialistische Machtblock im Osten zusammengebrochen und hätte die Politik vor handfestere Probleme gestellt, wer weiß, bis zu welchen Auswüchsen die von Selbstzweifeln, Schuldkomplexen und Endzeitängsten genährte „Vorsorgepolitik" noch getrieben worden wäre!

Das „Vorsorgeprinzip" erobert die Weltarena

DIE friedliche Revolution im Osten sorgte bei der „Umweltbewegung" im Westen zwar (vorübergehend) für einige Verwirrung, brachte diese aber nicht von ihrem Kampf für das (sozialistische) „Vorsorgeprinzip" ab. Warum hätte sie auch aus der unsäglichen Odyssee des „Strahlenmolke-Zuges" Lehren ziehen sollen, wo sie doch in ihrem Bestreben, das „Vorsorgeprinzip" zur obersten Richtschnur der Politik zu machen, prominente Unterstützung vom US-amerikanischen Präsidentschaftsanwärter und späteren US-Vizepräsidenten Al Gore erhielt. Gore veröffentlichte 1992, kurz vor dem Erd-Gipfel von Rio, seinen Bestseller *„Wege zum Gleichgewicht"*. Dort begründete er seinen *„Marshallplan für die Erde"* nicht zufällig in der Sprache des Kalten Krieges. Er schlug vor, die seiner Meinung nach drohende Klimakatastrophe an die Stelle des verschwundenen Feindbildes Kommunismus zu setzen. Unter Berufung auf Winston Churchill forderte er die Bündelung aller Anstrengungen zur *„Rettung der Umwelt"*. Diese soll, so Gore, zum *„zentralen Organisationsprinzip der Zivilisation"* werden. Deshalb rückte Gore sogar die Politik der kleinen Schritte, den „Inkrementalismus", der sich auf Karl R. Popper und Charles F. Lindblom beruft, in die Nähe der Appeasement-Politik Chamberlains gegenüber Hitler.

Als demgegenüber besonnene Wissenschaftler und Autoren wie Aaron Wildavsky oder die Unterzeichner des zitierten *„Heidelberger Appell"* darauf hinwiesen, daß die kommunistische Bedrohung der Freiheit durchaus real war, während die „Klimakatastrophe" (wie das „Waldsterben") ein theoretisches Konstrukt ist, und daß das Sprichwort *„Vorbeugen ist besser als heilen"* in verabsolutierter Form völlig irrational wird, weil es jegliches Wagnis ausschlösse, ernteten sie nur Kopfschütteln. Die Teilnehmer der Rio-Konferenz schrieben das „Vorsorgeprinzip" ohne Bedenken in die Klimarahmenkonvention und in die *Agenda 21*.

Die meisten von ihnen scheinen nicht geahnt zu haben, welches Kuckucksei ihnen damit ins Nest gelegt wurde. Denn die hinter dem „Vorsorgeprinzip" stehende Kosten/Nutzenabwägung beziehungsweise Risikobewertung entspricht (nach der bekannten Bedürfnishierarchie von Abraham MASLOW 1954) lediglich dem Anspruchsniveau höchstentwickelter „postindustrieller" bzw. „postmoderner" Wohlstandsgesellschaften. Kann die Mehrheit der Weltbevölkerung, die damit beschäftigt ist, einigermaßen ihre Elementarbedürfnisse wie Essen, Trinken, Kleidung und Wohnung zu befriedigen, doch höchstens davon träumen, sich auch einmal um ungelegte Eier sorgen zu dürfen.

Aaron Wildavsky hat in seinem Bürgerhandbuch *„But is it true?"* nachgewiesen, daß das „Vorsorgeprinzip" in den wohlhabenden Ländern vor allem deswegen so rasch politische Karriere gemacht hat, weil es Politikern erlaubt, die populistische Anbiederung an verängstigte Bürger als edle Gesinnung zu verkaufen. Denn wer sich auf das „Vorsorgeprinzip" beruft, kann sich als Volkstribun profilieren, der Gesundheits- und Umweltbelange gegenüber kurzsichtigen, profitgeilen Leugnern und Verharmlosern verteidigt.

7

Die Illusion der *Corporate Social Responsibility*

ERSTAUNLICHERWEISE machte das „Vorsorgeprinzip" auch in einem Teil der Privatwirtschaft Karriere. Vor allem Manager auf Endverbrauchermärkten agierender großer Anbieter von Markenwaren beeilten sich zu beteuern, auch ihnen liege weniger der Gewinn ihrer Anteilseigner, sondern mehr das Wohl der Umwelt und der Kunden am Herzen. Sie sahen im „Vorsorgeprinzip" die Chance, ihr Image aufzumöbeln und Reputationsverlusten vorzubeugen. Denn die Bekanntheit und die Reputation von *brands* werden an der Börse meist höher bewertet als das Sach- und Humankapital großer Konzerne. Das *reputational risk* ist für Unternehmen als Träger großer Publikumsmarken viel wichtiger als das Risiko technischer Störfälle. Da scheint es naheliegend, nach Methoden der vorbeugenden Risikominimierung und positiven Geschäftsklimagestaltung zu suchen, um nicht erst (wie Normalsterbliche) nachher, sondern von vornherein klüger zu sein als die Konkurrenz.

Auch wenn das jedem, der noch ein Fünkchen gesunden Menschenverstands bewahrt hat, als illusorisch, wenn nicht naiv erscheinen muß, fand die 1997 gestartete *Global Reporting Initiative (GRI)* der US-Organisation *Coalition for the Environmentally Responsible Economies (CERES)* und vom UN-Umweltprogramm *UNEP* zur „proaktiven" Steigerung der Aussagekraft und Glaubwürdigkeit von Unternehmensberichten gegenüber Kunden, Massenmedien und politischen Instanzen großen Widerhall in einem Teil der Wirtschaft.

Sogar die Chemieindustrie beteiligte sich im Rahmen des *World Business Council for Sustainable Development (WBCSD)* und der internationalen Chemieverbände *CEFIC* und *ICCA* an der Diskussion des im März 1999 von der *GRI* vorgelegten ersten Entwurfs eines Leitfadens für Nachhaltigkeitsberichte *(Sustainability Reporting Guidelines)* nach international einheitlichen, vorgeblich nachvollziehbaren Kriterien und Indikatoren für die Messung und Bewertung der wirtschaftlichen, ökologischen und sozialen Leistungsfähigkeit von Unternehmen im Hinblick auf das Leitbild *sustainable development (SD).*

21 Unternehmen unterschiedlicher Branchen erklärten sich bereit, diesen Leitfadenentwurf in ihrer Berichterstattung zu testen – darunter als einziges deutsches Unternehmen der Konsumgüterkonzern *Henkel KGaA*. Verschiedene Nichtregierungsorganisationen prüften, wieweit ihre Anliegen dabei berücksichtigt wurden. Aufbauend auf diesen Erfahrungen, publizierte die *GRI* im Juni 2000 einen überarbeiten Entwurf für *„Sustainability Reporting Guidelines on Economic, Environmental, and Social Performance"*, der vom Institut für Ökologie und Unternehmensführung der *European Business School e.V.* in Oestrich-Winkel im Rheingau ins Deutsche übersetzt wurde. Vor allem über das Internet (www.globalreporting.org), aber auch in zahlreichen Workshops von Wirtschafts- und Umweltverbänden wie *B.A.U.M., future, imug, IÖW, ifeu* und *Öko-Institut* fand eine intensive Debatte über die weitere Ausgestaltung und die Tragweite des *GRI*-Leitlinienentwurfs statt. Es liegt auf der Hand, daß sich diese Institute damit profilieren wollten, um vom vermeintlichen Zukunftsmarkt in Sachen *Nachhaltigkeits-Reporting* zu profitieren.

So nahm der damalige Geschäftsführer einer großen PR-Agentur das widersprüchliche Ergebnis eines von seinem Hause beim Meinungsforschungsinstitut *TNS Emnid* in Auftrag gegebenen Meinungsbarometers von 250 Entscheidungsträgern zum Thema Nachhaltiges Wirtschaften zum Anlaß, die Dienste seiner Agentur anzubieten. Etwa die Hälfte der Befragten hatten dabei angegeben, sie hielten Nachhaltigkeit für einen *„schwammigen Modebegriff"*. Dazu besagter Geschäftsführer: *„Einerseits scheint vielen die wirtschaftlich immense Bedeutung von Nachhaltigkeitsstrategien bewußt zu sein. Auf der anderen Seite wissen sie aber nicht genau, was sich hinter diesem Begriff verbirgt. Hier sind die Unternehmen gefordert, nicht nur für sich zu definieren, was Nachhaltigkeit bedeutet. Die deutsche Wirtschaft muß auch für ein besseres Verständnis in der Öffentlichkeit aktiv kommunizieren. Die Einschätzung der Meinungsbildner zeigt die Aktualität des alten Sprichworts: Klappern gehört zum Handwerk."*

Finanziert wurde der *„Multi Stakeholder Prozeß"* der *GRI* von der *Ford Foundation* und anderen privaten Stiftungen, zum Teil aber auch mit öffentlichen Mitteln – etwa im Rahmen des Projektes *„Umwelttransparenz für Finanzmärkte"* des deutschen Bundesministeriums für Bildung und Forschung (BMBF). Wie Allen L. White, der damalige Übergangsdirektor der *GRI*, auf einer Informationsveranstaltung in Frankfurt ausführte, zielte die Initiative darauf ab, *„allgemein anerkannte Regeln für die Nachhaltigkeitsbuchführung"* zu entwickeln. Diese solle einmal ebenso zur Routine werden wie die kaufmännische Buchführung. Sie sei Teil des Mega-

Trends zum *„Führen durch Kennzahlen"* mit Hilfe von *balanced scorecards* und anderen Controlling-Methoden.

Im November 2000 trafen sich in Washington 500 Teilnehmer aus 36 Ländern zum 2. *GRI*-Symposium. Unklar blieb dabei unter anderem, welche Anspruchsgruppen *(stakeholders)* in den Prozeß einbezogen werden können beziehungsweise müssen. Steinewerfer mochte niemand am runden Tisch haben. Bemängelt wurde aber auch, daß das von der *GRI* angestrebte formalisierte Regelwerk der kreativen Selbstdarstellung einzelner Unternehmen wenig Raum läßt, daß insgesamt eher die Belange großer internationaler Konzerne im Mittelpunkt stehen und Anliegen der mittelständischen Wirtschaft der führenden Industrieländer sowie der Entwicklungsländer insgesamt kaum berücksichtigt werden. Keine Einigung gab es darüber hinaus mit Umwelt- und Menschenrechtsorganisationen über die Frage, ob die *sustainable development*-Berichterstattung sich mehr auf einzelne Standorte oder auf Unternehmen als Ganzes beziehen soll.

Stark bezweifelt wurde, ob der Aufwand der Datensammlung für die Erstellung der im Entwurf der *Guidelines* vorgeschlagenen sage und schreibe 69(!) Nachhaltigkeitsindikatoren wirklich die Mühe lohnt. Offen blieb auch, ob die Teilnahme der Unternehmen am *SD-Reporting* freiwillig bleiben oder zur Pflicht gemacht werden soll, ob der Harmonisierungsprozeß in den Händen des *UNEP* bleiben oder ob sich die Normierungsorganisation *ISO* damit befassen soll. Umstritten blieb die von manchen geforderte externe Überprüfung der Nachhaltigkeitsberichte durch Zertifizierungsorganisationen. Unklar blieb schließlich, ob nicht die vor allem von der chemischen Industrie bislang bevorzugte Politik freiwilliger Selbstverpflichtungen zur vorbeugenden Abwehr bürokratischer Regelungen (wie beispielsweise das internationale *Responsible Care Programm*), durch die Beteiligung am aufwändigen *Global Reporting* durchkreuzt würde. Alle diese Fragen wurden inzwischen durch die Beschränkung der Initiative auf ein System freiwilliger Teilnahme geklärt.

Im einzelnen sah der *GRI*-Leitlinien-Entwurf vom Juli 2000 für Nachhaltigkeitsberichte sechs obligatorische Gliederungspunkte vor:

1. *Eine einleitende Stellungnahme der Geschäftsführung über die Nachhaltigkeitsziele und Verpflichtungen des Unternehmens, die bisherigen Erfolge und Mißerfolge, Benchmarks mit Branchenstandards usw.*
2. *Das vollständige Unternehmensprofil mit den wichtigsten Produkten und Kunden, die Rechtsform, die Eigentums- und Vermögensverhältnisse, die Mitarbeiter-, Umsatz- und Gewinnzahlen usw.*

3. *Eine Kurzfassung mit den Schlüsselkennzahlen für die ökologische, ökonomische und soziale Leistungsfähigkeit des Unternehmens.*
4. *Einen Abschnitt über die Vision und die Strategie des Unternehmens, in dem dieses erläutert, wie es die ökologischen, ökonomischen und sozialen Aspekte der Nachhaltigkeit zu integrieren gedenkt.*
5. *Die Beschreibung der Unternehmenspolitik und der Managementorganisation, worin dargelegt wird, in welcher Weise das Unternehmen das Vorsichtsprinzip und internationale Umwelt- und Menschenrechtsverpflichtungen berücksichtigt, wie es seiner sozialen Verantwortung nachkommt und seine Beziehungen zu Anspruchsgruppen wie Mitarbeitern, Aktionären, Gewerkschaften, Umweltorganisationen, öffentlichen Einrichtungen usw. gestaltet.*
6. *Die Leistungsübersicht im Detail mit insgesamt 69 Kennzahlen für den Energie- und Materialeinsatz, die Wasser und Luftbelastung, die Wahrung der Biodiversität sowie die wirtschaftlichen und sozialen Erfolge beziehungsweise Probleme.*

In der 2002 verabschiedeten Fassung der *Guidelines* fanden sich immer noch 50 *„Kernindikatoren"* der wirtschaftlichen, ökologischen und sozialen *„Performance"* der Unternehmen. Hinzu kommen 47 zusätzliche Indikatoren für besondere Leistungen, so daß die Gesamtzahl der Indikatoren, für die Daten erhoben werden sollen, sogar noch gestiegen ist. Während die verwendeten Umweltindikatoren durch bestehende internationale Vertragswerke über Schadstoffkontrolle wie das *Kioto-Protokoll*, die *Baseler Konvention über den Transport gefährlicher Abfälle*, das *Washingtoner Artenschutzabkommen*, das *Montreal Protokoll über den Schutz der Ozonschicht* usw. begründet werden können – selbst wenn deren Inhalt zum Teil umstritten ist – tut sich die *GRI* mit der Herleitung sozialer Indikatoren der Nachhaltigkeit wesentlich schwerer (Vgl. DRIESSEN 2006, S. 154ff.).

Noch relativ unproblematisch sind dabei Angaben über Fluktuationsraten der Belegschaft, deren gewerkschaftlicher Organisationsgrad, die Zahl der Arbeitsunfälle und arbeitsbedingter Erkrankungen, die Aus- und Fortbildungserfolge. Schon problematischer sind Indikatoren, die sich auf die Respektierung von Menschenrechten beziehen. Hier wird deutlich, daß es bei den aufwändigen Dokumentations-, Auditierungs- und Zertifizierungsprozeduren in erster Linie darum geht, die Unterwerfung der Unternehmensstrategie unter die herrschende *political correctness* zu demonstrieren. Es fehlt jeglicher Hinweis darauf, daß z.B. der Anspruch auf Nichtdiskriminierung von Minderheiten der Vertragsfreiheit, dem Recht jedes Eigentümers auf die freie Auswahl seiner Geschäftspartner und Mitarbeiter zuwider laufen kann. Es fehlen auch Hinweise auf die zweischneidigen Auswirkungen eines generellen Verbots der Kinderarbeit, die oft auf Protektionismus von Wohlfahrtsstaaten und damit auf die Hemmung der Entwicklung durch die Beschneidung von Konkurrenzvorteilen armer Länder hinauslaufen. (Der Verfasser dieser Zeilen hat selbst auf dem elterlichen Hof schon im Kindesalter Schwerarbeit verrichten müssen, hat aber nicht den Eindruck, daß das seiner Entwicklung nachhaltig geschadet hat.)

Die soziale und politische Dimension der Nachhaltigkeit gilt vor allem bei den europäischen Diskussionsteilnehmern als umstrittenster Teil der *GRI*. Deshalb gibt es in Europa inzwischen bereits Initiativen, die sogar noch über den Ansatz der *GRI* hinausgehen, so zum Beispiel das *European Business Network for Social Cohesion*. Auch Wirtschaftsprüfungsgesellschaften wie *Price Waterhouse Coopers (PWC)* machten sich im Rahmen der *Value Reporting Initiative*, angesichts etlicher böser Überraschungen an der Börse, Gedanken über eine breitere, soziale und politische Faktoren einschließende Ermittlung des Unternehmenswertes, um das immer häufiger auftretende Auseinanderklaffen zwischen Buch- und Marktwert von Firmen tendenziell zu überwinden. Die EU-Kommission hat diese Anregungen inzwischen aufgegriffen und ein Konzept zur Förderung der *Corporate Social Responsibility (CSR)* vorgeschlagen. Gesellschaftlich verantwortlich zu handeln, bedeutet für Unternehmen danach, *„nicht nur gesetzliche Bestimmungen einzuhalten, sondern mehr zu investieren in Humankapital, in die Umwelt, in Beziehungen zu anderen Stakeholders.“*

In diesem Zusammenhang ist die von den beiden schweizerischen Betriebswirten Frank Figge und Stefan Schaltegger an der Universität Lüneburg in Zusammenarbeit mit dem *UNEP* und der Genfer Privatbank *Pictet* & *Cie* in einer im Juni 2000 veröffentlichten Studie mit dem Titel *„Was ist Stakeholder Value? – Vom Schlagwort zur Messung“* entwickelte quantitative Methode zur Ermittlung des *„Return on Stakeholder“* und des *„Stakeholder Value Added“* von besonderem Interesse. Diese lenke die Aufmerksamkeit des Managements auf die Tatsache, daß nicht nur die Shareholder, sondern auch die Mitarbeiter, die Gemeinden und der Staat den Unternehmen knappe Ressourcen in Form nicht ersetzbarer Vorleistungen wie Bildung, Motivation, Rechtssicherheit, materielle Infrastruktur liefern und somit gewisse Ansprüche an die Unternehmenspolitik stellen können.

Der auch schon von der *GRI* betonte Anspruch der *inclusiveness*, der Berücksichtigung möglichst vieler, wenn nicht aller politisch korrekten Stakeholder-Standpunkte bei der Unternehmensbewertung, läuft auf ein totalitäres Programm im wahrsten Sinne des Wortes hinaus. Kreative und risikobereite Unternehmer würden am Ende nicht mehr gebraucht, sondern nur noch Funktionäre, die den Katalog der *political correctness* Spiegelstrich für Spiegelstrich abhaken. Zum Glück scheinen aber inzwischen einflußreiche Vertreter der Wirtschaft bemerkt zu haben, wo der Hase hinläuft. So haben sich der Bundesverband der Deutschen Industrie (BDI), der Deutsche Industrie- und Handelskammertag (DIHT), der Zenralverband des Deutschen Handwerks (ZDH) und das Deutsche Institut für Normung (DIN) klar dagegen ausgesprochen, Inhalte und Ziele der *CSR* international zu standardisieren oder gar, wie im EU-Parlament bereits beantragt, zur Pflicht zu machen. Dadurch würden Betriebe bevormundet, kleine und mittlere Unternehmen überfordert und jegliche Anreize zu freiwilligem sozialen Engagement privater Firmen in Form der nicht nur jenseits des Atlantik willkommenen großzügigen Mäzenate oder Sponsoring-Projekte abgewürgt.

Der einflußreiche Schweizer Banker Kurt Schiltknecht spricht sich in einem 2004 erschienen Fachbuch als Insider bei *OECD*-Verhandlungen über einen *Corporate Governance*-Codex mit Nachdruck gegen detaillierte Vorgaben für die Berücksichtigung von *Stakeholder*-Anliegen in der Unternehmensberichterstattung aus. Die Wirtschaft komme am ehesten voran, wenn die längerfristige Entwicklung des *shareholder value* und nicht ein formalisierter Stakeholder-Ansatz als Richtschnur für Management- und Anleger-Entscheidungen diene. Der Sinn von Unternehmen besteht nun einmal darin, Gewinn zu machen, indem sie ihren Kunden nützliche Dienste leisten, und nicht darin, soziale und/oder religiöse Ansprüche diverser Gruppen zu befriedigen, mögen diese auch noch so gut begründet erscheinen.

In einem Ende 2004 im Wirtschaftsteil der *Neuen Zürcher Zeitung* veröffentlichten Editorial weist deren ehemals in Deutschland tätiger Wirtschaftskorrespondent Beat Gygi darauf hin, daß die Shareholder-Pflege durch das Management großer Aktiengesellschaften ungemein die Überwachung der Manager durch die Aktionäre erschwert. Würden nämlich von diesen Unternehmen außer dem Ziel dauerhafter Gewinne auch noch soziale und ökologische Ziele verfolgt, wäre der Willkür der Zielgewichtung durch das Management Tür und Tor geöffnet. Denn die Manager könnten dann leicht ihr Eigeninteresse an „*Selbstverwirklichung*“

mit dem Hinweis auf Nachhaltigkeits-*„Kochbücher"* und Stakeholder-Interessen über die Interessen der Eigentümer stellen. Unternehmertum würde durch Bürokratie ersetzt. Statt einen Gewinn an Transparenz brächten formalisierte *Corporate Governance*- und *Corporate Social Responsibility*-Regeln nur den *Sustainability*-Beratern und Zertifizierern zusätzliche Aufträge, während die Aktionäre immer weniger imstande seien, ihre wichtige Kontrollfunktion gegenüber dem Management auszuüben.

Es ist sicher kein Zufall, daß es in der letzten Zeit um das Thema *Global Reporting* ziemlich still geworden ist, obwohl bereits zwei von drei im deutschen DAX vertretene Aktiengesellschaften einen jährlichen Nachhaltigkeitsbereicht auf der Basis von *GRI*-Indikatoren veröffentlichen. Das hat sicher auch mit dem inzwischen infolge einiger Bilanzfälschungsskandale und der damit einhergehenden Vernichtung von Milliardenvermögen in den USA enorm gesunkenen Vertrauen in die Seriosität und Nützlichkeit von Zertifizierungs- und Rating-Agenturen zu tun. Diese Skandale betrafen (wohl nicht zufällig) gerade Konzerne wie den Energiehändler *Enron*, die politisches Wohlverhalten, Umweltschutz und Nachhaltigkeit auf ihre Fahnen geschrieben hatten und dafür von Agenturen wie Arthur Andersen mit Bestnoten honoriert worden waren.

Trotz dieser bitteren Erfahrungen wird es wohl noch einige Zeit dabei bleiben: Wer mit einiger Aussicht auf Erfolg etwas Neues auf den Markt bringen will, der muß nicht nur vorsorglich Öko-Institute, *Greenpeace* und andere Organisationen an den Runden Tisch bitten, um seine Produktidee konsensual absegnen zu lassen, sondern diese wahrscheinlich auch noch mühsamen Bewertungs- und Zertifizierungsprozeduren von Wirtschaftsprüfungsgesellschaften unterwerfen. Ganz zu schweigen von den aufwändigen bürokratischen Anmeldungs- und Genehmigungsprozeduren, die das *Weißbuch der EU-Kommission zur Stoffpolitik* und die inzwischen verabschiedete *EU-Verordnung über die Registrierung, Bewertung und Genehmigung von Stoffverwendungen (REACh)* vorsehen. Bislang scheint die Börse Unternehmen, die bereits *„proaktiv"* in diesem Sinne verfahren, zu honorieren. Und wer hätte auch etwas gegen zivilisierte Formen des Dialogs mit Anspruchsgruppen und Andersdenkenden?

Der gesunde Menschenverstand legt indes die Annahme nahe, daß auch das nur eine Weile gut gehen wird. Die Management-Moden werden vermutlich weiterhin kommen und gehen. Warum sollte ausgerechnet die Nachhaltigkeitsideologie mit ihrer unbeweisbaren Annahme einer drohenden Überhitzung des Erdklimas und ihrer naiven Vorstellung von Gleichgewicht und Naturharmonie nachhaltig sein?

Aus der Geschichte wissen wir, daß wirkliche Innovationen so gut wie nie an runden Tischen vorbereitet werden, sondern viel öfter im stillen Kämmerlein von einsamen, in ihre Idee vernarrten Tüftlern und Grüblern, aber auch von Querköpfen und Phantasten. Ein hochwirksames, aber durchaus nicht unbedenkliches Medikament wie Aspirin hätte sicher niemals das Licht der Welt erblickt, wenn am Runden Tisch über seine Einführung entschieden worden wäre!

Bei den bisherigen Versuchen, das Leitbild *sustainable development* in die Unternehmenspraxis zu übersetzen, fällt folgender Widerspruch auf: Einerseits gilt Nachhaltigkeit (zu recht) als unerreichbares Ideal, als allgemeine Orientierungshilfe im Hinterkopf, das heißt als *„regulative Idee"* im Sinne Kants, die nicht das Ziel, sondern nur die Richtung von Veränderungen angibt. Gleichzeitig tun die zum Teil aufwändigen Bewertungs- und Messmethoden des *Global Reporting* jedoch so, als wüßte man bereits, was nachhaltig ist. Nachhaltigkeit wird dabei unter der Hand zur platonischen Idee über das Gutsein der Welt, zur säkularisierten Erlösungshoffnung. Die Welt tut uns aber vermutlich nicht den Gefallen, sich entsprechend diesen Heilserwartungen zu entwickeln.

Um zu verhindern, daß die schöne Idee der Nachhaltigkeit vollends in die Hände von Bürokraten gerät, sollten also Unternehmer und Manager, die ihrer sozialen Verantwortung nachkommen möchten, nicht nur danach trachten, im Sinne der herrschenden *political correctness* Everybody's Darling zu werden. Soziale Verantwortung verlangt auch ordnungspolitisches Engagement. Soziale und ökologische Marktwirtschaft darf nicht ausschließlich im Sinne der Instrumentalisierung des Marktes für mehr oder weniger fragwürdige politische Ziele verstanden werden. Es müssen auch offene Such- und Lernprozesse möglich bleiben. Nur dann hätten auch Neuerungen, die nicht in ein vorgefertigtes Weltbild passen, eine Chance.

8

„Nachhaltigkeit" im Wettbewerb

NACH dem Ende des Kalten Krieges schien es endlich möglich, endlich eine vom Primat individueller Freiheit und Verantwortung ausgehende Politik auf lokaler, regionaler, nationaler und globaler Ebene einzuleiten. Heute sieht das infolge der neuen, ganz anders gearteten Kriegssituation, die durch den 11. September 2001 offenkundig wurde, jedoch eher nach Wunschdenken aus. Ich glaube aber dennoch, daß das 1992 in Rio auf die politische Tagesordnung gesetzte Thema Nachhaltigkeit nach wie vor zu viel mehr gut ist, als lediglich einer aufgeregten Szene (im Interesse des Machterhalts bestimmter Eliten) für einige Jahre Debattierstoff zu liefern. Ich sehe im Leitbild des *sustainable development* noch immer eine Chance, die Globalisierung von Wirtschaft, Wissenschaft, Kultur und Politik auf eine verantwortungsethische Grundlage zu stellen. Allerdings gilt es dabei mit dem Märchen aufzuräumen, das gerade als politisch korrekt Geltende sei auch nachhaltig.

Wie die zitierte Bundestags-Enquête *„Schutz des Menschen und der Umwelt"* 1998 trotz aller irriger Ansätze richtig herausgearbeitet hat, geht es bei der Umsetzung der regulativen Idee der Nachhaltigkeit nicht in erster Linie um das *„Was"* (niemand kann im Voraus wissen, was wirklich nachhaltig ist), sondern um das *„Wie"* der Organisation gesellschaftlicher Lern- und Innovationsprozesse zur Steigerung der Problemlösungs- und Anpassungsfähigkeit. Dabei steht für mich außer Frage, daß es dafür keinen besseren Weg gibt als die Förderung von Wettbewerb auf allen Ebenen, das heißt nicht nur zwischen Unternehmen, sondern auch zwischen Nationen, Regionen, Kommunen und deren institutionellen Voraussetzungen des Wirtschaftens.

Dafür braucht es nicht einmal (wie im Sport) einen Konsens über die Disziplinen, in denen man in Wettstreit treten will, und über deren Spielregeln sowie über die Meßmethoden beziehungsweise Indikatoren, mit deren Hilfe ermittelt werden soll, wer siegt und wer verliert. Nötig ist dafür lediglich eine Klärung des Verhältnisses zwischen Ökonomie und Politik im Zeitalter der Globalisierung – eine Aufgabe, die die 1992 in Rio verabschiedete *Agenda 21*, wie wir gesehen haben, nicht ansatzweise klären, geschweige denn lösen wollte oder konnte.

Bevor ich auf die wichtige Frage der Nachhaltigkeitsindikatoren im Detail eingehe, erscheint mir deshalb eine Rückbesinnung auf einige Grundprinzipien der *sozialen Marktwirtschaft* und damit auf Erfolgsbedingungen des „Wirtschaftswunders" der Nachkriegszeit angebracht, wobei das Wieselwort *sozial* meines Erachtens in erster Linie ausdrückt, daß es hier nicht um naive *Laissez-faire*-Forderungen geht, sondern um die Umsetzung der historischen Einsicht, daß Wettbewerb sich nicht unter allen Umständen von alleine einstellt, daß Märkte in einer zur Tyrannei neigenden und von politischen Manipulationen geprägten Welt nicht von sich aus frei sind, sondern der politischen Gestaltung einer universal-moralisch begründeten Rahmenordnung bedürfen. Diese ermöglicht erst fairen Wettbewerb, indem sie Rechtssicherheit, Transparenz und damit Vertrauen schafft, innovationshemmenden Monopolen und mafiosen Geschäftsbeziehungen durch die Gewährleistung der Chancengleichheit beziehungsweise der Freiheit der Meinungsäußerung den Boden entzieht und den wirtschaftlichen Akteuren für den Fall des persönlichen Scheiterns oder einer schweren Krise der ganzen Volkswirtschaft eine gewisse soziale Absicherung gegen den Absturz in Armut und Elend bietet.

Im folgenden möchte ich einige gesellschaftstheoretischen und politischen Prinzipien vorstellen, die der Begründung der *sozialen Marktwirtschaft* dienten und weltweit fruchtbare Anstöße für den Aufbau einer universalistischen moralischen und rechtlichen Rahmenordnung der Märkte auf einem nichtjakobinischen Weg geben könnten.

Subsidiaritätsprinzip und Föderalismus

AUCH wenn das heute kaum jemand hören will, sollte doch der Hinweis gestattet sein, daß es derzeit auf der Welt keine Großorganisation gibt, die sich als „nachhaltiger" erwiesen hat als die römisch-katholische Kirche. Ich sage das nicht, um in irgendeiner Weise für eine Organisation zu werben, der ich seit vielen Jahren nicht mehr angehöre, sondern um die Aufmerksamkeit der Leser auf ein Organisationsprinzip zu lenken, das in einer Nachhaltigkeitspolitik einen zentralen Stellenwert einnehmen müßte: das Prinzip der Subsidiarität. Der Philosoph Otfried Höffe weist im Übrigen in seiner grundlegenden Abhandlung *„Demokratie im Zeitalter der Globalisierung"* (1999) zu Recht darauf hin, daß dieses Kernelement der katholischen Soziallehre eigentlich keiner christlichen Begründung bedarf, sondern vielmehr Ausfluß des gesunden Menschenverstandes ist und insofern als universelles staatsethisches Prinzip verstanden werden kann. (In der Tat finden sich Elemente des Subsidiaritätsprinzips in der politischen Organisation von Ländern ganz unterschiedlicher Kultur.)

Obwohl vom Subsidiaritätsprinzip explizit erst seit dem 19. Jahrhundert die Rede ist, lassen sich seine Wurzeln bis zum Alten Testament zurückverfolgen. Das Prinzip fordert in seiner aktuellen Form, der einzelne solle sich in Notlagen so weit wie möglich selber helfen und sich, wenn er nicht mehr weiter weiß, nicht gleich an den Staat, sondern zunächst an die ihm am nächsten stehenden nichtstaatlichen Gemeinschaften (Familie, Nachbarschaft, Dorfgemeinschaft beziehungsweise Stadtviertel, nichtstaatliche Hilfsorganisationen usw.) wenden.

Schon im Laufe der durchaus wechselhaften (und nicht immer ruhmreichen) Geschichte der Amtskirche bezog sich das Subsidiaritätsprinzip aber nicht nur auf Hilfe in Notlagen, sondern auch auf die Verteilung von Zuständigkeiten zwischen den einzelnen Gläubigen, den Kirchengemeinden, den Diözesen, der Kurie und dem Papst. So erklärt es sich, daß sich die Kirche, trotz ihrer geradezu prototypischen autoritär-hierarchischen Struktur, aufgrund der relativen Selbständigkeit der Ortsgemeinden geschmeidig an sehr unterschiedliche kulturelle Gegebenheiten anpassen und so über den ganzen Erdball ausbreiten konnte.

Wiederholt haben kirchliche Autoritäten seit dem 19. Jahrhundert auch zu sozialpolitischen Fragen Stellung bezogen und dabei (nicht ohne Hintergedanken) das Subsidiaritätsprinzip gegen den Wahn staatlicher Allzuständigkeit ins Feld geführt. Klassisch wurde die Formulierung in der Papst-Enzyklika *Quadragesimo Anno* von 1931: *Wie dasjenige, was der Einzelmensch aus eigener Initiative und mit seinen eigenen Kräften leisten kann, ihm nicht entzogen und der Gesellschaftstätigkeit zugewiesen werden darf, so verstößt es gegen die Gerechtigkeit, das, was die kleineren und untergeordneten Gemeinwesen leisten und zum guten Ende führen können, für die weitere und übergeordnete Gemeinschaft in Anspruch zu nehmen; zugleich ist es überaus nachteilig und verwirrt die ganze Gesellschaftsordnung.*"

Politisch besagt das Subsidiaritätsprinzip, soweit es sich vom christlichen *„Prinzip der Personalität"* (begründet in der Gottesebenbildlichkeit des Menschen) herleitet, daß nicht die Staatsraison oder die als Überorganismus mißverstandene Gesellschaft im Mittelpunkt der Politik stehen soll, sondern der Einzelmensch. Was dieser aus eigenen Kräften leisten kann, darf nicht zur Gemeinschaftsaufgabe erklärt werden. Das heißt: Der auch von der katholischen Soziallehre durchaus befürwortete Sozialstaat darf nicht zu einem alles umfassenden, die Bürger bevormundenden Fürsorgestaat ausgebaut werden, zumal sich staatliches Handeln mit dieser Kompetenzanmaßung übernimmt und damit tendenziell selbst entmachtet. Jede Verlagerung von Kompetenzen zu staatlichen Einrichtungen muß vor den Individuen gerechtfertigt werden. Nur was die Bürger einzeln oder im Rahmen privater Unternehmen, Kommunen und nichtstaatlicher Organisationen ohne staatliche Initiative, Rahmensetzung oder Hilfe nicht auf die Beine stellen können, kann als Kernkompetenz staatlicher Institutionen gelten.

Grundsätzlich sind alle politischen Strukturen, die oberhalb der kommunalen Gebietskörperschaft angesiedelt sind, begründungspflichtig. *„Und die Gründe müssen aus liberaler Sicht schwer wiegen“*, fordert der Schweizer Liberalismus-Theoretiker Robert Nef in seiner programmatischen Schrift *„Lob des Non-Zentralismus“* (2002, S. 13). Dabei dürfe das Subsidiaritätsprinzip nicht als Allheilmittel betrachtet werden, da es in einem bereits zentralisierten Staat mannigfache Versuchungen und Vorwände gebe, noch mehr Verantwortung nach oben zu delegieren. Heute müsse das Subsidiaritätsprinzip klar im Sinne einer ausdrücklichen Beschränkung zentralstaatlicher Zuständigkeiten und eines Vorrangs der Übertragung von Aufgaben der (angeblichen) „Daseinsvorsorge“ in private und kommunale Trägerschaft interpretiert werden. Dabei muß auch geklärt werden, auf welchen Ebenen es sinnvoll und nützlich ist, neben der Marktorientierung auch mit dem Haus- bzw. Haushaltsparadigma und dessen buchhalterischen Konsequenzen zu arbeiten.

Im Zuge der fortschreitenden Globalisierung der Märkte kommt es allerdings auch naturwüchsig zur Einschränkung der zentralstaatlichen Entscheidungs- und Handlungsfähigkeit und zu einer Arbeitsteilung zwischen staatlichen und nichtstaatlichen Regulierungsinstanzen. Das bedeutet, daß „Politik“ nicht mehr allein vom und im Staat gemacht wird, sondern auch von vielen Akteuren der „Zivilgesellschaft“ an ganz unterschiedlichen „Orten“ – nicht zuletzt auch auf den regionalen und internationalen Märkten. Die Politik wird im Zuge des Globalisierungsprozesses im Prinzip immer polyzentrischer.

Das hat allerdings bislang nicht verhindert, daß bestimmte Gruppen wie vor allem scheinbar über jeden Verdacht erhabene Naturschützer ihre Sicht der Dinge weltweit durchsetzen konnten. Erinnert sei nur an das DDT-Verbot und das Montreal-Protokoll. Auch das Kioto-Protokoll von 1997 und das von der EU geforderte strengere Nachfolge-Abkommen („Kioto II“) sollen weltweite Gültigkeit erlangen, obwohl sie vom Ansatz her lediglich der Weltsicht einer privilegierten Minderheit entsprechen.

Davon abgesehen, gibt es aber einen Wettbewerb zwischen Institutionen und sozialen Arrangements. Versuche einer zentralen Steuerung von Wirtschaft und Gesellschaft (ohnehin schon immer illusorisch) erscheinen nun vollends abwegig. Neue politische Orientierungen können allenfalls in Form von Hilfen zur Selbststeuerung gesellschaftlicher Subsysteme umgesetzt werden. Es verwundert daher nicht, daß das Subsidiaritätsprinzip gerade bei französischen Rechts- und Links-Jakobinern bis heute als rotes Tuch gilt, was subsidiäre und föderale Regelungen und Problemlösungen in der EU ungemein erschwert hat.

Obwohl nun im Entwurf einer EU-Verfassung nicht nur das Subsidiaritätsprinzip, sondern sogar ein lange von liberaler Seite gefordertes Austrittsrecht (vgl. Detmar DOERING 2002) vorgesehen ist, gibt es bei der Gestaltung des Gemeinsamen Marktes bislang eindeutig einen Vorrang der (zentralistischen) Harmonisierung gegenüber der non-zentralen Deregulierung und Privatisierung. Das Subsidiaritätsprinzip blieb bislang meistens Lippenbekenntnis, da – wie angedeutet – allen zentralisierten Systemen eine Neigung zur Verstärkung der Zentralisierung eigen ist. Da eine Annahme des vorliegenden EU-Verfassungsentwurfs derzeit als höchst ungewiß erscheint, bleibt der rechtliche und politische Status der europäischen Harmonisierungsagenturen ungeklärt. Sie als „nachhaltig" zu betrachten, wäre daher völlig abwegig.

Das Subsidiaritätsprinzip fordert freilich, wie Höffe betont, keine generelle Deregulierung und Beschneidung staatlicher Kompetenzen. Im Gegenteil: Der Staat soll durch die Beschränkung auf Kernkompetenzen wie die Militär- und Polizeigewalt, den Katastrophenschutz, die Kontrolle der Einhaltung von Mindeststandards im Bildungs- und Gesundheitswesen sowie im Umweltschutz schlagkräftiger werden. Das Subsidiaritätsprinzip ist kein Gebot der Staatsentmachtung, sondern ein *„Gebot der individuengerechten Ebene"*, stellt Höffe klar.

Er grenzt damit das Subsidiaritätsprinzip auch vom Kommunitarismus von Amitai Etzioni ab, der mit seiner Bevorzugung nichtstaatlicher Problemlösungen auf den ersten Blick ähnliches fordert wie die katholische Soziallehre, aber dem Zusammenhalt von lokalen „Gemeinschaften" generell Vorrang vor individuellen Emanzipationsansprüchen einräumt und partikularistische gegenüber universalistischen Wert- und Moralvorstellungen verteidigt. Möglicherweise hat er damit nicht einmal durchgängig Unrecht, denn die meisten geschichtlichen Untaten wurden im Namen universeller moralischer Ansprüche begangen. Da erscheint das Ausspielen von Partikularinteressen, zwischen denen dann ein Arrangement gefunden werden muß, oft als ehrlicher und sympathischer.

Das Subsidiaritätsprinzip räumt aber gegenüber der romantischen Verklärung gewachsener Vertrauensverhältnisse wie Nachbarschafts- und Verwandtschaftsbeziehungen sowie Dorf- und Stadtgemeinschaften durch den Kommunitarismus ein, daß ein starker (Zentral-) Staat unter gewissen Umständen durchaus im Interesse der Durchsetzung individueller Freiheitsansprüche liegen kann. Die zentralistische Praxis der päpstlichen Inquisition läßt leicht vergessen, daß im späten Mittelalter beziehungsweise in der Renaissance die Hexenverfolgung in der Regel nicht von Zentralgewalten, sondern von mißgünstigen Nachbarn, Sippenangehörigen und örtlichen „Organen" ausging. Verfolgten blieb oft nur die Hoffnung auf einen Schutz durch die Zentralgewalt. Auch heute sind es noch in vielen Teilen der Welt die Zentralgewalten, die Individuen bei der Durchsetzung ihrer Ansprüche gegenüber den Fesseln von Sippenverbänden, Religionsgemeinschaften oder ähnlichem am ehesten zur Seite stehen können.

Das modernisierte Subsidiaritätsprinzip läßt deshalb den konkreten Weg, um dem Vorrang der Individuen in der Politik gerecht zu werden, grundsätzlich offen und beschränkt sich lediglich auf zwei Richtungsangaben: *„Sobald eine höhere staatliche Einheit die Leistungsfähigkeit der niedrigeren Einheit gefährdet, muß sie ihre Tätigkeit einschränken – es sei denn, damit dient sie dem entscheidenden Maß, dem Einzelmenschen. Und dort, wo eine nachträgliche Selbsteinschränkung nicht mehr genügt, weil mittlerweile die Selbsthilfefähigkeit der unteren Instanzen verkümmert ist, übernehmen die Oberinstanzen, um die unteren Instanzen zu regenerieren, eine Vorleistungspflicht. Aus Gründen der kompensatorischen Gerechtigkeit leisten sie Hilfe zur Selbsthilfe [...] Den Individuen oder den unteren Instanzen, die wieder selbsthilfefähig geworden sind, müssen die entsprechenden Verantwortlichkeiten zurückgegeben werden."* (Otfried HÖFFE 1999, S. 139f.). Das wird vermutlich noch lange ein frommer Wunsch bleiben, während „Parkinson's Gesetz" sich als „nachhaltiger" erweisen dürfte.

Rückbau einmal anders

DAS *„Gebot der Rückübertragung"* (Höffe) müßte heute in der Umweltpolitik zum Abbau der in der *„technokratischen Phase"* entstandenen Überreglementierung führen. Schon gegen Ende der 90er Jahre gab es in

Deutschland auf Bundesebene nach Angaben der Bundestagsenquête *„Schutz des Menschen und der Umwelt"* etwa 2.000 Gesetze, knapp 3.000 Rechtsverordnungen und nicht weniger als 85.000 Einzelvorschriften allein für den Umweltschutz, die keiner formellen Gesetzesfolgenabschätzung unterzogen wurden. Würden solche in den USA, in Großbritannien und in Dänemark bereits üblichen sowie immerhin im Maastricht-Vertrag der EU geforderte Verfahren in Deutschland angewandt, dürften sich viele Vorschriften als widersprüchlich und kontraproduktiv erweisen.

Schon die Tatsache, daß das „Jahrhundertprojekt" eines halbwegs systematischen Umweltgesetzbuches zwischendurch wieder abgeblasen wurde, weist auf chaotische Verhältnisse hin. Demgegenüber hat die Industrie inzwischen gelernt, in Form freiwilliger Selbstverpflichtungen und deren Kontrolle durch unabhängige *Audit-* und *Monitoring*-Systeme ihre eigene Regelverantwortung im Umweltschutz wahrzunehmen. Daß diese Selbstverpflichtungen oft vordringlich dazu dienen, das politische Wohlverhalten ganzer Branchen zu demonstrieren, steht auf einem anderen Blatt.

Wie die Gewaltenteilung zwischen Legislative, Exekutive und Judikative und der Föderalismus sind freiwillige Selbstverpflichtungen von Wirtschaftsverbänden und Einzelunternehmen Elemente der Selbstbeschränkung der Demokratie im Interesse der Bewahrung individueller Freiheitsrechte. Eine totale Demokratie im Sinne der von Rousseau vorgezeichneten Diktatur einer Wählermehrheit von PC-Konformisten wäre innovationsfeindlich und deshalb nicht zukunftsfähig. Notwendig wäre ein viel strikteres Einschreiten gegen Kartellbildung in jeglicher Form: Das heißt nicht nur Kartelle und kartellähnliche Absprachen zwischen Firmen, sondern auch Kartelle politischer Parteien, Kartelle zwischen Parteien und Gewerkschaften, Kartelle zwischen Gewerkschaften, Großunternehmen wie bei VW und Arbeitgeberverbänden auf dem Arbeitsmarkt – und nicht zuletzt Kartelle wie der inzwischen per Gesetz fest etablierte Ökologisch-Industrielle Komplex um hochsubventionierte „Erneuerbare".

Darüber hinaus bedürfte es einer strikten gesetzlichen Begrenzung der Staatsquote am BSP und deren Verfolgung als wichtigen Indikator der Wettbewerbsfähigkeit und Nachhaltigkeit eines Wirtschaftsstandorts. Denn mit sinkender Staatsquote verringern sich unweigerlich die Möglichkeiten politischer Gängelung und Manipulation von Unternehmen und Individuen, während die Innovations- und Anpassungsfähigkeit der Wirtschaft steigt. Wer unbedingt auf nationale Nachhaltigkeitsstrategien mit quantifizierten Zielen und Indikatoren zur Messung von Fortschritten in Richtung auf diese Ziele setzen möchte, müßte besser mit der Festlegung eines realistischen Ziels für die Senkung der Staatsquote beginnen. Diese ist, wie der schwedische Ökonom Nils Karlson in einem Beitrag in der NZZ vom 31. Juli und 1. August 2004 demonstrierte, nicht zuletzt ein guter Maßstab für Menschenwürde und Freiheit, ohne deren Wahrung kein Gemeinwesen lange Bestand haben kann.

In der Tradition des europäischen Humanismus bedeutet Menschenwürde nichts anderes als die Verantwortung jedes einzelnen für seinen eigenen, seinen Neigungen und Begabungen entsprechenden Lebensentwurf. Die Würde fußt auf der Möglichkeit der Individuen, durch frei gewählte Handlungen ihr Potential im Sinne einer harmonischen Entwicklung ihrer Fähigkeiten und Beziehungen zu einer integren Persönlichkeit auszuschöpfen. Dabei könnten öffentliche Einrichtungen Schwachen und Benachteiligten in gewissem Grade (d. h. im Sinne einer *„Hilfe zur Selbsthilfe"*) unter die Arme greifen, damit sie an die für ein würdiges, eigenverantwortliches Leben nötigen Ressourcen kommen.

Paternalismus vertrage sich aber in der Regel nicht mit der Menschenwürde. *„In der Lage zu sein, sich und die Seinen durchs Leben zu bringen, ist für die Würde zentral"*, schreibt Karlson. Deshalb führten wohlfahrtsstaatliche Einschränkungen der individuellen Verantwortung wie die Erhebung von Steuern und die Bürokratisierung von Lebensbereichen rasch zur Einschränkung der individuellen Freiheit und damit der menschlichen Würde. *„Die meisten Schwedinnen und Schweden sind vom Staat äußerst abhängig geworden und haben weder Mittel noch Fähigkeiten, um die Verantwortung für ihr eigenes Leben zu übernehmen"*, urteilt Karlson über sein Land, in dem Sozialisten aller Parteien leider noch immer ein nachahmenswertes Modell für ein vermeintlich zukunftsfähiges europäisches Gemeinwesen sehen.

Dabei verdrängen sie, daß zentrale Einrichtungen europäischer Wohlfahrtsstaaten wie das Gesundheitswesen oder die Arbeitslosenversicherung, an dem jetzt in Form von kurzfristigen Kostensenkungsmaßnahmen herumgedoktert wird, schon heute klar als unheilbar krank erscheinen, weil bei ihnen nicht die Menschenwürde, sondern die Befriedigung gesetzlich festgeschriebener Ansprüche im Vordergrund steht. Über Ansprüche an den Staat statt über produktive Arbeit und Verantwortung für sich und die Seinen definieren die Bürger der Wohlfahrtsstaaten heute ihre Identität. Die Folge sei eine *„Anspruchsinflation"*, die zur Blockierung anderer Funktionssysteme der Gesellschaft und damit zur Untergrabung der wirtschaftlichen Basis des Wohlfahrtsstaates führe, schreibt selbst der „systemisch“ denkende Schweizer Managementberater Thomas A. Becker in der NZZ vom 17. und 18. Juli 2004.

Wer dennoch um des eigenen Machterhalts willen die Illusion der Reformierbarkeit des Wohlfahrtsstaates aufrecht erhalten möchte, kann selbstverständlich in der von George W. Bush und dem neokonservativen Flügel der Republikaner in den USA verfolgten Vision einer völligen Abkehr vom Wohlfahrtsstaat durch die Entwicklung einer *ownership society* nur eine tödliche Bedrohung für die angeblich „solidarischen“ kollektivistischen Systeme der Sozialversicherung in Europa sehen. Ziel der US-Republikaner war es, die Menschen nach und nach dahin zu bringen, gar keine Ansprüche an materielle staatliche Leistungen mehr zu stellen. Deshalb soll ihnen der Staat so große Freiräume für die Erzielung von Einkommen und die Anhäufung von Ersparnissen gewähren, daß sie in Form konkurrierender privater Krankenversicherungen, Pensionsfonds usw. privat vorsorgen können.

Dabei sind sich die Urheber der Idee einer *ownership society* durchaus bewußt, daß der Übergang von den gegenwärtigen umlagefinanzierten zu privaten Systemen der Vorsorge nicht ohne das Auftun von Finanzlöchern und Zumutungen für die derzeit mit Rechtsansprüchen ausgestatteten Anwärter auf staatliche Leistungen, aber auch für tendenziell doppelt belastete jüngere Jahrgänge vonstatten gehen wird. Die großen Widerstände, denen sich die Bush-Regierung hier gegenüber sieht, zeigen, wie schwer das ist. Aber in den USA erscheint dieser Übergang wegen der im Vergleich zum „alten“ Europa relativ niedrigen Staatsquote von etwa einem Drittel des BSP immerhin noch im Bereich des Möglichen. Und es wird dazu, wenn die zahlenstarke Generation der „Babyboomer“ in Rente gehen wird, auch kaum Alternativen geben. Selbst die *Süddeutsche Zeitung* schrieb in ihrer Ausgabe vom 23. und 24. Oktober 2004 anerkennend: *„Im Gegensatz zu ihren demokratischen Rivalen haben die Republikaner sich überhaupt Gedanken über die kommende Krise gemacht. Bei jungen Amerikanern stößt die Idee zudem vermehrt auf Gegenliebe.“*

Konsequenterweise dürfte der Rückbau des hybriden Wohlfahrtsstaates aber auch vor einer Reprivatisierung des Geldes beziehungsweise dem Zulassen einer Konkurrenz zwischen staatlichem Papiergeld und Goldwährungen nicht Halt machen. Das ist auch in den USA bislang nur in den Zirkeln der kleinen Schar von Anhängern des libertären Mises- und Hayek-Schülers Murray Rothbard ein Thema. Aber bei der nächsten großen Weltwirtschafts- und Währungskrise wird die Frage einer Rückkehr zum Goldstandard unweigerlich wieder auf den Tisch kommen, wenn es dann, wie der Ökonom Roland Baader in seinem 2004 erschienenen neuen Buch *„Geld, Gold und Gottspieler"* fürchtet, nicht schon zu spät ist. Immerhin ermöglicht es das im „alten" Europa zur Finanzierung des Ersten Weltkriegs erfundene politische Falschgeld der „Supermacht" USA, die europäischen Pazifisten gegen ihren Willen an der Finanzierung des Irak-Krieges zu beteiligen.

Der französische Ökonom Philippe Simonnot hat gegenüber nahe liegenden pessimistischen Einschätzungen der Chancen einer drastischen Rückführung der Staatsquote in seinem 2004 erschienen Buch über die Geschichte verhängnisvoller ökonomischer Irrtümer *(L'erreur économique)* die Zuversicht geäußert, daß sich der am 1. August 1914 begonnene Siegeszug des Etatismus, der in den westeuropäischen Ländern zu einem Anstieg der Staatsquote von etwa 5 Prozent im 19. Jahrhundert auf heute um 55 Prozent geführt hat, ohnehin als „Parenthese der Geschichte" erweisen wird. Simonnot hofft, den Menschen werde es einmal klar werden, daß sie entscheiden müssen, was ihnen wichtiger ist: das staatliche Monopol der Sozialversicherung, die Vollbeschäftigung oder die Marktwirtschaft. Sie könnten logischerweise immer nur zwei von den drei Dingen gleichzeitig haben.

9

Europa zwischen Hochmut und Verzweiflung

DIE Europäer haben aus den Katastrophen des 20. Jahrhunderts offenbar wenig gelernt. Allein die Tatsache, daß sich kaum jemand daran stört, daß in Deutschland und Frankreich, den führenden Ländern Kontinentaleuropas, der Staatsanteil am Nettosozialprodukt (BSP) und damit der Einfluß politischer Manipulationen auf die Geschicke von Wirtschaft und Gesellschaft längst wieder die 50-Prozent-Marke deutlich überschritten hat und immer weiter steigt (in Deutschland lag die Quote im Jahre 2003 nach Angaben von Hans-Werner Sinn schon bei 57,4 Prozent), deutet schon darauf hin, daß viele Europäer keine blasse Ahnung haben, auf welchem Wege sie zu dem von ihnen ersehnten Frieden gelangen und ihren Wohlstand nachhaltig halten könnten.

Nach einer im September 2004 veröffentlichten großen vergleichenden Umfrage des *German Marshall Fund* sprachen sich 71 Prozent der befragten Europäer für den Ausbau der Europäischen Union zu einer mit den USA rivalisierenden Supermacht aus. 58 Prozent lehnten eine weltpolitische Führungsrolle der USA sogar rundweg ab. 93 Prozent der Franzosen und 89 Prozent der Deutschen stehen hinter der Entscheidung ihrer Regierungen, unter keinen Umständen Soldaten in den Irak zu entsenden. Nur 22 Prozent der Europäer meinten, ihre Regierung solle mehr Geld für die Verteidigung ausgeben. Glauben die Befragten wirklich, sie könnten ihren *acquis communautaire* auch nur einen Monat ohne den US-amerikanischen Schutzschild verteidigen? Und wie denken sie, in Kontinentaleuropa genügend wirtschaftliches Wachstum und politische Entschlossenheit zu generieren, um der US-Politik auf gleicher Augenhöhe entgegentreten zu können?

Hier verweisen die „Eurokraten" gerne auf die „Lissabon-Strategie." Diese war im März 2000, noch mitten in der Euphorie der damals vom Platzen nicht mehr sehr weit entfernten Börsen-Blase der *New Economy*, auf einem Wirtschaftsgipfel der damals noch 15 EU-Regierungen beschlossen und großspurig zum *„Startschuß für eine Aufholjagd mit den USA"* erklärt worden. Das proklamierte Ziel: Die EU bis 2010 zur *„dynamisch-*

sten wissensbasierten und nachhaltigen Gesellschaft der Welt" zu machen. Was folgte, ist bekannt. Die US-Wirtschaft erholte sich vom Salami-Crash der Wall Street und selbst vom Schock des 11. September 2001 erstaunlich rasch. Die EU-Wirtschaft konnte jedoch ihren Abstand zur US-Wirtschaft nicht vermindern. Mit einem durchschnittlichen Produktivitätszuwachs von unter einem Prozent gegenüber zwei Prozent in den USA wäre das auch gar nicht möglich gewesen.

Nach einer Untersuchung der liberalen schwedischen Denkfabrik *Timbro* erreicht das Pro-Kopf-Inlandsprodukt der Euro-Zone knapp vor dem Ende der ersten Halbzeit des „Lissabon-Prozesses" nur 70 Prozent des US-Niveaus. Nicht besser sieht es bei der Beschäftigungsquote, den Forschungsausgaben und dem Durchschnittseinkommen aus. Dahinter verbergen sich in den USA freilich rasch wachsende Unterschiede zwischen Arm und Reich. Doch selbst den meisten Armen gehe es heute in den USA besser als in Westeuropa, versichert Frederik Bergström, der Autor der *Timbro*-Studie.

José Manuel Durão Barroso, Romano Prodis Nachfolger als Präsident der EU-Kommission gab denn auch zu, es sei wenig wahrscheinlich, daß die EU ihre Lissabon-Ziele bis 2010 erreiche. Es bedarf schon einer Portion Chuzpe, um zu behaupten, die EU sei dennoch besser für die Zukunft gerüstet als ihre Wettbewerber. Rein materiell könnten die Europäer die US-Amerikaner zwar in absehbarer Zeit nicht einholen. Sie seien aber wegen der engmaschigen Regulierung ihrer Wirtschaft nach dem Vorsorge- und Nachhaltigkeitsprinzip auf dem besseren Weg und könnten zum Lehrmeister der Welt werden.

Ein amerikanischer Traum von Europa

IN konzentrierter Form findet sich die illusionäre Weltsicht, die heute von einer großen Mehrheit der Europäer geteilt wird, ausgerechnet in dem von einem Amerikaner geschriebenen Buch. *„Der europäische Traum. Die Vision einer leisen Supermacht"* des Vielschreibers Jeremy Rifkin, ein im Herbst 2004 erschienenes erbauliches Werk liest sich, als sei es eine Auftragsarbeit für die inzwischen abgelöste Prodi-Kommission gewesen. Hier kurz seine Argumentationslinie: Der mythenhafte Amerikanische Traum bestand in der Überzeugung, daß jeder, der irgendwo auf der Welt unter Armut und/oder dem Joch von Tyrannen oder alteingesessener Eliten mit Erbpfründen leidet und ein besseres Leben anstrebt, in der „neuen Welt“ mit offenen Armen empfangen wird, sofern er bereit ist, hart zu arbeiten, Lebensrisiken einzugehen, beweglich zu bleiben und sich im amerikanischen Schmelztiegel zu assimilieren. Doch dieser Traum, sagt Rifkin, verblasse heute immer mehr. Schon ein Drittel der Amerikaner glaube nicht mehr daran. Vielen mache er sogar Angst. Noch mehr hielten ihn einfach für überlebt, überholt.

Stattdessen gehe nun vom Projekt der politischen und wirtschaftlichen Integration von 25 und mehr Nationalstaaten mit mehr als 450 Millionen Einwohnern und einem zusammengerechneten Bruttoinlandsprodukt von über 10,5 Billionen Dollar zu einer multikulturellen Gemeinschaft mit extraterritorialer Regierung, der Europäischen Union, eine immer größere Faszination aus. Im Unterschied zum individualistischen und tief religiös gefärbten Amerikanischen sei der Europäische Traum bis in sein Innerstes säkular und kosmopolitisch ausgerichtet. *„Der Amerikanische Traum ist zutiefst persönlich gefärbt und kümmert sich wenig um den Rest der Menschheit. Der Europäische Traum ist seiner Natur nach umfassender und systematischer und daher besorgter um das Wohlergehen des Planeten“*, schreibt Rifkin und macht damit klar, daß es sich hier weniger um einen Traum aufgeklärter Europäer, sondern um das illusionäre Europabild des „anderen“, d.h. naiv-linksliberal-pazifistischen Amerika handelt, das den geldgierigen Psychopathen Michael Moore glaubwürdiger findet als seinem gläubigen Präsidenten. Daß Moores von Dummheiten und groben Verdrehungen strotzende Bücher und „Dokumentarfilme“ in Europa allenthalben für bare Münze genommen werden, sagt übrigens mehr über den hier vorherrschenden Geisteszustand des Selbsthasses und Nihilismus aus als lange Abhandlungen.

Die neue europäische politische Kultur stelle *„Gemeinschaftsbeziehungen über individuelle Autonomie, kulturelle Vielfalt über Assimilation, Lebensqualität über die Anhäufung von materiellem Reichtum, nachhaltige Entwicklung über unbegrenztes Wachstum, universelle Menschenrechte und die Rechte der Natur über persönliche Eigentumsrechte und globale Zusammenarbeit über einseitige Machtausübung.“* Kurz: Der Europäische Traum werde zur idealen Schnittstelle zwischen der Postmoderne und dem heraufdämmernden neuen Zeitalter mit einem globalen Bewußtsein, das sich durch *„Empathie“* und *„Inklusivität“*, durch ein Gespür für die gemeinsame Verwundbarkeit von Mensch und Natur auszeichne. Eigennutz und Konkurrenz auf dem anonymen und blinden Markt würden im globalen Zeitalter abgelöst durch ökonomische Netzwerke auf persönlicher Vertrauensbasis.

Daß Rifkin den säkularen, laizistischen Charakter des Projekts der europäischen Integration hervorhebt, ist angesichts der eindeutig religiösen Dimension der Politischen Ökologie schon ein starkes Stück. Aber es kommt noch dicker. Er behauptet allen Ernstes, es gebe zwei diametral entgegengesetzte Freiheitsbegriffe: den amerikanischen und den europäischen. *„Die Amerikaner haben mit Freiheit immer Autonomie verbunden“*, schreibt er. *„Wenn jemand autonom ist, ist er nicht abhängig von anderen oder Umständen wehrlos ausgesetzt, die er nicht kontrollieren kann. Je mehr Wohlstand man anhäuft, desto unabhängiger kann man leben. Man erlangt Freiheit, indem man selbständig und de facto eine Insel wird. Wohlstand bringt Exklusivität mit sich und Exklusivität garantiert Sicherheit. Der neue europäische Traum basiert hingegen auf einem anderen Verständnis von Freiheit und Sicherheit. Für die Europäer liegt die Freiheit nicht in der Autonomie, sondern darin, eingebettet zu sein. Frei zu sein bedeutet, Zugang zu vielen voneinander abhängigen Beziehungen zu haben. Je mehr Gesellschaftsgruppen einem den Zugang erlauben, desto mehr Möglichkeiten hat man, ein erfülltes und sinnvolles Leben zu führen. Hier bringt Inklusivität die Sicherheit – Zughörigkeit, nicht Besitz.“* (S. 21).

Was Rifkin hier beschreibt, ist nicht der Gegensatz zwischen zwei verschiedenen Freiheitsbegriffen, sondern der Gegensatz zwischen persönlicher Freiheit und Knechtschaft, wie sie Friedrich August von Hayek charakterisiert hat: Knechtschaft im Sinne der Abhängigkeit der einzelnen von undurchschaubaren und zunehmend unbezahlbaren Systemen der „ökologischen“ und „sozialen“ Umverteilung finanzieller Ressourcen, die im Übrigen nachweislich weniger den unverschuldet in Not geratenen, sondern hauptsächlich wohlhabenden Mittelschichtangehörigen mit den richtigen „Beziehungen“ nützen.

Schlagendes Beispiel dafür sind Zahnärzte, Professoren und Oberstudienräte, die von Steuersparmodellen für Investitionen in Windkraftanlagen profitieren. Von Knechtschaft muß man heute auch im Sinne der Unterwerfung der Individuen unter den geistigen Terror der *political correctness* sprechen. Von Freiheit kann man hingegen seit Voltaire und Kant nur sprechen, wenn die einzelnen keiner anderen Person, sondern nur dem Gesetz gehorchen müssen.

Da sich Rifkin und die von ihm gebauchpinselten europäischen „Eliten“ von diesem eindeutigen Freiheitsbegriff längst verabschiedet haben, kann ihnen gar nicht mehr auffallen, welchen gedankenlosen und gefährlichen Kitsch sie da zum Bestseller hochjubeln. Setzt das geforderte ganzheitliche Denken, die „Inklusivität“ etwa nicht Wissen voraus, das wir gar nicht haben können? Müssen dann die einzelnen nicht Verantwortung für Vorgänge übernehmen, die sie weder durchschauen noch beurteilen können? Was geschieht im *„globalen Zeitalter"* mit jenen, die lieber ihrem gesunden Menschenverstand vertrauen als den von selbsternannten Hohepriestern frei erfundenen Theorien über eine drohende Klimakatastrophe? Was geschieht mit eigensinnigen Menschen, die weniger nach „Inklusivität" und sozialer Nestwärme streben? Werden diese nicht am Ende in Besserungsanstalten oder gar auf dem Scheiterhaufen landen?

Rifkin wundert sich über den *„zutiefst pessimistischen Wesenszug"*, der dem europäischen Charakter im Unterschied zum amerikanischen eigen sei. Kann sich aber Optimismus überhaupt einstellen bei Menschen, die der Einbettung in Beziehungsnetzwerke mehr vertrauen als den eigenen Kräften? Warum wohl sind die ausschließlich in Frieden und Wohlstand aufgewachsenen Babyboomer der Nachkriegszeit die unglücklichste und verzagteste Generation, die Deutschland je erlebt hat? Die Antwort liegt auf der Hand: Die von Rifkin empfohlene *„Einbettung"* der einzelnen in paternalistische und kommunalistische Beziehungsnetzwerke macht die Menschen nicht glücklich, sondern ängstlich und neidisch. Die Selbstmordrate ist im Land der *sécurité sociale* und der 35-Stunden-Woche (Frankreich) fast doppelt so hoch wie in den USA!

Es ist vermutlich gerade die von Rifkin beklagte tägliche Plackerei, die Amerikaner davon abhält, Hand an ihr Leben zu legen. Wie auch hätte Albert Camus in seinem *„Mythe de Sisyphe"* (1942) sonst behaupten können, Sisyphus sei ein glücklicher Mensch gewesen? Optimismus stellt sich eben nur bei jenen ein, die gelernt haben, mehr ihrem eigenen Mut und Fleiß als „Beziehungen" zu Einflußreichen und Mächtigen oder zur nährenden Gemeinschaft zu vertrauen und die im Staat eher ein mehr oder weniger notwendiges Übel erblicken als einen Götzen, von dem sie selbst dann noch Wunder erwarten, wenn er schon kurz vor der Pleite steht.

Albert Camus hat das für das europäische Bewußtsein charakteristische Schwanken zwischen Größenwahn und Verzweiflung in seinem Essay *„L'homme révolté"* von 1951 mit unnachahmlichem Weitblick analysiert. Das Buch, dessen Veröffentlichung zum endgültigen Bruch zwischen Camus und Sartre führte, ist eine Art Generalabrechnung mit den verschiedenen Formen von Nihilismus und Totalitarismus, die die Welt im 20. Jahrhundert mehrmals an den Abgrund geführt haben. Dort leitet Camus aus der Tatsache der nur dem monotheistischen Denken entspringenden Versuchung der Revolte als Herausforderung Gottes und seiner irdischen Statthalter die Vermutung ab, daß die alten Griechen wohl recht hatten, als sie von einer *„menschlichen Natur"* als unveränderlichem Kern jeder Person ausgingen. Da sie keinen persönlichen, allmächtigen Gott kannten, sondern nur menschenähnliche Halb- und Vollgötter, von denen sie keine tiefe Kluft trennte, war den alten Griechen die Idee der unschuldigen Auflehnung gegen einen für die Übel der Welt verantwortlich erklärten Schöpfer völlig fremd. Da neben den zwölf Göttern beziehungsweise Göttinnen des Olymp immer Platz für zusätzliche Halbgötter blieb, konnten Aufbegehrende und Ehrgeizige (wie Achilles im *Illias*-Epos) ihre Kräfte messen, ohne gleich den ganzen Kosmos in Frage zu stellen. Im monotheistisch geprägten Abendland hingegen sei es zur nihilistischen Perversion der Revolte in Form von Revolutionen gekommen, in denen sich die Unschuld vor dem Verbrechen rechtfertigen mußte. *„Um das Böse zu bekämpfen, sagt sich der Revoltierende, weil er sich ja für unschuldig hält, auch vom Guten los und setzt damit erneut das Böse in die Welt"*, schreibt Camus (1951, zit. n. d. Ausg. v. 1985, S. 71).

Gegenüber dem Kreislaufdenken der griechischen Philosophie, der die Idee eines Fortschritts in Richtung auf eine leuchtende (oder apokalyptische) Zukunft fern lag, kam mit dem Christentum die Idee einer einheitlichen und linearen Geschichte des Menschengeschlechts als fortschreitende Vergöttlichung des Menschen durch die Vervollkommnung der Naturbeherrschung auf – eine tiefreligiöse Idee, die von verschiedenen Spielarten des nationalen und internationalen Sozialismus übernommen wurde. Alle modernen politischen Religionen ersetzen lediglich das christliche Jenseits durch eine mehr oder weniger ferne irdische Zukunft, in der sie das Heil erwarten.

Jede noch so verständliche Revolte gegen reales oder vermeintliches Unrecht trage deshalb in Europa den Keim des Nihilismus in sich, sagt Camus. Dieser von seinen religiösen Wurzeln losgelöste totalitäre historische Geist sei es, der Europa ins Verderben zu führen droht. Eng damit verbunden sei die Vorstellung, es gebe auserwählte Völker, Rassen oder Klassen, deren Mission darin besteht, den historischen Prozeß durch Kämpfe und/oder Opfergänge zu beschleunigen. Nietzsche habe trotz der Sackgasse, in die ihn sein eigener Denkansatz geführt hat, klar vorausgesehen, daß der dialektische und historische Materialismus in einem intellektuellen Cäsarismus münden werde, der die Wahrheit im Namen der Gerechtigkeit unterdrückt. Das Wunder des dialektischen Umschlags von Quantität in Qualität bestehe darin, die totale Knechtschaft zur Freiheit zu erklären.

„Die Revolution des 20. Jahrhunderts glaubt den Nihilismus vermeiden und der wahren Revolte treu bleiben zu können, indem sie Gott durch die Geschichte ersetzt. In Wirklichkeit stärkt sie den ersten und verrät die zweite. Die Geschichte vermittelt in ihrer reinen Bewegung aus sich heraus keine Werte. Man muß sich deshalb tagespolitischen Effizienzkriterien unterwerfen und schweigen oder lügen", erkannte Camus schon 1951 (zit. n. d. Ausg. v. 1985, S. 360).

In der Tat: Wer Gott für tot erklärt, hat sich damit noch lange nicht vom Monotheismus verabschiedet. Der Etatismus wurde in Europa zur Religion all jener, die sich ostentativ von der christlichen Religion abgewandt haben. Doch mit dem Ersatz individueller Freiheitsrechte durch Wertekataloge, die Gesinnungsterror rechtfertigen, wird die überwunden geglaubte Abhängigkeit von der göttlichen Gnade durch die Abhängigkeit von den hochmütigen Plänen und kleinmütigen Launen einer etablierten politischen Klasse ersetzt. Wer nicht erkennt, daß die Freiheit der einzige nachhaltige Wert ist, den die Geschichte nur auf die Tagesordnung bringen kann, weil es eine unveränderliche *„menschliche Natur"* gibt, der schreckt nicht davor zurück, die Freiheit im Namen der Gerechtigkeit und der „Vorsorge" zu töten.

Vorsorge und Nihilismus

WER ständig nur vorsorgt, der verpaßt das Leben. So könnte man einen bekannten, dem letzten sowjetischen Staatschef Michail Gorbatschow in den Mund gelegten Spruch abwandeln. *„Das Geheimnis Europas besteht darin, daß es das Leben nicht mehr liebt"*, behauptete Camus schon 1951. Wer darüber den Kopf schüttelte, muß sich nun durch die Auswüchse, die das „Vorsichtsprinzip" in der Europäischen Union bereits getrieben hat, eines besseren belehren lassen. Der Kodifizierung des „Vorsichtsprinzips" in der EU liegt letztlich die irrige Annahme zugrunde, es gehe im täglichen Leben wie in Wirtschaft und Politik nicht um die Abwägung zwischen verschiedenen Risiken oder Übeln, sondern um die Entscheidung zwischen Risiko und „Nullrisiko". Man hofft, durch eine wie auch immer geartete Umwandlung der „Risikogesellschaft" in eine „Wissensgesellschaft" zum gewünschten höheren Sicherheitsniveau gelangen zu können. Dabei wird die Erkenntnis unterschlagen, daß mit dem Wissen meist auch die Zahl offener Fragen und somit die Ungewißheit wächst.

Darauf geht, wie es scheint, auch die neue Stoffpolitik der Europäischen Union zurück, die im Februar 2001 mit der Vorlage des Weißbuches *„Strategie für eine zukünftige Chemikalienpolitik"* durch die damalige Umweltkommissarin Margot Wallström und den Unternehmens-Kommissar Erkki Liikanen eingeleitet wurde. Es geht dabei um die Neubewertung von etwa 30.000 Stoffen, die seit Jahrzehnten (größtenteils völlig unauffällig) im Gebrauch sind. Hätte der im Mai 2003 von den beiden vorgelegte erste Entwurf einer *„EU-Verordnung über die Registrierung, Bewertung und Zulassung von Chemikalien"* *(REACh)* Gesetzeskraft erlangt, hätten nach Schätzung des europäischen Chemieverbandes *CEFIC* etwa eine Million kleinere und größere Unternehmen insgesamt nicht weniger als 100 Millionen *„Chemical Safety Reports"* *(CSR)* mit jeweils etwa 20 bis 200 Seiten Umfang erstellen und in bis zu 20 verschiedene Sprachen übersetzen müssen. Den Autoren dieses Entwurfs war vermutlich nicht bewußt, daß sie damit drauf und dran waren, etwas zu wiederholen, das uns aus dem Alten Testament der Bibel in Form der unglücklich verlaufenen Geschichte vom Turmbau zu Babel bekannt ist.

Zwar ist dieser Entwurf (nach einer Konsultation mit betroffenen Stoffanwendern im Internet) schon bald wieder abgespeckt und entschärft worden. Aber die Tatsache, daß die EU-Kommission allen Ernstes so ein hochmütiges Projekt an die Öffentlichkeit gebracht hat, sollte eigentlich genügen, um die dahinter stehenden nihilistischen Motive zu entlarven. Doch der Umfang der Proteste gegen das wahnwitzige Vorhaben hielt sich in Grenzen. Noch einmal: Nihilismus heißt nicht, an nichts zu glauben, sondern nicht zu glauben an das, was ist. In der täglichen Praxis drückt sich der Nihilismus heute in der Weigerung aus, auf ökonomische Argumente überhaupt einzugehen und Übel abzuwägen. Das zeigt sich nicht nur in dem *REACh* zugrunde liegenden Ansinnen, das Rad der sicheren Handhabung von Stoffen neu zu erfinden, sondern mehr noch in der Klimapolitik, die in dieser Abhandlung im Vordergrund steht.

Selbst die beiden (eher grün angehauchten) US-Ökonomen William D. Nordhaus und Joseph Boyer vom *MIT* in Boston, die den *IPCC*-Berichten über den Klimawandel, dessen vermeintliche Ursachen und dessen Steuerbarkeit durch die Drosselung von CO_2-Emissionen durchaus Glauben schenken, haben in einem im Jahre 2003 erschienenen Buch überzeugend dargelegt, daß schon das Ziel, die globale Treibhausgaskonzentration auf der doppelten Höhe des vorindustriellen Niveaus zu stabilisieren, jeglicher Wirtschaftlichkeitsüberlegung Hohn spricht. Die geschätzten Kosten beschlossener CO_2-Reduktionsmaßnahmen (mindestens 1,2 Billionen US-Dollar beim Einsatz „kostensparender"

Mechanismen wie dem Emissionshandel) würden den zu erwartenden Nutzen mindestens um das Doppelte übersteigen!

Dennoch verpflichtete sich die EU-Kommission, gedrängt durch Deutschland und Großbritannien – auf sie gehen die bisherigen CO_2-Reduktionserfolge zu 98 Prozent zurück – auf eine Fortsetzung der im Kioto-Protokoll festgelegten Strategie. Diese beruht auf quantitativen CO_2-Reduktionsquoten für jedes der im Anhang I des Kioto-Protokolls aufgeführten „Industrieländer" und impliziert die Ablehnung jeglicher Kosten- und Prioritätsvergleiche zwischen vorgeblich der „Klimastabilisierung" dienenden Maßnahmen und anderen dringenden Aufgaben wie Bildung, Forschung und Gesundheitsvorsorge durch sauberes Trinkwasser.

Die Befürworter der Kioto-Strategie und des europäischen Emissionshandels räumen zwar ein, daß das nicht im Anhang I aufgeführte boomende „Entwicklungsland" China inzwischen zum zweitgrößten CO_2-Emittenten nach den USA geworden ist und diese bei der Fortsetzung des eingeschlagenen Wachstumskurses schon in zwei Jahren überholen dürfte. Sie geben auch zu, daß die „Klimapolitik" der EU, falls ihre Umsetzung gelingt, die globalen CO_2-Emissionen allenfalls um etwa ein Prozent vermindern könnte. Doch sie begründeten ihren Druck auf Rußland, das Kioto-Protokoll zu ratifizieren und damit in Kraft zu setzen, mit dem Argument, die Zeit dränge. Werde nicht sofort mit einer Drosselung des CO_2-Ausstoßes begonnen, entstünden im Jahr 2050 infolge des Klimawandels Kosten von bis zu zwei Billionen US-Dollar und über eine Zeitraum von 50 Jahren sage und schreibe 214 Billionen Dollar, rechnete Claudia Kemfert vom *Deutschen Institut für Wirtschaftsforschung (DIW)* im Wochenbericht 42/2004 des *DIW* vor. Sie „vergaß" jedoch dabei, darauf hinzuweisen, daß ein Sinken der Durchschnittstemperatur der Erde in einer Kleinen oder Großen Eiszeit um ein Vielfaches teurer käme und daß es bei einer Steigerung der Temperatur nicht nur Verlierer, sondern höchstwahrscheinlich sehr viel mehr Gewinner gäbe. Was der Klimawandel unterm Strich kostet oder an Gewinn bringt, müßte in Form einer realistischen Bilanzierung abgeschätzt werden. Doch die junge Professorin mit unübersehbaren Star-Allüren kann es sich in Deutschland ungestraft leisten, nur vermutliche Kosten aufzublähen und aufzuaddieren und mögliche Gewinne eines Klimawandels völlig außer acht zu lassen.

Lee Lane, Chef des Washingtoner *Climate Policy Center (CPC)*, einem privaten *think tank*, vermutet hinter solchen Rechnungen die Absicht, den europäischen Stimmbürgern die zu erwartende astronomische Höhe der Kosten und den geringen Nutzen einer auf die Verhinderung der

Erderwärmung abzielenden „Klimapolitik" zu verbergen. Die Verfechter der Kioto-Strategie argumentieren dagegen, der in der EU begonnene Handel mit quotierten Emissionslizenzen werde zu einem Innovationsschub führen, der die Kosten erheblich sinken lasse. Ihr Credo: Je strenger die Reduktionsauflagen, desto größer der dadurch angeregte Technologiesprung. Sie berufen sich dabei auf die Erfahrungen, die in den USA mit dem im später angefügten Titel IV des *Clean Air Act* von 1970 vorgesehenen Handel mit Schwefeldioxid-Emissionsrechten gemacht wurden.

Doch Lane weist darauf hin, daß die in den USA tatsächlich erzielten Kostensenkungen bei der SO_2-Vermeidung weniger auf den Emissionshandel an sich zurückgehen, sondern auf gleichzeitig stark gesunkene Preise für (schwefelfreies) Erdgas und schwefelarme Kohle. Beim Handel mit CO_2-Zertifikaten zeichneten sich solche kostengünstigen Ausweichmöglichkeiten nicht ab. Im Gegenteil: Ohne eine Deckelung des Zertifikatepreises wären bestimmte Industriezweige wie die Elektrizitätswirtschaft, die Zementindustrie oder die Immobilienbranche bald gezwungen, auch nach ausgesprochen teuren Methoden der CO_2-Einsparung zu greifen oder Betriebe zu schließen. Die verbreitete Ansicht, daß man mit strengen Umweltauflagen und Ökosteuern technische Durchbrüche erzwingen kann, entpuppt sich also als purer Aberglaube.

Demgegenüber, so Lane (2004), gibt es, wenn man den umstrittenen *IPCC*-Berichten Glauben schenke, als Mittelweg nur die evolutionistische Alternative der Synchronisierung der Emissionsreduktion mit der normalen Erneuerungsrate des Kapitalstocks. Es sei nicht nur ökonomisch, sondern auch ökologisch sinnvoller, die Gelder, die in Europa für die kostspielige Sofortreduktion von Emissionen ausgegeben werden, für ein längerfristig wirkendes Programm zur Erforschung umweltschonender Energiequellen zu verwenden. Ein solches Programm erwiese sich selbst dann als sinnvoll, wenn sich die Aussagen der *IPCC*-Berichte als unhaltbar erweisen würden, denn effizientere Wege der Energieerzeugung und -bereitstellung werden mittelfristig auf jeden Fall gebraucht. Als Alternative zu den rein quantitativen Reduktionsverpflichtungen, wie sie das Kioto-Protokoll in seiner gegenwärtigen Form verlangt, schlägt Lane deshalb eine Art Sicherheitsventil in Form einer Deckelung der Kosten je Tonne vermiedener CO_2-Emissionen vor. Das gäbe auch wachstumsstarken „Entwicklungsländern", die bislang im Kioto-Prozeß (mit dem Hintergedanken, dort Finanzströme hinzulenken) völlig ausgespart bleiben, Anreize, in energiesparende Techniken zu investieren. Besser als der von Lane vorgeschlagene „Mittelweg" erscheint da im Prinzip die Philosophie, die hinter dem wachstumsorientierten Programm *Clear Skies* steht, das US-Präsident George W. Bush an Stelle der Kioto-Strategie verfolgten möchte. Obwohl Bushs Initiative nun schon vier Jahre zurück liegt, konnte *Clear Skies* bislang allerdings aus verschiedenen Gründen noch nicht umgesetzt werden.

Wie das Beispiel Ostdeutschlands zeigt, wäre eine Schrumpfung, wenn nicht der Zusammenbruch der Wirtschaft der einfachste Weg, um den Vorgaben des Kioto-Protokolls nachzukommen. Der Hauptmakel dieses vor allem von der Europäischen Union vorangetriebenen internationalen Abkommens besteht nach Ansicht der Bush-Regierung darin, daß es nicht der marktwirtschaftlichen Wettbewerbs- und Wachstumslogik entspricht, sondern einer rationierenden sozialistischen Umverteilungslogik, für die das Wachstum ein Problem und der Wettbewerb lediglich ein Instrument ist, um unabhängig vom Wirtschaftswachstum und seinen Früchten willkürliche politische Umverteilungsziele anzusteuern.

Deshalb, so George W. Bush bei der Vorstellung der Initiative *Clear Skies* im Februar 2002 vor der *National Oceanic and Atmospheric Administration (NOAA)* in Silver Spring, Maryland, müsse die Luftreinhaltepolitik vom Kopf auf die Füße gestellt werden. *„Der gesunde Menschenverstand sagt uns, daß unsere Nation ökonomisches Wachstum braucht, um die Lebensqualität der Bürger zu steigern. Wachstum und Wohlstand sind auch die Voraussetzung für mehr Investitionen in saubere Technologien, für mehr Umweltschutz und höhere Energie-Effizienz [...] Man muß anerkennen, daß Wachstum die Lösung und nicht das Problem ist."* Deshalb gelte es zu verhindern, daß die stärkste Volkswirtschaft der Welt für ihre Erfolge bestraft wird. Darauf, so Bush weiter, wäre aber die Umsetzung des im Kioto-Protokoll gewählten Ansatzes in den USA hinausgelaufen. Sie hätte die US-Wirtschaft 400 Milliarden Dollar und den Verlust von fast fünf Millionen Jobs gekostet.

Da die Wirkung von CO_2 auf das Klima wissenschaftlich umstritten sei, helfe hier nur ein flexibler Ansatz weiter, der offen bleibt für neue wissenschaftliche Erkenntnisse und neue technische Möglichkeiten und dennoch dem in der Klima-Rahmenkonvention von 1992 formulierten Vorsorgeprinzip Rechnung trägt. Deshalb lehnt Bush quantitative CO_2-Reduktions-Vorgaben ohne Bezug zur Entwicklung des Bruttoinlandsprodukts (BIP) ab. Er hält lediglich eine Senkung der CO_2-Intensität je BIP-Einheit für realistisch. So verpflichten sich die USA, in den nächsten 10 Jahren die CO_2-Intensität ihrer Wirtschaft von schätzungsweise 183 Tonnen je einer Million Dollar BIP auf 151 Tonnen, das heißt um

18 Prozent zu senken. Auf diese Weise würden 500 Millionen Tonnen Treibhausgasemissionen vermieden. Dabei setzt Bush in erster Linie auf freiwillige Maßnahmen der Industrie im Einvernehmen mit den zuständigen Behörden. Entsprechende Abkommen mit der Halbleiter- und der Aluminium-Industrie hätten bereits zu beeindruckenden Resultaten geführt, so Bush. Zur Vorsorge gehöre neben der Erschließung erneuerbarer Energiequellen, der Entwicklung treibstoffsparender Autos und sauberer Techniken der Kohleverbrennung sowie der Kraft-Wärme-Kopplung aber auch ein weiterer Ausbau der Atomkraftnutzung, unterstrich er dabei.

Anstrengungen zur Senkung der Treibhausgasintensität wirtschaftlicher Aktivitäten und zur Steigerung des Einsatzes erneuerbarer Energien sollen in den nächsten fünf Jahren hauptsächlich in Form von Steuererleichterungen in der Größenordnung von 4,6 Milliarden Dollar gefördert werden. Im Haushalt 2003 sollten insgesamt 4,5 Milliarden Dollar für den Klimaschutz bereitgestellt werden (700 Millionen mehr als im letzten Budget). Davon sollen 1,7 Milliarden Dollar für die Klimaforschung, 1,3 Milliarden für die Entwicklung von „Kohlenstoffsenken" in der Land- und Forstwirtschaft, 588 Millionen Dollar für die Entwicklung energiesparender Technologien, 488 Millionen für die Erschließung erneuerbarer Energiequellen (einschließlich Brennstoffzellen) zur Verfügung gestellt werden. Käufer von Brennstoffzellen- und Hybridautos sollen in den kommenden 11 Jahren Steuergeschenke in Höhe von drei Milliarden Dollar bekommen.

Nach Einschätzung der US-Regierung würden durch das Bündel von Maßnahmen, zu denen auch zusätzliche Mittel für Entwicklungsprojekte in armen Ländern gehören, bis 2012 den Kioto-Verpflichtungen vergleichbare Fortschritte erreicht. Sollte es sich dann herausstellen, daß die Anstrengungen im Hinblick auf den dann erreichten wissenschaftlichen Kenntnisstand unzureichend oder übertrieben waren, könne man das Programm leicht in marktkonformer Weise korrigieren. Die Früchte der massiven Förderung von Forschung und Entwicklung blieben auf jeden Fall erhalten.

Der demgegenüber von der EU zur Umsetzung des Kioto-Protokolls beschlossene Handel mit Emissionsrechten soll in den USA auf Schwefeldioxid (SO_2), Stickoxide (NO_x) und Quecksilber (Hg) beschränkt und nicht auf CO_2 ausgedehnt werden, da es nur für solche eindeutig schädlichen Stoffe wissenschaftlich begründete Emissions- und Immissionsgrenzwerte gibt. Das Programm *Clear Skies* soll den wenig effektiven „*Command and Control*"-Ansatz des *Clean Air Act* von 1970 durch den marktorientierten „*Cap and Trade*"-Ansatz ablösen. Der bürokratische Ansatz des *Clean Air Act* verursachte in den USA wegen häufiger Rechtsstreitigkeiten (die US-Anwälte lassen grüßen) jährlich bis zu einer Milliarde Dollar Implementierungskosten. Immerhin sank infolge dieses Gesetzes der Ausstoß der wichtigsten Schadstoffe in 30 Jahren um fast 30 Prozent, während die Wirtschaft um 160 Prozent wuchs.

Demgegenüber erwies sich die Umsetzung des 1990 von Bush's Vater George H. W. Bush erlassene *Acid Rain Programm (Title IV)* nach dem „*Cap and Trade*"-*Modell* um zwei Drittel billiger. 75 Mitarbeiter der *Environment Protection Agency (EPA)* reichten aus, um in kurzer Zeit mithilfe handelbarer Emissionslizenzen eine Halbierung des jährlichen SO_2-Ausstoßes von Kraftwerken zu erreichen. Grundlage dieses Erfolgs war aber, wie gesagt, auch die Verfügbarkeit kostengünstiger schwefelarmer Brennstoffe und effizienterer Verbrennungstechniken.

Nach diesem Modell sollen nun nach dem „*Clear Skies*"-Programm sämtliche SO_2-Emissionen bis zum Jahre 2010 von derzeit 11 auf 4,5 Millionen Tonnen und bis 2018 auf 3 Millionen Tonnen im Jahr sinken. Die NO_x-Emissionen sollen von derzeit 5 Millionen Tonnen auf 2,1 beziehungsweise 1,7 Millionen Jahrestonnen zurückgeführt werden. Für Quecksilber-Emissionen steckten sich die USA erstmals ein nationales Ziel: Die Hg-Freisetzung in die Luft, deren Hauptquelle Kohlekraftwerke sind, soll von derzeit 48 Tonnen auf 26 Tonnen im Jahre 2010 und 15 Tonnen im Jahre 2018 zurückgehen.

Es tut hier wenig zur Sache, daß Bushs „*Clear Skies*"-Initiative in den USA selbst heftig umstritten ist und bislang im zuständigen Senatsausschuß abgeblockt wurde – und das nicht nur, weil die Vertreter der Demokratischen Partei auf der Einführung von CO_2-Reduktionsnormen bestehen. Vielmehr stoßen sich auch Republikaner daran, daß *Clear Skies* nach den „*New Source Review*"-Vorschriften der US-Umweltagentur EPA den Weiterbetrieb einiger älterer Kohlekraftwerke im Mittleren Westen ohne Rauchgaswäsche erlauben würde. Davon sieht sich vor allem das *East Coast Establishment* bedroht. Wichtig ist demgegenüber, daß Bushs Programm massiv Gelder in Forschung und Entwicklung lenkt, während in Deutschland mithilfe der Ökosteuer potentielle Investitionsmittel abgeschöpft und in Renten- bzw. Sozialetats verbraten werden und die Ausgaben für Forschung und Bildung unter den OECD-Durchschnitt gesunken sind. Deutschland gibt heute sieben mal mehr

Geld für Sozialtransfers aus als für Bildung. Damit investiert es in die Vergangenheit statt in die Zukunft! Dümmer geht's nimmer.

Im Unterschied zur EU arbeitet die US-Politik darauf hin, daß Energie in den USA auch in Zukunft bezahlbar bleibt. Präsident Bush hat vorgeschlagen, das US-Technologieprogramm zur Grundlage einer neuen atlantischen Kooperation zu machen. Die europäischen Regierungen hätten allen Grund, auf dieses Angebot einzugehen. Denn ob es nun wärmer oder kälter wird: In jedem Fall müßte eine Politik, die sich als Ordnungspolitik im Sinne der Sozialen Marktwirtschaft versteht, auf möglichst niedrige Energiepreise hinarbeiten, damit sich auch die Armen gut geheizte Wohnungen beziehungsweise den Betrieb von Klimaanlagen leisten können. Es gäbe also durchaus Wege, den sich vertiefenden transatlantischen Graben zu überwinden, indem man sich auf No-Regret-Maßnahmen einigt. Vielleicht ist es noch nicht zu spät für eine solche Alternative zum Öko-Nihilismus.

10

Abschied von Kioto

DER G-8-Gipfel Anfang Juli 2005 in Gleneagles (Schottland) gilt noch immer als erster Schritt, das Kioto-Protokoll zu beerdigen. Ein „Kioto II“ oder „Kioto-Plus“ wird es vermutlich nicht geben, auch wenn auf Mammutkonferenzen wie zuletzt in Nairobi immer das Gegenteil beschworen wird. Stattdessen werden sich die führenden Industriestaaten der Welt gemeinsam mit ihren neuen Rivalen China und Indien um konzertierte Maßnahmen zur Anpassung an den Klimawandel und eine verstärkte Förderung „sauberer“ Methoden der Energieerzeugung bemühen müssen. Die von den G-8-Staatschefs verabschiedete Erklärung hält fest, daß der weltweite Energiebedarf in den nächsten 25 Jahren um schätzungsweise 60 Prozent steigen wird und 16 Billionen Dollar in die Erschließung verlässlicher und bezahlbarer Energiequellen investiert werden müssen. Windräder können damit kaum gemeint sein. US-Präsident George W. Bush hat sich auf der ganzen Linie durchgesetzt. Die auf Kioto eingeschworenen deutschen Massenmedien haben erst gar nicht versucht, ihrem verwirrten Publikum diese Nachricht zu verkaufen. Sie haben sie sechs Wochen lang schlicht tot geschwiegen.

Umso größer war die Überraschung, als die Vereinigten Staaten kurz nach dem G-8-Gipfel in Vientiane (Laos), ganz im Sinne der in Gleneagles verabschiedeten Erklärung, ein Abkommen über ein *„Asia-Pacific Partnership on Clean Development and Climate“* zwischen den USA, China, Indien, Japan, Südkorea und Australien vorstellten. Die Mitglieder des neuen Bündnisses repräsentieren immerhin etwa 45 Prozent der Weltbevölkerung, fast die Hälfte der globalen CO_2-Emissionen, fast zwei Drittel der Welt-Kohleförderung sowie fast die Hälfte des Erdölverbrauchs und haben somit ein größeres Gewicht als die im Anhang I des Kioto-Protokolls aufgeführten Länder, die sich verpflichtet haben, ihre Emissionen von CO_2 und anderen „Treibhausgasen“ bis zum Jahre 2012 um durchschnittlich fünf Prozent unter das Niveau von 1990 zu drücken.

Diesem Abkommen, das ohne jegliche Einbeziehung der Vereinten Nationen und der Europäischen Union ausgehandelt wurde, werden sich wahrscheinlich in nächster Zeit noch weitere asiatische Länder anschließen. Und selbst in Europa gibt es immer mehr Stimmen, die fordern, das verbissene Ringen um ein „Kioto Plus" aufzugeben und sich dem neuen Pakt anzuschließen. Besonderes Aufsehen erregte eine kurz vor dem G-8-Gipfel vom Wirtschaftsausschuß des britischen Oberhauses veröffentlichte Erklärung, die auf einer Studie fußt, die die Lords bei dem inzwischen emeritierten Londoner Top-Ökonomen David Pearce in Auftrag gegeben hatten. Dort hatte Pearce am Kioto-Ansatz insbesondere die fehlende Abwägung zwischen den Kosten einer Anpassung an den Klimawandel und den Kosten des (vermutlich vergeblichen) Versuchs, diesen aufzuhalten, beanstandet. Die Lords empfahlen dem britischen Premierminister Tony Blair daraufhin, seine verzweifelten Bemühungen, George W. Bush doch noch zur Ratifizierung des Kioto-Protokolls zu bewegen, aufzugeben und stattdessen mit den Amerikanern ein Abkommen über die Entwicklung sauberer Technologien abzuschließen.

In diesem Sinne äußerte sich Mitte August auch Carsten Kreklau, Mitglied der Hauptgeschäftsführung des Bundesverbandes der Deutschen Industrie (BDI). Die deutsche Politik müsse zur Kenntnis nehmen, *„daß absolute Emissionsminderungsverpflichtungen wie im Kioto-Protokoll international nicht durchsetzbar sind"*, schrieb Kreklau in einem der Presse zugespielten Namensbeitrag. *„Wenn wir in Deutschland mit höchstem Aufwand und immensen Kosten versuchen, den CO_2-Ausstoß weiter zu senken, bringt das für das weltweite Klima fast nichts."* Doch kam der *BDI* mit dieser Initiative nicht weit. Im Endeffekt gab er im Zuge der Ergrünung der Deutschland AG klein bei, um die von der Großen Regierungskoalition unter Angela Merkel hin und wieder erwogene Verlängerung der Laufzeiten deutscher Atomkraftwerke nicht zu gefährden.

Schon auf der vage ausgegangenen Weltklimakonferenz in Neu Delhi im Jahre 2002 war deutlich geworden, daß sich den Anhang-I-Staaten des Kioto-Protokolls keine weiteren Länder anschließen würden. Insbesondere China und Indien konnten im Interesse ihrer boomenden Wirtschaften nicht an einer Einschränkung der energetischen Nutzung ihrer immensen Kohlevorräte interessiert sein und fanden sich damit – ob gewollt oder ungewollt – an der Seite der Kohle-Großmacht USA, die dabei ist, Milliarden in die Entwicklung sauberer Kohletechnologien zu investieren. Dennoch konnte das Kioto-Abkommen zu Beginn des Jahres 2005 offiziell in Kraft treten, weil sich Rußlands Präsident Wladimir Putin im letzten Moment auf die Seite der EU schlug. Als Gegenleistung bekam er dafür die Zusicherung der EU-Unterstützung des russischen Beitrittsgesuchs zur Welthandelsorganisation *WTO*.

In der Tat steuert die europäische „Klimapolitik" auf eine ernste Glaubwürdigkeitskrise zu. Während führende Politiker Deutschlands und der EU nicht müde werden, US-Präsident George W. Bush als Saboteur des Kioto-Abkommens anzuprangern und ihn sogar für die katastrophalen Folgen des (nur mittelschweren) Hurrikans „Katrina" im Mississippi-Delta verantwortlich machten, zeichnet es sich immer deutlicher ab, daß die EU ihr eigenes (bescheidenes) CO_2-Reduktionsziel von 8 Prozent weit verfehlen wird. Nach Angaben der Europäischen Umweltagentur *(EEA)* in Kopenhagen sind die CO_2-Emission der 15 alten EU-Mitgliedsländer zwischen 2001 und 2004 um 3,6 Prozent gestiegen. Auch das Hinzukommen von 10 neuen Mitgliedsstaaten im Osten dürfte an diesem Trend nicht viel ändern. Im günstigsten Fall wird jetzt eine Reduktion von gerade einmal einem Prozent erwartet.

Ein mageres Ergebnis, das mit Unsummen erkauft werden müßte, weil kostengünstige Möglichkeiten der CO_2-Reduktion schon weitgehend ausgeschöpft sind. Das gilt in besonderem Maße für die chemische Industrie, die überproportional zur Selbstverpflichtung der Industrie und zur deutschen „Vorreiterposition" in Sachen Energieeffizienz und CO_2-Reduktion beigetragen hat. Noch immer gilt die Schätzung des Energieberichtes des damaligen Bundeswirtschaftsministers Werner Müller vom Oktober 2001, wonach die Umsetzung des von der rot-grünen Regierung ins Auge gefaßten Zieles einer CO_2-Reduktion von 40 Prozent bis zum Jahre 2020 in Deutschland nicht weniger als 256 Milliarden Euro verschlänge.

Dabei stand es außer Frage, daß die in Deutschland in den 90er Jahren erzielten CO_2-Einsparungen von über 15 Prozent zum allergrößten Teil auf den Zusammenbruch der sozialistischen Wirtschaft im Osten und ansonsten auf Effizienzsteigerungen bei gleichzeitigem schwachen Wirtschaftswachstum zurückzuführen ist. Insofern sei es nicht verwunderlich, daß Deutschlands selbst gewählte Vorreiterrolle *„andere Staaten eher zu einem abwartenden Handeln animiert"* habe, schrieb Dr. Jörg Rothermel, beim deutschen Verband der Chemischen Industrie (VCI) unter anderem zuständig für Klimaschutz und Energiepolitik, in einer Bewertung der rot-grünen Ziele für einen *„Klimaschutz nach 2012"*. Die EU-Mitgliedsländer, die derzeit ein nennenswertes Wirtschaftswachstum zu verzeichnen haben (wie Spanien, Irland, Dänemark oder Österreich) liegen inzwischen so weit über den von der EU in Kioto eingegangenen Selbstverpflichtung, daß schon jetzt ausgeschlossen werden kann, daß sie bis 2008/2012 noch die Kurve kriegen.

Sollte es gelingen, auch die wenigen anscheinend Kioto-konformen, weil bislang wirtschaftlich eher stagnierenden EU-Länder wie Deutschland, Frankreich und Italien wieder auf einen nachhaltigen Wachstumspfad zu bringen, könnte man die Kioto-Ziele auf jeden Fall vergessen. Der EU, die sich in Sachen „Klimapolitik" als Lehrmeister der Welt aufspielt, drohen übrigens im Falle des Verfehlens der Kioto-Ziele Strafen. Sie müßte sich dann in einem „Kioto II"-Abkommen zu weitaus drastischeren Reduktionszielen verpflichten und könnte sogar vom weltweiten Emissionshandel ausgeschlossen werden – und damit von vergleichsweise kostengünstigen – *Clean Development Mechanism*-Deals wie etwa Kraftwerksmodernisierungen oder Aufforstungsmaßnahmen in Entwicklungsländern.

Gerade auf einen Ausbau des internationalen Emissionshandels setzt jedoch Carsten Kreklau vom BDI. Er läßt jedoch im Unklaren, wie das inzwischen in Kraft getretene *EU-Emissionsrechtehandelssystem (EU Emission Trading Scheme ETS),* das auf den festen quantitativen Kioto-Verpflichtungen der EU und ihrer Mitgliedsstaaten aufbaut und somit nichts anderes als ein Rationierungssystem darstellt, in einen offenen Markt ohne absolute Emissionsziele überführt werden könnte.

Schon wenige Monate nach dem Start des *ETS* zeichnete es sich ab, daß es die EU in eine Sackgasse führen wird. Lag der an der Leipziger Strombörse *EEX* gehandelte Zertifikatpreis für eine Tonne CO_2 Anfang 2005 noch unter sieben Euro, so erreichte er im Sommer kurzfristig schon 29 Euro und pendelte dann längere Zeit um 20 Euro, das heißt etwa auf dem doppelten des ursprünglich von der EU-Kommission für die erste Handelsperiode geschätzten Niveaus. Dadurch wird offenbar, daß dieser Preis nicht einfach vom Verhältnis zwischen Angebot und Nachfrage bestimmt wurde, sondern von den drohenden Kosten des Umstiegs von Kohle auf Gas bei der Elektrizitätserzeugung. Darauf wies Seb Walhain von der *Fortis*-Bank (nach einer *Reuters*-Meldung) schon im Juni 2005 hin.

Wäre Erdgas, wie noch vor einem Jahrzehnt, relativ billig, wäre es für die Stromkonzerne ein Leichtes, den Kioto-Verpflichtungen nachzukommen, da Gaskraftwerke je Kilowattstunde nur höchstens halb so viel CO_2 ausstoßen. Doch inzwischen ist der Gaspreis wegen der großen Nachfrage so weit gestiegen, daß Kohlekraftwerke selbst bei Berücksichtigung ihres zusätzlichen Bedarfs an CO_2-Zertifikaten wieder billigeren Strom produzieren. Der bereits einmal erreichte Zertifikatpreis von 29 Euro liegt nach Ansicht von Analysten in der Nähe des Niveaus, oberhalb dessen sich ein Umstieg von Kohle auf Gas lohnt. Täten das aber viele Kraftwerksbetreiber gleichzeitig, würde der Gaspreis aufgrund der großen Nachfrage rasch so stark ansteigen, daß sich wieder ein Vorteil für Kohle ergäbe.

Also mußten sich die deutschen Stromkonzerne mit zusätzlichen Zertifikaten eindecken und auch die Zertifikate, die ihnen beim Start des *ETS* gratis zugeteilt wurden, entsprechend den steigenden Marktpreisen in ihren Kalkulationen berücksichtigen. Nach einer Schätzung des schweizerischen Finanzgroßkonzerns *UBS* (zitiert im *Wall Street Journal*, 10. August 2005) ist die Einpreisung von CO_2-Zertifikaten in Deutschland für einen 15-prozentigen Anstieg der Strompreise seit dem Start des *ETS* verantwortlich. Und das ist vermutlich erst der Anfang. Die *Financial Times* hat schon am 23. Mai 2005 vor einem baldigen Anstieg des CO_2-Zertifikat-Preises auf 40 Euro gewarnt. Stattdessen kam es in 2006 zu einem drastischen Einbruch des Zertifikatpreises, weil es sich zeigte, daß viele EU-Mitgliedsstaaten (darunter auch Deutschland) erheblich mehr Zertifikate ausgegeben hatten, als ihre Industrien benötigten. Inzwischen befürchten die Zertifikatehändler, der Preis könne ins Bodenlose stürzen, weil eine Korrektur der Überallokation vor dem Auslaufen des Kioto-Protokolls als unwahrscheinlich gilt. Ob das *ETS*, angesichts des nach wie vor begrenzten Handelsvolumens, jemals zu einer halbwegs verlässlichen Kalkulationsgrundlage für Kraftwerksinvestitionen werden kann, steht dahin.

Ende August 2005 hat es zumindest die *Frankfurter Allgemeine Sonntagszeitung* gewagt, ihren Lesern reinen Wein über die Zukunftsperspektiven des Kioto-Prozesses einzuschenken, indem sie einen Text von Lord Dick Taverne übersetzte, in dem dieser unter der Überschrift *„Vergeßt Kioto!"* die Gründe für die zitierte Initiative des britischen Oberhauses anläßlich des G-8-Gipfels von Gleneagles darlegte. Lord Taverne kam darin zu dem vernichtenden Urteil: *„Der Kioto-Prozeß ist eine bemerkenswerte Übung darin, sich und der Welt etwas vorzumachen. Stufe 1 wird keinen meßbaren Effekt auf die Klimaentwicklung haben. Weder Amerika noch Indien oder China [...] haben vor, sich an den Stufen 1 oder 2 zu beteiligen. Man muß kein Wirtschaftsnobelpreisträger sein, um einzusehen, warum das Kioto-Protokoll in der Liste der Programme zur Lösung globaler Krisen ganz nach unten rutschen sollte."*

Angesichts dieser Entwicklung haben die Verbände sämtlicher energieintensiver deutscher Industriezweige (darunter an führender Stelle der *VCI*), die mit einem Bedarf von 100 Terawattstunden Strom und 200 TWh Gas etwa ein Viertel der gesamten deutschen Energienachfrage auf sich vereinigen, Anfang September 2005 in einer gemeinsamen Erklärung einen *„Richtungswechsel in der deutschen und europäischen Klimapolitik"* gefordert. Deutschland und die EU müßten ihre Alleingänge aufgeben und nach einem internationalen Abkommen streben, das die USA, China und Indien einschließt. Konkret plädierten die Verbände für eine Verlängerung der Restlaufzeit deutscher Atomkraftwerke und für transparente, kostensenkende Wettbewerbsbedingungen auf dem Strommarkt. Des weiteren regten sie eine deutliche Absenkung der Förderung „erneuerbarer" Energien und eine weitergehende Entlastung energieintensiver industrieller Prozesse wie Elektrolysen, mineralogische und metallurgische Verfahren von der Ökosteuer entsprechend der EU-Energiesteuerrichtlinie an (vgl. *Chemische Rundschau* 1/2005). *„Energiepolitik muß wieder Standortpolitik werden!"*, forderten die Industrieverbände von der neuen deutschen Bundesregierung.

11

Epilog: Religionskriege vermeiden

KANN man Zeugen Jehovas erlauben, ihres Glaubens wegen lebensrettende Bluttransfusionen zu verweigern, gleichzeitig aber liberale Klima-Skeptiker zwingen, die Öko-Steuer zu bezahlen, an der Farce des Emissionshandels teilzunehmen und zwangssubventionierten „klimaschützenden", in Wirklichkeit aber ökologisch und sozial äußerst bedenklichen Biosprit zu tanken? Nach der zur Zeit in Europa vorherrschenden politischen Doktrin besteht hier überhaupt kein Widerspruch. Die Zeugen Jehovas können sich auf ihre in der Verfassung verbriefte Glaubensfreiheit und das damit verbundene Recht auf Nichtwissen berufen, während sich die liberalen Skeptiker der Staatsräson unterordnen müssen, da diese nicht religiös, sondern naturwissenschaftlich begründet sei.

Eine solche Behauptung ist jedoch unhaltbar. Schon die Tatsache, daß in der „Klimapolitik" von „Natur" nur im Singular die Rede ist, während sogar „grüne" Theoretiker wie der französische Philosoph Bruno Latour darauf hinweisen, daß von Natur und Umwelt eigentlich nur im Plural die Rede sein sollte, verrät, daß hinter der Politischen Ökologie bzw. dem Ökologismus in Wirklichkeit eine neue Religion steht, bei der jener Teil der Gläubigen, der die christliche Tradition überholt wähnt, den persönlichen Schöpfer und dessen Statthalter auf Erden lediglich durch eine unpersönliche Göttin und deren Priesterschaft in Gestalt des *Intergovernmental Panel on Climate Change (IPCC)* und der Umweltbürokratien ersetzt.

Monismus macht verrückt

JEDER Monotheismus (gerade auch das Christentum) – das hat Albert Camus 1951 im Anschluß an Nietzsche überzeugend hergeleitet – birgt in sich den Keim des Nihilismus und damit die totalitäre Versuchung. So vertritt Claus-Ekkehard Bärsch (1998) die zweifelsohne sehr gewagte, aber nicht gänzlich unbegründete These, auch der deutsche Nationalsozialismus sei im Kern eine christlich motivierte politische Religion gewesen. Hitlers und Rosenbergs Rassenlehre sei weniger darwinistisch begründet als religiös, und zwar im Sinne einer pervertierten Christologie: Der Arier gilt als Ebenbild Gottes, der Jude hingegen sei ohne Seele. *„Mit der Vernichtung der Juden wollte Hitler den Willen des Allmächtigen ausführen und seine Gunst bewirken"*, behauptet Bärsch (1998, S. 381).

Wie dem auch sei: Erst durch das Anknüpfen an Denkfiguren (Memen), die zum Fundus einer christlich und romantisch geprägten Kultur gehörten, schaffte es Hitler, die systematische Ausplünderung und Vernichtung der Juden als Grundlage des Aufbaus eines nationalsozialistischen Arbeiterparadieses in den Augen breiter Bevölkerungsschichten zu rechtfertigen. Hitler war wohl nicht der Dämon, zu dem ihn einige nachträglich machen wollten, sondern ein ziemlich normaler, wenn nicht mittelmäßiger, von der Romantik beeinflußter Deutscher bzw. Österreicher, der subjektiv für sein Volk (auf Kosten anderer Völker) nur das Beste wollte.

Nietzsche hat den fundamentalen Unterschied zwischen dem Menschenbild der alten Griechen und einem romantisch pervertierten Christentum in *„Menschliches, Allzumenschliches"* mit den folgenden starken Worten auf den Punkt gebracht: *„Die Griechen sahen über sich die homerischen Götter nicht als Herren und sich unter ihnen nicht als Knechte [...] Sie sahen gleichsam nur das Spiegelbild der gelungensten Exemplare ihrer eigenen Kaste, also ein Ideal, keinen Gegensatz des eigenen Wesens. Man fühlt sich miteinander verwandt, es besteht ein gegenseitiges Interesse [...] Der Mensch denkt vornehm von sich, wenn er sich solche Götter gibt, und stellt sich in ein Verhältnis, wie das des niedrigeren Adels zum höheren ist; [...] Das Christentum dagegen zerdrückte und zerbrach den Menschern vollständig und versenkte ihn wie in tiefen Schlamm: in das Gefühl völliger Verworfenheit ließ es dann mit einem Male den Glanz eines göttlichen Erbarmens hineinleuchten, so daß der Überraschte, durch Gnade Betäubte, einen Schrei des Entzückens ausstieß und für einen Augenblick den ganzen Himmel in sich zu tragen glaubte. Auf diesen krankhaften Exzeß des Gefühls, auf die dazu nötige tiefe Kopf- und Herz-Korruption wirken alle psychologischen Empfindungen des Christentums hin: es will vernichten, zerbrechen, betäuben, berauschen, es will nur eines nicht: das Maß"*.

Das könnte es nahe legen, die Antwort auf den Totalitarismus in der religiösen Grundlage der Demokratie, dem Polytheismus, zu suchen. Andererseits wissen wir, daß es in der Geschichte keine Rückfahrkarten gibt – auch für jene, die sie nicht auf der Basis mehr oder weniger bewußt christlich geprägter Heilsgewissheit als Dreischritt von Altertum, Mittelalter und Neu- bzw. Endzeit deuten. So leuchtet es ein, daß es einen Weg zurück von den monotheistisch geprägten politischen Kulturen Europas zu polytheistischen Mythen allenfalls in Form konstruktivistischer Kopfgeburten und folkloristischer Farcen gäbe.

Mehr noch: Die undifferenzierte Ablehnung der potentiell nihilistischen christlichen Tradition wäre selbst wieder eine Form von Nihilismus. Wir haben nur die Wahl, aus der in Reformation und Religionskriegen geläuterten christlich-abendländischen Tradition das Beste zu machen. Mit anderen Worten: Es geht heute im Westen nicht um Polytheismus versus Monotheismus, sondern um gesunden gegen krankhaften (nihilistischen) Monotheismus. Dabei verstehe ich „gesund", wie schon angedeutet, nicht im Sinne jenes hedonistischen Strebens nach Wohlbefinden und Bequemlichkeit, das die 68er Revolte in Europa als Erbe hinterlassen hat, sondern im Sinne der Fähigkeit, mithilfe des Immunsystems *„gesunder Menschenverstand"* mit Widersprüchen und Widrigkeiten des Lebens fertig zu werden.

Wie wichtig diese Entscheidung ist, zeigt schon die Sackgasse, in die Nietzsche selbst mit seinem Denken geraten ist. Rüdiger Safranski hat in seiner Nietzsche-Biografie von 2000 schön herausgearbeitet, daß Nietzsche, als er an *„Menschliches, Allzumenschliches"* arbeitete, mit einer Art *„Zweikammersystem"* der Kultur sympathisierte *„wo auf der einen Seite genialisch eingeheizt und auf der andern Seite nach Prinzipien des Common Sense abgekühlt und im Sinne kollektiver Lebensdienlichkeit ausgeglichen wird"* (S. 309). Aber am Ende verwarf Nietzsche doch die raffinierte Zwei-Welten-Theorie von Augustinus oder Luther und strebte nach der *„einen Welt"*, was ihn bekanntlich um den Verstand brachte. Nahe liegender Schluß: Wer an der Idee der *„einen Welt"* festhält, wird verrückt oder nihilistisch – oder beides.

Diese Warnung gilt wohl auch für den Versuch, die *„Eine Welt"*-Vision der *Agenda 21* durch eine globale *„zielorientierte Mehrebenen- und Mehrsektoren-Steuerung"* von Politik, Wirtschaft und Gesellschaft umzusetzen, wie der *Sachverständigenrat für Umweltfragen (SRU)* in seinem Umweltgutachten 2004 (S. 521 ff.) anregt. Das ist das Konzept einer „Gegenkirche", die sicher nicht zufällig an den Aufbau und die Funktionsweise der Katholischen Kirche erinnert. Umweltverbände und andere sogenannte Nichtregierungsorganisationen spielen dabei die Rolle von Einheizern und Hilfstruppen, die Orden und Laienorganisationen gegenüber der kirchlichen Hierarchie zukommt.

Die Politologen Martin Jänicke und Helge Jörgens, auf die das zitierte Kapitel des Umweltgutachtens zurück geht, geben als zentrale Merkmale dieses integrierten Steuerungsmodells die konsensuale Ziel-

und Strategieformulierung, die Integration von Umweltbelangen in andere Politikfelder, die breite Beteiligung von Verbänden, das Zusammenwirken staatlicher und privater Akteure, die Erfolgskontrolle über detaillierte Berichtspflichten und Indikatoren sowie die durchgängige (Mehr-Ebenen-) Steuerung von der globalen bis zur lokalen Ebene an.

Dieses Politikmodell läuft zum einen schlicht auf eine noch stärkere Kartellisierung von Politik und Wirtschaft im Sinne des Ökologisch-Industriellen Komplexes hinaus – eine Vermutung, die dadurch Nahrung erhält, daß die beiden Autoren im Umweltgutachten 2004 ausgerechnet die politische Allparteienkoalition im Verein mit dem Verband der Maschinen und Anlagenbauer (VDMA), der IG Metall und dem Verband kommunaler Unternehmen (VKU), die das Erneuerbare Energien Gesetz (EEG) ausgehandelt hat, als Paradebeispiel für die Anwendung des neuen Steuerungsmodells anführen. Zum anderen versteckt sich dahinter die Illusion, politischen Konsens gänzlich auf rationale Verständigung mithilfe der Schriftsprache gründen zu können.

Vieles deutet demgegenüber darauf hin, daß die Welt dort, wo keine direkte Kommunikation über Gebärden und Spiegelneuronen möglich ist, kaum durch echte Verständigung, sondern eher durch produktive Mißverständnisse zusammen gehalten wird. Selbst Liebesbeziehungen zwischen Individuen beruhen bekanntlich nicht selten auf (süßen) Mißverständnissen.

Die Menschen kommunizieren eben nur zu einem geringen Teil über das gesprochene oder geschriebene Wort, zumal der Hauptzweck der Sprache, wie schon Nietzsche erkannte, gar nicht die Kommunikation ist, sondern die Glorifizierung des Sprechenden selbst. Sonst könnte man sich kaum erklären, warum nicht wenige Menschen mit ihrem Hund besser kommunizieren können als mit ihren Mitmenschen. Wichtigste Grundlage der Kommunikation sind im Nahbereich Gebärden, Gesten und mitunter auch Düfte, im Fernbereich dagegen das Teilen von Memen in Form von Glaubenssätzen und Mythen – eine Erfahrungstatsache, die sich die professionelle Werbung längst bewußt zunutze macht, indem sie nach dominanten Mythen Ausschau hält, denen sie ihre jeweilige Produktbotschaft aufsatteln kann. Menschen, die nicht zumindest einen einzigen Glaubenssatz oder Mythos teilen, können sich im Grunde genommen über Dinge, die über rein Animalisches hinausgehen, überhaupt nicht verbal verständigen.

Fakten wie Wirbelstürme oder Überschwemmungen oder auch das Austrocknen der Sahelzone wie das zeitweise Wiederergrünen der Sahara sowie die Häufung mediterraner Sommer und milder Winter in unseren Breiten werden doch nicht deshalb als Argumente für das Herannahen einer Klimakatastrophe akzeptiert, weil sich daraus induktiv ein solcher Trend ableiten ließe, sondern weil sie auf den pessimistischen Mythos der Apokalypse anspielen. Dieser aus der *Offenbarung des Johannes* im Neuen Testament stammende Mythos hat im Denken der meisten Europäer einen festen Platz – selbst bei Leuten, die die Bibel nie zu Ende gelesen haben. Aus der zweideutigen Quelle der Johannesoffenbarung schöpften schon die Nazis ihre Vorstellung vom kommenden Dritten Reich. Andere Quellen für das apokalyptische Denken gibt es nach Bärsch (1998) im europäischen Kulturkreis nicht.

Die Natur der Freiheit

DIE ökologistische Apokalyptik oder auch der Islamismus werden hier nicht kritisiert, um sie als Religionen zu denunzieren und zu diskreditieren (das läge mir als religiös geprägter Mensch fern), sondern weil es sich dabei um krankhafte Formen von Religiosität handelt, die arm, anpassungsunfähig und aggressiv machen. Klar unterscheiden lassen sich beide Formen der Religiosität durch die Beantwortung der Frage, wie weit sie in der Lage sind, der *„menschlichen Natur"* Rechnung zu tragen, ohne diese zu vergewaltigen.

Die folgenschwerste Gedankenlosigkeit der Verfechter einer Politischen Ökologie besteht wohl darin, daß sie über die außermenschliche Natur in Form der *„einen Welt"* nur im Singular reden, während sie gleichzeitig nichts dabei finden, die schon bei den alten Griechen hervorgehobene Einheit und Unantastbarkeit der *„menschlichen Natur"* durch volkspädagogische Experimente und Umerziehungsmaßnahmen im Sinne einer *political correcteness* in Frage zu stellen. Hier zeigt sich, wie schon angedeutet, eine unheilvolle Nachwirkung der Idee der *Tabula rasa*, die John Locke 1689 in seinem berühmten *„Essay Concerning Human Understanding"* entwickelt hat. Diese lange akzeptierte Idee machte es möglich, daß Locke nicht nur als Urvater aller liberalen Verteidiger des Privateigentums gegenüber staatlicher Enteignung und Bevormundung verehrt, sondern auch von Jean-Jacques Rousseau und seinen kollektivistischen Anhängern in Anspruch genommen wurde. Diese zögern nicht, den unveräußerlichen Eigenwert jedes Individuums anzuzweifeln, indem sie den politisch Korrekten mehr Wert beimessen als eigensinnigen Konservativen.

Inzwischen ist Lockes Annahme, die Hirne von Kindern seien unbeschriebene Blätter, die erst mithilfe von Erfahrungen zur Wahrnehmung befähigt werden, von der Hirnforschung längst widerlegt worden. Auch wenn unser Wissen über die Funktionsweise des Gehirns und über die Entstehung des Bewußtseins noch immer Inseln in einem Meer von Nichtwissen gleicht, steht es doch heute außer Frage, daß es schon im menschlichen Embryo vor aller Erfahrung so etwas wie Wissen gibt und daß menschliche Handlungen viel stärker von unbewußten Prozessen determiniert werden, als es das theologische Konstrukt *freier Wille* bislang einräumte. So war es kein Wunder, daß der experimentelle Befund, daß das meßbare neuronale Bereitschaftspotential einem scheinbar freien Willensentschluß um 350 Millisekunden vorauseilt, von interessierter Seite sofort als schlagendes Argument sowohl gegen das christliche Menschenbild als auch gegen den Liberalismus interpretiert wurde. Doch inzwischen setzt sich mehr und mehr die Auffassung durch, daß Determinismus und Freiheit einander nicht widersprechen.

So weist etwa der in Magdeburg lehrende Philosoph Michael Pauen in seinem Buch *„Illusion Freiheit?"* (2004) ausdrücklich darauf hin, Freiheit bestehe darin, daß Wahlhandlungen durch die persönlichen Präferenzen der Handelnden determiniert sind. Wären die Entscheidungen davon kausal unabhängig, könne man die Personen für die Folgen ihrer Handlungen gar nicht verantwortlich machen. Es geht also um Handlungsfreiheit, nicht um die mit der Vorstellung vom *freien Willen* verbundene Forderung nach völliger Entscheidungsfreiheit.

So ist es in der Tat: Freiheit bedeutet nach meinen eigenen Erfahrungen nicht, in jeder Situation bewußt und jeweils neu zwischen Handlungsalternativen abzuwägen und zu entscheiden. Jeder, der das versuchte, würde wohl bald verrückt werden. Frei entscheiden heißt vielmehr, ohne langes Nachdenken, wenn nicht gänzlich unhinterfragt und unbewußt seinem eigen Programm, seinen eigenen angeborenen und erlernten Regeln folgen zu können. Zu diesen Regeln gehören auch religiöse Ge- und Verbote. Da diese Entscheidungsregeln verinnerlicht, wenn nicht gar fest im Hirn „verdrahtet" sind, gibt es Automatismen, die es durchaus möglich machen, an Nerven Veränderungen elektrischer Potentiale zu messen, bevor einer Person ihre eigene Entscheidung überhaupt bewußt wird. Im Prinzip könnte man zum Beispiel jedes einzelne der Zehn Gebote kritisch hinterfragen – selbst das Tötungsverbot. Aber dann hätten sie als religiöse Regeln keinen Sinn mehr.

Übertritt jemand ein Gebot, das wie die Tötungshemmung fest „verdrahtet“ ist, oder von frühester Kindheit an verinnerlicht wurde, bekommt er Gewissensbisse, Bauchschmerzen, selbst wenn dieses Zuwiderhandeln in Notsituationen wie Krieg oder bei der Abwehr eines kriminellen Angriffs auf Leib und Leben aufgrund einer rationalen Übelabwägung erfolgte.

Wer immerzu darauf achten muß, sich politisch korrekt zu verhalten, kann also nicht als frei gelten. Wie aberwitzig erscheint deshalb der Versuch, Gewissensentscheidungen durch *„herrschaftsfreie Diskurse“* zu ersetzen! Wo die *political correctness*, wie in der „Klimapolitik“ Deutschlands und anderer europäischer Länder, tatsächlich herrscht, ist sie deshalb keineswegs das Resultat rationaler Diskurse, als das sie offiziell ausgegeben wird. Vielmehr besetzt sie in den Hirnen der überzeugten Vertreter dieser Politik allem Anschein nach den Platz, an dem Hirnforscher das Bedürfnis nach Religion ausgemacht zu haben glauben. Das heißt, sie beruht auf einer Reihe fest programmierter Regeln, die nicht mehr kritisch hinterfragt werden können. Es kann auch aus Gründen der Hirnphysiologie zwischen verschiedenen Religionen keinen rationalen Dialog geben. Nur durch diplomatische Bemühungen um produktive Mißverständnisse lassen sich Religionskriege vermeiden.

Als ein solches produktives Mißverständnis hat der französische Philosoph Bruno Latour, wie gesagt, das Kioto-Protokoll und die „Klimapolitik“ interpretiert. Recht hat Latour aber nur insoweit, als es sich bei der „Klimapolitik“ tatsächlich um ein Mißverständnis handelt. Doch handelt es sich hier, wie ich in dieser Untersuchung im Detail demonstriert zu haben glaube, um ein unproduktives, destruktives Mißverständnis, weil sie Ausdruck nihilistischen Denkens ist und dem offenen Wettbewerb verschiedener Weltanschauungen mit großem Mißtrauen, wenn nicht offener Feindschaft begegnet. Nur auf freien Märkten ist aber eine friedliche Koexistenz verschiedener Religionen in Form diplomatischer Zweideutigkeiten überhaupt denkbar. Deshalb erscheint mir der „amerikanische Traum“, bei allen Vorbehalten gegen einige Übertreibungen, noch immer als das bessere Mißverständnis.

Literaturhinweise

ABELSHAUSER, Werner: Kriegswirtschaft und Wirtschaftswunder. Deutschlands wirtschaftliche Mobilisierung für den Zweiten Weltkrieg und die Folgen für die Nachkriegszeit. In: Vierteljahreshefte für Zeitgeschichte. 47. Jg., Heft 4. München 1999.

ALY, Götz: Hitlers Volksstaat. Raub, Rassenkrieg und nationaler Sozialismus. Frankfurt am Main 2005.

BAADER, Roland: Geld, Gold und Gottspieler. Gräfelfing (2) 2005.

BÄRSCH, Claus-Ekkehard: Die politische Religion des Nationalsozialismus. Die religiöse Dimension der NS-Ideologie in den Schriften von Dietrich Eckart, Joseph Goebbels, Alfred Rosenberg und Adolf Hitler. München 1998 .

BAYERISCHE AKADEMIE DER WISSENSCHAFTEN: Klimawandel im 20. und 21. Jahrhundert: Welche Rolle spielen Kohlendioxid, Wasser und Treibhausgase wirklich? Rundtischgespräch am 17. Mai 2004 in München. Organisatoren: Prof. Dr. Horst Hagedorn, Prof. Dr. Karl-Eugen Rehfuess, Dr. Heinrich Röck. München 2005.

BECK, Ulrich: Die Risikogesellschaft. Auf dem Weg in eine andere Moderne. Frankfurt am Main 1986.

DERS.: Gegengifte. Die organisierte Unverantwortlichkeit. Frankfurt am Main 1988.

DERS.: Die Erfindung des Politischen. Frankfurt am Main 1993.

BERLIN, Isaiah: Die Wurzeln der Romantik. Berlin 2004.

BERMAN, Paul: Terror and Liberalism. New York 2003.
Deutsch: Terror und Liberalismus. Hamburg 2004.

BERNER, Ulrich/ STREIF, Hansjörg (Hg.): Klimafakten. Der Rückblick – Ein Schlüssel für die Zukunft. Stuttgart (2) 2000.

BLACKMORE, Susan: The Meme Machine. Oxford, New York 1999. *Deutsch:* Die Macht der Meme. Heidelberg 2000.

BLANKERTZ, Stefan: Das libertäre Manifest. Über den Widerspruch zwischen Staat und Wohlstand. (2) Grevenbroich 2002.

BUND/MISEREOR (Hg.): Zukunftsfähiges Deutschland. Ein Beitrag zu einer global nachhaltigen Entwicklung. Studie des Wuppertal Instituts für Klima, Umwelt, Energie. Basel u. a. 1996.

BUNDE, Armin/ HAVLIN, Shlomo: Klimamodelle schlechter als ihr Ruf [Pressemitteilung der Justus-Liebig-Universität Gießen v. 8. 7. 2002]. In: GOVINDAN, R. B./ VYUSHIN, D./ BUNDE, A./ BRENNER, St./ HAVLIN, S./ SCHELLNHUBER, H.-J.: Global climate models violate scaling of the observed atmospheric variability. In: Physical Review Letters No. 89, 028501-1.

BUNDESMINISTERIUM FÜR BILDUNG UND FORSCHUNG (BMBF): Forschung für den Klimaschutz – Stand und Perspektiven, Bonn o. J.

BMBF-SACHVERSTÄNDIGENKREIS FÜR FÜR GLOBALE UMWELTASPEKTE (SV GUA): Verbesserung der Kommunikation zwischen Wissenschaft, Politik und Medien, insbesondere im Hinblick auf die Wahrnehmung der Klimaforschung [Empfehlungspapier]. Bonn [2001].

BUNDESMINISTERIUM FÜR BILDUNG UND FORSCHUNG (Hg.): Herausforderung Klimawandel. Bericht des ad-hoc-Arbeitskreises „Klimadiskussion“ und des Sachverständigenkreises „Globale Umweltaspekte“ (SV GUA) des BMBF. Bonn 2003.

BUNDESMINISTERIUM FÜR ERNÄHRUNG, LANDWIRTSCHAFT UND FORSTEN (Hg.): Weltstrategie für die Erhaltung der Natur. Ausgearbeitet von der Internationalen Union zur Erhaltung der Natur und der natürlichen Lebensräume (IUCN) mit der Beratung, Zusammenarbeit und finanziellen Unterstützung seitens des Umweltprogramms der Vereinten Nationen (UNEP) und des World Wildlife Fund (WWF). Bonn o. J. (1980).

BUNDESMINISTERIUM FÜR WIRTSCHAFT UND TECHNOLOGIE (BMWI): Energiepolitische und gesamtwirtschaftliche Bewertung eines 40%-Reduktionsszenarios. Endbericht der Prognos AG in Kooperation mit dem Energiewirtschaftlichen Institut der Universität Köln (EWI) und dem Bremer Energieinstitut (BEI). Juli 2001.

BUNDESMINISTERIUM FÜR WIRTSCHAFT UND TECHNOLOGIE (BMWI): Energiebericht: Nachhaltige Energiepolitik. Versorgungssicherheit, Umweltverträglichkeit, Wirtschaftlichkeit. Für eine zukunftsfähige Energieversorgung. Berlin, Oktober 2001.

BUNDESMINISTERIUM FÜR UMWELT, NATURSCHUTZ UND REAKTORSICHERHEIT (Hg.): Umweltpolitik. Konferenz der Vereinten Nationen für Umwelt und Entwicklung im Juni 1992 in Rio de Janeiro – Dokumente – Klimakonvention. Konvention über die Biologische Vielfalt. Rio-Deklaration. Walderklärung. Bonn o. J.

DASS. (Hg.): Umweltpolitik. Konferenz der Vereinten Nationen für Umwelt und Entwicklung im Juni 1992 in Rio de Janeiro – Dokumente – Agenda 21. Bonn o. J.

BUNDESREGIERUNG (Hg.): Perspektiven für Deutschland. Unsere Strategie für eine nachhaltige Entwicklung, April 2002.

DIES.: Umweltschutz. Das Umweltprogramm der Bundesregierung. Mit einer Einführung von Hans-Dietrich Genscher. Stuttgart 1972.

CAMUS, Albert: Le mythe de Sisyphe. Paris 1942/1985.

DERS.: La Peste. Paris 1947/1962.

Deutsch: Die Pest. [u. a.] Reinbek bei Hamburg 1999.

DERS.: L'homme révolté. Paris 1951/1985.

CRICHTON, Michael: State of Fear. New York 2004.

Deutsch: Welt in Angst. München 2005.

COMTE-SPONVILLE, André/ FERRY, Luc: La sagesse des Modernes. Paris 1998.

CRAIG, Gordon A.: Über die Deutschen. München 1982.

DAMASIO, Antonio R.: The Feeling of What Happens. Body and Emotion in the Making of Consciousness. New York 1999.
Deutsch: Ich fühle, also bin ich. München 2000.

DARWIN, Charles: Die Entstehung der Arten durch natürliche Zuchtwahl. Stuttgart 1963.

DAWKINS, Richerd: The Selfish Gene. Oxford u. a. 1976.
Deutsch: Das egoistische Gen. (7) 1996.

DEUTSCHER BUNDESTAG, REFERAT ÖFFENTLICHKEITSARBEIT (Hg.): Konzept Nachhaltigkeit. Vom Leitbild zur Umsetzung. Abschlußbericht der Enquête-Kommission „Schutz des Menschen und der Umwelt – Ziele und Rahmenbedingungen einer nachhaltig zukunftsverträglichen Entwicklung" des 13. Deutschen Bundestages. Bonn 1998.

DESCARTES, René: Discours de la méthode pour bien conduire sa raison, et chercher la vérité dans les sciences. Paris 1999.

DOERING, Detmar: Friedlicher Austritt. Braucht die Europäische Union ein Sezessionsrecht? Bruxelles, Trier [CNE] 2002.

DERS. (Hg.): Kleines Lesebuch über den Liberalismus. (3) Sankt Augustin 1997.

DRIESSEN, Paul: Öko-Imperialismus. Grüne Politik mit tödlichen Folgen. Jena 2006.

ECO, Umberto: Auf dem Wege zu einem neuen Mittelalter. In: DERS.: Über Gott und die Welt. Essays und Glossen. München, Wien 1985.

ERHARD, Ludwig: Wohlstand für alle. Düsseldorf 1957.

FIGGE, Frank/ SCHALTEGGER, Stefan: Was ist „Stakeholder Value"? Vom Schlagwort zur Messung. Genève u. a. 2000.

FORRESTER, Jay W.: World Dynamics. Cambridge (2) 1979.
Deutsch: Der teuflische Regelkreis. Das Globalmodell der Menschheitskrise. Stuttgart 1992.

FREEMAN, Charles: The Closing of the Western Mind. The Rise of Faith and the Fall of Reason. New York 2005.

FRIEDMAN, Milton: Capitalism and Freedom. Chicago 1962.
Deutsch: Kapitalismus und Freiheit. München 1976.

FRIEDRICHS, Günter (Red.): Aufgabe Zukunft. Qualität des Lebens. Beiträge zur vierten internationalen Arbeitstagung der Industriegewerkschaft Metall für die Bundesrepublik Deutschland 11. bis 14. April 1972 in Oberhausen. 7 Bde. Frankfurt am Main 1972.

FRESHFIELDS BRUCKHAUS DERINGER: Luftbewirtschaftung durch europäischen Emissionshandel. Rechtliche Probleme des Richtlinien-Vorschlages der Europäischen Kommission für den Handel mit Treibhausgasemissionsberechtigungen in der Gemeinschaft. Berlin 2002.

FUKUYAMA, Francis: Our Posthuman Future. Consequences of the Biotechnology Revolution. New York 2002.
Deutsch: Das Ende des Menschen. Stuttgart, München 2002.

GANTEN, Detlev/ DEICHMANN, Thomas/ SPAHL, Thilo: Leben, Natur, Wissenschaft. Alles, was man wissen muß. Frankfurt am Main 2003.

GÄRTNER, Edgar: Die Evolutionstheorie und die Entwicklung der Ökologie. In: Materialistische Wissenschaftsgeschichte. Argument-Sonderband AS 54. Berlin 1981.

DERS.: Zukunftsfähigkeit lernen. Kurzfassung und Kommentar zum Diskurs-Projekt „Bausteine für ein zukunftsfähiges Deutschland". Frankfurt am Main [VCI Verband der Chemischen Industrie und IG Bergbau, Chemie, Energie] 1997.

DERS.: Sustainable Business – Nachhaltige Entwicklung als Herausforderung für das Management. In: Der Umweltschutz-Berater. 54. Erg.-Lfg. Februar 1999.

DERS.: Was ist nachhaltig? Vorgeschichte, Verlauf und Ergebnisse der Bundestags-Enquête „Schutz des Menschen und der Umwelt". Frankfurt am Main [VCI Verband der Chemischen Industrie] o. J. [1999].

DERS.: Sustainable development: Computer und Indigo – Alles öko? In: Nachrichten aus der Chemie (48), November 2000.

DERS.: Vorsorge oder Willkür? Kunststoff-Weichmacher im politischen Kreuzfeuer. Köln 2006.

DERS.: „Wir müssen schon bei Verdacht alarmieren." Ein Gespräch mit Bruno Latour über weltweite Umweltpolitik, Klimaforschung und Momente diplomatischer Gnade. In: Frankfurter Allgemeine Sonntagszeitung, 12. 5. 2002.

DERS.: Forschung im Treibhaus der Argumente, in: Frankfurter Allgemeine Sonntagszeitung, 18. 8. 2002.

DERS.: Wasser wird wieder Thema Nr. 1. In: Chemische Rundschau 19, 8. 10. 2002. Auch als: Erst trinken, dann ausatmen! In: NOVO 61/62.

DERS.: Ökologie und Markt – ein schönes Mißverständnis. Oder: Wieweit sind aktuelle Nachhaltigkeitskonzepte mit Selbstorganisation und Marktwirtschaft vereinbar? In: LINNE, Gudrun/ SCHWARZ, Michael (Hg.): Handbuch Nachhaltige Entwicklung. Wie ist nachhaltiges Wirtschaften machbar? Opladen 2003.

DERS.: Klimaforschung als „postnormal science". Rezension des BMBF-Reports „Herausforderung Klimawandel" (2003). In: Zeitschrift für Umweltpolitik und Umweltrecht (ZfU). 28. Jg., Heft 1. Frankfurt am Main 2005.

DERS./ SCHRAMM, Engelbert: Ökologie. In: SANDKÜHLER, Hans Jörg (Hg.): Europäische Enzyklopädie zu Philosophie und Wissenschaften. Bd. 3. Hamburg 1990.

GELLEN, Martin: The Making of a Pollution-Industrial Complex. In: Ramparts, May 1970.

Deutsch: Das Entstehen eines ökologisch-industriellen Komplexes. In: GLAGOW, Manfred (Hg.): Umweltgefährdung und Gesellschaftssystem. München 1972.
GOODWIN, Barbara: Justice by Lottery. Chicago 1993.
GORE, Al: Earth in Balance – Ecology and Human Spirit. Boston u. a. 1992.
Deutsch: Wege zum Gleichgewicht. Ein Marshallplan für die Erde. Frankfurt am Main 1992.
HABERMANN, Gerd (Hg.): Philosophie der Freiheit. Ein Friedrich-August-von-Hayek-Brevier. Thun (2) 1999.
DERS.: (Hg.): Vision und Tat. Ein Ludwig-Erhard-Brevier. Thun (2) 2005.
HABERMAS, Jürgen: Theorie des kommunikativen Handelns.
Bd. 1: Handlungsrationalität und gesellschaftliche Rationalisierung.
Bd. 2: Zur Kritik der funktionalistischen Vernunft.
Frankfurt am Main 1981.
HAYEK, Friedrich August von: The Road to Serfdom. Chicago 1944/1994.
DERS.: Freiburger Studien. Tübingen 1969.
DERS.: Die Verfassung der Freiheit. Tübingen (3) 1991.
DERS.: Recht, Gesetzgebung und Freiheit. Landsberg am Lech 1981.
HEINSOHN, Gunnar: Söhne und Weltmacht – Terror im Aufstieg und Fall der Nationen. Zürich 2003.
HÖFFE, Otfried: Demokratie im Zeitalter der Globalisierung. München 1999.
HÖRNIG, Karl H.: Experten des Alltags. Die Wiederentdeckung des praktischen Wissens. Weilerswist 2001.
HOLENSTEIN, André: Oeconomia – das Haus als Welt. Historische Grundlagen eines sozialen Deutungs- und Ordnungsmodells. In: Neue Zürcher Zeitung, 11./12. 5. 2002, S. 57.
HOPPE, Hans-Hermann: Democracy – The God That Failed. New Brunswick u. a. 2001.
Deutsch: Demokratie. Der Gott, der keiner ist. Waltrop u. a. 2003.
HORX, Matthias/ TRENDBÜRO: Trendbuch 1. Düsseldorf u. a. 1993.
HUG, Heinz: Der tägliche Ökohorror. So werden wir manipuliert. (2) Leipzig 2004.
DERS.: Die Angsttrompeter. Die Wahrheit über die Gefahren aus der Umwelt. München 2006.
HUNTLEY, James B.: Das Atlantische Bündnis und die Umweltkrise. (2) Brüssel 1971.
JUNGK, Robert: Der Atomstaat. München 1977.
KAESSMANN, H./ WIEBE, V./ PÄÄBO, S.: Extensive Nuclear DNA Sequence Diversity Among Chimpanzees. In: Science, 5. November 1999.
KENNAN, George W.: The Sources of Soviet Conduct, in: Foreign Affairs 1947 und *www.historyguide.org/ europe/ kennan.html.*

KEYNES, John Maynard: The General Theory of Employment, Interest and Money. Cambridge 1936.

KOENEN, Gerd: Utopie der Säuberung. Was war der Kommunismus? Berlin 1998.

KRÄMER, Walter/ TRENKLER, Götz/ KRÄMER, Denis: Das neue Lexikon der populären Irrtümer. Weitere Vorurteile, Mißverständnisse und Denkfehler von Advent bis Zyniker. München 2001.

LANE, Lee: A New Paradigm for US Climate Policy. Washington DC 2004.

LATOUR, Bruno: Nous n'avons jamais été modernes. Essai d'anthropologie symétrique. Paris 1991.
Deutsch: Wir sind nie modern gewesen. Versuch einer symmetrischen Anthropologie. Frankfurt am Main 1998.

DERS.: Pandora's Hope: An Essay on the Reality of Science Studies. Cambridge MA 1999.
Deutsch: Die Hoffnung der Pandora. Untersuchungen zur Wirklichkeit der Wissenschaft. Frankfurt am Main 2000.

DERS.: Politiques de la nature. Comment faire entrer les sciences en démocratie. Paris 1999
Deutsch: Das Parlament der Dinge. Für eine politische Ökologie. Frankfurt am Main 2001 .

DERS.: Gabriel Tarde and the End of the Social. In: JOYCE, Patrick (Hg.): The Social in Question: New Bearings in the History and the Social Sciences. London 2002.
Deutsch: Gabriel Tarde und das Ende des Sozialen, in: Soziale Welt, 52. Jg. Heft 3. Baden-Baden 2001.

LE BON, Gustave: Psychologie des Foules. Paris 1895.
Deutsch: Psychologie der Massen. Stuttgart 1911/1982.

LENOIR, Yves: Le vérité sur l'effet de serre. Le dossier d'une manipulation planétaire. Paris 1992.

DERS.: Climat de Panique. Lausanne 2001.

LEROUX, Marcel: La dynamique du temps et du climat. Paris 1996.
Englisch: Dynamic Analysis of Weather and Climate. Atmospheric Circulation, Perturbations, Climatic Evolution. Chichester u. a. 1998.

DERS.: Global Warming. Myth or Reality? The Erring Ways of Climatology. Berlin u. a. 2005.

LOCKE, John: An Essay Concerning Human Understanding. London 1689.

LOMBORG, Björn: The Skeptical Environmentalist. Measuring the Real State of the World. Cambridge 2001.
Deutsch: Apocalypse No! Lüneburg 2002.

LOVELOCK, James: The Ages of Gaia. A Biography of Our Living Earth. New York u. a. 1988.
Deutsch: Das Gaia-Prinzip. Die Biographie unseres Planeten. Zürich u. a. 1991.

LUHMANN, Hans-Jochen: Die Blindheit der Gesellschaft. Filter der Risikowahrnehmung. München 2001.

DERS.: Der Klimaskeptizismus im Guckkasten der Medienforschung. In: Zeitschrift für Umweltpolitik & Umweltrecht, 26 (2003), H. 4, S. 518-522.

LYMAN, John M./ WILLIS, Josh K./ JOHNSON, Gregory C.: Recent Cooling of the Upper Ocean. In: Geophysical Research Letters, Vol. 33, L 18604, doi: 10.1029/2006GL027033, 2006.

MASLOW, Abraham: Motivation and Personality. New York 1954.

MAXEINER, Dirk/ MIERSCH, Michael: Lexikon der Öko-Irrtümer. Fakten statt Umweltmythen. München 2000.

MEADOWS, Dennis u. a.: The Limits to Growth. New York 1972.
Deutsch: Die Grenzen des Wachstums. Bericht des Club of Rome zur Lage der Menschheit. Stuttgart 1972.

MINC, Alain: Le nouveau moyen age. Paris 1993.
Deutsch: Das neue Mittelalter. (2) Hamburg 1995.

MISES, Ludwig von: Nationalökonomie. Theorie des Handelns und Wirtschaftens. Genf 1940.

DERS.: Bureaucracy. New Haven 1944.
Deutsch: Bürokratie. Sankt Augustin 1997.

MÜLLER, Edda: Sozial-liberale Umweltpolitik. Von der Karriere eines neuen Politikbereichs. In: APuZ B47-48/89, 17. 11. 1989.

NAUMANN-BEYER, Waltraud: Stichwort „Regulative Idee". In: SANDKÜHLER, Hans Jörg (Hg.): Europäische Enzyklopädie zu Philosophie und Wissenschaften Bd. 4. Hamburg 1990, S. 94f.

NASCHOLD, Frieder/ VÄTH, Werner (Hg.): Politische Planungssysteme. Opladen 1973.

NEF, Robert: Lob des Non-Zentralismus. Sankt Augustin 2002.

NIETZSCHE, Friedrich: Werke. München, Wien 1967/1981.

NOELLE-NEUMANN, Elisabeth: Die Schweigespirale. Öffentliche Meinung – unsere soziale Haut. (6) München 2001.

NORDHAUS, William D./ BOYER, Joseph: Warming the World. Economic Models of Global Warming. Cambridge MA 2000.

NUSSBAUM, Henrich von (Hg.): Die Zukunft des Wachstums. Kritische Antworten zum „Bericht des Club of Rome". Düsseldorf 1973.

OPPENHEIMER, Franz: Der Staat. Berlin (3) 1929/1990.

PAUEN, Michael: Illusion Freiheit? Mögliche und unmögliche Konsequenzen der Hirnforschung. Frankfurt am Main 2004.

PECCEI, Aurelio: The Chasm Ahead. New York, London 1969.

POPPER, Karl R.: The Open Society and Its Enemies. Bd. I: The Spell of Plato. London 1945.
Deutsch: Die offene Gesellschaft und ihre Feinde. Bd. 1. Der Zauber Platos. Tübingen 1957/1992.

DERS.: The Open Society and Its Enemies. Bd. II. The High Tide of Prophecy: Hegel, Marx and the Aftermath. London 1945.
Deutsch: Die offene Gesellschaft und ihre Feinde. Band 2. Falsche Propheten. Hegel, Marx und die Folgen. (7) Tübingen 1992.

DERS.: Alles Leben ist Problemlösen. Über Erkenntnis, Geschichte und Politik. München, Zürich 1994.

PRIGOGINE, Ilya/ STENGERS, Isabelle: La Nouvelle Alliance. Métamorphose de la Science. Paris 1979.
Deutsch: Dialog mit der Natur. Neue Wege naturwissenschaftlichen Denkens. München, Zürich 1981.

RAT VON SACHVERSTÄNDIGEN FÜR UMWELTFRAGEN (SRU): Für eine dauerhaft umweltgerechte Entwicklung. Umweltgutachten 1994.

DERS.: Die Umsetzung einer dauerhaft umweltgerechten Entwicklung. Umweltgutachten 1996.

DERS.: Schritte ins nächste Jahrtausend. Umweltgutachten 2000 .

DERS.: Umweltgutachten 2004. BR-Drucks. 15/3600 .

RASCHKE, Ehrhard/ HOLLMANN, Rainer: Strahlungsenergieübertragung in der Atmosphäre: Modellierung und Messung. Vortrag beim CO_2-Kolloquium der DECHEMA in Frankfurt am Main am 11. Oktober 2001.

REICHHOLF, Josef H.: Die falschen Propheten. Unsere Lust an Katastrophen. Berlin 2002

REMMERT, Hermann: Ökologie. Ein Lehrbuch. Berlin u. a. (2) 1980.

RENN, Ortwin: Abschied von der Risikogesellschaft? Risikopolitik zwischen Expertise und Moral. In: GAIA 4/1997, S. 269-275.

RIFKIN, Jeremy: The European Dream. How Europe's Vision of the Future is Quitely Eclipsing the American Dream. Cambridge 2004.
Deutsch: Der Europäische Traum. Die Vision einer leisen Supermacht. Frankfurt am Main 2004.

RÖCK, Heinrich: Wohin ändert sich das Klima? Trostberg 2004.

ROUSSEAU, Jean-Jacques: Du Contrat social, Discours sur l'origine de l'inégalité. Paris [Neuaufl.] 1996.

ROTHBARD, Murray N.: What has Government done to our money? Auburn 1990.
Deutsch: Das Schein-Geld System. Wie der Staat unser Geld zerstört. Gräfelfing 2000.

SAFRANSKI, Rüdiger: Nietzsche. Biographie seines Denkens. München, Wien 2000.

DERS.: Wieviel Globalisierung verträgt der Mensch? München, Wien 2003.

SANJUAN, Pedro A.: Die UN-Gang. Erfahrungsbericht eines Insiders. Springe 2006.

SCHELLNHUBER, Hans-Joachim: ‚Earth system' analysis and the second Copernican revolution. In: Nature 402 (1999), Supplement, C19-C23.

SCHILTKNECKT, Kurt: Das subtile Spiel um Geld und Macht. Zürich 2004.

SCHMIDT-BLEEK, Friedrich: Wieviel Umwelt braucht der Mensch? MIPS – Das Maß für ökologisches Wirtschaften. Berlin u. a. 1994.

DERS.: Das MIPS-Konzept. Weniger Naturverbrauch – mehr Lebensqualität durch Faktor 10. München 1998.

DERS.: Wir alle verschwenden Zukunft. Nach Johannesburg: Noch ein Anlauf, Entscheidungsträger zum nachhaltigen Denken über Nachhaltigkeit zu bewegen. Unveröff. Ms. Carnoules (Frankreich), September 2002 .

SCHMITT, Carl: Der Begriff des Politischen. Text von 1932 mit einem Vorwort und drei Corollarien. 7. Aufl., 5. Nachdruck d. Ausg. v. 1963. Berlin 2002.

DERS.: Theorie des Partisanen. Zwischenbemerkung zum Begriff des Politischen. Berlin (5) 2002.

SCHRAMM, Engelbert (Hg.): Ökologie-Lesebuch. Ausgewählte Texte zur Entwicklung ökologischen Denkens. Frankfurt am Main 1984.

SCHULZE, Ernst-Detlef: Der Einfluß des Menschen auf die biogeochemischen Kreisläufe der Erde. In: Max Planck Forschung – Das Wissenschaftsmagazin der Max-Planck-Gesellschaft. Sonderausgabe JV 2000, S. 76-89.

SHAVIV, Nir J./ VEIZER, Jan: Celestial Driver of Phanerozoic Climate? In: GSA Today. Vol. 13. No. 7. July 2003, S. 4-10.

SIEFERLE, Rolf Peter: Der unterirdische Wald. Energiekrise und Industrielle Revolution. München 1982.

SEN, Amartya: Development as Freedom. New York 1999.
Deutsch: Ökonomie für den Menschen. Wege zu Gerechtigkeit und Solidarität in der Marktwirtschaft. München, Wien 2000.

SIMONNOT, Philippe: L'erreur économique. Comment économistes et politiques se trompent et nous trompent. Paris 2004.

SMITH, Adam: An Inquiry into the Nature and Causes of the Wealth of Nations (1776). 2 Bde. Oxford 1976
Deutsch: Untersuchung über Wesen und Ursachen des Reichtums der Völker. 2 Bde. Düsseldorf 1999.

STEHR, Nico: Die Zerbrechlichkeit moderner Gesellschaften. Weilerswist 2000.

DERS.: Wissenspolitik. Die Überwachung des Wissens. Frankfurt am Main 2003.

STEIN, Hannes: Moses und die Offenbarung der Demokratie. Hamburg 1998.

STENGERS, Isabelle: L'invention des sciences modernes. Paris 1993.
Deutsch: Die Erfindung der modernen Wissenschaften. Frankfurt u. a. Paris 1997 .

SUROWIECKI, James: The Wisdom of Crowds. Why the Many are Smarter Than the Few. New York 2004.
Deutsch: Die Weisheit der Vielen. München 2005.

SVENSMARK, Henrik/ PEPKE PEDERSEN, Jens Olaf/ MARSH, Nigel/ ENGHOFF, Martin/ UGGERHØJ, Ulrik: Experimental Evidence for the Role of Ions in Particle Nucleation under Atmospheric Conditions. In: Proceedings of the Royal Society A, October 3rd, 2006.

THIENEMANN, August Friedrich: Leben und Umwelt. Vom Gesamthaushalt der Natur. Rowohlts Deutsche Enzyklopädie. Bd. 22. Hamburg 1956.

THÜNE, Wolfgang: Freispruch - für CO_2! Wie ein Molekül die Phantasien von Experten gleichschaltet. Wiesbaden 2002.

TREPL, Ludwig: Geschichte der Ökologie. Vom 17. Jahrhundert bis zur Gegenwart. 10 Vorlesungen. Frankfurt am Main 1987.

UEXKÜLL, Jakob von: Theoretische Biologie. Berlin 1928.

UMWELTBUNDESAMT (Hg.): Nachhaltiges Deutschland. Wege zu einer dauerhaft umweltgerechten Entwicklung. Berlin 1997.

VOSS, Gerhard: Die veröffentlichte Umweltpolitik. Ein sozio-ökologisches Lehrstück. Köln 1990.

WEINGART, Peter: Die Stunde der Wahrheit? Zum Verhältnis der Wissenschaft zu Politik, Wirtschaft und Medien in der Wissensgesellschaft. Weilerswist 2001.

DERS./ ENGELS, Anita/ PANSEGRAU, Petra: Von der Hypothese zur Katastrophe. Der anthropogene Klimawandel im Diskurs zwischen Wissenschaft, Politik und Massenmedien. Opladen 2002.

WEIZSÄCKER, C. Christian von: Logik der Globalisierung. Göttingen 1999.

WEIZSÄCKER, Ernst Ulrich von: Erdpolitik. Ökologische Realpolitik an der Schwelle zum Jahrhundert der Umwelt. Darmstadt (3) 1992.

WELTKOMMISSION FÜR UMWELT UND ENTWICKLUNG/ HAUFF, Volker (Hg.): Unsere gemeinsame Zukunft [Brundtland Report]. Grevenbroich 1987.

WILDAVSKY, Aaron: But is it True? A Citizen's Guide to Environmental Health and Safety Issues. Cambridge MA u. a. 1995.

WOLF, Martin: Why globalization works. New Haven, London 2005.

YERGIN, Daniel/ STANISLAW, Joseph: The Commanding Heights. New York 1998.

Deutsch: Staat oder Markt. Die Schlüsselfrage unseres Jahrhunderts. Frankfurt am Main, New York 1999.

ZAKARIA, Fareed: The Future of Freedom. Illiberal Democracy at Home and Abroad. New York 2003.

DERS.: Das Ende der Freiheit? Wieviel Demokratie verträgt der Mensch? München (2) 2007.

Register

J

K

L

M

N